浙江省"十四五"普通高等教育本科规划教材
高等院校国际经贸类专业教材
绍兴文理学院新形态教材出版基金资助

国 际 商 法

徐仲建　屠世超　编著

ZHEJIANG UNIVERSITY PRESS
浙江大学出版社
·杭州·

图书在版编目（CIP）数据

国际商法 / 徐仲建，屠世超编著. —杭州 ：浙江
大学出版社，2021. 6(2025. 8 重印)
ISBN 978-7-308-21337-0

Ⅰ. ①国… Ⅱ. ①徐… ②屠… Ⅲ. ①国际商法
Ⅳ. ①D996.1

中国版本图书馆 CIP 数据核字（2021）第 085229 号

国际商法

徐仲建　屠世超　编著

责任编辑	秦　瑕	
责任校对	徐　霞	
封面设计	沈玉莲	
出版发行	浙江大学出版社	
	（杭州市天目山路 148 号　邮政编码 310007）	
	（网址：http://www.zjupress.com）	
排　　版	杭州青翊图文设计有限公司	
印　　刷	浙江新华数码印务有限公司	
开　　本	787mm×1092mm　1/16	
印　　张	19	
字　　数	486 千	
版 印 次	2021 年 6 月第 1 版　2025 年 8 月第 2 次印刷	
书　　号	ISBN 978-7-308-21337-0	
定　　价	58.00 元	

前　　言

随着国际商事活动的不断发展,作为调整国际商事交易关系的国际商法日益受到人们的重视。目前,国内高等院校涉外经管类专业普遍开设了"国际商法"这一课程。在培养懂经济(管理)、懂法律和懂英语的涉外经管类人才的过程中,国际商法是不可或缺的一环,它承担着传授法律知识、培养法律意识的重要任务。目前,国内公开出版的国际商法教材已有数十种之多,尽管其中不乏颇具亮点的闪光之作,但随着国际商事法律规则的更新、相关研究的深入和信息载体的创新,我们在给国际经济与贸易、国际商务等非法学专业学生授课的过程中,仍觉着现有教材难以完全满足教学的需要,这是编写本教材的初衷。

本教材带有鲜明的自身特点,以充分适应涉外经管类专业学生的教学工作为编写宗旨。

其一,以新形态教材为特色,以嵌入的二维码为重要载体。二维码分别含有"知识拓展""拓展思考""拓展阅读"和"练习题"等在线资源,努力将教材、课堂、教学资源三者融合起来。"知识拓展"的内容跟教材的上下文有一定联系,却又不适合直接写入教材;"拓展思考"是教材相关知识的纵深发展,使学生在学好教材知识的基础上,对相关问题作进一步思考;"拓展阅读"的内容主要是相关法律条文和典型案例,以拓展学生的知识面;教材每章后面均设置"练习题",学生扫描二维码后即可在线作答,以检查自己的学习状况。

其二,将PBL(以问题为导向的)教学方式贯穿于教材的始终。教材在介绍每一节内容之前,都设有"导问",以引导学生思考相关问题,使其带着问题学习相关知识点,注重培养学生思考问题、分析问题和解决问题的能力。在介绍相关法律规则时,注重规则的构建原因,阐释相应的基础理论,使学生知其然,更强调要做到知其所以然。

其三,充分考虑经管专业学生的法律基础,合理确定应用型人才的培养目标。教材内容的安排,以经管专业学生的法律基础知识为起点,培养其国际商法的知识和技能,避免将教材编写成"比较商法"的倾向,努力拓展知识的宽度,合理确定知识的深度,以充分满足经管专业学生学习国际商法的需要。

本书的撰写分工如下:徐仲建负责第一章、第二章、第三章、第五章、第六章、第七章和第九章;屠世超负责第四章、第八章和第十章。全书由徐仲建统稿、定稿。

两位编写者具有多年给经管专业学生授课的经验,本教材是在相关讲义的基础上编写完成的。在制作讲义和编写教材过程中,我们参考了大量教材和相关著作,有些已经难以一一列明出处,在此向这些注明和未注明的研究成果的作者表示深深的感谢!

　　国际商法的内容,涉及民法、商法、国际私法和国际经济法等许多法律部门。由于编者水平有限,教材的编写又不同于学术专著,书中疏漏之处在所难免,希望广大读者提出批评和建议,相关意见可发送电子邮件至 xzjlawyer2006@hotmail.com,以便将来再版时完善。

编者

2020 年 11 月

目　　录

第一章

导　论

学习目标

1. 掌握国际商法的概念、渊源。
2. 了解大陆法系和英美法系各自的特点。
3. 熟悉中国民商法的体系和渊源。

第一节　国际商法的概念与渊源

> **导问**：国际商法规定人们在何种社会关系中的权利和义务？国际商法规范有哪些表现形式？

一、国际商法的概念

法律以社会关系为调整对象，不同的法律部门有不同的调整对象，调整对象是区分法律部门的主要标准。国际商法（International Commercial Law）也需要调整社会关系，规定人们在某种社会关系中的权利、义务关系，那么国际商法调整的究竟是何种社会关系？简单地讲，国际商法的调整对象是国际商事交易（International Commercial Transaction）关系，或者说，国际商法是调整国际商事交易关系的法律规范之总和。

何谓"国际商事交易关系"？对此，可以从"商事交易关系"和"国际"两个方面进行解析。

经济学意义上的"商"是指沟通生产与消费的中间环节，是产品由生产者流转到消费者的中介，是社会生产的一个重要阶段。法律用语中的"商"具有特定的含义，与经济学上的理解不完全相同。法律上所谓的"商"，不仅包括流通领域，也包括生产领域，但它并不是指所有的生产和流通行为，只有生产、流通与经营联系在一起时，即生产和流通是以营利为目的而为之时，这种行为才可以被视为法律意义上的"商"。因此，法律意义上的"商"，是指以营利为目的之活动。当然，"营利"系指行为者的主观目的是取得经济利益，至于客观结果是否取得实际盈利则在所不问。作为营利性活动的"商"，人们常用"商事"一词取代，由此出现了"商"和"商事"等同使用的现象。原先商事活动的标的仅为动产和有形财产，随着社会财富种类的多样化，商事活动的标的不断拓展，还包括部分不动产、有价证券和智力成果等无形财产；原先的商事行为仅为买卖、运输、保险、海商等，随着社会生活的复杂化，信托、证券交易、融资租赁、知识产权贸易等商事行为也不断涌现，商事活动的范围大大拓展。

商事交易关系是指平等主体之间基于营利动机建立起来的社会经济关系。商事交易关系的主体在地位上是平等的，他们以平等身份和别人来往，谁也不具有领导、指挥、管理他人的优越地位。主体的平等性包含相互联系的两个方面：一是相关主体人格独立，互不隶属，不存在人身依附关系；二是双方意思自治，行动自主，任何一方都不能命令他方服从自己。

"国际"一词有两种基本含义。其一是指"国家之间"，如"国际战争""国际关系"等词就是在此意义上加以使用的；其二是指"跨越国界"，如"国际旅游""国际运输"等词中的"国际"是就此意义而言的。"国际商事交易关系"中"国际"一词的含义是"跨越国界"，也就是说，只要"商事交易关系"是跨越国界发生的，无论主体是国家、自然人或者法人，都属于"国际商事交易关系"。

国际商事交易关系，从一国的角度观察，就是"涉外"商事交易关系。从法律角度分析，商事交易关系具有以下情形之一的，都构成"国际"商事交易关系：①主体一方或双方是外国自然人或外国法人，或无国籍人，甚至可以是以特殊民商事主体身份出现的外国，或者一方或双方是住所、经常居所或者营业场所在国外的自然人或法人；②客体是位于

> **知识拓展**
>
> 国际商事交易关系、国际商事管理关系和国际经济协调关系
>
> 扫一扫

外国的物、财产或需要在外国实施的行为；③权利、义务关系据以产生的法律事实发生于外国。从法律关系的角度分析，某种民商事关系在其主体、客体或据以产生法律关系的法律事实这三方面中有任何一个具有涉外因素的，都属于涉外民商事关系。

由此可知，国际商事交易关系所涵盖的范围相当广泛，国际商法所包括的内容也相当庞杂。商事合同法、商事代理法、货物买卖法、货物运输法、货物运输保险法、国际结算法、技术贸易法等内容都可以纳入国际商法之中。此外，商事组织法作为规范商事活动主体的法律规范，也可以认为属于国际商法；仲裁作为解决商事争议的重要手段，商事仲裁法也可认为属于国际商法内容之一。随着国际商事活动范围的扩展，国际商法的内容也将不断增加，国际商法因而是一个开放的体系，处于不断发展壮大的过程之中。鉴于教学时数、篇幅以及与其他课程衔接等方面的考虑，本书只选择国际商法最基本的内容展开介绍，这是在学习过程中应当注意的。

二、国际商法的渊源

法的渊源(Sources of Law),也就是法源,从某种意义上讲就是法的来源。法源,本意是要确定法律在历史上的来源,如果换个角度观察,即从现实角度分析,也可以理解成法律体现于何处。国际商法的渊源,是指国际商法来源于何处,或者说,国际商法存在于何处。由此,可将国际商法的渊源理解为它的表现形式,即在现实生活中,国际商法是以怎样的形式表现出来的。当需要确定国际商事交易关系中主体之间的权利、义务时,应当去何处寻找国际商法规范。

国际商法的渊源可以分为两个层面:国内法层面和国际法层面。

(一)国内法层面

法律一般是由国家制定的,国内法层面的国际商法就是由各个国家单独制定的。例如,营业地位于甲国的海运公司,从事由甲国到乙国的海上货物运输服务,与丙国货主签订运输合同,双方有可能适用乙国国内法来确定他们之间的权利义务关系,此时国际海上货物运输关系就需要适用乙国的国内法。作为国际商法渊源的国内法,是指各国制定的关于商事交易方面的法律规范,例如各国的合同法、代理法、海商法、保险法、票据法以及仲裁法等。

在将国内法用于国际商事关系时,随之产生的问题是:由于商事交易关系涉及两个或两个以上国家的法律,各国的法律规定通常有所不同,适用不同国家法律会产生不同的结果,究竟应适用哪国的法律呢?这就涉及法律冲突(Conflict of Laws)问题,各国一般都通过冲突规范来加以解决。所谓冲突规范,就是指明某种涉外民商事法律关系应适

> **知识拓展**
>
> 涉外民商事法律冲突的解决办法
>
> 扫一扫

用何种法律的规范。例如,就商事合同的法律冲突而言,我国的冲突法规则主要是:首先允许当事人意思自治,当事人可以选择处理合同争议所适用的法律;如果当事人没有选择的,则适用履行义务最能体现该合同特征的一方当事人经常居所地法律或其他与合同有最密切联系的法律。

通过冲突规范指引相关国家的国内立法,可以确定国际商事交易主体的权利义务,但这种方法有着不可避免的弊端:不同国家的法律可能有不同的冲突规范,从而最终适用的法律有可能是不同的,因而相同的案件在不同国家法院审理可能会产生不同的结果。当事人可能"择地起诉"(Forum Shopping),即选择一个能作出有利于自己判决的国家法院提起诉讼,由此可能产生的结果是一起纠纷同时或先后在不同国家法院进行诉讼,使当事人之间的权利义务处于不稳定状态。这恰恰是国际商事交易主体所不愿看到的,也妨碍了国际商事活动的正常开展。此外,这种方法缺乏法律应有的明确性和预见性,因为冲突规范并不直接规定当事人权利义务,只作立法管辖权的指定。如果能够跨越国界,制定有关国际商事活动者

都需要遵守的实体法律,从而在整个国际社会层面统一法律,就能够稳定当事人之间的权利义务关系。

(二)国际法层面

国际法层面的国际商法渊源是指国际商事条约(International Treaty and Convention)和国际商事惯例(International custom),它们都是用统一实体法的方式来确定国际商事交易主体之间的权利义务关系。

目前的国际社会是由众多主权国家构成的,国家与国家之间可以通过国际条约来确定相互之间需要共同遵守的规则。国际条约是指两个或两个以上国家之间签订的关于相互权利、义务的书面协议。国际条约一旦被缔约国接受或批准,就对该国及相关活动者有约束力,如果与该国国内相关法律发生冲突,除声明保留的以外,国际条约通常将优先适用。国际条约可以规定各国在领土、海洋、空间及外交、军事等方面应遵循的具体规范,也可以规定各国自然人、法人在从事民商事活动时应遵循的法律规则。作为国际商法渊源的国际条约,显然是就后一种意义而言的。例如,在国际货物买卖领域,目前有 1980 年《国际货物销售合同公约》;在国际海上货物运输领域,有 1924 年《统一提单若干法律规则的国际公约》(《海牙规则》)、1968 年《修订〈统一提单若干法律规则的国际公约〉的议定书》(《维斯比规则》)、1978 年《海上货物运输公约》(《汉堡规则》)和 2008 年《全程或部分海上国际货物运输合同公约》(《鹿特丹规则》);在票据法领域,有 1930 年《日内瓦统一汇票本票法公约》、1931 年《日内瓦统一支票法公约》等。

除了国际条约之外,国际法层面的国际商法渊源还有国际惯例。商事惯例有着悠久的历史,中世纪的商人在从事商业交易的过程中,逐渐产生了一些习惯性做法,经过长期实践后演变为商事惯例。最初的国际商事惯例是不成文的,一些民间组织认识到惯例的重要性和不成文惯例的缺陷,逐渐对一些商事惯例进行整理,使之系统化,并归纳成文,

知识拓展

国际商会(ICC)

扫一扫

以便商事活动者更好地理解、掌握和运用。国际商会(International Chamber of Commerce,ICC)是商业领域目前最为重要的非政府间国际组织,承担了许多国际商事惯例的编纂工作,其中包括《国际贸易术语解释通则》《跟单信用证统一惯例》《托收统一规则》《国际备用信用证惯例》《见索即付保函统一规则》等,这些国际惯例受到各国商业活动者的普遍欢迎,在全球范围内基本上统一了某些领域的做法。

国际商事惯例与国内法没有直接的关联,独立于任何国家的国内立法,也不同于国际条约。国际商事惯例是由民间组织编纂的非官方文件,其本身不是法律,不具有法律的普遍约束力,但是在国际商事活动者约定采用某种惯例时,该惯例对于当事人而言就具有法律约束力。由于国际商事惯例并不当然具有法律约束力,当事人在选择适用国际商事惯例时,可以对现有的规则进行修改或补充,这就使得国际商事惯例在适用时更显灵活,也使国际商事活动者更愿意选择适用商事惯例。

在已有商事方面国际条约和国际惯例的情况下，是否还需要各国国内法发挥作用呢？应当说，国内法不仅现在是，并且将来仍是国际商法的重要渊源。其原因是：①目前国际社会是由主权国家构成的，世界上不存在超国家的立法机构，国际商法涉及的面很广，并不是所有的领域都存在着国际条约或国际惯例，在不存在国际条约或国际惯例的领域需要适用国内法；②不是所有国家都加入所有的国际商事条约，不同的国际商事条约有不同的缔约国，在缔约国和非缔约国之间、非缔约国之间的国际商事关系，更多地依赖于各国国内法的调整；③即使在某些特定领域，已经有相应的国际条约或国际惯例，国际条约或国际惯例也并不一定就该领域的所有问题都作了规定，那些没有规定的问题仍要依靠国内法解决。

前文论及，国际商法是调整国际商事交易关系的法律规范的总和。之所以说是"法律规范的总和"，正是因为没有一部包含全部国际商法规范的法典，调整国际商事交易关系的法律规范散见于其他规范性文件之中。国际商法的渊源就是用来说明国际商法规范赖以存在的形式。

> **拓展思考**
>
> 在解决具体涉外商事纠纷案件时，国际商法的不同渊源之间，是否存在适用上的先后顺序？
>
> 扫一扫

本书以国际商法为论述对象，在阐述相关法律原理的基础上，主要介绍有关领域的国际条约和国际惯例，至于国内立法则以介绍我国的相关法律为主。

第二节　西方国家的两大法系

> **导问**：国内法是国际商法的渊源之一。各国有权单独制定本国的国内法，各国国内法是完全不同的，还是呈现出某些共同的特点和形式呢？

一、法系的概念

按国家主权原则，各国立法机构都有权单独制定本国的法律，各国的法律因而有所不同。尽管如此，某些国家由于具有相同或类似的政治体制、经济制度、文化环境，在法律上也相应地具有某些相同的特点，例如法律渊源、司法技巧、法律文化的价值取向甚至于具体规则。法系就是若干国家和地区具有某种共性或共同传统的法律的总称，一般将具有一定特点的某些国家或地区的法律划为同一法系，或者说是同一个法律家族。法系的英文为"Legal Family"，不应将法系理解成"法律体系"。由此可见，法系不是指一个国家的法律的总称，而是指一些国家或地区的法律的总称。

按照西方各国法律的历史传统和外部特征之间的不同，可以将法系分为大陆法系（Continental Law System）和英美法系（Anglo-American Law System），两大法系几乎包括了西方全部国家。在历史上曾存在五大法系,即大陆法系、英美法系、印度法系、伊斯兰法系和中华法系,但随着资本主义殖民扩张,各国对先进法律制度的借鉴吸收,原有的印度法系、中华法系已经不复存在,至少已经不具有典型意义,只有伊斯兰法系受宗教因素的影响还保留着一些痕迹,但是也已经与大陆法系融合,变成一种"混合物"。因此,学术界的通说认为当今世界主要存在两大法系,也就是大陆法系和英美法系。

两大法系的法律原则和制度对国际商法产生了重要影响,主要表现为两方面:一是两大法系确立的许多重要原则和法律制度为一些重要的国际商事条约所吸收和采纳,从而转化为国际层面的国际商法;二是在国际商事条约未涉及领域,由相关国家国内商法调整的情况下,也往往会涉及两大法系国家的国内法,因为世界上各主要国家的法律无不属于两大法系或者受两大法系的影响。

二、大陆法系

大陆法系形成于欧洲大陆,以古罗马法为基础,并以 1804 年公布实施的《法国民法典》和 1896 年制定的《德国民法典》为代表,又称民法法系(Civil Law System)。

大陆法系分布甚广,除法国、德国、奥地利、比利时、瑞士、荷兰、意大利、西班牙、葡萄牙等大部分欧陆国家外,中美洲、南美洲、非洲和亚洲的曾为法国、德国、荷兰等殖民地和附属国的国家和地区,也属于大陆法系。美国的路易斯安那州、加拿大的魁北克省以及英国的苏格兰等也属于大陆法系。日本在明治维新以后成为大陆法系国家,我国也属于大陆法系。

大陆法系以成文法为主要法律渊源。在法的表现形式上,立法机关制定的各种法律、行政机关颁布的行政法规,都是以成文法即制定法的形式存在,且经常采用法典编纂的方式。所谓法典,是指将有关同一类内容的各种法律和原则加以系统化而汇编成单一的法律文件,如民法典、商法典等。法国、德国都制定了民法典和商法典,并且还有其他单行的商事法律作为补充。大陆法系认为法院的判决仅仅对所裁判的案件有效,对法院日后审理同类案件没有拘束力,原则上不承认其具有普遍的法律约束力。

大陆法系强调法律的系统化、条理化和逻辑性。受罗马法学家,特别是乌尔比安学说的影响,大陆法系在传统上将法律分为公法和私法。公法是以保护国家或公共利益为目的的法律,私法则是以保护私人利益为目的的法律,或者说,涉及公共权利、公共利益、上下服从关系、管理关系的法为公法,而属于个人利益、个人权利、自由选择、平权关系的法为私法。大陆法系一般将宪法、行政法、刑法和诉讼法归为公法,而将民法、商法和婚姻法归为私法。公法和私法的划分至今仍具有十分重要的意义,它们各自的指导思想、基本精神和基本规则是根本不同的。例如,公法关系是国家可以直接干预的,无须等待任何人的主张或请求;而国家对私法关系一般不直接干预,通常须等到有关当事人有所主张或请求时才干预,"私法自治",国家完全尊重当事人对私权的自行处置。

大陆法系的法官通常采用演绎推理审理案件。大陆法系的法官在审理案件时,先考虑成文法中的规定,再就具体案件作出判决,利用三段论模式,采用一般到个别的演绎推理,或者说,法官只是将案件事实与法律条文简单地对号入座,然后适用相应的法律。大陆法系的法官只有适用立法机关所制定法律的义务,而没有创造法律的权力。

大陆法系在诉讼程序上实行纠问式。大陆法系的诉讼程序以法官为中心,突出法官的职能,法庭自己传唤证人,并雇请必要的专家,具有纠问程序的特点,通常由法官和陪审员共同组成法庭来审理案件。

三、英美法系

英美法系是以自中世纪发展至今的英国普通法为基础,包括在该法律传统影响下所形成的各个国家与地区的法律的总称。由于它以英国中世纪开始出现的普通法为代表,故得名普通法法系(Common Law System),同时由于美国法是该法系中具有鲜明特点的重要组成部分,故而也称为英美法系。

属于英美法系的国家和地区,除了英国和美国之外,还包括过去曾受英国殖民统治的国家和地区,主要包括加拿大、澳大利亚、新西兰、印度、马来西亚、新加坡和我国香港特别行政区,目前以英语为官方语言的国家大多属于英美法系。

英美法系的法律渊源主要是判例法(Case Law),也包括一定量的制定法(Statute Law)。判例法的特点是:先前法院在判决中所体现的判决理由必须得到遵守,对作出判决的法院和下级法院日后处理同类案件具有约束力,这就是所谓的"先例约束力原则"(Rule of Precedent)。在英美法中,制定法是判例法的补充和修正,制定法被法官在判决中加以解释和肯定后,就被吸收到法律体系中。英美法系的制定法一般不采取法典编纂形式,而采用单行法的形式。19世纪以来,英国在公司、合伙、破产、票据和保险方面制定了商事单行法律,但这些法律也只是判例法的补充,其中有些是在总结已有判例的基础上制定的。美国法学会(American Law Institute)和美国统一州法全国委员会(National Conference of Commissioners on Uniform State Laws)于1952年制定了《统一商法典》(Uniform Commercial Code,UCC),《统一商法典》不是美国国会通过的法律,而是一部示范法,供美国各州自由采用。由于《统一商法典》较为详细又很灵活,目前除保持大陆法系传统的路易斯安那州以外,美国其他各州均已通过州立法采用了这部示范法。

英美法系的法律分为普通法和衡平法(Law of Equity)。英美法系崇尚实用主义,没有公法、私法的划分,也没有统一、独立的民法典或商法典,而是将民商法分成财产法、合同法、侵权法、公司法等具体的部门法。普通法来源于习惯法,发展到14世纪时已不能完全满足英国社会的现实需要,救济手段较为单一,仅限于损害赔偿和返还财产,法官于是便依据所谓的"良知""公平正义"等原则审理案件,"衡平"一词意即"公平""正义"。法官通过其审判活动所形成的法律规则,成为与普通法平行的一种新的法律体系——衡平法。普通法与衡平法虽然同属判例法,但两者在救济方法、诉讼程序、法院的组织系统、法律术语等方面均有较大差异。

法官审理案件时常采用归纳式思维。英美法系的法官在审理具体案件时,往往不是引用某项制定法的规定,而是参照以前类似案件的判决,即运用归纳式思维,较为注重类比推理。在审理新类型案件时,就出现法官创制法律的情形。

英美法系在诉讼程序上实行对抗制。在英国的法律传统上,当事人要想获得诉讼救济,必须依据一定的诉讼程式向法院起诉。诉讼类型不同,其诉讼程序也就不同,当事人在实体法上的权利,只能通过一定的诉讼程序才能实现,因此英美法系比较注重程序法,"程序先于权利"。英美法系在诉讼程序上一般采取对抗制,即民事诉讼中由双方当事人及其律师、刑事诉讼中由公诉人和辩护人充当主角,证据必须在当事人在场时提出,证人的出庭由当事人负责,法官则居中进行裁决。

四、两大法系在当代的发展趋势

大陆法系对全部社会关系加以理性设计和安排,它的法典体系逻辑严谨、覆盖面广,内部协调一致性强,但面对极其复杂并且不断变化的社会关系,有时显得刚性过强,难以完全适应。英美法系强调根据具体的经验解决具体问题,因而具有很强的灵活性和针对性,但是庞杂、混乱的判例法又难以为非专业人士了解。例如,到 20 世纪初期,英国判例汇编已经包含 40 多万个判例,如此多的判例,对掌握和运用英国法造成很大的困难;美国多年累积的判例也很多,全国每年大约出版判例汇编 350 卷。

两大法系中成文法和判例法的特点,某种程度上也体现了欧陆人与英美人不同的做事方式:法国、德国等欧陆国家的人士习惯于制订计划,提前安排事情,喜欢按照起草的规则办事,并使规则系统化,他们习惯于用固定的思维研究生活,并用推理的方法付诸实践;英国人和美国人则喜欢临时发挥,常常是在不得不做的情况下才作出决定,因而他们并不喜欢抽象的法律条文。这种差别同样表现在法律教育方面,大陆法系国家更重视逻辑、抽象的概念与原则,英美法系国家则强调经验与法律的实际应用,美国著名大法官霍姆斯就曾断言,"法律的生命在于经验而不是逻辑"。

进入 20 世纪以后,随着各国社会、政治、经济的发展变化,特别是国家之间的各种交流增多,西方国家的两大法系也在逐步演变之中。

在大陆法系国家方面,判例法渐渐有了一定地位,在法典没有明文规定的情况下,以往的判例往往成为法官判案的参考和依据。因为下级法院的法官不愿冒着自己作出的判决被上级法院否定的风险,于是本能地去效仿上级法院对同类案件的判决,尤其是最高法院就法律未规定问题作出的判决,更对下级法院有重要意义。此外,遵循先例也是平等适用法律的表现,可以减少诉讼数量,缩短诉讼时间,节约法官审理简单案件的时间,使法官可以集中精力研究没有先例的案件。

在英美法系国家方面,成文法日益增多,并且发挥着越来越重要的作用。例如,英国于 1979 年对 1893 年《货物买卖法》进行修改,这部经修订的单行法成为英国重要的商事法,其内容涉及合同的成立、合同的标的物、合同的效力、合同的履行、未受偿卖方对货物的权利、违反合同的诉讼等。

两大法系的发展趋势是相互逐步靠近,两者的差距正在缩小。但是,由于两大法系的形成和发展是基于不同的历史传统、经济状况和思想文化,它们之间的差别还将长期存在,两大法系仍将是世界各国法律制度的主要代表。

第三节　中国的民商法

导问：我国的国内法也可能用来确定国际商事活动中当事人之间的权利、义务关系，相关国内法的基本状况如何？

一、民法与商法的关系

民法是调整平等主体之间的财产关系和人身关系的法律规范的总和。商法是调整商事关系的法律规范的总和。大陆法系国家关于民法与商法的立法体例有两种：民商分立和民商合一。

民商分立是指将民法与商法分开，主要表现形式是一国既有民法典，又有商法典。在此种立法体例下，商事主体被认为是不同于民事主体的法律关系主体，商事行为也被认为是不同于一般民事行为的法律行为，商法具有一定的独立性。采取民商分立的国家有法国、德国、日本等。

民商合一是将民法与商法合为一体，其表现形式是一国只有民法典，而没有商法典。民商合一的主要论据如下：其一，商法与民法在基本原理、基本制度方面有共通性，商法也涉及私人利益，贯彻私法自治的共同精神，其内容是民法的组成部分；其二，近代商法典的前身是中世纪欧洲商人团体的习惯法，即商人的法律，但现在商人这一特殊阶层不复存在，甚至原本特殊的商业行为也已失去其特殊性，如保险制度、票据制度等过去仅由商人利用的制度，现今已为全社会所利用；其三，即使在民商分立的国家，也难以确立民事行为和商事行为的严格界限，有的国家只是以民事法庭和商事法庭的管辖来划分，具有很大的任意性，民法典和商法典的并存同样会引起法律适用上的困难和混乱。采取民商合一的国家有瑞士、意大利以及荷兰等。

需要指出的是，无论是民商合一还是民商分立，商法均作为民法的特别法而存在，并非完全脱离民法而存在的一个独立法律部门。我国没有商法典，新近刚颁布了《民法典》。从过去的《民法通则》《合同法》《物权法》《侵权责任法》《民法总则》等法律到现在的《民法典》，我国立法都采取民商合一的体例。民商合一的立法体例不是轻视商法，而是将民事生活和整个市场适用的共同规则集中于《民法典》，并将适用于特定类型主体、局部市场或个别市场关系的规则规定于各种民事特别法，如公司法、票据法、证券法、保险法、海商法等。商法作为民法特别法的性质更加明显。

二、民商法的体系

大陆法系国家的民法典之构造形式有所不同,其中较有代表性的是《法国民法典》和《德国民法典》。《法国民法典》秉承罗马法传统,实行的是"三编制",即分为人法、物法与债法,它对概念抽象性的追求不高,在形式和风格上保留清晰流畅、简洁灵活的优点,并在条文中避免过于详细,力求弹性。《德国民法典》沿袭罗马法《学说汇纂》的理论体系,采用"五编制",即总则、债法、物权法、亲属法与继承法,其特色在于:以"法律关系理论"为核心,从主体、客体、权利与义务这种逻辑的角度进行编纂。我国《民法典》借鉴的是带有"总则编"的德国模式,但在具体各编的安排上又有自己的特色,设立总则、物权、合同、人格权、婚姻家庭、继承和侵权责任等七编。

尽管各国民法典的构造形式有所不同,但规定的基本内容大体一致,我国《民法典》也不例外。各国民法的基本内容包括:主体法、物权法、债权法、亲属法和继承法。主体法是关于民事主体的法律规定,包括对自然人、法人及其他不具有权利能力的自然人之组织体的法律规定。物权法主要规定物权法的基本原则、物权的种类以及各种物权的具体内容。债权法主要规定债的一般原则以及由于各种原因而产生的类型债,如合同之债、不当得利之债、无因管理之债、侵权行为之债等。因家庭而发生的各种身份关系及财产关系的法律规则,构成亲属法。因某个家庭成员死亡而发生的财产转移的法律规则,构成继承法。在民法各部分的内容中,主体法、物权法、债权法与商事关系的调整直接相关。

商法的体系,在不同的国家、不同的法系以及不同的历史时期,都不尽相同。我国的商事立法还不是很完善,关于商法体系的认识也存在一定差异。

商法调整的是商事关系,商事关系可以分为商事组织关系和商事行为关系。商事组织关系是围绕着商事主体而形成的商事关系,是基于商事主体的设立、管理、变更、解散、破产、清算而发生的法律关系,其中最主要的是公司法律关系和破产法律关系,公司法和破产法由此成为商法体系中十分重要的组成部分。商事行为关系是基于各种商事行为的实施而形成的商事关系。商事行为的范围十分广泛,其中包括票据行为、证券行为、保险行为和海商行为等,由此产生了票据法、证券法、保险法和海商法等商法分支部门。据此,可以认为我国商法体系主要由下列商事法律制度构成:商主体制度、商行为制度、公司制度、破产制度、票据制度、证券制度、保险制度和海商制度。

拓展阅读

《关于〈中华人民共和国民法典(草案)〉的说明》(提请第十三届全国人民代表大会第三次会议审议时的报告)

扫一扫

三、民商法的渊源

民商法的渊源,也就是民商法的法源,指民商法赖以表现和存在的形式。根据我国民商事立法,结合学理,可以对我国民商法的渊源作相应分析。

(一)制定法

制定法,又称成文法,是指我国不同的国家机关根据法定职权和程序制定的各种规范性文件。作为我国民商法渊源的成文法,包括法律、行政法规、地方性法规或者自治条例和单行条例、行政规章和司法解释等。

由全国人大及其常委会制定颁布的法律,是我国民商法的主要表现形式。《民法典》于2020 年 5 月 28 日由第十三届全国人大第三次会议通过,并于 2021 年 1 月 1 日起施行。这是新中国成立后的第一部民法典,是在原有《民法总则》《合同法》《物权法》《担保法》《侵权责任法》《继承法》《婚姻法》《民法通则》和《收养法》等单行法的基础上,经过适当立法程序而编成的一部完整法典。除《民法典》外,我国已经通过的商事法律有《公司法》《合伙企业法》《企业破产法》《票据法》《保险法》《海商法》《证券法》等,这些法律同时也是民事特别法。

按照《立法法》的规定,对尚未制定民事法律的部分事项,全国人大及其常委会有权作出决定,授权国务院根据实际需要,先制定行政法规。此所谓行政法规,系指国务院所行使的立法权限的性质而言,但就法规的内容,则有行政性法规与民事性法规的区别。例如,国务院制定的《计算机软件保护条例》属于民事性法规;行政性法规中也可能包含有民法规范,如国务院 2007 年制定的《商业特许经营管理条例》中关于特许人有义务向被特许人披露信息的规定,即属于民法规范。

地方各级人民代表大会及其常务委员会,在不与宪法、法律、行政法规相抵触的情况下,可以制定地方性法规。地方性法规在效力范围上具有从属性,在适用范围上具有地域局限性,但地方性法规中调整民商事关系的内容同样属于民商法的渊源。自治条例(管理民族自治地方事务的综合性法规)和单行条例(就民族自治地方事务中某方面具体问题所制定的法规)也可以成为民商法的渊源。行政规章是指国务院各部委以及各省、自治区、直辖市的人民政府和省、自治区的人民政府所在地的市以及设区市的人民政府根据宪法、法律和行政法规等制定和发布的规范性文件。行政规章中如包含调整民商事关系的内容,也可以成为民商法的渊源。

最高人民法院是我国的最高审判机关。我国宪法没有授予最高人民法院立法权,但是全国人大常委会《关于加强法律解释工作的决议》规定:“凡属于法院审判工作中具体应用法律、法令的问题,由最高人民法院进行解释。”从法理角度分析,司法解释并不属于法律体系的组成部分,但司法解释已经成为我国各级审判机关在处理案件时的裁判规则,并被当事人直接援引,法院的裁判文书也可直接援引司法解释。因此,司法解释实际上已经成为我国法律的渊源。司法解释应以宪法和法律为依据,不得修改法律或者自行立法,但事实上,我国司法解释往往具有抽象性、规范性和普遍适用性,常常与立法相类似,而且某些解释已经突破了既有法律的界限,具有创制法律的特点。

(二)习惯法

习惯,是指当事人所知悉或实践的生活和交易习惯。成文法国家即使制定了完备的民法典,也不可能做到对民商事生活一切关系都有明确规定,更何况社会生活总是在不断发展变化,不时产生一些新的关系、新的问题,无法从制定法中找到相应规定。因此,各国大抵都承认习惯法为民商法的渊源。

我国《民法典》第 10 条规定:"处理民事纠纷,应当依照法律;法律没有规定的,可以适用习惯,但是不得违背公序良俗。"据此,当存在具体的法律规则时,应当优先适用该具体的法律规则,而不能直接适用习惯法,习惯法的主要功能局限于法律解释和法律漏洞的填补。其次,习惯要成为民商法渊源,并成为裁判的依据,还必须经过"合法性"判断,即不得违反法律强制性规定和公序良俗。

(三)判例法

判例法属于不成文法,是英美法系国家的主要法源,指以上级法院对案件的判决作为先例,对作出判决的法院和下级法院具有法律的拘束力,成为以后审理同类案件的通例。大陆法系各国采用制定法主义,法院判决原则上只依据成文法而不受先例拘束。

由于我国民事立法深受大陆法系的影响,判例一直在理论上被排斥在法律渊源之外。然而,从司法实践看,成文法虽有形式逻辑上的严谨性,但对现实生活的应变能力较差,更何况我国现有民商事立法多是"宜粗不宜细"指导原则的结果,大多数民商事立法只是原则性的规定,即使加上立法解释和司法解释的补充,还会存在许多有待填补的空白。判例法的优点在于它有很强的应变能力,不仅可以弥补法律规定的不足,而且就相同案件事实只能作相同的判决,以发挥法律作为行为规范的作用,维护法律的尊严。有鉴于此,我国司法实践追随成文法与不成文法相互融合的国际趋势,最高人民法院于 2010 年发布《关于案例指导工作的规定》,从而建立了案例指导制度。

最高人民法院发布的指导案例,各级人民法院审理类似案件时应当参照。各级人民法院正在审理的案件,在基本案情和法律适用方面,与最高人民法院发布的指导案例相类似的,应当参照相关指导案例的裁判要点进行裁判。

(四)法理

法理是指法的原理,亦即由法律之根本精神演绎而得的法律一般原则。在大陆法系国家,由于制定法不可能对一切情况进行规定,当出现制定法无明文规定、习惯和判例又不可用时,裁判官在不能拒绝裁判的情况下,只能依据法理进行裁判,法理由此也被确认为民商法的渊源。

在我国,无论是根据现行法律还是一般理论,都不承认法理具有法律拘束力,不认为法理是我国民商法的渊源。然而,有权解释的机关在对民商事法律进行解释时,以及法官在裁判案件遇到法律无明文规定而又无习惯、判例可遵循时,也往往以法理作为解释和裁判的根据,法理因而通过解释与裁判获得了法律拘束力。

◀◀◀ 本章小结

国际商法是调整国际商事交易关系的法律规范的总和。商事交易关系是指平等主体之间基于营利动机建立起来的社会经济关系。在商事交易关系的主体、客体以及导致交易关系产生的法律事实三者之中,若其中之一具有涉外因素,此种商事交易关系就属于国际商事交易关系。国际商法的渊源是指国际商法的表现形式,包括国际商事条约、国际商事惯例和各国的民商法。

按照国家主权原则,各国有权独立自主制定本国的国内法。某些国家或地区具有相同或类似的政治体制、经济制度、文化环境,其法律也相应地具有某些共同特点。法系就是若干国家和地区具有某种共性或共同传统的法律的总称。大陆法系和英美法系是目前西方国家的两大法系,也是世界各国法律制度的主要代表。大陆法系和英美法系在法律渊源、法律分类、法院审判、诉讼模式等方面呈现出各自的特点。两大法系的发展趋势是逐步相互靠近,两者间的差距正在缩小,但它们之间的差别还将长期存在。

我国的民商法是国际商法的渊源之一。我国民商立法采用民商合一的模式,《民法典》已经颁布,商法以民法特别法的形式存在。我国民商法的渊源多种多样,以制定法为主要渊源,习惯法在特定条件下也可以作为渊源,判例法和法理尽管不是正式的法律渊源,但是在特定情况下也发挥着渊源的作用。

❓ 思考题

1. 如何理解国际商法的调整对象?
2. 国际商法的不同渊源,适用时的先后顺序是怎样的?
3. 英美法系和大陆法系各自有什么特点?
4. 我国目前有哪些主要的民商事立法?

📦 案例分析

德国甲公司与中国乙公司已经做过多笔棉花买卖交易。2017 年的某天,在履行完前一个合同后,德国甲公司又寄来一份订单,规定一切有关的交易条件按上次合同办理。以往,乙公司接到订单后就会在一个月内发运货物,但这次乙公司未予回答。时隔不久,德国甲公司按惯常做法通过银行将信用证开到乙公司,乙公司仍置之不理。至此,德国甲公司要求乙公司履行合同,否则需要赔偿损失,其理由是乙公司的沉默是对要约的默认,因此合同成立。甲、乙双方在争议过程中签有仲裁协议但没有选择适用的法律。请回答下列问题(德国和中国都是 1980 年《国际货物销售合同公约》的缔约国):(1)该合同是否可以适用《国际货物销售合同公约》? 为什么?(2)如果这一合同约定以 CIF 价格成交,并依据 2010 年《国际贸易术语解释通则》确定 CIF 的含义,此项对国际惯例的选择能否构成对《国际货物销售合同公约》适用的排除？为什么？(3)仲裁协议约定的仲裁机构作出裁决后,乙公司如果不服裁决,是否可以向法院起诉,要求法院重新审理此案？为什么？

扫一扫·看答案

练习题

第二章

国际商事组织法

学习目标

1. 了解国际商事组织的概念及其法律适用。
2. 熟悉个人独资企业的基本法律制度。
3. 掌握合伙企业的基本法律制度。
4. 掌握公司的基本法律制度。

第一节　概　述

导问：甲准备设立一家企业从事经营活动，于是找到朋友乙、丙和丁。甲有现金10万元，乙拥有相关专利技术一项，丙拥有可供经营使用的房屋一套，丁有开展经营所需的客户资源。试问：该企业可以采用的组织形式有哪些？

一、商事组织的概念和特征

在商事交易活动中，通常有两方主体，其中一方从事的是营利性活动，另一方可能从事营利性活动（如购买原材料的企业），也可能并不从事营利性活动（如购买商品的消费者）。一般认为从事营利性活动的才是商事主体，消费者不是商事主体。所谓商事主体，是指依法从事营利性活动，享受权利并承担义务的个人和组织。

从理论上讲，商事主体既可以是自然人，也可以是组织体。自然人如果直接以主体资格从事商事活动，受财力、物力、人力等因素的限制，其实有许多不便之处，因而商事主体通常采用组织体形式。商事组织，也称商事企业，是指依法成立，以自己名义对内进行经营管理、对外从事营利性活动的经济组织。

与其他社会组织相比,商事组织具有以下特点:

首先,商事组织具有营利性。营利性是商事组织最重要的特征,追求利润最大化是一切商事组织的根本目标。不仅商事组织本身将营利作为追求的目标,而且投资者也想通过商事组织的经营获得收益,分配商事组织所获得的收益。营利性是商事组织与国家机关、事业单位等组织的重要区别。商事组织以营利性活动为常业,即以获取利益为目

知识拓展

法人的概念及其特征

扫一扫

的而连续、稳定地从事确定的经营活动。此外,按照我国现行工商登记管理制度,任何个人或组织从事营利性经营活动,都必须登记取得企业法人营业执照或营业执照,否则即为依法应予取缔的无照经营或非法经营。

其次,商事组织具有社会性。企业是社会经济生活的基本单位,是现代社会中人们从事生产、流通、消费等经济活动的主要组织形式。商事组织虽然以营利为目的,是投资者赚钱的工具,但商事组织是社会生活的组成部分,它不可能脱离社会其他成员而独立存在。商事组织在追求自身利益最大化的同时,也要考虑社会其他成员的利益,如劳动者、消费者和产品使用者等,不能通过损害社会其他成员的利益而片面追求自身利益最大化。法律在条件允许的情况下可以将企业的社会道德责任转化为法律责任,还可以通过法律中的提倡性规范促成企业社会责任的实现。

再者,商事组织具有法定性。各国都有关于企业组织的一般规定,包括组织形式、设立条件和设立程序、终止事由和终止程序等,人们不能自由创设法律规定之外的组织形式,也不能不遵守程序任意设立、终止企业。例如,我国《公司法》仅规定了有限责任公司和股份有限公司两种组织形式,投资者就不能设立无限公司或两合公司。商事组织的法定性,是开展经济活动的前提和基础,是维护交易安全的重要保障。

二、国际商事组织及其法律适用

国际商事组织也就是国际商事企业,是指从事涉外经营活动的商事企业。随着全球经济的一体化,各国逐渐放松了对企业涉外经营的管制,严格区分国内商事企业和国际商事企业的重要性已大大降低,大多数国家都规定本国企业既可以从事国内经营活动,也可以从事国际经营活动。我国加入世界贸易组织(World Trade Organization,WTO)以后,也逐步放松了对企业从事涉外经贸活动的管制,由原来的审批制改为现在的备案制,企业从事涉外经营活动只需向外经贸主管部门办理备案手续即可。

当然,商事企业要从事国际经营活动,除了需经商事企业所在国家同意以外,还要取得经营活动地国家的许可。对于外国企业在本国境内进行商事活动,一国首先通过一定的方式认可该企业的主体资格。各国所采用的认可方式有:相互认可、特别认可和一般认可。

相互认可,是指国家之间以多边条约或双边条约的方式,相互承认对方国家的企业在本国具有主体资格。特别认可,是指通过特别批准的程序认可外国企业。特别认可的方式尽管有利于控制外国企业在本国的活动,使该国可以根据自己的需要来决定是否给予承认,但不利于国际经济贸易活动的发展。一般认可,是指一国对于外国法人,不问其属于哪一国家,只要在该国办理必要的登记或注册手续,就给予承认。一般认可的方式简便易行,其缺点是不便于对外国法人进行监督和管理。实践中,各国对有条约关系的采用相互认可的方式,对没有条约关系的,往往分不同种类,或采用特别认可方式,或采用一般认可方式。

外国企业在中国进行商业谈判、签订买卖合同等商事活动,作为商事主体取得权利和承担义务,以及作为诉讼当事人等,如果只是偶然性的经营活动,是不需要办理特殊手续的,可以认为我国采用一般认可的方式。外国公司如果在中国境内进行持续性经营活动,需要在中国境内设立分支机构的,必须向中国主管机关提出申请,并提交公司章程、所属国的登记证书等有关文件,经批准后,向工商登记机关依法办理登记,领取营业执照,因此可以认为采用了特别认可的方式。外国公司在中国境内设立的分支机构不具有法人资格,外国公司必须对其分支机构在中国境内的经营活动承担民事责任。

外国企业经过认可后,即表明该外国企业有资格在一国从事商事活动,但在该国开展商事活动的范围,由该国国内法规定,外国法人只能在规定范围内从事活动,而不能超越这一范围。

商事企业在从事国际经营活动过程中,如果涉及企业的成立及其性质、企业的权利能力和行为能力、企业内部体制和对外关系、企业的解散等问题,各国通常按照该企业的属人法,即国籍国法确定。也就是说,目前在国际商事组织法领域没有统一的国际条约或国际惯例,规范商事组织的法律主要是各国的国内法。在大陆法系国家,有关商事企业组织的法律渊源主要是制定法,例如商法典和相关的单行法;英美法系国家的相关法律渊源则是判例法和单行法。

根据大多数国家国内法的规定,商事企业的组织形式主要有三种:个人独资企业、合伙企业和公司。不同的组织形式,在法律地位、设立程序、投资者的利润分享和责任承担、管理权分配以及国家税收等方面有很大不同。选择适当的组织形式,对于企业的发展以及投资者期望的实现具有十分重要的意义。我国分别制定了《个人独资企业法》《合伙企业法》和《公司法》等单行法律,独资企业、合伙企业和公司是我国商事企业的主要组织形式。下文主要按我国法律的规定进行阐述。

知识拓展

企业法人的属人法

扫一扫

第二节　个人独资企业法

导问：甲投资开设了一家纺织品制造工厂（个人独资企业），因经营管理不善以致亏损严重，准备关闭这家工厂。以工厂资产抵债后尚有5万元债务未能清偿，甲是否有义务继续偿还？

一、个人独资企业的概念和特征

(一)概念

个人独资企业(Sole or Individual Proprietorship)，简称独资企业，是指由一个自然人投资，财产为投资者个人所有，投资者以其财产对企业债务承担无限责任的商事组织。独资企业是各种商事组织中设立和运营最为简单的形式，在生产力低下、商品经济不发达的简单商品经济时期，独资企业较为适应生产力的发展。在现代经济社会中，社会分工比较发达，公司已经成为商事组织的主要形式，独资企业仅在一些资金要求低、运营方式简单的行业中得到应用，例如理发业、餐饮业以及小规模加工业等。

不少国家和地区都没有制定专门的独资企业法，关于独资企业的法律规范散见于民商法典、商事登记法和税法等法律中。我国从企业形态的角度制定市场主体法律制度，因而对与公司、合伙企业并存的独资企业也制定了专门的法律加以调整——《个人独资企业法》于1999年8月颁布。

(二)特征

独资企业跟其他形式的商事企业相比，具有以下几个方面的特征：

首先，独资企业的投资者为一人，而且仅限于自然人。合伙企业、公司通常有两个以上投资者，独资企业只有一个投资者的特征与它们形成鲜明区别。将独资企业的投资者限定为自然人，是各国法律的通行做法，公司如果单独投资，相应地可以成立分公司，而不必利用独资企业的形式。由于独资企业的投资者只有一个自然人，经营所得的利润均属于投资者个人所有，不需要在投资者之间进行利润分配。

其次，独资企业的投资者可以完全控制、支配企业，并对企业债务承担无限责任。独资企业的投资者同时也是经营者，投资者可以根据自己意愿进行经营，独享企业的利润，并独自承担所有的风险，对企业的债务承担无限责任。也就是说，独资企业尽管可以有自己的名称或商号，并以企业名义开展经营活动，但并无独立的法人资格，投资者对独资企业债务的责任,并不以独资企业的资产为限,如果独资企业经营失败,投资者的所有个人财产都应对独资企业债务承担责任。

最后,独资企业依附于投资者的人格。独资企业虽然可以有自己的名称或商号,并以企业名义领取营业执照、开展经营活动,但它并无独立的人格,独资企业只不过是投资的自然人进行商事活动的组织形式,投资者死亡,其所投资的独资企业也将不复存在。对于企业而言,只有财产、意思能力和责任三个方面能够独立存在,才能具有独立的人格。独资企业的财产来源于投资者的投资,投资者可以任意管理和处分企业的财产,企业财产无法完全独立于投资者财产而存在;投资者完全控制和支配独资企业的经营,投资者的意思就是企业的意思,独资企业自身无法也没有必要形成自己的团体意思;独资企业无法独立承担民事责任,独资企业的所有债务均需由投资者个人承担。总之,独资企业不具有独立人格的存在基础,独资企业的人格依附于投资者。

对于与独资企业进行交易的相对人来说,交易对象实质上是独资企业的投资者,与公司股东仅承担有限责任相比,这在一定程度上能使相对人的债权有一定保障。对于投资者来说,如果所面临的是风险较大的投资领域,就应慎重考虑是否选择独资企业的形式,因为一旦经营失败,投资者不仅会失去已投入资金的损失,还会牵涉到个人所有的其他财产。

二、个人独资企业的设立条件和程序

与合伙企业和公司相比,个人独资企业的设立条件较为宽松。按我国《个人独资企业法》规定,设立个人独资企业应当具备下列条件:投资者为一个自然人;有合法的企业名称;有投资者申报的出资;有固定的生产经营场所和必要的生产经营条件;有必要的从业人员。由于投资者需要对独资企业的债务承担无限责任,所以独资企业的名称中不得出现"有限"或"有限责任"字样,以免与独资企业的特征产生矛盾,同时法律也不对独资企业的出资额作具体要求。此外,独资企业的名称通常可以体现行业特点,例如经营旅馆、住宿行业的往往使用"饭店""客栈""旅店"等名称,经营餐饮业的称"饭店""酒店""茶社"等,从事产品制造的称"厂"等。

设立个人独资企业,应当办理商事登记手续。商事登记是企业取得经营资格的必经程序,有利于交易相对人或社会公众获悉特定企业的经营状况和信用,防止商业欺诈,同时也便于国家对企业的管理。设立独资企业,应由投资者向企业所在地的工商登记机关提交申请书以及证明符合设立条件的各种文件,其中申请书的内容包括企业的名称和

> **拓展思考**
>
> 个人独资企业的全部财产转让给他人,独资企业的债务是否也随之发生转让?
>
> 扫一扫

住所、投资人的姓名和居所、投资人的出资额和出资方式、经营范围等;对于符合法律规定的,登记机关在收到设立申请文件之日起 15 日内予以登记,发给营业执照,营业执照的签发日期即是个人独资企业的成立日期。领取营业执照之前,投资者不得以个人独资企业名义从事经营活动。

三、个人独资企业的事务管理

个人独资企业是由一个自然人投资的企业，企业全部资产由投资者所有，投资者对企业有完全的控制权和支配权，故而应由投资者管理个人独资企业的事务。但是，对于规模较大、职工人数较多的独资企业，投资者也不可能亲自管理独资企业的全部事务，因此我国《个人独资企业法》借鉴多数国家的做法，规定独资企业的投资者可以自行管理企业事务，也可以委托或聘用具有民事行为能力者负责企业的事务管理。投资者委托或聘用他人管理个人独资企业事务，应当与受托人和被聘用的人签订书面合同，明确委托的具体内容和授予的权利范围。受托人或被聘用的人员应当履行诚信、勤勉义务，按照与投资者签订的合同负责个人独资企业的事务管理。投资者如果委托或聘用他人管理企业的，受托人或被聘用的人员对外进行营业活动的法律后果由独资企业承担，但归根结底是由投资者承担的。投资者对受托人或被聘用的人员职权的限制，不得对抗善意第三人。

四、个人独资企业的解散与清算

个人独资企业的解散是指独资企业基于某种原因而消灭。一般来讲，独资企业的投资者死亡以及投资者决定解散，都将导致独资企业消灭。

独资企业解散之前应当进行清算，即清理涉及独资企业的债权债务。清算工作既可以由投资者自行清算，也可以由债权人申请法院指定有关机构予以清算。由于独资企业

> **拓展阅读**
>
> 《中华人民共和国个人独资企业法》
>
> 扫一扫

不能独立承担民事责任，其经营所欠债务由独资企业的投资者以其个人财产承担。但是，按我国《个人独资企业法》的规定，个人独资企业解散后，债权人在 5 年内未向债务人提出偿债请求的，投资者承担的偿还责任消灭。

清算期间，独资企业不得开展与清算无关的经营活动。在清偿债务之前，投资者也不得转移、隐匿财产。清算完毕之后，投资者应当向工商登记机关提出注销申请，经办理工商注销登记手续后，个人独资企业才正式消灭。

第三节　合伙企业法

导问：甲和乙两人共同投资设立一家合伙企业，分别出资1万元和2万元，因经营不善发生亏损，以合伙企业全部财产偿付后仍欠有债务10万元，甲和乙对该债务是否有偿付责任？各自的责任怎样？合伙企业如采用不同形态，对上述问题的回答是否有所不同？

一、普通合伙企业

（一）概念和特征

当投资者不想单独投资而是希望与其他投资者共同出资设立一个商事组织时，合伙企业即为可供选择的组织形式之一。普通合伙企业（General Partnership）是指由两个以上的合伙人通过签订合伙协议，依法设立的共同出资、共同经营、共享收益、共担风险并由合伙人承担无限连带责任的企业组织形式。

普通合伙企业具有以下特征：

其一，普通合伙企业必须由两个以上的"人"设立。合伙企业的设立人既可以是自然人，也可以是法人或其他组织，但必须有两个或两个以上的投资者。如果一个投资者单独出资设立一家企业，就谈不上与他人"合伙"，也就不可能是合伙企业。合伙企业的天然属性和社会属性都要求其成员为两人以上。

其二，合伙协议是普通合伙企业得以成立的法律基础。合伙是合伙人为实现共同目的所作的相互约定，表示他们将共享收益、共担风险，合伙在此意义上是一种合同关系。合伙协议也称合伙合同或合伙契约，是全体合伙人签订的规定合伙人权利、义务的协议，对全体合伙人具有法律约束力，主要规范合伙人之间的关系，是联结全体合伙人的纽带。

其三，普通合伙企业是一种"人的联合"。所谓"人的联合"，是指在一般情况下，合伙人之间通常是基于人身信任关系而联合在一起，合伙人之间休戚相关、利害与共，其中一个合伙人的死亡、退出或诚信缺失都可能导致合伙企业解散，直接影响合伙企业的生存。从法律上讲，合伙企业属于人的结合而不是资本的结合，合伙的信用基础是全体合伙人而不是合伙财产。除合伙协议另有约定外，合伙人向合伙人以外的人转让其在合伙企业中的全部或部分财产份额时，须经其他合伙人一致同意；合伙人之间转让在合伙企业中的全部或部分财产份额时，通知其他合伙人即可。

其四，合伙人对普通合伙企业债务承担无限连带责任（Unlimited Joint and Several Liability）。在普通合伙企业中，如果因为经营管理不善导致债务产生，先由合伙企业财产偿还,合伙企业财产不足以清偿的,应由合伙人以自己的个人财产清偿,直至清偿完毕满足债权人的要求,这就是所谓的"无限责任"。同时,每一个合伙人都有义务清偿合伙企业的全部债务,并不能主张仅以自己在合伙企业中的份额为限。例如,甲、乙、丙分别按照20％、30％、50％份额共出资5万元设立合伙企业,并约定按出资比例承担合伙企业债务。现在合伙企业的债务有30万元,而合伙企业的财产只有10万元,如果债权人要求清偿,应当先用价值10万元的合伙企业财产清偿,余下的20万元债务,如果债权人要求乙偿还,则乙有义务全部清偿,而不能仅清偿所谓的比例部分即6万元。也就是说,合伙人中的任何一人都有可能承担其他合伙人理应负担的份额,这就是所谓的"连带责任"。当然,在合伙人内部关系中,任何一个合伙人向外偿还债务超出了自己应当承担的比例,有权向其他合伙人进行追偿,其他合伙人有义务在自己应承担的比例范围内履行偿付义务。

其五,普通合伙企业不具有法人资格。合伙企业有自己的名称或商号,能够以自己的名称或商号对外签订合同,开展经营活动,也可以起诉和应诉,但各国法律通常不认可合伙企业的法人资格。合伙企业的财产事实上归全体合伙人共有,同时必定有合伙人需对合伙企业的债务承担无限责任,合伙企业不能独立承担民事责任。按我国民法规定,法人必须具有独立承担民事责任的能力,合伙企业不具备成为法人的条件。

(二)普通合伙企业的设立

按我国《合伙企业法》等法律的规定,设立普通合伙企业应遵循相应的条件和程序。

1. 设立条件

(1)人的因素

设立普通合伙企业应有两个以上的合伙人,并且都是依法承担无限责任者。合伙人既可以是自然人,也可以是法人或其他组织,合伙人是自然人的,必须是完全民事行为能力人。按我国法律规定,不能从事营利性活动者不得成为合伙企业的合伙人,如法官、检察官、警察和行政机关公务员等;国有独资公司、国有企业、上市公司以及公益性的事业单位、社会团体也不得成为承担无限责任的合伙人。但是,我国法律没有一般性地禁止具有法人资格的公司成为普通合伙企业的合伙人,他们可以自己决定是否参加普通合伙企业成为合伙人。

(2)物的因素

合伙企业应具备一定的财产,这既是合伙企业开展经营的物质条件,也是合伙企业承担责任的法律保障。但是,与公司相比,法律对设立合伙企业没有最低出资额的要求,这是因为合伙企业的财产与合伙人的个人财产尚未完全剥离,即使合伙企业没有多少财产,只要合伙人拥有财产也足以保障合伙企业债权人的利益。合伙人的出资形式,可以是货币、实物、土地使用权、知识产权或其他财产权利,也可以用劳务出资。以劳务出资的,其评估办法应由全体合伙人协商确定,并在合伙协议中载明。所谓以劳务出资,是指合伙人以其智力上或体力上付出的、能够给合伙企业带来利益的劳动作为向合伙企业的出资,但是必须注意区分以劳务出资的合伙人与合伙企业的雇工之间的不同。合伙人应按合伙协议约定的出资方式、数额和期限履行出资义务。

（3）合伙协议

合伙协议具有重要的法律意义，它是合伙企业设立的基础，也是合伙人资格的确定依据。合伙协议是合同的一种，对全体合伙人具有法律约束力。合伙协议的内容一般包括：合伙企业的名称和主要经营场所的地点；合伙目的和合伙经营范围；合伙人姓名或者名称、住所；合伙人的出资方式、数额和缴付期限；利润分配、亏损分担方式；合伙事务的执行；入伙与退伙；争议解决办法；合伙企业的解散与清算；违约责任等。至于合伙协议的形式，不同国家有不同的要求，我国《合伙企业法》规定应以书面形式订立。修改或补充合伙协议，应当经全体合伙人一致同意，但合伙协议另行约定修改合伙协议程序和投票比例的，法律允许其另作约定。

（4）合伙企业名称

合伙企业拥有自己的名称，既区别于其他企业，也能满足合伙企业经营的需要。合伙企业名称的内容，应包括企业所在行政区划的名称、字号、行业或经营特点、组织形式等。由于普通合伙企业的合伙人需要对企业债务承担无限连带责任，所以禁止在普通合伙企业的名称中使用"有限""有限责任"等字样，以免造成混乱。为了体现行业或经营特点，合伙企业在名称中选用的行号可以是"厂""旅馆""店""吧""楼""堂"等通用行号。为了说明普通合伙的组织形式，通常是在确定行号后，在企业名称中以括号形式加以后缀，标注"普通合伙"字样，例如"绍兴市舒尔雅洗衣店（普通合伙）"。

（5）经营场所和从事合伙经营的相关条件

合伙企业应有一定经营场所，否则无法开展生产经营活动。没有经营场所，交易相对人就不便与合伙企业联系，政府也无法对其进行有效管理，如涉及诉讼也无法确定法律文书的送达地。合伙企业依据从事业务的性质和规模，可以只有一处经营场所，也可以设置多处经营场所。此外，如果法律对合伙企业的设立规定了其他特殊要求，合伙企业的设立还必须满足这些条件。

2. 设立程序

设立合伙企业是否需到有关国家机关办理登记手续，各国立法有所不同。按我国《合伙企业法》规定，申请设立合伙企业，应当向工商登记机关提交登记申请书、合伙协议、合伙人身份证明等文件。合伙企业的经营范围中有属于法律、行政法规规定在登记前须经批准的项目的，该项经营业务应当依法经过批准，并在登记时提交批准文件。

合伙企业的营业执照签发日期，是合伙企业成立日期。合伙企业的登记事项包括企业名称、营业地点、经营方式、经营范围、合伙人、出资方式、出资额等。

合伙企业成立与合伙协议成立是两个不同的概念。合伙协议在合伙人意思表示相一致时成立，一经成立，即在合伙人之间产生法律约束力。在合伙企业成立（营业执照签发）之前，合伙协议是合伙人履行出资、办理登记和筹备开业的行为依据，合伙人此时只能以个人名义而不是合伙企业名义对外交易。

（三）合伙企业的财产

合伙企业不具有独立的法人资格，也无法拥有完全独立于合伙人的财产。合伙企业的财产归根结底属于合伙人共有,只是对于这种共有究竟属于按份共有还是共同共有,学界观点不一。同时,合伙企业可以"非法人组织"的身份进行商事活动,成为商事法律关系的主体,其财产因此也具有一定的独立性。

按我国《合伙企业法》的规定,合伙企业的财产由两部分组成,其一是合伙人出资形成的财产,其二是合伙经营创造、积累的财产。合伙人向合伙企业履行出资义务而投入财产后,不能就其投入的特定财产主张可对抗其他合伙人的所有权或使用权,因为该财产的所有权或使用权已经归合伙企业,并已融入合伙企业的整体财产之中。合伙企业对依法取得的各项财产拥有相应权利,除法律另有规定外,合伙人在合伙企业清算前,不得请求分割合伙企业的财产。

> **知识拓展**
>
> 按份共有和共同共有

(四)普通合伙企业的内部关系

普通合伙企业的内部关系主要是指合伙人之间的关系。合伙人之间的权利、义务关系通常由合伙协议具体规定。

1.合伙人的主要权利

(1)执行合伙企业事务的权利

普通合伙企业在本质上属于合伙人的共同经营联合体,不具有法人资格,也没有法定的组织机构来代表合伙企业。合伙人均享有管理参与权和事务决策权,合伙企业的一切事务理应由全体合伙人共同决定,但如果事无巨细都要经过全体合伙人协商一致通过,难以保证议事的效率。法律因而规定,经过全体合伙人的一致同意,合伙企业的事务执行可以采取灵活的方式,可以由全体合伙人采用协商一致的方式共同执行合伙企业事务,也可以将合伙企业事务的管理权委托给某一个或某几个合伙人,还可以聘任合伙人以外的人员管理合伙企业的事务。

按我国《合伙企业法》规定,除合伙协议另有约定外,合伙企业的重大事务应当经全体合伙人一致同意,具体包括:改变合伙企业的名称;改变合伙企业的经营范围、主要经营场所的地点;处分合伙企业的不动产;转让或处分合伙企业的知识产权或其他财产权利;以合伙企业名义为他人提供担保;聘任合伙人以外的人担任合伙企业的经营管理人员。

(2)监督、检查企业账目的权利

由一个或数个合伙人执行合伙企业事务的,执行合伙事务的合伙人应当定期向其他合伙人报告事务执行情况以及合伙企业的经营和财务状况。不参加执行合伙事务的合伙人有权监督执行事务的合伙人,检查其执行合伙企业事务的具体情况,并可以提出异议。合伙人提出异议时,应当暂停该项事务的执行。

(3)分配企业利润的权利

合伙企业的利润分配,首先应按照合伙协议的约定办理。合伙协议约定的比例,不必与合伙人的出资比例相一致,只要合伙人协商一致,可以自行约定利润分配的比例。在合伙协议没有规定时,按照出资比例分配还是平均分配,各国的做法有所不同。我国《合伙企业法》规定,"合伙企业的利润分配、亏损分担,按照合伙协议的约定办理;合伙协议未约定或约定不明确的,由合伙人协商确定;协商不成的,由合伙人按照实际缴纳的出资比例分配、分担;无法确定出资比例的,由合伙人平均分配、分担。"

2. 合伙人的主要义务

(1)履行出资的义务

合伙人有义务按照合伙协议约定的出资数额、方式、期限出资,合伙人因不按合伙协议的要求履行出资义务给其他合伙人造成损失的,应赔偿其损失。我国《合伙企业法》还规定,除合伙协议另有约定外,合伙人非经其他合伙人一致同意,不得向合伙人以外的人转让其在合伙企业中的全部或部分财产份额。

(2)忠诚的义务

合伙人对合伙企业负有忠诚义务,主要包括竞业禁止和自我交易禁止。竞业禁止,是指合伙人不得自营或同他人合伙经营与合伙企业相竞争的业务。自我交易禁止,指除合伙协议另有约定或全体合伙人同意外,合伙人不得同本合伙企业进行交易。竞业禁止,主要是考虑到合伙人在合伙企业之外自营或再同他人合伙经营与合伙企业相竞争的业务,将损害合伙企业的利益。交易主体之间的利益有相互冲突的一面,合伙人与合伙企业进行交易,合伙企业的利益有可能受到侵害,因此一般禁止自我交易,除非全体合伙人同意或合伙协议另有约定。合伙人违反忠诚义务给合伙企业造成损害的,应当承担赔偿责任。

(3)分担企业亏损的义务

合伙企业的亏损分担,首先应按照合伙协议的约定办理。合伙协议约定的比例,不必与合伙人的出资比例相一致,只要合伙人协商一致,可以自行约定亏损分担的比例。在合伙协议没有规定时,按我国《合伙企业法》规定,由合伙人协商确定;如协商不成,由合伙人按照实际缴纳的出资比例分担;无法确定出资比例的,由合伙人平均分担。

(五)普通合伙企业的外部关系

普通合伙企业的外部关系,主要是指合伙企业与第三人之间的关系。

1. 合伙企业的对外代表

在普通合伙企业中,每一个合伙人在合伙企业的业务范围内,都有权作为合伙企业或其他合伙人的代理人,对外从事交易活动。也就是说,每一个合伙人都可以代表合伙企业或其他合伙人对外与第三人订立合同,即使该合伙人根据合伙协议并不享有代表权,这就是合伙人的相互代理原则。例如,甲、乙、丙出资设立一家合伙企业,根据合伙协议的规定,甲是合伙企业的负责人,对外代表合伙企业订立合同,进行经营管理,而乙、丙不参与合伙企业事务的执行,如果乙以合伙企业名义与丁订立一份买卖合同,该合同并不因此而当然无效。据此可以认为,个别合伙人执行合伙企业事务和对外代表合伙企业的经营行为,被认为存在着全体合伙人的默示授权。

当然,相互代理原则只是就善意第三人而言的。我国《合伙企业法》规定:"合伙企业对合伙人执行合伙事务以及对外代表合伙企业权利的限制,不得对抗善意第三人。"合伙人只要在正常业务范围按通常方式处理属于该合伙企业事务,其对外实施的法律行为,就对合伙企业具有约束力,法律也不禁止合伙企业对合伙人对外执行事务的行为进行限制,但这种限制要对第三人发生效力,必须以第三人知道为前提,如第三人不知情并且无法知情,则内部限制不能对抗此第三人。善意第三人,是指与合伙企业善意进行民事行为的人,包括善意取得合伙财产以及善意与合伙企业设定其他法律关系的人。

2. 合伙企业的债务承担

合伙企业的债务,是指合伙企业存续期间因经营活动而产生的债务。按照我国《合伙企业法》的规定,普通合伙企业对其债务,应以合伙企业的全部财产进行清偿;普通合伙企业财产不足清偿到期债务的,各合伙人应当承担无限连带责任。

合伙企业虽不具有独立的法人资格,但仍可作为民商事法律关系的主体,合伙企业的财产具有相对独立性。在合伙企业拥有财产的情况下,合伙企业的债权人如果可以越过合伙企业财产而直接向合伙人主张无限连带责任,对于实际履行赔付责任的合伙人未免不公。更何况很多情况下合伙企业财产已足以偿付合伙企业债务,如果直接要求合伙人承担无限连带责任,反而会引起不必要的追偿程序。因而首先以合伙企业的财产进行清偿,不仅在理论上站得住脚,在实践中也行得通。

> **拓展思考**
>
> 如果合伙人的个人债权人和合伙企业的债权人都要求以合伙人的个人财产和其在合伙企业财产中的份额来满足自己的债权时,应如何确定履行债务的先后顺序?
>
> 扫一扫

合伙人对合伙企业财产享有的份额也是合伙人的个人财产,可用于清偿其个人债务,但首先应以合伙企业外的个人财产清偿。我国《合伙企业法》规定,"合伙人的自有财产不足清偿其与合伙企业无关的债务的,该合伙人可以其从合伙企业中分取的收益用于清偿;债权人也可以依法请求人民法院强制执行该合伙人在合伙企业中的财产份额用于清偿"。

(六)普通合伙企业的入伙与退伙

1. 入伙

新合伙人的入伙,是指合伙企业存续期间,第三人加入合伙企业而成为合伙人。以下两种情形就涉及新合伙人的入伙:其一,合伙人以外的人从现有合伙人手中取得全部或部分份额。这种入伙可能是因为买卖、赠与或继承等事由发生。在这种情况下,新合伙人入伙后,合伙企业的原有资本总额保持不变。其二,合伙人以外的人出资,取得合伙企业的合伙人资格。在这种情况下,新合伙人入伙后,合伙企业的资本总额会有所增加。

由于合伙人是人的组合,是合伙人之间人身信任关系的体现,所以新合伙人入伙,除合伙协议另有约定外,以全体合伙人一致同意为条件,未获一致同意的,不能入伙。新合伙人入伙,应当订立书面入伙协议,原合伙人应告知合伙企业的经营状况和财务状况。

除合伙协议另有约定外,新入伙人与原合伙人享有同等权利、承担同等责任。新入伙人对合伙企业以前的债务承担责任,各国的法律规定不尽一致。有的规定新合伙人对于加入前合伙企业所负的债务与其他合伙人承担相同的责任,有的规定新合伙人对其入伙前合伙企业所欠的债务不承担责任。我国《合伙企业法》规定,新入伙人对入伙前合伙企业的债务承担无限连带责任,其立法理由是无法清楚划分入伙前后的财产范围,也不鼓励企业做两套账。这种做法的优点是有利于现有合伙关系的稳定以及保护债权人利益,缺点则是限制了合伙企业扩大规模。

2.退伙

合伙人退伙,是指合伙企业存续期间,合伙人退出合伙从而丧失合伙人资格。退伙的形式有法定退伙、声明退伙和除名退伙等三种。

法定退伙,又称当然退伙,是指基于法律的直接规定而丧失合伙人资格,即合伙人一旦在合伙期间出现了法律规定的某种特殊情况,就丧失合伙企业的合伙人资格。按照我国《合伙企业法》规定,合伙人有下列情形之一的,当然退伙:①作为合伙人的自然人死亡或者被依法宣告死亡;②个人丧失偿债能力;③作为合伙人的法人或其他组织依法被吊销营业执照、责令关闭、撤销,或者被宣告破产;④法律规定或者合伙协议约定合伙人必须具有相关资格而丧失该资格;⑤合伙人在合伙企业中的全部财产份额被人民法院强制执行。因上述退伙事由之一导致退伙的,退伙事由实际发生之日为退伙生效日。

声明退伙,也就是自愿退伙,是指通过向其他合伙人作出意思表示而退伙。按我国《合伙企业法》规定,合伙人的自愿退伙,因合伙协议是否约定有经营期限而有所不同。合伙协议约定合伙期限的,在合伙企业存续期间,有以下情形之一的,合伙人可以退伙:①合伙协议约定的退伙事由出现;②经全体合伙人一致同意;③发生合伙人难以继续参加合伙的事由;④其他合伙人严重违反合伙协议约定的义务。合伙协议未约定合伙期限的,合伙人在不给合伙企业事务执行造成不利影响的情况下,可以退伙,但应当提前30日通知其他合伙人。

除名退伙,是指合伙人因严重违反合伙协议或有其他严重损害合伙企业利益的行为,而被其他合伙人一致决定开除而导致的退伙。我国《合伙企业法》规定,合伙人有下列情形之一的,经其他合伙人一致同意,可以决议将其除名:①未履行出资义务;②因故意或重大过失给合伙企业造成损失;③执行合伙事务时有不正当行为;④发生合伙协议约定的事由。对合伙人的除名决议应当书面通知被除名人,被除名人接到除名通知之日,除名生效,被除名人退伙。除名退伙,实际上是其他合伙人决议解散与被除名人合伙关系的行为,被除名人如有异议,可以自接到除名通知之日起30日内,向人民法院起诉,人民法院将依据具体情况决定除名是否有效。

合伙人退伙后将丧失合伙人身份,其他合伙人应当与退伙人按照退伙时的合伙企业财产状况进行结算,退还退伙人的财产份额。退伙人对给合伙企业造成的损失负有赔偿责任的,相应扣减其应当赔偿的数额。退伙时有未了结的合伙企业事务的,待该事务了结后进行结算。退伙人在合伙企业中财产份额的退还办法,由合伙协议约定或者由全体合伙人决定,可以退还货币,也可以退还实物。合伙人退伙后,对于退伙前的原因发生的合伙企业债务,仍需向债权人承担无限连带责任。

(七)特殊的普通合伙企业

自 20 世纪 80 年代以来,在英美国家产生了一种适合于合伙制律师事务所、合伙制会计师事务所的合伙组织形态,这就是有限责任合伙(Limited Liability Partnership,LLP)。在传统的普通合伙中,合伙人需要对事务所业务的风险承担无限连带责任,合伙人的压力很大,事务所要做大、做久面临很多困难,有限责任合伙就是在这样的背景下产生的。我国《合伙企业法》对英美国家的这一形态予以吸收,将其规定为"特殊的普通合伙企业"(Special General Partnership)。

特殊的普通合伙企业不同于一般的普通合伙企业,它是指在普通合伙企业中一个合伙人或数个合伙人在执业活动中因故意或重大过失造成合伙企业债务的,应当承担无限责任或无限连带责任,其他合伙人以其在合伙企业中的财产份额为限承担责任。例如,甲、乙、丙想要共同投资设立一家合伙形式的专利代理机构,但相互间不愿承担因为其中一人重大失误可能产生的连带赔偿责任,如因不适当公开使智力成果丧失了新颖性等,采用特殊的普通合伙企业就可以免除他们的后顾之忧。当然,合伙人在执业活动中因故意或重大过失造成的合伙企业债务,以合伙企业财产对外承担责任后,该合伙人应当按照合伙协议的约定对给合伙企业造成的损失承担赔偿责任。

特殊的普通合伙本质上仍属于普通合伙,只是在特定情况下,没有过错的合伙人对合伙企业的债务承担有限责任而已。合伙人在执业活动中非因故意或重大过失造成的合伙企业债务以及合伙企业的其他债务,仍由全体合伙人承担无限连带责任。这种合伙一般只适用于以专门的技能和知识为客户提供服务的合伙企业,如商标代理机构等。特殊的普通合伙企业应当在名称中标明"特殊普通合伙"字样。特殊的普通合伙企业应当建立风险基金、办理职业保险;执业风险基金用于偿付合伙人执业活动造成的债务。

二、有限合伙企业

我国于 1997 年 2 月颁布《中华人民共和国合伙企业法》(以下简称"我国《企业合伙法》"),之后于 2006 年 8 月进行了修订,修订时增加规定了有限合伙的组织形式。

(一)概念

有限合伙企业(Limited Partnership),是指在两个以上的合伙人中,至少有一人对合伙企业的债务承担无限责任,同时至少有一个合伙人仅以自己的出资额为限对合伙企业的债务承担责任的合伙组织形式。承担无限责任(如果是两人以上则是无限连带责任)的合伙人是普通合伙人,承担有限责任的合伙人称为有限合伙人,有限合伙是普通合伙人和有限合伙人的组合。例如,甲邀请财力雄厚的朋友乙共同设立合伙企业,所需资金由乙提供,乙尽管看好该经营项目的发展前景,但是考虑到投资一旦失败,自己需要承担无限责任,因而有所顾虑,此时就可以采用有限合伙企业的形式,满足甲乙双方的各自需要。有限合伙企业的名称中应当标明"有限合伙"字样。有限合伙企业是合伙企业的一种,在某些方面与普通合伙企业有相同之处,下文主要围绕有限合伙企业的特别之处展开介绍。

(二)设立条件

按我国《合伙企业法》的规定,与普通合伙企业相比,有限合伙企业的设立有着特殊的条件。

其一,主体要件。有限合伙企业应当各有普通合伙人和有限合伙人一名以上。《合伙企业法》没有对普通合伙企业的人数上限作规定,却规定有限合伙企业由2个以上50个以下合伙人设立,法律另有规定的除外。

其二,出资要件。有限合伙人可以用货币、实物、知识产权、土地使用权或者其他财产权作价出资,但不得以劳务出资。有限合伙人不得执行合伙企业事务,不参与合伙企业的经营管理,如允许以劳务作为出资,势必与有限合伙人的身份相违背。

其三,合伙协议要件。合伙协议除了具备设立普通合伙企业的合伙协议应当载明的事项外,还应当载明下列事项:①普通合伙人和有限合伙人的姓名或者名称、住所;②执行事务合伙人应具备的条件和选择程序;③执行事务合伙人权限与违约处理办法;④执行事务合伙人的除名条件和更换程序;⑤有限合伙人入伙、退伙的条件、程序以及相关责任;⑥有限合伙人和普通合伙人相互转变程序。

(三)有限合伙人的权利和义务

1.有限合伙人的主要权利

其一,利益分配方面的权利。有限合伙人不参与企业事务的执行,有限合伙人的利益分配通常贯彻按资分配的原则,即按照出资的多少决定分配的数额,具体的分配方式由合伙协议规定。按我国《合伙企业法》第69条的规定,有限合伙企业的合伙协议可以约定将全部利润分配给部分合伙人。当合伙企业的盈利处于较低的水准时,普通合伙人可以放弃参与分配,而只保障有限合伙人的最低限度的利益分配。合伙协议甚至可以约定以银行存款利息为最低标准,以保障有限合伙人的投资回报。

其二,投资处分的权利。有限合伙人出资的转让相对自由,未经普通合伙人一致同意,也可以将自己在合伙企业中的份额转让给其他人,除非合伙协议另有约定。有限合伙人按照合伙协议的约定,向合伙人以外的人转让其在有限合伙企业中的财产份额的,应当提前30日通知其他合伙人。

其三,独立从事个人业务的权利。有限合伙人不参与企业的经营管理,对外也不能代表合伙企业进行商事活动,企业的经营管理均由普通合伙人负责,因此法律不禁止有限合伙人同有限合伙企业进行交易,也不禁止有限合伙人自营或与他人合作经营与有限合伙企业相竞争的业务,除非合伙协议另有约定。

拓展阅读

《中华人民共和国合伙企业法》

扫一扫

其四,对经营管理进行监督的权利。有限合伙人不执行合伙企业事务,不参与经营管理合伙企业,但对经营管理享有监督的权利。按我国《合伙企业法》第 68 条的规定,以下行为是正常的监督行为,不能视为是执行合伙企业事务的行为:①参与决定普通合伙人的入伙、退伙;②对企业的经营管理提出建议;③参与选择承办有限合伙企业审计业务的会计师事务所;④获取经审计的有限合伙企业财务会计报告;⑤对涉及自身利益的情况,查阅有限合伙企业财务会计账簿等财务资料;⑥在有限合伙企业中的利益受到侵害时,向有责任的合伙人主张权利或提起诉讼;⑦执行事务合伙人怠于行使权利时,督促其行使权利或者为了本企业的利益以自己的名义提起诉讼等。

2. 有限合伙人的主要义务

有限合伙人的义务包括合伙协议所约定的义务和法律直接规定的义务。有限合伙人的主要义务包括:

首先,履行出资的义务。有限合伙人可以用货币、实物、知识产权、土地使用权或者其他财产权作价出资,但不能以劳务出资。有限合伙人应当按照合伙协议的约定按期足额缴纳出资;未按期足额缴纳的,应当承担补缴义务,并对其他合伙人承担违约责任。

其次,不得参与合伙企业的事务执行。在有限合伙企业中,仅由普通合伙人执行合伙企业事务,有限合伙人不执行合伙企业事务,不得对外代表有限合伙企业。有限合伙人无权代表合伙企业进行交易,但第三人有理由相信有限合伙人为普通合伙人并与其交易的,该有限合伙人对该笔交易承担与普通合伙人相同的责任,即对该笔交易产生的债务承担无限连带责任。有限合伙人未经授权以有限合伙企业名义与他人进行交易,给有限合伙企业或者其他合伙人造成损失的,该有限合伙人应当承担赔偿责任。

(四)有限合伙人的入伙与退伙

1. 入伙

有限合伙人的入伙条件和程序由合伙协议进行约定。按我国《合伙企业法》的规定,有限合伙人与普通合伙人在入伙后的效力有所不同。新入伙的普通合伙人对合伙企业之前的债务承担无限连带责任,而新入伙的有限合伙人对入伙前合伙企业的债务,以其认缴的出资额为限承担责任。

2. 退伙

有限合伙人并不直接执行合伙企业事务,并以其出资额为限对合伙企业债务承担责任,因此在退伙原因上与普通合伙存在一定的差别。作为有限合伙人的自然人死亡、被依法宣告死亡或者作为有限合伙人的法人及其他组织终止时,并不会直接导致退伙,其继承人或者权利承受人可以依法取得有限合伙人在合伙企业中的资格。如果作为有限合伙人的自然人在有限合伙企业存续期间丧失民事行为能力的,其他合伙人不得因此要求其退伙。有限合伙人丧失偿债能力的,也不会因此发生当然退伙。

有限合伙人退伙后,对基于其退伙前的原因发生的有限合伙企业债务,以其退伙时从有限合伙企业中取回的财产为限承担责任。

三、合伙企业的解散与清算

合伙企业的解散,是指基于一定的原因使合伙关系消灭,合伙企业不复存在。合伙企业,无论是普通合伙企业还是有限合伙企业,既可因合伙人协商一致而解散,也可因法律规定的原因而解散,如合伙人人数不足且未能及时补足、合伙经营期限届满且合伙人决定不再经营、合伙协议约定的解散事由出现、被吊销营业执照或责令关闭或被撤销、合伙目的已经实现或无法实现等。

合伙企业解散应当进行清算。清算是指合伙企业解散后,依照一定程序了结企业事务,收回债权、清偿债务并分配财产,最终使合伙企业终止的程序。清算人由全体合伙人担任;经全体合伙人过半数同意,可以自合伙企业解散事由出现后 15 日内指定一个或数个合伙人,或者委托第三人,担任清算人。自合伙企业解散事由出现之日起 15 日内未确定清算人的,合伙人或者其他利害关系人可以申请人民法院指定清算人。

> **拓展思考**
>
> 有限合伙人转为普通合伙人,或者普通合伙人转为有限合伙人,为什么都需要对转变身份之前的合伙企业债务承担无限连带责任?
>
> 扫一扫

清算人在清算期间执行下列事务:①清理合伙企业财产,分别编制资产负债表和财产清单;②处理与清算有关的合伙企业未了结事务;③清缴所欠税款;④清理债权、债务;⑤处理合伙企业清偿债务后的剩余财产;⑥代表合伙企业参加诉讼或者仲裁活动。清算期间,合伙企业存续,但不得开展与清算无关的经营活动。

合伙企业财产在支付清算费用和职工工资、社会保险费用、法定补偿金以及缴纳所欠税款、清偿债务后,尚有剩余财产的,由合伙人按照利润的分配方式进行分配;合伙企业财产不足以清偿的,普通合伙人仍应当承担无限连带责任。

第四节　公司法

> **导问**:甲、乙、丙三人计划投资从事某种产品的研发、生产和销售,他们一致认为该项目的投资回报较高,同时也承认存在着巨大亏损的风险,甲、乙、丙都不愿对可能产生的损失承担无限责任,此时应怎么解决?有限公司与股份公司有何异同?

一、公司的概念和特征

(一)概念

公司(Corporation)是指依法成立的以营利为目的的企业法人。公司是目前世界各国最主要的企业组织形式。就《中华人民共和国公司法》(以下简称"我国《公司法》")规定而言,公司是指股东依照《公司法》的规定,以出资方式设立,股东以其认缴的出资额或认购的股份为限对公司承担责任,公司以其全部财产对公司债务承担责任的企业法人。

(二)公司的特征

1. 法定性

公司的法定性,指公司依据有关法律而成立,非依法定的条件和程序不得成立公司,不受公司法保护;公司应当在法律许可的范围内从事活动。我国《公司法》所称的公司均须依照《公司法》在中国境内设立。所谓依照我国《公司法》设立,包括所设公司的种类、公司设立的条件和程序等都应符合我国《公司法》。不依照我国《公司法》和不在中国境内设立的公司,不是我国《公司法》上所称的公司。

2. 营利性

公司是以营利为目的的经济组织,营利性是公司的本质特征之一。这一特征与个人独资企业、合伙企业并无区别。公司的营利性有两层含义:其一,设立公司的目的是获取利润。任何投资者出资设立公司,其目的都是为获取利润,尽管结果可能是亏损,但并不因此违背以营利为目的的特征,这也是公司与其他法人,如机关法人、事业单位法人的主要区别所在。其二,公司应连续地从事同一性质的经营活动。公司作为以营利为目的经济组织,必须是连续不断地进行经营活动,且其从事的经营活动有固定的内容,即有确定的经营范围。

3. 法人性

法人是具有民事权利能力和民事行为能力,依法独立享有民事权利、承担民事义务的组织。法人的法律意义在于,某一组织如具有法人资格,则意味着其能够以自己的名义独立从事法律活动并作为权利义务的归属点。公司作为法人组织,其具体表现在以下几方面:

首先,公司拥有独立的财产。这种独立财产是公司赖以进行业务经营活动的物质条件和经营条件,也是其承担财产义务和责任的物质保障。它包含以下三层含义:其一,公司的财产来自股东投资。公司的股东一旦把自己投资的财产交给公司,就丧失了对该财产的所有权,转而取得股权,亦即股东权或股份权;而公司则享有对财产的所有权。其二,在公司存续期间,股东投资于公司的财产已经属于公司所有,股东就无权抽回这部分财产。只有当公司解散清算时,股东才能取得剩余的财产。其三,公司作为一个独立的经营主体,应有与其经营规模相适应的财产作为它自己的财产。

其次,公司设有独立的组织机构。这种组织机构包括公司的管理机构和公司的职能部门,前者是对内形成决策、管理公司事务,对外代表公司进行业务活动的机构,如股东会、董事会、监事会、经理等,后者如公司的会计、审计部门、采购部门、销售部门等。完善的组织机构是公司进行正常经营活动的组织条件,也是公司法对每个公司提出的法定要求。

> **知识拓展**
>
> 公司法人人格的否认

最后,公司独立承担民事责任。公司以其全部财产对外承担民事责任,公司的全部财产不但包括由股东出资形成的公司的全部资本,也包括资本在运营过程中所形成的增值;股东除了缴纳出资外,不对公司的债务直接承担责任,即使公司资不抵债也不例外,股东和公司是两个不同的权利主体、责任主体。

二、公司的种类

公司类别很多,从不同角度以不同标准对公司做不同分类,有助于深刻认识和理解公司的概念和实质,也有助于在实践中合理选择和鉴别公司的类型。

(一)法定分类

1. 我国公司的法定类型

按照我国《公司法》规定,公司可分为有限责任公司和股份有限公司两种类型。本节关于公司法律制度的介绍,如无特别说明,均系就我国《公司法》规定而言。

> **拓展阅读**
>
> 《中华人民共和国公司法》

有限责任公司简称有限公司(Limited Liability Company),就是股东仅仅以自己认缴的出资额为限对公司的债务承担责任,公司以自己的全部财产对外承担责任的公司。

股份有限公司简称股份公司(Company Limited by Shares),公司的全部资本划分为等额的股份,股东以其认购的股份为限对公司债务承担责任,公司以自己的全部财产对外承担责任的公司。

2. 大陆法系国家公司的法定类型

按照法国、德国、日本、瑞士等大陆法系国家公司法的规定,公司可以分为有限责任公司、股份有限公司、无限公司、两合公司和股份两合公司。其中,有限责任公司与股份有限公司的含义与我国公司法相同。

无限公司,是无限责任公司的简称,它是由两个以上的股东组成,全体股东对公司的债务承担无限连带责任的公司。无限公司实质上具有合伙企业的性质。

两合公司,是指由部分无限责任股东与部分有限责任股东共同组成,前者对公司债务负无限连带责任,后者对公司债务仅以其出资额为限承担责任。两合公司相当于英美法系国家的有限合伙企业。

股份两合公司,是指由无限责任股东和有限责任股东共同组成,前者对公司债务负无限连带责任,后者则以其所持股份为限承担责任的公司。股份两合公司与两合公司的区别在于:股份两合公司中的有限责任股东的出资划分为等额股份,而两合公司中的有限责任股东的出资不采用股份形式。

在长期的公司实践中,无限公司和两合公司已经很少为投资者所采用,而股份两合公司基本上已经名存实亡,有些国家的立法明确废止了这一公司形态。作为现代企业典型组织形式的主要是有限责任公司和股份有限公司,这两种公司形态在大陆法系国家中被投资者普遍采用。

3. 英美法系国家的法定类型

同样是以股东对公司责任形式为标准进行的分类,英美法系国家的分类与大陆法系国家的分类并不完全相同。英美法系不追求分类的系统化和条理化,美国法关于公司类型的规定尤为松散,美国以外的英美法系国家中较为常见的是股份有限公司、担保有限公司和无限公司。

股份有限公司,是指股东对公司所负的责任以其持有的股份为限的公司,其含义与大陆法系国家的股份有限公司相同。

担保有限公司(Company Limited by Guarantee),又称保证有限公司,这种公司依据股东的承诺即可成立,股东承诺的主要内容是:如果公司清算而其为股东时,或者股东身份终止后一年内,该股东将向公司分担出资不超过自己在保证书中载明的金额。担保有限公司可分为有股本的担保有限公司和无股本的担保有限公司。

无限公司(Unlimited Company),是指股东对公司债务承担无限责任的公司。在英国法中无限公司是一种较为古老的公司形式,随着股份有限公司的兴起,其数量呈逐步减少的趋势。

(二)学理分类

1. 母公司和子公司

母公司(Parent Company)和子公司(Subsidiary Company)是根据公司之间投资所形成的控制关系而进行的分类。

母公司又称控股公司,指向其他公司投资从而拥有其他公司一定比例股份并直接掌握其经营的公司。控股公司可分为纯粹的控股公司和混合的控股公司,前者一般只以控股为主要目的,后者既控制股份,又从事其他业务。传统上,母公司对其他公司的控制需持有该公司 50% 以上的股份,但随着股东的多元化、股份的分散化,实践中一般无须持有半数以上股份即可控股。

子公司是母公司的对称,是指接受其他公司投资并在股权上受该公司控制的公司。子公司虽被母公司控股,但它仍然是独立法人,有自己的独立人格,以自己的财产独立承担责任。

母公司和子公司的划分实际上揭示的是公司相互间的投资与被投资关系。

2. 总公司和分公司

总公司(Head Office)和分公司(Affiliated Office)是按公司内部管辖关系所进行的分类。

总公司又称本公司,是管辖公司全部组织的总机构,总公司本身具有独立的法人资格,能够以自己名义直接从事经营活动。总公司对公司系统内的业务经营、资金调度、人事安排等具有统一的决定权。按我国相关法律规定,具有三个以上分支机构的公司,才可以在名称中使用"总公司"字样,因此具有三个以上分公司的公司才能称为总公司。

分公司是总公司的对称,是总公司的分支机构,在法律上不具有独立的法人资格,仅为总公司的附属机构。分公司是公司为拓宽经营领域和范围,增加经营的灵活性,在其住所地以外设立的从事经营活动的机构,它本身只是公司的组成部分,而非独立的公司形态。它没有法人资格,没有独立的财产,没有独立的章程,没有独立的法人机关,也不能独立承担法律责任,其业务活动的法律后果要由总公司承担。分公司的这一特点将其与子公司相区别。不过分公司仍具有经营资格,需办理营业登记并领取营业执照,分公司可以自己名义订立合同,也可以自己名义参加诉讼。在证券、银行和保险业等社会对其信用度要求较高的行业,通常采取设立分公司而非子公司的方式来拓展业务活动。在我国,分公司被认为是"其他组织"的一种,具有民事主体地位,分公司这一特征将其与公司的职能部门区分开来。

3. 本国公司、外国公司和跨国公司

按公司的国籍不同,可以将公司分为本国公司、外国公司和跨国公司。关于公司国籍的确定,国际私法上有不同的标准,有的以设立登记地为标准,有的是公司住所地为标准,有的以设立人的国籍为标准,有的以公司实际控制人的国籍为标准,有的采用复合标准,如以公司住所地和设立登记地结合起来作为标准。

我国对本国公司的确定,采用复合标准,即按照中国法律组成并在中国境内设立为标准。因此,依据我国法律组成并在我国境内设立的公司属于我国公司,在我国设立的中外合资经营企业、中外合作经营企业和外资企业都属于我国公司。

外国公司是指公司不具有本国国籍而隶属于外国国籍的公司。对于外国公司国籍的

> **拓展思考**
>
> 集团公司的法律地位怎样?
>
> 扫一扫

确定,我国目前采用注册成立地说。我国《公司法》规定:"本法所称外国公司,是指依照外国法律在中华人民共和国境外设立的公司。"

跨国公司是以一国为基地或中心,在不同国家设立子公司、分公司,从事国际性生产经营活动的经济组织。跨国公司是跨越国界的公司集团,并不是一个独立的法律实体,而是一个经济意义上的实体,体现为分布于不同国家的多个公司之间的法律关系,包括母公司、子公司、总公司和分公司等相互之间的关系和特殊联系。因此,跨国公司不是公司法上的概念,也不由公司法调整。

三、公司的作用

公司是现代社会中最主要的企业组织形式,公司在经济发展和人类进步的过程中发挥着独特而巨大的作用。

(一)聚集资本

资本是企业生存的先决条件,是进行生产和经营的最重要物质基础。资本的获得主要有两个渠道:积累和募集。而在经济发展极其迅速的时代,靠积累为企业提供资本是低效率的,通过募集获得资本是捷径。

公司在资本募集方面具有天然的优势。公司通常是由若干股东联合出资形成的经济组织,它能解决单个资本不足的问题,实现资本社会化的需要。以股份有限公司为例,它将公司资本分为等额股份,以股票形式面向社会公众发行,任何人都可以通过购买股票成为股东,公司则迅速聚集起巨额资本。

公司不仅在成立之时能发挥聚集资本的作用,在成立之后同样可以发挥聚集资本的作用。各国法律通常赋予公司发行债券的权利,股份公司还能发行新股。由于债券和股票具有很强的流通性,所以公司能够很容易地在证券市场上募集到资金。此外,由于股东的出资或者股份不得撤回,只要公司不解散,公司就拥有稳定的资本,从而给公司的发展提供良好的保障。

(二)科学管理

企业的发展离不开资本和物力,更离不开人力。在人的因素中,如何科学有效地对企业实施管理,是所有企业面临的重大课题。公司以其独特的管理机制,能够实现管理的科学化、效率化。

首先,公司实行所有权与管理权相分离的制度,呈现出管理独立化、专业化的特征。公司由众多股东出资或认购股份而形成,但并非每个股东都参与公司管理,而是由股东选出管理者,由相对独立、专业的管理层控制公司,股东则依照法律规定享有资产收益、重大事项决策等权利。

其次,公司拥有完善的法人治理结构,并且权力行使多元化。公司将决策权、管理权和监督权分别赋予不同的机构,即股东会享有决策权,董事会行使管理权,监事会享有监督权。股东会拥有选举、决策、审批等多项职权,而董事会对股东会负责,其职权为执行股东会的决议、制定各种方案等,监事会或监事则行使检查公司财务、监督董事、高级管理人员行为的职权。公司通过这种多元化的权力行使方式,形成权力分工与制约的机制,能够科学有效地进行管理。

(三)控制风险

从事经济活动总是存在着风险,降低风险、保证收益成为人们参与经济活动永恒的目标。在各种企业组织形式中,公司无疑是风险最小的一种,它通过有限责任制度,能有效控制风险,从而鼓励投资。

在独资企业和合伙企业中,企业主和普通合伙人需要为企业的债务承担无限责任,这使得投资者面临巨大的风险,因为企业的安危关乎着投资者个人财产的安危,企业的重大亏损可能带来投资者个人的倾家荡产。

在公司制度中,股东和公司是两个独立的权利主体,他们享有不同的权利,各自承担不同的责任。股东向公司出资,公司由此拥有自己独立的财产,享有企业法人财产权;与此同时,股东对自己投入公司的财产丧失了所有权,取得的是股权。在公司财产与股东财产分离的情况下,公司自主经营,以其全部财产对公司债务承担责任,而股东以其出资额或所持股份为限对公司承担责任。这意味着股东的责任被限制在其出资额或所持股份的范围内,超出此范围,股东概不负责,从而割断了公司责任与股东责任的连带,使股东的投资风险得到有效的控制。

四、公司法基本制度

有限责任公司和股份有限公司各有自己的特征,也各有相应的制度,同时也会有共同的特征及制度,在此要介绍的是它们的共同制度。

(一)公司的资本制度

1. 公司资本的概念

公司的资本(Capital)是指记载于公司章程并由股东认缴构成的公司财产。投资者将财产投资以设立公司,在丧失财产所有权的同时取得了股权,享有资产受益权、重大决策权和选择管理者等权利;公司则享有"由股东投资形成"的财产所有权。公司资本其实就是公司股东认缴并借助于公司经营获取盈利的本钱。

2. 公司资本制度的类型

各国公司法所规定的资本制度各具特色,从不同角度可以作不同的归纳。

（1）资本实缴制

资本实缴制（Paid-in Capital System），又称资本确定制，是指公司在设立时，在公司章程中明确记载公司的资本总额，必须由股东全部认足并予实缴、实收的一种公司资本制度。

实缴资本制有利于确定公司的资本结构，能有效维护交易安全和保护债权人利益，并能在一定程度上遏制公司的滥设。但是，实缴资本制对于资本充足的要求过于严厉，增加了设立公司的难度，不利于公司的尽快成立；公司在设立之初一般需要的资本较少，如果硬性规定股东在公司设立之初缴足资本，很可能会造成资本的闲置，导致社会资源的浪费。

（2）资本认缴制

资本认缴制（Subscribed Capital System），是指公司在设立时将公司资本总额记载于公司章程，但并不要求股东立即实际缴纳，只需由股东认缴、认购，并按章程等文件规定履行出资义务的一种公司资本制度。

我国《公司法》经 2013 年修订后实行完全的资本认缴制，不再对公司的实缴资本进行规定，但法律、行政法规以及国务院决定对公司注册资本实缴另作规定的除外（例如商业银行、信托公司、保险公司、贷款公司、证券公司等特殊性质的公司）。在完全的资本认缴制下，实行了注册资本的"零首付"。公司股东在发起协议或设立协议、合资合同、认股书、增资协议等具有法律效力的法律文件和法律行为中的同意或认缴构成民商法上的承诺，成为股东必须承担的法律义务。

采用完全的资本认缴制后，实践中出现了一些盲目认缴、天价认缴、出资期限过长等现象。这些问题，一方面虚化了注册资本表示公司资金信用的作用，增加了市场交易信用的判断评估成本，致使出现公司多年实际出资为"零"的现象；另一方面，在法律制度层面弱化了对公司股东出资的约束，客观上影

拓展思考

公司资产与公司资本有何区别？何者决定公司的对外偿债能力？

扫一扫

响了投资的真实性和有效性，加大了发生债权股权纠纷的概率。2023 年修订的《公司法》在保留认缴制的前提下，强化了对股东出资期限的制度性约束，对于保障交易安全、保护债权人利益能起到积极作用。按照新修订的《公司法》，除另有规定外，有限责任公司全体股东认缴的出资额由股东按照公司章程的规定自公司成立之日起 5 年缴足；公司不能清偿到期债务的，公司或者已到期的债权人有权要求已认缴出资但未届出资期限的股东提前缴纳出资。股份有限公司的发起人应当在公司成立前按照其认购的股份全额缴纳股款。

3. 公司最低资本额制度

公司最低资本额制度，是指《公司法》对公司的注册资本设定最低要求，只有满足最低注册资本要求，公司才能有效成立。《公司法》规定最低注册资本额，其目的主要有二：其一是通过法定最低资本额的强制性规定，促使公司拥有最基本的物质条件，以保障公司成立后的正常生产经营之需，避免"空壳公司"的产生；其二是为约束股东、防止股东滥用公司人格和股东有限责任，使公司有最低的资本信用，从而有效保护债权人的利益。

我国《公司法》采用认缴资本制后，不再对公司的最低资本额作规定，但法律、行政法规

以及国务院决定对注册资本最低限额另作规定的除外。也就是说，普通的公司在理论上可以是"1 元公司"。

4.股东出资的典型形式

我国《公司法》第 48 条规定："股东可以用货币出资，也可以用实物、知识产权、土地使用权、股权、债权等可以用货币估价并可以依法转让的非货币财产作价出资；但是，法律、行政法规规定不得作为出资的财产除外。对作为出资的非货币财产应当评估作价，核实财产，不得高估或者低估作价。法律、行政法规对评估作价有规定的，从其规定。"

货币是公司资本中最基本、最具效用的一种资本形态。股东用货币出资，既可以准确计算出资额，也可以直接使用，具有方便快捷的优点。现行《公司法》没有对现金资本的比例作最低要求。以货币出资的，应将货币出资足额存入公司在银行开设的账户。

实物主要是指建筑物、机器设备等有形财产，包括动产和不动产。股东用以出资的实物，应当为股东所有或有权处分，并向公司进行所有权转移，该项转移应当依照法律规定以登记或交付的方式进行公示。

知识产权包括专利权、商标权、著作权及非专利技术。专利技术代表着科学技术的创新和进步，它在社会生产中的应用，也会带来巨大的经济价值。专利类型包括发明、实用新型和外观设计等。商标可以表明商品的质量和信誉，尤其是驰名商标，因其代表知名商品特有的质量和信誉而具有巨大的经济价值。用于出资的著作权没有特定限制，一般多为适用著作权保护的计算机程序，但并不排除其他著作权类型。非专利技术又称专有技术，是指没有获得专利权保护的技术秘密，其客观存在的价值往往对公司具有重要意义。

我国实行土地公有制，所以在土地权出资方面独具特色：用于出资的只能是土地使用权而不是土地所有权；用于出资的土地使用权只能是国有土地使用权而不能是集体土地使用权；用于出资的土地使用权只能是出让土地使用权，而不能是划拨土地使用权（因为划拨土地使用权是社会组织基于其特定的社会职能而从国家手中无偿得到的，出让土地使用权是使用者向国家交纳一定土地使用金而得到的，而投资者用土地使用权出资是一种商业营利性投资行为，因此其使用的土地不能是无偿得到的）；用于出资的土地使用权应是没有设定任何权利负担（如抵押权等）的土地使用权。

股权投资作为一项资产，由投资者拥有并且可以给企业带来经济利益，这项资产既可以转让，也就应当允许其作为出资。债权是投资者对第三人享有的财产利益，可以用货币估计价值，依法可转让的债权也可以用来作为出资。

股东或者发起人不得以劳务、信用、自然人姓名、商誉（商业信用与声誉）、特许经营权或者设定担保的财产等作价出资。劳务、信用、自然人姓名、商誉具有价值难以确定和无法有效转移的特点，因而不能作为股东的出资。特许经营权是相关政府部门经过审查合格后才准许经营的，如烟草、石油的特许经营权，如果允许以特许经营权出资，则会造成特许经营权的滥用。设定担保的财产，在担保权人主张行使权利的情况下，将使出资变得不具有实质意义。

(二)公司治理结构

1. 概念和产生原因

公司治理结构是指为维护股东、公司债权人以及社会公共利益,保证公司正常有效的运营,由法律和公司章程规定的有关公司组织机构之间的权力分配和相互制衡的制度体系。

公司的资本来自股东,但并不是所有股东都可以直接参与公司的经营,在公司所有权和经营权发生分离的情况下,如何约束经营者以维护股东的利益呢? 公司的所有权与经营权发生分离,管理规模较小的公司并不是难事,由大股东自己管理即可,但对于规模较大的公司,为提高效率,聘任股东以外的人员担任经理管理人员的现象普遍出现。非股东人员可能不关心公司利益或股东利益,即使有股东参与管理,进行管理的股东也可能漠视其他股东利益,此时就应当注重公司机关的设置及其作用。

此外,从债权人和社会公众角度而言,公司具有独立的法律人格,意味着不但有自己独立的财产,还要有自己独立的意思。公司财产是对外独立承担责任的物质基础,公司经营过程中保持稳定的、一定数量的财产作为公司对外承担债务的基础,就显得尤为重要。要做到这一点,就必须保证公司不被股东或管理者利用,能够独立形成不受外界影响的意思,这就是公司独立的意思,必须由相应的机制确保公司独立意思的产生。

2. 主要模式

各国法律关于公司治理结构的规定不同,总体而言,可将各国的公司治理结构分为以下几种模式:

(1)单层委员会制

在英美法系国家,公司治理结构实行单层委员会制,即公司只设股东会与董事会,而不设专门的监事会或监察人,董事会由股东会产生并向其负责。由于该模式以美国和英国为代表,故又称英美模式。在该模式中,股东会作为公司的权力机关,是公司利益的唯一享有者,但股东会的权力实际上仅限于公司法与章程明文列举的部分,未列举部分均由董事会行使。董事会在公司治理结构中处于核心地位:董事会是公司的经营决策机关,对公司日常的经营活动作出决策,同时任命公司的高级管理人员执行公司业务。在董事会中还设立各种委员会,其中较重要的是由外部董事组成的审计委员会,代表董事会行使公司业务、财务的监督权。由此可见,单层委员会制模式在董事会内部实行经营权与监督权的分离。

(2)双层委员会制

在德国等大陆法系国家实行双层委员会制,即公司设立具有上下级关系的股东会、监事会和董事会,股东会是公司的最高权力机关,股东会选举产生监事会,负责公司的监督事宜,监事会推选董事,组成董事会负责公司的经营事务。

(3)单层二元委员会制

单层二元委员会制以日本为代表。在该模式下,监事会和董事会都由股东会选举产生,两者相互独立并处于并列地位。也有学者称之为并列型双层委员会制。鉴于该模式实际上并未形成监事会与董事会相互隶属的双层结构,而是两者在股东会下处于并列地位,故不能列入双层委员会制范畴。由于其仅具有单层结构而董事会与监事会又处于并列地位的特征,可称之为单层二元委员会制。

经 2023 年修订的我国《公司法》预设的是单层二元委员会制,即股东会是权力和决策机构,董事会是执行机构和经营机构,监事会是监督机构;三机构之间相互独立、相互制衡,确保公司各方利益的均衡和合理目标的实现。同时规定,可以按公司章程的规定在董事会中设置由董事组成的审计委员会,行使监事会的职权,不设监事会。这实际上赋予公司自行采用单层委员会制的模式。

3. 公司治理的机构

按我国《公司法》预设的单层二元委员会制模式,公司治理机构包括股东会、董事会和监事会。

（1）股东会

股东会（Board of Shareholders）,是公司的权力机构。股东会由全体股东构成,是股东行使股东权的机构,是公司的最高权力机关。从理论上讲,股东会对公司的一切重要事务都有决策权,但股东会决策议事程度复杂,许多小股东对公司事务并无兴趣,各国通行的做法是,仅在公司法中明确列举必须由股东会行使和由公司章程规定须经股东会决议的事项,其他事项的决策均由董事会行使。

股东会决定公司的设立、变更、消灭事宜,决定董事会成员,决定公司章程和其他重大事项以及其他对公司利益有较大影响的事项。按我国《公司法》规定,股东会行使下列职权:①选举和更换董事、监事,决定有关董事、监事的报酬事项;②审议批准董事会的报告;③审议批准监事会的报告;④审议批准公司的利润分配方案和弥补亏损方案;⑤对公司增加或者减少注册资本作出决议;⑥对发行公司债券作出决议;⑦对公司合并、分立、解散、清算或者变更公司形式作出决议;⑧修改公司章程;⑨公司章程规定的其他职权。

股东行使表决权的一般原则可以概括为"一股一票"和"资本多数决"。资本是公司的基础,按照资本平等原则,公司必须以出资为依据在股东间分配权利,实行权利按资分配的平等。因此,在股份有限公司,股份作为资本的计量单位,同时成为计量股东权利的基本单位,对表决权的行使,实行同股同权、一股一票;在有限责任公司,一般按出资比例行使表决权。

拓展阅读

李建军诉上海佳动力环保科技有限公司公司决议撤销纠纷案（指导案例 10 号）

扫一扫

（2）董事会

董事会（Board of Directors）是公司的业务执行机构和经营决定机构。董事会由股东选举出的董事组成,代表股东对内进行经营管理,对外代表公司开展业务经营。按我国《公司法》规定,董事会对股东会负责,行使下列职权:①召集股东会会议,并向股东会报告工作;②执行股东会的决议;③决定公司的经营计划和投资方案;④制定公司的利润分配方案和弥补亏损方案;⑤制定公司增加或者减少注册资本以及发行公司债券的方案;⑥制订公司合并、分立、解散或者变更公司形式的方案;⑦决定公司内部管理机构的设置;⑧决定聘任或者解聘公司经理及其报酬事项,并根据经理的提名决定聘任或者解聘公司副经理、财务负责人及其报酬事项;⑨制定公司的基本管理制度;⑩公司章程规定或者股东会授予的其他职权。

董事会议案实行委员会制,按照少数服从多数的原则形成董事会意思,董事会的意思就是公司的意思。规模较小或者股东人数较少的公司可不设董事会,仅设董事一名。

（3）监事会

监事会（Board of Supervisors）是公司的监督机构。监事会由股东选举产生的监事和公司职工民主选举产生的监事组成。规模较小或者股东人数较少的公司,可以不设监事会,设一名监事。有限责任公司经全体股东一致同意,也可以不设监事。

按我国《公司法》规定,监事会、不设监事会的公司的监事行使下列职权:①检查公司财务;②对董事、高级管理人员执行公司职务的行为进行监督,对违反法律、行政法规、公司章程或者股东会决议的董事、高级管理人员提出罢免的建议;③当董事、高级管理人员的行为损害公司的利益时,要求董事、高级管理人员予以纠正;④提议召开临时股东会会议,在董事会不履行该法规定的召集和主持股东会会议职责时召集和主持股东会会议;⑤向股东会会议提出提案;⑥依法对董事、高级管理人员提起诉讼;⑦公司章程规定的其他职权。

（三）公司当年税后利润的分配

公司当年税后利润是指利润减去应纳税额后的余额。完税后的利润才是公司的净利润,只有存在税后利润,才有分配的可能。如果公司当年亏损,则不存在税后利润,也不存在分配的问题。公司在有年度利润的情况下,是否可以在缴纳所得税后将税后利润全部分配给股东呢?股东分配时,是否必须按照股东的股权或股份比例进行?

1. 公司税后利润的分配顺序

税后利润的分配关系到公司、股东、债权人、公司职工和国家等不同主体的切身利益,这些主体之间的利益并不完全一致。因此,税后利润的分配并不完全由公司自己决定,也不可以任意决定,我国《公司法》对税后利润的分配范围、顺序等作了具体而明确的规定。

（1）弥补上一年度亏损

公司的法定公积金不足以弥补上一年度亏损的,在提取法定公积金之前,应当先用当年利润弥补亏损。当然,如果公司的法定公积金足以弥补上一年度公司亏损,则无须用当年利润弥补上一年度公司亏损。

（2）提取法定公积金

法定公积金,又称法定盈余公积金,是指由法律强制规定必须提取的公积金。公司分配当年税后利润时,应当提取税后利润的10％作为公司法定公积金。当公司法定公积金累计额为公司注册资本的50％以上的,可以不再提取。

（3）提取任意公积金

任意公积金,又称为特别盈余公积金,指依照股东会决议提取的公积金。依据公司法规定,公司在从税后利润中提取法定公积金后,经股东会决议,可以提取任意公积金。关于任意公积金提取的比例、最低提取额及其用途,公司法均没有规定,应当由公司章程或股东会决议作出明确规定。

（4）盈余分配

所谓盈余,又称为可分配的利润,指公司弥补亏损和提取公积金后所余税后利润。依公司法规定,公司弥补亏损和提取公积金所余利润应分配于股东。

2. 公司税后利润分配的决定机关

首先,由董事会提出方案。不论是有限责任公司还是股份有限公司,均由董事会制定税后利润分配和弥补亏损的方案。董事会制定这一方案不仅是权利也是义务。股东会召开之时,董事会应提出而未提出上述方案,应视为未履行职责。同时,董事会也应对上述方案的合法性和妥当性承担责任。

其次,由股东会批准方案。董事会提出的税后利润分配方案和弥补亏损方案应经股东会审议,股东会认为其合于法定要求并具有合理性、可行性的即予以批准,其批准方法适用普通决议程序。

3. 盈余分配

盈余分配的条件是须有盈余,即公司弥补历年亏损和提取公积金后有所余利润。只有当这种盈余存在时,才能对股东分配利润。

有限责任公司按照股东实缴的出资比例分配红利,但是全体股东约定不按出资比例分配红利的除外;股份有限公司按照股东持有的股份比例分配,但股份有限公司章程规定不按持股比例分配的除外。

公司持有本公司的股份不得分配利润。因为公司是一个营业的企业法人,公司分配利润给股东是营利本质的表现,而公司将利润分配给公司则是自己给自己分配利润,有违营利本质。同时,将利润分配给公司也等于将部分可分配利润重新划为公司收入,而该收入又成为下次的部分可分配利润。如此循环,并不合理。

盈余分配有两种方式:一种是现金或票据支付。公司分配盈余于股东,其股东所得,有限责任公司称"红利",股份有限公司称"股利"。无论是前者还是后者,均以支付现金或相应金额票据为原则。另一种是股份分派。股份有限公司分配盈余还可采取股份分派方式,也就是将应分配给股东的股利的一部分或全部,以发行新股方式实现。公司以股份分派方式分配股利,应经股东会决议。发行新股就意味着增加资本,必须修改公司章程,股东会的决议采用特别决议程序,经出席股东会的股东所持表决权的 2/3 以上通过。

如果违法分配盈余,就违反了"有盈余可分,无盈余不分"的原则,或者违反了公司利润依顺序分配的原则。违法分配盈余损害了公司债权人和公司的合法权益,应予以纠正,股东必须将违反规定分配的利润退还公司。

4. 公积金的用途

公积金,又称为储备金,是指公司为了增强自身财力,扩大业务范围,预防意外亏损,依照法律、公司章程的规定以及股东会决议,而从公司税后利润中提取的累积资金。

公积金作为储备基金,对公司的生存和发展意义重大。一方面,市场充满各种风险,公司盈亏难以预测,将盈利年的盈余留作储备,可以用以弥补亏损年份的空缺,从而维持公司运转所必需的财产和抵御市场风险的基本手段;另一方面,必要的公积金储备不仅代表着公司的竞争能力,也有利于公司捕捉商机,当公司想扩大业务范围和经营规模而需要追加投资时,采用公积金追加投资或转增资本的方式,无疑是一种高效、便捷且低成本的方案。

公积金的主要用途是:一是弥补公司的亏损;二是扩大公司生产经营;三是转增公司资本。转增资本有两个方法:其一是按股东原有股份比例派送新股;其二是增加每股面值,但是法定公积金转为资本时,所留存的该项公积金不得少于转增前公司注册资本的25%。

(四)公司的合并、分立和组织形式的变更

1. 公司的合并

公司合并是指两个或两个以上的公司订立合并协议,不经过清算程序,直接合成为一个公司。公司合并是公司经营过程中经常发生的行为,参加合并的公司的动机或目的主要有:迅速发展公司的业务,扩大公司的实力;减少竞争对手或对抗竞争对手;产生互相协作、取长补短的效果。原来公司的债权债务由合并后的公司全面承受。公司合并可分为吸收合并和新设合并。

吸收合并(Merger),也称兼并,是指一个公司吸收其他公司,被吸收的公司解散。例如,1996年12月美国波音公司合并麦道航空公司,具有76年历史的麦道航空公司在合并之后不复存在。

新设合并(Consolidation),是指两个或两个以上的公司合并后,在合并各方均归于消灭的同时,另外创设出一个新的公司。例如,1998年国泰证券公司与君安证券公司合并,原国泰证券有限公司和原君安证券有限公司不再存在,而成立一个新的公司——国泰君安证券有限公司。

无论是吸收合并还是新设合并,都具有如下特征:第一,除了吸收合并中的吸收公司存续外,其他公司的法人资格均归于消灭;第二,因合并而被消灭了的公司的财产及债权债务,均为存续公司或新设公司所概括承受;第三,因合并而被消灭了的公司的股东,均被存续公司或新设公司所接收。

2. 公司的分立

公司分立是指一个公司不经过清算程序,分立成两个或两个以上的公司。公司分立的主要目的是调整公司的业务经营和进行组织再造。公司分立可以实现业务的专门化经营,提升公司的经营效率,还可以有效回避反垄断法的管制。

公司分立分为新设分立和存续分立。新设分立,也称解散分立,是指一家公司分成两个以上的公司,原来的公司解散。存续分立,又称派生分立,是指一家公司分成两个以上的公司,原来的公司仍然继续存在。

公司分立以后,分立之前公司的债务由分立之后的公司承担连带责任,但公司分立之前与债权人已经就债务清偿达成协议的除外。例如,甲公司打算分立后成为乙、丙两家公司,分立之前与公司债权人丁公司达成协议,丁公司的债权由分立以后的乙公司承担,那么,公司分立后,丁公司只能向乙公司主张债权,与丙公司无关;相反,如果没有协议,乙、丙公司都

有义务清偿分立之前的债务。

3. 公司组织形式的变更

公司组织形式的变更,是指在不改变原有公司法人资格的前提下,将公司从一种组织形式变更为另一种组织形式的行为和结果。

不同的公司组织形式具有不同的优缺点,也各具不同的针对性和适应性。投资者在设立公司时可基于自身情况,选择最符合自己利益的公司组织形式。但是,投资者的选择可能存在缺陷,并在公司运营期间发现此前的错误选择;或者公司设立后由于资本结构、经营规模等发生变化,原本适合的组织形式逐渐变得不符合实际需要。例如,有限责任公司为吸收更多的资本,股东人数不断增加,以致达到数十人之多,在此情况下为提升公司的经营决策能力,使股权有自由转让的空间,就可以考虑将其转换为股份有限公司,消除有限责任公司较浓厚的人合公司色彩。申言之,公司在某些情况下有必要调整现有的组织形式,使其满足实际经营的需要。公司组织形式的调整固然可以采取终止原有公司、设立新公司的方式,但是这种方式将对业务经营产生重大影响,因而各国法律一般都规定,公司可以在不解散原有公司、不中断其营业及法人资格的情况下,通过一定程序实现组织形式的变更。

公司具有法定性,因而公司只能在法律规定的不同类型的公司之间变更组织形式。我国《公司法》确认的公司形式包括有限责任公司和股份有限公司,公司组织形式的变更包括有限责任公司变更为股份有限公司和股份有限公司变更为有限责任公司两种情形。不同的公司形式有不同的设立条件,因此,公司组织形式的变更应当符合新的组织形式所要求的法定条件。有限责任公司变更为股份有限公司的,应当符合《公司法》规定的股份有限公司的条件;股份有限公司变更为有限责任公司的,应当符合《公司法》规定的有限责任公司的条件。

公司组织形式发生变更的,公司变更前的债权、债务由变更后的公司享有、承担。

(五)公司的解散与清算

1. 公司的解散

公司解散(Dissolution)是指公司因发生法律或章程规定的除破产以外的解散事由而停止经营活动,并进行清算的状态和过程。公司解散的特征是:①解散的目的和结果是公司永久性停止存在并消灭法人资格和市场经营主体资格;②债权人和有关机关在作出公司解散决定后,公司并未立即终止,其法人资格仍然存在,一直到公司清算完毕并注销后才消灭其主体资格;③公司解散必须经过法定清算程序。为了维护债权人和所有股东的利益,法律规定公司解散时须组成清算组织进行清算,以公平清偿债务和分配公司财产。但是,公司因合并或分立而解散时,不必进行清算,因为公司合并必须要向债权人提供相应的担保,否则公司不得合并,公司分立后一般由各分立后公司承担连带责任,公司合并或分立后仍有债权债务承受者,债权债务关系也不会消灭。

依据公司解散的原因不同,解散分为自愿解散和强制解散。

自愿解散,又称任意解散,是指基于公司章程或股东会决议而解散。自愿解散是基于公司自身的意思而发生,属于自愿行为,而非法律的强制。自愿解散的事由包括以下四方面:

①公司章程规定的营业期限届满，公司未形成延长营业期限的决议。在我国，经营期限是公司章程任意规定的事项，如果公司章程中规定了经营期限，在此期限届满前，股东会可以形成延长经营期限的决议，如果没有形成此决议，公司即进入解散程序。②章程规定的其他解散事由出现。公司章程可以对解散事由作出规定，如果章程规定了解散事由，公司在经营过程中，规定的解散事由出现时，公司应当解散。③股东会形成公司解散的决议。股东会作为公司的权力机关，可以决定公司的存亡，股东会作出解散公司的决议的，公司也应当解散。按我国《公司法》规定，有限责任公司经代表 2/3 以上表决权的股东通过，可以作出解散公司的决议；股份有限公司经出席会议的股东所持表决权的 2/3 以上通过，也可以作出解散公司的决议。④因公司合并或分立而解散公司。当公司吸收合并时，吸收方存续，被吸收方解散；当公司新设合并时，合并各方均解散。当公司分立时，如果原公司存续，则不存在解散问题；如果原公司分立后不再存在，则原公司应解散。

强制解散，是指政府有关机关决定或法院判决而发生的解散。具体分为行政解散和司法解散。行政解散是指公司因依法被吊销营业执照、责令关闭或者被撤销而解散。这种解散属于行政处罚方式，在公司经营严重违反工商、税收、劳动、市场、环境保护等对公司行为进行规制的法律法规时，为了维护社会秩序，有关违法事项的主管机关可以作出决定以终止其主体资格，使其永久不能进入市场进行经营。

司法解散，是指公司经营管理发生严重困难，继续存在会使股东利益受到重大损失，通过其他途径不能解决时，法院根据股东的请求而强制解散公司。我国《公司法》第 231 条规定："公司经营管理发生严重困难，继续存续会使股东利益受到重大损失，通过其他途径不能解决的，持有公司全部股东表决权百分之十以上的股东，可以请求人民法院解

拓展阅读

林方清诉常熟市凯莱实业有限公司、戴小明公司解散纠纷案
（指导案例 8 号）

扫一扫

散公司。"这一规定主要解决的是公司僵局问题，即公司的运行机制完全失灵，公司管理机构无法对公司的任何事项作出任何决议，公司的一切事务陷于瘫痪。此时，赋予股东请求解散公司的权利，就成为公司法保护股东利益的重要途径。

2. 公司的清算

我国实行"先散后算"制度，除因合并或分立导致公司解散外，凡解散公司都应进行清算（Liquidation），成立清算组织，停止一切经营性活动，而只能依法进行清算范围内的事情。公司清算是指公司解散后，依照一定程序了结公司事务，收回债权、清偿债务并分配财产，最终使公司终止的程序。

公司解散需要进行清算，主要是基于以下原因：其一，公司通常拥有众多股东，所有权与经营权分离，为防止实际管理公司的董事、经理或控股股东在公司终止之前私自处分公司财产或不公平分配公司财产，损害公司股东利益，需要以法定程序对公司财产进行公平的清算，以保护所有股东的利益；其二，股东对公司承担有限责任，公司债务由公司财产进行清偿，公司财产是公司债权人利益的保障，公司终止前依法定的清算程序以公司财产对债权人进行清偿，能够更好地保障债权人利益和经济秩序的稳定；其三，公司终止还会影响公司职工等相关人利益，为保障职工利益，也必须通过法定程序分配公司财产。

在进入清算程序后,公司便进入终止前的特殊阶段,其权利能力和行为能力出现重大变化。公司清算的法律后果是:①清算期间,公司法人资格和主体资格并没有立即消灭,只是业务活动范围受到限制。②清算期间,公司的代表机构为清算组织。公司董事会不再依其职责代表公司,公司的财产、印章、财务文件等均由清算组织接管。清算组

拓展阅读

上海存亮贸易有限公司诉蒋志东、王卫明等买卖合同纠纷案(指导案例9号)

织负责处理公司未了结的事务,并以公司名义代表公司对外进行诉讼。③清算期间,公司不得再进行新的经营活动,公司的全部活动应局限于清理公司已经发生但尚未了结的事务,包括清偿债务、实现债权以及处理公司内部事务。④清算期间,公司财产在分别支付清算费用、职工工资、社会保险费用和法定补偿金,缴纳所欠税款,清偿公司债务后的剩余财产,有限责任公司按照股东的出资比例分配,股份有限公司按照股东持有的股份比例分配。⑤清算的最终结果是公司法人资格消灭,公司终止。清算结束,公司所有事务了结,债务清偿完毕,公司财产已全部被分配,此时,清算组织即可向公司登记机关申请公司注销,最终消灭公司全部权利义务关系,公司终止。

公司应当在解散事由出现之日起15日内成立清算组,开始清算。清算组由董事组成,但是公司章程另有规定或股东会决议另选他人的除外。逾期不成立清算组进行清算的,利害关系人可以申请人民法院指定有关人员组成清算组进行清算。

清算组的主要职责包括:清理公司的财产;负责通知或公告债权人;负责处理与清算有关的公司尚未了结的事务;清理债权债务;代表公司参与民事诉讼活动等。

清算组在清理公司财产后发现财产不足清偿债务的,应当向人民法院申请宣告破产。公司经人民法院裁定宣告破产后,清算组应当将清算事务移交给人民法院。

五、有限责任公司

(一)概念

有限责任公司简称有限公司,按我国《公司法》规定,是指由50个以下股东共同投资设立,每个股东以其认缴的出资额为限对公司承担责任,公司以其全部财产对外承担责任的企业法人。

(二)特征

1.股东人数有限

各国公司法对有限责任公司股东一般都有最高人数限制,我国《公司法》规定为50人以

下。之所以对有限公司的股东人数作限制,是因为有限公司的股东通常是公司经营者,所以各股东之间应相互了解、相互信任,如果股东过多,不但各股东之间难以沟通,而且形成多数意见的时间过长也会耽搁公司的商业机会。或者说,有限责任公司在一定程度上具有"人合"的特点,股东之间基于人身信任关系才组织到一起设立公司,这就决定了股东人数不应太多。

2. 股东以认缴的出资额为限承担责任

有限责任公司中的"有限"系指其股东承担的是有限责任,即仅以其认缴的出资额为限对公司承担责任,股东按约定履行出资义务的,公司的债权人不能就公司债务直接向股东主张权利,股东也没有替公司偿还债务的义务。股东与公司属于不同的人格,彼此之间不能相互替代。

3. 公司设立程序和组织机构的简便性

有限公司只有发起设立,而无募集设立,组织机构也比较灵活、简单,可不设立董事会或监事会,而只设执行董事、监事。发起设立,是指由发起人认购公司应发行的全部股份(或股权)而设立公司。募集设立,是指由发起人认购公司应发行股份(或股权)的一部分,其余股份(或股权)向社会公开募集或特定对象募集而设立公司。

4. 公司的封闭性

有限公司的资本只能由全体股东认缴,而不得向社会公开募集,公司发给股东的书面证明是"出资证明书";同时,由于有限公司不向社会募集股份,其会计账簿也不用向社会公开;此外,对股东向股东以外的人转让出资也有限制,这是由有限公司"人合"特点决定的。

5. 人合性兼资合性

有限公司具有一定的人合性,股东之间有一定的人身信任关系;有限公司又具有资合性,能独立承担民事责任,公司盈余须首先弥补上一年度亏损和提取法定公积金后才能用于股东分配。当然,有限公司的资合性略强些,呈现出以资合为主兼具人合的特点。

有限公司因其人合性和封闭性的特点,一般难以成长为大型企业,总体而言,有限公司是更符合中小企业需要的公司形式,在各国实践中,大多数中小企业都采用了有限公司的形式。在我国,外商投资公司基本上都采用有限公司形式,国有企业的公司化改制也主要采取有限公司形式进行,因而我国的一些有限公司规模较大。

(三)设立条件和设立程序

1. 设立条件

(1)股东人数符合法定要求

各国公司法一般都规定有限公司股东人数的上限,我国《公司法》规定为 50 人,至于下限,则取决于各国是否承认一人公司,不承认一人公司的其下限是 2 人,承认一人公司的其下限是 1 人。我国《公司法》承认一人公司。

（2）股东认缴出资

设立有限公司须有符合公司章程规定的全体股东认缴的出资额。有限责任公司的注册资本为全体股东认缴的出资额总和。

（3）制定有章程

各国公司法都要求有限公司设立时必须订立公司章程（Articles of Corporation）。公司章程是规范股东权利义务的宪章，也是公司经营活动的准则。有限公司章程由全体发起人共同制定。公司章程的内容一般包括公司名称和住所；公司的经营范围；股东姓名或名称；公司的注册资本总额和各股东认缴的出资方式、出资额和出资时间；公司组织的构成、职权和议事规则；公司法定代表人等。公司章程对公司以及公司的股东、董事、监事和高级管理人员具有法律约束力。

（4）有公司名称、组织机构

公司名称是公司组成的一部分，是公司特定化的标志，而且，公司名称本身就是公司的无形资产，是公司商誉的载体。有限公司应当依法建立相关的组织机构，为公司进行生产经营提供条件。

（5）固定的生产经营场所和必要的生产经营条件

公司开展生产经营活动，应当有固定的生产经营场所，同时还应当具备必要的生产经营条件。

2. 设立程序

有限公司只能采取发起设立的方式，发起人既可以是自然人，也可以是法人。自然人应当具有完全民事行为能力，法人作为发起人应当委托完全民事行为能力人代表其参与公司设立事宜。发起人应当签订发起协议，就设立公司事宜作出安排。在公司章程制定后，向工商登记机关办理设立登记手续并领取营业执照。

有限责任公司的设立基本上采用准则设立原则。设立有限责任公司，除法律、行政法规规定需要经有关部门审批外，凡符合上述条件的，均可直接办理工商登记。应当事先申请政府部门批准的有三种情况：一是特定行业的公司，如设立保险公司需经保险监督管理机构批准；二是公司的经营项目中有须经政府机关审批的，如设立医药公司时含有生产新品种药品的项目则须经卫生行政管理部门批准；三是外国投资者在依法需要取得许可的行业、领域进行投资的，应依法办理相关许可手续。

申请政府部门批准时，由全体股东所指定的代表或其共同委托的代理人向工商登记机关申请设立登记，并提交相关的法律文件。工商登记机关对公司设立登记的申请应进行审查，符合法定条件时予以登记并发给营业执照，不符合法定条件时则不予以登记。

（四）股权的转让

1. 概念和法理基础

有限责任公司的股东权，一般包括股东基于对公司的投资而享有的利益分配权、公司重大事务决策参与权和管理者选择权。有限责任公司股东出资的转让被称为股权转让。股权转让是指有限责任公司的股东依照一定的程序把自己的股权让与受让人,由受让人取得股权而成为公司的股东。

股权转让是一种股权的买卖行为;股权转让不改变公司的法人资格,股权转让完成后,公司股东发生变化,在股权全部转让的情况下,出让方的原股东地位被受让方取代,受让方成为公司的股东;股权转让是一种要式行为,除须符合实体条件外,还应完成法定程序。

有限责任公司股权转让制度的法理基础在于有限责任公司不同于其他公司组织形态的特殊属性。有限责任公司兼具人合与资合的特点,使得其股权转让制度呈现出既不同于作为纯粹资合性公司的股份有限公司,又不同于纯粹人合性公司的无限公司的复杂特征。在人合公司中,法律注重投资者的个人信用以及他们之间的相互信任,法律原则上允许投资者自由退股;相反,在资合公司中,公司的存续并不依赖于投资者个人的财富与信用,资本被看成是公司唯一的信用根基,法律虽然不允许股东退股,但允许股份自由转让。

投资者转让股权,其最终目的是回收投资,法律一般应当赋予投资者以回收投资或者说退出公司的权利。但是,有限责任公司兼具人合与资合的特性,股东回收投资或者退出公司的行为就要受到两方面的约束:一方面,人合性和封闭性使其股东不能像股份有限公司的股东那样可以自由转让股份;另一方面,资合性又使其受到传统公司法理论上资本维持原则的约束,股东不像纯粹的人合公司那样允许自由退股。这样,一旦有限责任公司股东谋求回收投资时,法律就只能很困难地在人合与资合的夹缝中为其寻找退出公司的途径。事实上,有限责任公司股权转让制度的实质就是在保证股东回收投资与维持公司的人合兼资合属性之间作出平衡,公司法通常安排的是"有限制的股权转让"制度。

2. 股权的内部转让

股权的内部转让,是指股权在股东之间转让。股东之间存在信任关系是有限责任公司构造成立的基础,这一基础遭到破坏,极有可能导致公司解体;在股东之间转让股份,就排除了陌生人进入公司的机会,当然不会影响原股东之间的信任关系。

按我国《公司法》的规定,有限责任公司的股东之间可以相互转让其全部或者部分股权,公司章程另有规定的除外。因此,如果公司章程对股东内部转让股权另有规定的,按照规定办理,这体现了法律对公司和股东意思自治的尊重。如果没有规定,股权在股东之间可自由转让,如两个以上股东要求购买的,协商确定各自的购买比例;协商不成的,按照转让时各自的持股比例分配购买转让的股权。转让股权的价格,可以协商定价或者评估作价。

3. 股权的外部转让

股权的外部转让,是指股东将其股权向公司股东以外的人转让的行为。由于外部转让意味着新成员的加入,这势必引起原股东之间基于相互信赖而形成的稳定的人际环境和行为预期的改变。股东向股东以外的人转让股权的,其他股东享有优先受让权。股东应当将股权转让的数量、价格、支付方式和期限等事项书面通知其他股东,其他股东在同等条件下有优先购买权。股东自接到书面通知之日起 30 日内未答复的,视为放弃优先购买权。两个以上股东行使优先购买权的,协商确定各自的购买比例;协商不成的,按照转让时各自的出资比例行使优先购买权。

当然,关于公司股权的外部转让,如果公司章程对此另有规定的,从其规定。

4. 股权转让的程序

股东依法转让其全部股权后,公司应当注销原股东的出资证明书,向新股东签发出资证明书,并相应修改公司章程和股东名册中有关股东及其出资额的记载,而且对公司章程的该项修改无须再由股东会表决。这是公司内部的股东变更登记。

股东转让股权导致变更股东的,还应当自转让股权之日起 30 日内申请工商变更登记,并提交新股东的主体资格证明或自然人身份证明。这是股东变更所需办理的工商变更登记。

(五)一人有限责任公司

1. 概念和特征

一人有限责任公司,是指只有一个自然人股东或法人股东的有限责任公司。一人公司具有如下特征:

其一,股东的唯一性。无论是一人发起设立的一人公司,还是有限公司的股权全部转归一人持有而形成的一人公司,在其成立或存续期间,公司股东仅为一人。此处的"一人"包括一个自然人或一个法人。

其二,资本的单一性。不同于一般公司的资本由两个以上股东出资形成,一人公司的全部资本均由单一股东出资形成。

其三,责任的有限性。在一人公司中,虽然股东仅有一人,股权结构上类似于独资企业,但其股东与一般公司股东一样,仅以其出资为限对公司债务承担有限责任,而公司以其全部资产对公司债务独立承担责任。

2. 特别规则

在一人公司中,唯一股东掌控公司,总揽公司所有重要事项,公司治理结构,尤其是基于多元股东构建的监督与制衡机制不复存在。公司虽有独立人格,但其意思形成只能依赖于与其不属同一人格的唯一股东,公司的法人人格非常容易遭到滥用,从而伤害债权人利益和社会公共利益。我国《公司法》对此设有特别规则。

其一,一人公司组织机构的特别规则。由于一人公司只有一个股东,股东会已没有成立的可能。股东会原本是公司的最高权力机关,股东会享有公司中重大事项的决策权,为规范一人公司内部组织机构运行机制,我国《公司法》,一人公司的章程由该股东制定,一人公司股东会应当决策的事项,由该股东行使,但应当采用书面形式,并由该股东签名

> **拓展思考**
>
> 一人公司与个人独资企业有哪些异同?

后置备于公司。作如此变通规定,实际上是制约一人股东在行使股东会职权时可能发生的滥权现象,并通过书面形式、股东签名和置备于公司的具体要求,将其决策行为置于阳光之下,尽量使股东正当、合理地行使股东会各项职权。

其二,财产独立的举证责任倒置。我国《公司法》规定:"只有一个股东的公司,股东不能证明公司财产独立于股东自己的财产的,应当对公司债务承担连带责任。"这就将举证责任转移给股东,要求其证明公司财产独立,否则法律即作公司财产不独立的推定,并要求股东对公司债务承担连带责任。

六、股份有限公司

(一)概念与特征

股份有限公司,简称股份公司,是指公司全部资本分为等额股份,股东以其所认购的股份对公司承担责任,公司以其全部财产对公司债务承担责任的企业法人。

与有限责任公司及其他企业组织相比,股份有限公司具有以下法律特征:

其一,股东具有广泛性。股份有限公司通过向社会公众广泛地发行股票(Certificate of Share,Stock)来筹集资本,任何投资者只要认购股票和支付股款,就可以成为股份公司的股东,这使得股份有限公司的股东人数具有广泛性的特点。各国公司法也都只对股份有限公司股东人数规定最低限额,而无最高人数的限制。2023 年修订的《公司法》允许股份有限公司的股东人数为一人。一人股份邮箱公司,适用关于一人公司的特别规则。

其二,公司资本具有股份性。股份有限公司的全部资本分为金额相等的股份,股份为股份公司资本的最小计算单位,每一股份的金额与股份总数的乘积即为公司的资本总额。这种资本股份化的采用,是为了适应股份有限公司向社会公开募集资本时的便利性要求,也便于股东股权的确定和行使,而有限责任公司的出资不划分为等额股份,是以其实际的出资金额来确定和行使股权,有限责任公司在出资转让以及股东权计算方面就较为复杂。这是股份有限公司区别于有限责任公司的主要特征之一。

其三,股东责任的有限性。股份有限公司的股东对公司的债务仅以其认购的股份为限承担责任,公司的债权人不得直接向公司股东提出清偿债务的要求。这是股份有限公司区别于合伙企业以及无限公司的主要特征。

其四,资本募集的公开性。设立股份有限公司不仅可以采取发起设立方式,还可以采取募集设立方式。以募集方式设立的,除由发起人认购公司应发行股份的一部分外,其余股份向社会公开募集或者向特定对象募集,社会公众均可通过购买股票而成为公司的股东。这使得股份公司可以面向社会,广泛集资。曾经有经济学家评价,股份公司的发明对人类文明进步所作的贡献,比蒸汽机和电的发明还要大。

其五,公司经营状况具有公开性。股份有限公司股份发行的公开性以及股份转让的自由性,使得股份有限公司的经营状况不仅要向股东公开,还必须向社会公开,使社会公众了解公司的经营状况,以最大限度保护公司、债权人及社会公众利益。对于公开发行股票的股份有限公司而言,因其社会性更强,其经营状况公开的意义更为突出,这种公开性的特点与有限责任公司的封闭性完全不同。

其六,具有典型的资合性。股份有限公司是典型的资合公司,其信用基础是公司的资产,而不取决于股东个人的人格。公司资本即是公司赖以经营利用的物质条件,也是对债权人债权实现的基础保障。对债权人来讲,其更愿意在商业交易中关注公司,而不管其股东是谁,公司与股东之间的距离被拉大,股东之间也不要求确立信任关系。

(二)设立

1. 设立方式

股份有限公司的设立方式有发起设立和募集设立两种。这两种设立方式,均是就公司资本的投入与集中而言的,突出了公司资本在股份公司产生和运营中的核心作用。

发起设立,是指公司发起人把拟设立公司的全部股份一次性全部认购,并不向社会募集任何数量股份的设立方式。也就是说,采用发起设立的方式,公司所有资本都来自公司的发起人,公司不能向社会募集股份。公司成立后,如需要增加资本,可再向特定人员招募资金或向社会公众公开募集资本。股份公司发起设立的,其注册资本为在工商登记机关登记的全体发起人认购的股份总额。

募集设立,是指发起人认购公司的一部分股份,其余部分向社会公开募集或向特定对象(如某公司员工)募集而设立公司,前者为公募设立,后者为私募设立。募集设立可以充分吸收社会闲散资金,在短期内筹集设立公司所需的巨额资本,缓解发起人的出资压力,便于公司的成立和运作。但是募集设立存在发起人和募集股东之间的信息不对称问题,为充分保护募集股东的权益,保证公司资本的充实、维护社会经济秩序,法律关于募集设立的规定也较为严格。我国《公司法》规定,以募集方式设立股份有限公司的,发起人认购的股份不得少于公司股份总数的35%。

事实上,很多国家一般不允许在股份公司成立之前就向社会公开募集股份,因为向社会公开募集股份须经证券交易所或者相关监管部门批准或认可,并需要具备一定的条件,这通常是针对设立后的公司而言的。这就意味着不存在公募发行设立的公司,目前在我国也不存在真正意义上的公募设立方式之公司。根据我国《公司法》和《证券法》的相关规定,成立私募设立之公司是可以且可行的,我国《公司法》关于公募设立的规定,实际上为将来发生公募设立之公司预留了空间。

2. 设立条件

首先,发起人的人数应符合条件。发起人是指依法认购公司应发行股份的全部或部分,并承担公司筹办事务的人,包括法人和自然人。股份公司成立后,发起人为公司的第一批股东。我国《公司法》第92条规定,股份公司的发起人应为1人以上200人以下,其中须有半数以上的发起人在中国境内有住所。之所以对发起人人数作上限规定,主要是因为如果允许人数过多,此时公司已经具有公众性,不应再采用发起设立的方式,而应采用募集设立的方式。

其次,应符合相应的财产条件。我国现行《公司法》没有对普通股份公司的注册资本最低限额作出规定,除非法律、行政法规以及国务院另有规定,如保险公司、商业银行、证券公司等。股份公司的资本应划分为股份,并且各股金额均等,设立股份公司应有符合公司章程规定的全体发起人认购的股本总额或者募集的实收股本总额。

最后,应符合相应的组织条件。组织条件主要是指应当有公司名称、组织机构、住所,以及公司章程等。

3. 设立程序

依据我国《公司法》的相关规定,股份有限公司的发起设立程序和募集设立程序基本相同,只是募集设立还需经过招募股份及相关的一些步骤。设立股份公司的主要程序如下:

(1)签订发起人协议

发起人是公司的设立人,发起人协议是发起人之间以书面形式表达的共同设立公司、各自承担一定设立义务的意思表示一致的行为,只规范在发起阶段发起人之间的权利义务关系。

(2)制定公司章程

公司章程由全体发起人共同制定并签署。在发起设立方式中,由于发起人即设立后公司的全体股东,发起人制定并签署的公司章程即成为公司的正式章程;而在募集设立方式中,发起人制定并签署的公司章程,尚不是公司的正式章程,在公司全部股份募足后,还应召开创立大会,对公司章程进行讨论,也可作出修改,最后经表决通过,方成为公司的正式章程。

(3)有必要时履行审批手续

股份公司设立一般遵循准则设立原则,除法律、行政法规另有规定外,不需要办理特别的审批手续。应事先申请政府部门批准的股份公司,与设立有限公司相同,主要有三种情况:特定行业的公司;公司的经营项目有须经政府机关审批的;外国投资者在依法需要取得许可的行业、领域进行投资的。

(4)认购股份

如采用发起设立方式,发起人认购应发行的全部股份,每个发起人应以书面方式承诺自己将要购买多少股份,并且所有发起人承诺购买的股份总和应等于应发行的全部股份,否则不能以发起设立的方式设立,发起人应当在公司成立前按照其认购的股份金额缴纳股款。

如采用募集设立方式,发起人认购的股份不得少于公司股份总数的35%,但是,法律、行政法规另有规定的除外。全体发起人应立即缴纳全部认购部分的股款,其余部分募集。

(5)建立公司组织结构和申请设立登记

如采用发起设立方式,发起人认购全部股份后,就可以选举公司的董事和监事,组成公司的董事会和监事会。由董事会向登记机关报送设立的批准文件、章程等文件,申请设立登记。

如采用募集设立方式,发行股份的股款缴足后,必须经验资机构(会计师事务所或审计师事务所)出具验资证明。发起人应当自股款缴足之日起30天内主持召开公司成立大会。股份有限公司的成立大会是指股份有限公司成立之前,有代表股份总数过半的发起人、认股人出席的,决定是否设立公司并决定公司设立过程中以及成立后重大事项的决议机关,行使与股东会类似的职权。

申请设立股份有限公司时应提交规定的文件。登记机关对于符合法律规定条件的设立申请,予以登记,发给营业执照。营业执照的签发日期,为公司成立日期。

(三)股份的发行和转让

1. 股份的概念和特征

股份是股份有限公司特有的概念。它有两种含义:一是指股份有限公司资本的构成单位,即公司的全部资本划分为等额股份,每一股份代表着一定份额的资本;二是表示股份持有人对公司的法律地位,也就是股东资格及其相关权利和义务。因此,股份是股份有限公司股东持有的、公司资本的基本构成单位,也是划分股东权利义务的基本构成单位。

股份有限公司的股份具有以下特征:

第一,股份所代表金额相等。股份有限公司将其资本划分为等额股份,使股份作为公司资本最小的、均等的计算单位,其所代表的金额相等。这样就便于计算,方便投资者认购。股份也是公司资本构成的最小单位,不能再进行分割。投资者认购股份的数额是自由的,可以认购一股,也可以认购数股,还可以多个投资者共同认购一股。任何投资者所认购的同一类股份,每一股金额是相同的。

第二,股份表示股东的地位。股份作为股东法律地位的表现形式,反映着股东的权利和义务。原则上股东是按其持有的股份数额行使股东权,拥有股份的数额决定了股东权的数额。例如,《公司法》规定,股东出席股东会,所持每一股份有一表决权,因而持有股份多的股东,其表决权就多,这体现了在公司决策方面的资本多数决原则。同时,《公司法》还规定,公司弥补亏损和提取公积金后所余税后利润,股份有限公司按照股东持有的股份比例分配,因此股东持有股份越多,能所分得的股利就越多,反之就越少。

第三,股份采取股票的表现形式。股份的表现形式是股票,股票是公司签发的证明股东所持股份的凭证。股票是股份有限公司成立后以公司名义签发的,公司未正式登记成立前,无权发行股票。由于股票代表着一定的财产价值,所以股票可以作为买卖的标的,在证券市场上流通,而且股东对公司的投资具有永久性,只要公司存在,它所发行的股票就会存在。当然,股票投资跟其他投资一样也具有风险性,股东购买公司股票后,不得要求公司返还本金,而只能通过转让收回投资。股东的投资收益与公司的经营状况密切相关,此外股票价格还受经济、政治、社会等多种因素的影响,经常处于变动状态,投资者一旦选择错误,就可能遭受损失。

2. 股份的发行

股份的发行,是公司向社会筹集资金的行为。股份的发行,实行公平、公正的原则。其具体表现为:其一,同股同条件,同股同价格。公司同次发行的同种类股份,每股的发行条件和价格应当相同。任何单位或者个人所认购的股份,每股应当支付相同的价额。其二,同股同权利,同股同利益。公司发行的同种类的每一股份应当具有同等的权利,不得有差别。

股份有限公司发行股份通常不止一次。同时,不同阶段的股份发行又有不同的特点,大致可以分为设立发行和新股发行两类。设立发行,是指在股份有限公司设立过程中发行股份。因为股份有限公司的设立方式有发起设立和募集设立两种,所以公司设立时的股份发行也有这两种方式。新股发行,是指股份有限公司成立之后再次发行新股。发行新股的目的是增加公司资本。公司发行新股,应当由股东会作出决议,如向社会公开发行新股,还必须满足一定的条件,并经证券监督管理机构核准。

3. 股份的转让

股份的转让,是指股份有限公司的股东将自己的股份让与受让人,使转让人丧失股东资格、受让人取得股东资格的行为。从回收投资上看,公司成立后股东不得撤回其股份,其回收投资的方法就是转让股份。

股份转让实行自由原则,包含两层意思:一是股东转让股份只要不违反强制性法律规定,就可以自由转让,不受他人干涉;二是股东转让出资所涉及的是投资者之间的法律关系,公司章程不得对非在公司任职的股东禁止或限制股份转让。

股份有限公司之所以实行股份自由转让的原则,是由其资合性所决定的。股份有限公司注重的是资本结合,而不注重持有股份的人是谁。股份的转让不影响公司的存续与运营,因而原则上是自由的。同时,股东不得抽回股本,大多数股东不参与具体的经营管理,当董事、高级管理人员的经营决策与管理走向不利于股东实现投资目的,甚至可能损害股东利益时,股东可以考虑通过转让股份而退出公司。所以,股份有限公司实行股份转让自由的原则,有利于调整公司的相互关系,降低投资风险,维持股份有限公司的特性。但是股份转让自由原则不是绝对的,为防止过度投机,保护公司和投资者利益,和许多国家法律一样,我国《公司法》对股份转让也作了必要的限制。主要是对发起人持有本公司股份转让的限制;对董事、监事、高级管理人员持有本公司股份转让的限制等。

股东转让其股份,通过股票转让的方式进行,在依法设立的证券交易场所进行或者按照国务院规定的其他方式进行转让。公司发行的股票,包括记名股票和无记名股票。记名股票将股东姓名或名称记载于股票。无记名股票不在股票上记载股东姓名或者名称。

记名股票可分为实物券式股票和无纸化的电子记录式股票。前者,以背书方式转让,即记名股票上记载的股东或背书取得股票之人在股票上签章,并在股票背面记载受让人的姓名或名称,而后交付给受让人。后者,无法通过背书方式进行,一般通过相应的电子交易系统完成,即买卖双方在证券公司等开设账户,委托证券公司买卖,达成交易合同,进行清算交割,在证券登记结算公司登记过户。记名股票转让后由公司将受让人的姓名或名称及住所记载于股东名册。股东名册是确认记名股票股东资格的依据,也是记名股票股东向公司主张股东权利的依据。虽然股票转让了,但没有将受让人姓名或名称等记载于股东名册的,则受让人不得以其股份转让对抗公司。反之,只有股份受让人被记载于股东名册,才具有了记名股票对抗公司的要件。

无记名股票不记载股东的姓名和名称,所以不存在记载于股东名册的问题。无记名股票的股东行使股东权仅以股东持有该无记名股票为要件,无须以股东名册的记载为依据。因此,无记名股票的转让,由股东将该股票交付给受让人后即发生转让的效力,该种效力包括无记名股票转让成立的效力和无记名股票对抗公司的效力,两种效力同时发生。在现代证券市场,这种转让通过证券公司在证券交易所等发出指令,由电脑系统撮合成交,无须持股人与受让人见面,转让效率比记名股票更高。

按照反洗钱的有关要求,结合我国股票发行的实际,2023 年修订的《公司法》明确规定,"公司发行的股票,应当为记名股票"。由此取消了公司的无记名股票。

上市公司(Public Company,Listed Company)股票,通常交由证券公司托管,股票买卖的交割通过证券公司进行,转让双方也并不谋面,证券和资金从账簿上进行划拨,上市公司股票的转让也比较方便。所谓上市公司,是指所发行的股票经批准在证券交易所公开上市交易的股份有限公司。上市公司具有如下法律特征:①上市公司是股份有限公司的一种。

> **拓展思考**
>
> 公司上市的主要目的和作用有哪些?
>
> 扫一扫

只有股份有限公司具有公开性特点,有限责任公司不具有公开性,不能公开发行股票并上市;并非所有的股份有限公司的股票都能上市交易,能够上市的只是其中部分。②上市公司的股票上市必须符合法定条件并经证监会批准,如对股本总额的要求、公开发行的股份要求、对财务状况的要求等。③上市公司的股票在证券交易所上市交易。股票的公开交易不等于股票的上市,股票的公开交易具有各种不同的市场范围和交易方式。证券发行市场为一级市场,已发行股票进行买卖交易的场所为二级市场,证券交易所是公开市场中的二级市场,只有在证券交易所上市交易的公司才属于上市公司。

◀◀ 本章小结

国际商事组织,即国际商事企业,是指从事涉外经营活动的商事企业。目前,在国际商事组织法领域没有统一的国际惯例和国际条约,规范国际商事企业的法律主要是国内法。各国国内法所规定的商事组织形式主要有三种:独资企业、合伙企业和公司。我国的企业组织形式主要也是这三种,并分别制定有相应的单行法。

个人独资企业是指由一个自然人投资,财产为投资者个人所有,投资者以其全部财产对企业债务承担无限责任的商事组织。独资企业依附于投资者的人格,不具有独立的法人资格,投资者对企业享有完全的控制权和支配权,对企业债务承担无限责任。

合伙企业不能独立承担民事责任,不具有独立的法人资格。合伙企业有普通合伙企业和有限合伙企业之分。普通合伙企业是指由两个以上的合伙人通过签订合伙协议,依法设立的共同出资、共同经营、共享收益、共担风险并由合伙人承担无限连带责任的企业组织形式。普通合伙企业的事务执行,可以由全体合伙人采用协商一致的方式共同执行,也可以将管理权委托给某一个或某几个合伙人,还可以聘任合伙人以外的人员管理企业事务,但企业的重大事务一般应当经全体合伙人一致同意。普通合伙人有权监督、检查企业账目,有权分配企业利润,同时对合伙企业负有忠诚义务。新的合伙人入伙通常须经全体合伙人一致同意,并对入伙前合伙企业的债务负无限连带责任。特殊的普通合伙企业仍属于普通合伙企业,只是在特定情况下,没有过错的合伙人对合伙企业债务承担有限责任。

有限合伙企业是指两个以上的合伙人中,至少有一人对合伙企业的债务承担无限连带责任,同时至少有一个合伙人仅以自己出资额为限对合伙企业债务承担责任的合伙组织形式。对合伙企业债务承担有限责任的有限合伙人,不参与企业的经营管理,与普通合伙人也不存在人身信任关系,其"人合性"色彩比较淡薄,有限合伙人出资的转让也相对自由。

公司是依法成立的以营利为目的的企业法人,是现代社会中最主要的企业组织形式。公司资本是指记载于公司章程、由股东认缴构成的公司财产。我国现行《公司法》采用的是资本认缴制,对普通公司没有最低资本额的要求。股东可以用货币出资,也可以用实物、知识产权、土地使用权等可用货币估价并可依法转让的非货币财产作价出资。在公司治理结构上,我国《公司法》预设的是单层二元委员会制,董事会和监事会都由股东会选举产生,两者相互独立并处于并列地位。公司税后利润的分配,并不能完全由公司自己决定,也不可以任意决定,税后利润的分配范围、顺序等都有相应的规则。公司的合并或分立,都需要经过相应的程序。公司合并的,原来公司的债权债务由合并后的公司全面承受;公司分立的,分立前公司的债务由分立后的公司承担连带责任,但公司分立前与债权人已经就债务清偿达成协议的除外。因特定的事由发生导致公司解散时,应当进行清算,成立清算组织,停止一切经营性活动,了结公司事务,收回债权、清偿债务并分配财产,最终使公司终止。

我国《公司法》规定有限责任公司和股份有限公司两种类型。有限责任公司简称有限公司,是指股东仅以自己认缴的出资额为限对公司的债务承担责任,公司以自己的全部财产对外承担责任的公司。有限公司具有人合性兼资合性,这就决定了其股权转让依内部转让和外部转让而有所不同。一人公司是指只有一个自然人或法人股东的公司。《公司法》对一人公司作了一些特别规定,以实现公司的独立法律人格,防止唯一股东损害债权人利益和社会公共利益。

股份有限公司简称股份公司,是指公司全部资本划分为等额股份,股东以其所认购的股份对公司承担责任,公司以其全部财产对公司债务承担责任的企业法人。股份公司可以采取发起设立方式和募集设立方式。股份的发行,应做到同股同条件、同股同价格、同股同权利、同股同利益。股份的转让,实行自由原则,转让方式因记名股票和无记名股票而有所不同。上市公司的股票在证券交易所上市交易。

思考题

1. 适用于国际商事组织的法律有哪些?

2. 个人独资企业有哪些法律特点?

3. 试论普通合伙企业的事务执行方式。

4. 特殊的普通合伙企业和有限合伙企业有何异同?

5. 公司有哪些特征?

6. 子公司和分公司有何区别?

7. 试论我国现行的公司资本制度。

8. 试论公司治理结构的基本内容。

9. 我国关于公司税后利润分配的基本规则有哪些?

10. 公司合并和分立的基本规则有哪些?

11. 公司解散后为什么要进行清算?

12.试论有限责任公司的股权转让规则。

13.试论我国公司法关于一人公司的特别规则。

14.试论募集设立股份公司的基本程序。

15.试论股份转让的基本规则。

案例分析

1.某个人独资企业开业后头几年由投资人张三自行经营,盈利人民币100万元左右。后因投资人张三年老体衰,很难经营管理企业,便委托李四管理企业。由于李四不善管理经营,企业连年亏损,现欠债50万元,企业很难再维持下去,故准备解散并清算。试问:独资企业解散后的50万元债务应由张三承担,还是由李四承担? 为什么?

2.三人合伙开毛毯厂,张恒出钱20万,李美提供房屋4间,苏阳提供织毛毯技术。合伙协议的利润分成比例为4∶3∶3。开工后生意红火,苏阳认为自己的技术重要,要求更改利润分成比例,其余两人不答应。于是苏阳跑到另一公司,年薪15万元,并要求退伙,其余两人不答应,说可将利润分成比例改为4∶2∶4,但苏阳不同意,就退伙了。后来合伙企业倒闭,张恒、李美因此欠债,张恒、李美要求苏阳返还原先所分的利润。问:苏阳有无返还的义务? 为什么?

3.甲公司欲单独出资设立一家子公司。甲公司的法律顾问就此向公司管理层提供了一份法律意见书,涉及子公司的设立、组织机构、经营管理、法律责任等方面的问题。具体意见包括:(1)子公司的名称中应当体现甲公司的名称字样;(2)子公司的营业地可不同于甲公司的营业地;(3)甲公司对子公司的注册资本必须在子公司成立时一次足额缴清;(4)子公司的组织形式只能是有限责任公司;(5)子公司不设董事会,可任命一名执行董事;(6)子公司可自己单独出资再设立一家全资子公司;(7)子公司的法定代表人应当由甲公司的法定代表人担任;(8)子公司的经营范围不能超过甲公司的经营范围。试根据我国公司法的规定,分析该法律顾问所提供的意见,确定其正确与否。

4.自然人甲、乙、丙、丁、戊组建一有限责任公司以提供咨询服务,注册资本100万元。其中甲、乙分别以人民币出资20万元、10万元;丙以专利技术出资,作价40万元;丁以专业知识出资,经甲、乙、丙协商后作价5万元;戊则以土地使用权作为出资,作价25万元。公司成立后,丙因发生车祸而去世。丙的继承人要求继承丙在公司中的股东资格,但公司其他股东对此予以反对,只同意向丙的继承人支付股权的价格,准备收回丙的股权。与此同时,戊因拖欠他人债务,当地法院依法对其股权进行强制执行,并于2018年8月5日向公司及全体股东发出通知,至2018年9月10日股东均未就是否行使优先购买权作出明确回复。该公司章程对股东的股权转让并没有特别规定。请根据我国公司法及相关法律的规定,回答下列问题:(1)该公司设立过程中,出资方式是否符合法律规定? 为什么? (2)丙的继承人是否能继承丙的股东资格? 为什么? (3)戊被强制执行股权的过程中,其他股东是否有优先购买权? 如有则应如何行使?

5.张三与李四合伙开了一家"雅乐洗衣店",张三是普通合伙人,李四是有限合伙人。开业一年后,拖欠喜乐洗涤剂有限公司货款10万元。喜乐洗涤剂有限公司的股东分别是王

五、赵六、孙七。试问:(1)喜乐洗涤剂有限公司准备向法院起诉追讨拖欠的货款,应以谁为被告?为什么?(2)王五能否以自己的名义起诉张三与李四,以追讨拖欠的货款?为什么?(3)如果法院判决雅乐洗衣店败诉,而洗衣店的财产只有6万元,余下的4万元货款,应当由谁负责偿还?为什么?(4)孙七想将自己在喜乐洗涤剂有限公司的股权转让给李四,双方已经达成转让协议。但是,王五提出反对意见,王五可以反对吗?为什么?如果孙七将股权转让给赵六,王五可以提出反对意见吗?为什么?

扫一扫,看答案

练习题

第三章

国际商事合同法

学习目标

1. 掌握合同的概念及其特征。

2. 了解合同的主要分类。

3. 熟悉国际商事合同法的体系。

4. 掌握国际商事合同订立的一般程序。

5. 了解缔约过失责任。

6. 掌握合同生效的一般要件。

7. 熟悉合同成立后的不同效力状态。

8. 熟悉合同履行的原则和特殊规则、双务合同履行中的抗辩权。

9. 了解合同履行的保全。

10. 掌握违约责任的归责原则、具体形式及免责事由。

11. 熟悉国际商事合同变更和转让的规则。

12. 了解国际商事合同终止的主要情形。

13. 熟悉合同的诉讼时效制度。

第一节　概　述

> **导问**:在市场经济条件下,商事企业为什么需要签订各种各样的合同? 适用于国际商事合同的法律有哪些?

一、合同的概念和特征

(一)概念

在现实生活中人们经常使用"合同"一词。英文的"合同"一词是"contract",其词源系罗马法的合同概念"contractus"。"contractus"一词由"con"和"tractus"两词组成,前者由"cum"转化而来,有"共"字的意义,后者有"交易"的意义。因此,合同的本意为"共相交易"。

大陆法系国家的学者通常认为合同是一种协议。根据此协议,一人或数人对另一人或数人负担给付某物,作为或不作为的债务。《法国民法典》即对合同作了此种定义。合同义务不是由法律直接强加给当事人的,而是在当事人自由订立合同时才产生的。在英美法中,合同常常被认为是一种允诺(Promise)。例如,英国《不列颠百科全书》对合同的定义是:"合同是依法可执行的诺言。这个诺言可以是作为(Act),也可以是不作为(Omission)。"允诺说产生的原因在于:英美合同法的理论主要是由法官创制和发展的,在审理案件过程中,法官关心的主要是如何为当事人提供救济;在特定案件中,违反约定的通常只是一方当事人,法官所直接观察到的是该方当事人违反了自己所许下的诺言,而不是双方当事人之间所发生的抽象的权利义务关系。英美法实际上将合同归纳为当事人承担债务的单方意思表示,这是与大陆法合同定义之区别的实质所在。

当然,在英美法中,并非任何允诺都是可以强制执行的,只有那些作为交易一部分的允诺在法律上才是可以强制执行的;允诺人作出一项允诺时,受允诺人必须以其他行为作为回报,如果法官在其中找不出允诺的交换,就不会给予该允诺强制执行的效力。由于英美法的允诺说强调一方对另一方作出的允诺,而没有看到双方当事人的合意,因而受到许多学者的批评,英美法系国家的一些学者也试图将大陆法中的"协议"概念运用到英美法中,将合同看作产生义务的双方当事人的合意。英国《牛津法律大辞典》对合同下的定义是:"合同是两人或多人之间为在相互间设定合法义务而达成的具有法律强制力的协议"。这就使得两大法系的合同概念逐步趋向一致。

我国民商法理论在合同的定义上,基本上继受大陆法的概念,认为合同在本质上是一种协议。合同是一种合意或协议的观点,也已为我国立法所确认和接受,《民法典》第464条规定,合同是民事主体之间设立、变更和终止民事法律关系的协议。行政法上的行政合同、劳动法中的劳动合同、国际法上的国家合同,并不在《民法典》所规定的合同范围

知识拓展

"合同"与"契约"

扫一扫

内;民法上诸如婚姻、收养、监护等有关身份关系的协议,适用有关该身份关系的法律规定,没有规定的可按其性质参照适用《民法典》"合同"编的规定。因此,我国合同法上的合同主要是指平等主体的自然人、法人及其他组织之间设立、变更、终止财产性民事权利义务关系的协议。

（二）特征

在市场经济条件下，如果没有各种各样的合同，社会的经济生活就无法顺利进行，社会的经济秩序也很难维持。市场经济是商品经济发展的高级阶段，在市场经济条件下由市场来决定资源的配置，进行物质资料的生产、分配和交换，这就不同于自给自足的自然经济，市场经济会要求他人向自己承担某些义务，同时自己也向对方承担相应的义务，这种法律上的权利义务关系是通过合同明确的。可以说，市场经济条件下的生产、分配以及流通领域的各个环节都离不开合同，如企业的设立、资本的筹集、厂房的建造、设备和原材料的取得、职工的雇佣、产品的销售、代理人的委托、货物的运输和保险等，都需要通过订立合同才能实现，市场经济就是法治经济，现代社会就是合同社会。为加深对合同的理解，有必要分析合同的特征。根据我国《民法典》对合同所作的界定，可以从主体、行为、内容和效力等几方面分析合同的特征。

首先，合同有两方或者两方以上地位平等的当事人。合同的主体必须是两个或两个以上，单方当事人不能构成合同关系，这是"合同"所固有的含义。当事人的地位平等也表明合同应当贯彻自愿原则，双方当事人有缔结合同的自由、选择相对人的自由、决定合同内容的自由、变更和解除合同的自由。据此，企业内部实行生产责任制而由车间与工人订立的岗位责任合同等，并不是此处所谓的"合同"，因为相关当事人之间的地位并不平等，岗位责任合同也不是当事人自愿协商的结果。

其次，合同是两方以上当事人意思表示一致（Consensus）的法律行为。当事人可能在洽谈开始时存在意见分歧，但通过协商最后取得一致，就相关问题作出相同的意思表示，由此产生合同关系。由于合同是一种协议，所以合同与证明协议存在的合同书是不同的。在现实生活中，有些人将合同等同于合同书，认为只有存在合同书才有合同关系的存在，这种理解是不妥当的。合同书和其他有关合同的证据一样，都只是用来证明协议的存在以及协议内容的证据，其本身并不能等同于合同关系，也不能认为只有合同书才有合同关系或协议的存在。

再次，合同明确规定了各方当事人的权利和义务。合同关系的发生各有具体原因，但是合同关系一旦产生，就明确了当事人之间的权利、义务关系。合同以设立、变更或终止民事权利义务关系为内容。所谓设立民事权利义务，是指当事人通过订立合同而形成某种民事法律关系，从而具体地享有民事权利、承担民事义务；所谓变更民事权利义务关系，是指当事人通过订立合同使原有的民事法律关系在内容上发生变化；所谓终止民事权利义务关系，是指当事人通过订立合同以消灭原有的民事权利义务关系。

最后，依法成立的合同具有法律约束力。"依法成立的合同，在当事人之间有相当于法律的效力。"也就是说，一般情况下，合同一经依法成立，其中约定的权利、义务便在法律上生效，有关当事人必须接受它的约束力，当事人违反合同就要承担相应的法律责任。法律之所以赋予合同以法律效力，主要是因为合同体现的是当事人共同的意思表示，在意思表示符合国家法律规定的情况下，法律对此加以保护，合同也就具有了约束力。

二、合同的分类

将合同按照一定的标准分成不同类型,可以清楚看出不同类型的合同在成立与生效条件、履行等方面所具有的不同特点,从而便于人们掌握,有助于人们正确订立和履行合同,也有助于法院和仲裁机关在处理合同纠纷中正确适用法律。此处介绍大陆法系常见的合同分类方法。

(一)双务合同与单务合同

依当事人是否互负给付义务为标准,合同可分为双务合同与单务合同。

双务合同是指当事人双方互负给付义务的合同,即一方当事人之所以愿意负担履行义务,旨在使他方当事人因此负有对等履行的义务,或者说,一方当事人所享有的权利即为他方当事人所负担的义务,例如买卖、租赁、运输、保险、承揽加工等均为双务合同。

单务合同,是指仅一方当事人负有给付义务的合同。换言之,单务合同双方当事人并不相互享有权利和负担义务,而主要由一方承担义务,另一方并不负有相对义务。赠与、无偿借用等合同为典型的单务合同。例如,在借用合同中,由于合同在出借后才成立,只有借用人负有按约定使用并按期归还借用物的义务。

在法律上区别双务合同与单务合同具有重要意义。在双务合同中,双方当事人的权利义务相互对应,且相互依赖。也就是说,一方当事人享有的权利与其所承担的义务是不可分离的,他要享受权利就必须向对方履行义务,从而使对方的权利也得以实现。

(二)有偿合同与无偿合同

以当事人取得权益是否必须付出相应代价为标准,可将合同区分为有偿合同与无偿合同。

有偿合同是指当事人一方享有合同规定的利益须向对方支付相应代价的合同,如买卖合同、租赁合同、加工承揽合同等。无偿合同是指当事人一方享有合同规定的权益,不必向对方当事人支付相应代价的合同,如赠与合同、借用合同。在无偿合同中,一方当事人虽不向对方偿付任何代价,但并非不承担任何义务,如借用合同中借用人虽无偿借用他人物品,但负有正当使用和按期返还物品的义务。

有偿合同与无偿合同的区分,跟双务合同与单务合同的区分并非完全等同。一般来说,双务合同都是有偿合同,但单务合同并非都是无偿合同。有些单务合同是无偿的,如赠与;有些单务合同为有偿合同,如自然人之间的有息借贷合同,因为按习惯,出借人向借款人交付借款不是合同义务,而是借款合同成立的要件,于是,此类合同中只有借款人负担还本付息的义务,出借人不承担义务。

某种合同是有偿合同还是无偿合同,有些是其性质决定的,如买卖、租赁等合同只能是有偿合同,而赠与合同只能是无偿合同;有些是当事人可以自由约定的,既可以是无偿的,也可以是有偿的,如保管合同等。

(三)诺成合同与实践合同

以合同成立是否须交付标的物或完成其他给付为标准,合同可分为诺成合同和实践合同。

诺成合同,是指当事人各方意思表示一致即成立的合同,也就是"一诺即成"的合同。实践合同,又称要物合同,指除双方当事人的意思表示一致外,尚须交付标的物或完成其他给付才能成立的合同。

区分合同是诺成合同还是实践合同,通常根据法律规定及交易习惯而定。根据传统民法,借用、借贷、保管、运送、赠与等合同都属于实践合同,但随着现代经济生活的发展,尤其是银行业、运输业的发展,如仍坚持在双方当事人达成合意之外还须以物之交付为合同成立要件,不利于保障营业者一方的利益,因而银行借贷合同、运输合同、仓储合同等合同在我国合同法中已成为诺成合同。或者说,目前绝大多数合同都从双方形成合意时成立,因此都是诺成性合同,而实践合同则必须有法律特别规定,实践合同是特殊合同。在我国合同法中,自然人之间的借款合同、保管合同等为实践合同。

(四)要式合同与不要式合同

根据合同是否应以一定形式为要件,可将合同分为要式合同与不要式合同。

所谓要式合同,是指必须依据法律规定的方式而成立的合同,如书面形式。不要式合同是指当事人订立的合同不需要采取特定形式,当事人可以采取口头形式,也可以采取书面形式。近现代合同法为适应市场经济关于交易便捷和安全的双重要求,合同以不要式为原则,仅要求某些特殊合同必须采取特定形式,以达到警示、证据或内容明确的目的,确保合同关系的公开性以及促进有关债权的流通性。我国合同法也采用这种做法。

(五)有名合同与无名合同

按照法律是否设有专门的规范并赋予一个特定名称为标准,合同分为有名合同和无名合同。

有名合同,又称典型合同,是指法律设有专门规范,并赋予一定名称的合同。我国《民法典》专门就买卖合同、供用电水气热合同、赠与合同、借款合同、保证合同、租赁合同、融资租赁合同、保理合同、承揽合同、建设工程合同、运输合同、技术合同、保管合同、仓储合同、委托合同、物业服务合同、行纪合同、中介合同、合伙合同等19种合同作了规定,它们都属于有名合同。无名合同又称为非典型合同,是指法律尚未为其确定一定名称和特定规范的合同。

对于有名合同的内容,法律通常设有一些规定,但这些规定大多为任意性规范,当事人可以通过其约定改变法律的规定。从合同法发展趋势看,为了规范合同关系,保护合同当事人正当权益,各国合同立法都扩大了有名合同的范围,但这种发展趋势并不意味着加大对当事人合同自由的干预,而是为了进一步规范合同关系,使当事人正确运用合同工具、提高订约效率,减少法律纠纷,加快经济流转。

社会在不断发展,合同法不可能穷尽所有的合同名称,因此,根据合同自由原则,合同当事人可以自由决定合同的名称和内容,即使当事人订立的合同不属于合同法有名合同的范围,只要不违背法律的禁止性规定和社会公共利益,其仍然是合同,仍能对当事人产生法律约束力。

(六)格式合同与非格式合同

以合同条款的产生方式及合同订立方式的不同为标准,合同可分为格式合同和非格式合同。

格式合同(Standard Form Contract),又称格式条款、标准合同,是指合同条款由一方当事人预先拟定,对方只能全部同意或不同意的合同,亦即一方当事人要么从整体上接受合同条件,要么不订立合同。格式合同具有节省时间、降低成本的优点,符合商品生产的内在要求,这种缔约方式近来得到迅速发展,但格式合同也在某种程度上破坏了意思自治原则,因此,为平衡缔约双方的利益,法律一般对提供格式条款的一方施加诸多限制。例如,对格式条款的理解发生争议的,按通常理解进行解释,对格式条款有两种以上解释的,作不利于提供方的解释;提供格式条款一方应当采取合理方式提请对方注意免除或限制其责任的条款;格式条款与非格式条款不一致的,应当以非格式条款为准。

非格式合同,是指合同条款由双方当事人协商,共同拟定而形成的合同。

三、规范国际商事合同的法律

国际商事合同(International Commercial Contract,International Business Contract),也被称为国际商务合同或国际经贸合同(International Economic and Trade Contract)。对于一国而言,国际商事合同就是涉外商事合同。以合同概念为基础,国际商事合同从字面上看增加了"国际"要素和"商事"要素。关于"国际"和"商事"的含义,本书第一章在介绍"国际商事交易关系"的概念时已作分析,此处不再重复。合同是明确国际商事活动当事人彼此间权利义务关系的手段,国际商事合同的种类多种多样。国际贸易活动也就是国际货物买卖,与此相关联的货物运输、货物运输保险以及国际支付等国际货物贸易活动,国际技术贸易活动和国际服务贸易活动等,所涉及的合同主要有:国际货物买卖合同、国际货物运输合同、国际货物运输保险合同、国际技术转让合同、国际工程承包合同、国际补偿贸易合同、国际代理合同、国际租赁合同等。规范国际商事合同的法律即为国际商事合同法。国际商事合同法是调整国际商事合同关系的法律规范的总和。国际商事合同法的渊源同样可以分为两个层面:国际法层面和国内法层面。

(一)国际法层面

由于各国合同法的不一致,国际商事活动者在进行经济贸易往来时遇到许多法律上的障碍和不便,所以从 20 世纪开始,一些国际经济组织开始从事统一合同法的工作,他们试图通过国家之间的协商,制定出一套在国际上统一适用的合同法。所采取的步骤是先从制定某种特定合同的国际公约开始,如国际货物买卖合同领域,然后在此基础上制定一部统一适用于一般国际商事合同的法律规则。

在国际货物买卖合同领域,存在着 1980 年《国际货物销售合同公约》(United Nations Convention on Contracts for the International Sale of Goods, CISG),目前已有 90 多个国家参加该公约,其中包括中国、美国、俄罗斯、德国、加拿大、意大利、澳大利亚等。该公约努力协调大陆法系和英美法系在合同法上的差异,考虑了发达国家和发展中国家的不同利益和要求,因而具有广泛的代表性,对国际货物贸易产生了积极的推动作用。但是,该公约仅仅适用于国际货物贸易领域,对买卖合同的有效性等问题因各国分歧严重也没有作统一规定。国际法律界、贸易界人士迫切希望在更广泛的范围内统一合同法,或者说就一般的合同进行国际统一立法。

其实,在其他国际商务活动领域也存在着一些关于合同的国际公约,例如在国际海上货物运输领域有《海牙规则》《维斯比规则》和《汉堡规则》等著名的国际公约,但这些国际公约并不是关于商事合同的一般性规则,而只是就特定商事合同中当事人的权利义务关系所作规定,因此仍需要一部统一的国际商事合同法。

以国际公约方式来统一国际商事合同法具有形式稳定、内容明确、效力确定的特点,但这种方法也有相应的缺点:在制定公约过程中,由于国家利益的不同、国内法规定的差异,各国的主张也会有所不同,要相互妥协、相互让步并达成一致,也不是件容易的事。此外,国际条约的批准程序比较烦琐,在条约的加入、退出和修改、适用等方面缺乏灵活性,通过一部具有广泛代表性的国际商事合同公约不具有现实可行性。

总部位于罗马的国际统一私法协会(UNIDROIT)成立于 1926 年,其宗旨是促进各国、各多国集团之间私法规则的统一和协调,并制定可能会逐步被各国所接受的规则。国际统一私法协会是一个独立的政府间国际组织,目前有 60 多个成员国,代表了不同的法律、经济和政治制度,中国于 1986 年成为正式会员国。国际统一私法协会于 1980 年成立了专门的工作组,其成员有来自不同法律文化和背景,具有实践经验的国际贸易法和合同法方面的专家、学者、律师和法官,工作组历经 14 年起草完成了《国际商事合同通则》(Principles of International Commercial Contracts, PICC),并在 1994 年 5 月的国际统一私法协会理事会上获得通过。

《国际商事合同通则》是一部具有现代性、广泛代表性、权威性与实用性的商事合同统一法。一国在制定或修订合同法时可以把它作为示范法,参考、借鉴其条文;合同当事人可以选择它作为合同的准据法(适用法),作为解释合同、补充合同、处理合同纠纷的法律依据。此外,当适用于合同的法律不足以解决合同纠纷所涉及的问题时,法院或仲裁庭可以把它的相关条文视为法律的一般原则或商人习惯法,作为解决问题的依据,以补充当事人的意思自治以及适用法律的不足。《国际商事合同通则》未经外交会议通过,并不属于国际公约,它不以国家接受作为获得生命力的唯一途径,而是以更具有说服力、更适合于国际商事活动为标准,它的很多规定被认为更合理而被誉为"法律思考向全球化迈进的重要一步"。

国际统一私法协会后来进行了数次修订,分别产生 2004 年、2010 年和 2016 年版本的《国际商事合同通则》。2016 年版作为第四版,对第三版所作的修改非常有限,主要是增加了有关长期合同的规定,仅修订六个条文,更多的是对"注释"的修改。2016 年版的《国际商事合同通则》包括序言和 11 章内容,各章名称分别为"总则""合同的订立与代理人的权限""合同的效力""合同的解释""合同的内容、第三方权利与附条件""合同的履行""合同的不履行""抵销""权利的转让、债务的转移与合同的转让""时效期间"和"多数人之债"。《国际商事合同通则》(如无特别注明,本章中均指 2016 年版)在序言中探讨了"国际""商事"等词语的含义,但没有作明确的定义,只是推定应尽量作广义或宽泛的理解,从而扩大自己的适用范围。

(二)国内法层面

各国合同法有可能适用于某些国际商事合同,因此也属于规范国际商事合同的法律。在合同法的表现形式上,大陆法系国家和英美法系国家有所不同。

大陆法系国家以成文法为主,合同法大多出现在民法典中,并且通常把合同作为"债"产生的一个原因,与不当得利和无因管理等相提并论。19 世纪初颁布的《法国民法典》,把有关合同的内容集中规定在第三卷"取得财产的各种方法"中,该卷第三编的标题为"合同或合意之债的一般规定"。其内容包括合同成立的要件、债的效力、债的种类、债的消灭等,这些都属于合同法的一般性规

> **拓展思考**
>
> 在没有相应的国际条约和国际惯例时,需要适用国内法来解决国际商事合同纠纷,究竟是哪一国的合同法?
>
> 扫一扫

则;该卷其后各编进一步对各种有名合同作了具体规定,包括买卖、互易、合伙、借贷、保证等多种合同。《法国民法典》中的合同规范占据了该法典全部条文总数的一半左右,其重要性由此可见。19 世纪末颁布的《德国民法典》共有五编,首先是"总则"编,其中包括对"法律行为"进行规定,这就涉及合同行为;第二编是"债权法",也分为"总则"和"分则","总则"就债的内容、合同之债、债的消灭、债权的转移、债务的承担等作出规定,"分则"主要是合同法各论,分别对买卖、互易、使用租赁、使用借贷、合伙、保证等 18 种有名合同作出具体规定。

英美法系国家以判例法为核心,同时也存在着一些制定法,这些成文法对一些特定的合同,例如货物买卖合同等作了具体规定,至于合同法的一般性规则仍需要按照判例法确定。英国的合同法规则几乎都是由英国法院通过判例创制的,19 世纪以后在总结判例的基础上制定了一些关于合同的成文法,如 1893 年的《货物买卖法》、1906 年《海上保险法》等,其内容本身只是对判例法的成文化而已,并且局限在特定类型的合同领域,并没有对普通合同制定成文法。

判例也是美国合同法的主要构成部分。由于判例本身杂乱无章,不易查找,学者们就对关于合同的判例进行编纂,归纳成以一定原理为依据的有机整体。在美国法学会的主持下,《第一次合同法重述》(the First Restatement of Contracts)于 1933 年发布,该重述以条文的形式,归纳和总结了合同法领域的判例法中存在的原理、原则和具体规定。它本身尽管不是法律,对法院的审判活动没有约束力,但是法官在判例中找不到明确答案时,往往会援引或参考其中的规定。1981 年美国法学会又发布了《第二次合同法重述》,依据相关判例补充了

若干新的合同法规则和制度。美国《统一商法典》第一篇是"总则",第二篇名为"买卖",这两篇中的许多规定都是合同法的一般规则,其适用范围实际上并不局限于货物买卖合同。

我国合同法的渊源主要是成文法。我国《民法典》以此前的《合同法》为基础,经过修改、调整后形成"合同"编,成为我国目前关于合同的基本法律规范,"合同"编又分为通则、典型合同和准合同等三个分编。"通则"分编全面规定了合同的订立、合同的效力、合同的履行、保全、变更和转让、合同的权利义务终止、违约责任等,属于合同法的一般性规定;"典型合同"分编对19种具体合同的权利义务作了特别规定,包括买卖合同、供用电水气热合同、赠与合同、借款合同、保证合同、租赁合同、融资租赁合同、保理合同、承揽合同、建设工程合同、运输合同、技术合同、保管合同、仓储合同、委托合同、物业服务合同、行纪合同、中介合同、合伙合同等;"准合同"分编则对无因管理和不当得利作了简单规定。

我国《民法典》"合同"编是合同法的最主要内容。它从改革开放和发展社会主义市场经济、建立全国统一的大市场以及与国际市场接轨的实际出发,总结已有的合同立法、司法实践经验和理论研究成果,同时广泛参考、借鉴市场经济发达国家和地区立法的成功经验和判例学说,尽量采用反映市场经济客观规律的共同规则,并注意与国际公约和国际惯例协调一致,充分体现了立法的先进性与科学性。下文主要按照我国合同法的规定展开介绍,有需要时适当介绍英美法系和大陆法系的不同做法,以及《国际商事合同通则》和《国际货物销售合同公约》的相关规定。

> **拓展阅读**
>
> 《中华人民共和国民法典》"合同"编之"通则"分编
>
> 扫一扫

第二节 国际商事合同的成立

> **导问**:当事人一般通过协商谈判成立合同关系,是否可以对合同的成立过程进行分解,将其分成若干步骤呢?

一、合同成立的一般程序

合同是当事人之间意思表示相一致(Mutual Agreement)的产物。一般情况下,当事人在开始洽谈时的意思表示并不一致,而是要经过协商谈判的程序,就交易事项交换各自的意思表示,最终达成一致。如果将合同关系的成立过程进行抽象化,最基本的程序就是一方当事人向另一方当事人提出一项订立合同的要求而后者对此予以接受,这分别就是要约和承诺两个阶段。

（一）要约

1. 要约的构成要件

要约（Offer），是指交易的一方当事人向另一方当事人提出各项交易的主要条件，并愿意按此条件与对方达成交易、订立合同的一种表示。发出要约的一方称为要约人，收到要约的一方称为受要约人，受要约人对要约作出承诺后也可以称为承诺人。要约可以用书面方式，也可以用口头方式或行为（如自动售货机、公交车到停靠站、空驶标志的出租车到处行驶）来表示。那么，一项要约应当具备什么条件？或者说，怎样才可以被认为是一项要约呢？

（1）意思表示的内容须明确且肯定

要约人发出要约，在受要约人表示接受时即产生合同关系，因此构成一项要约，意思表示的内容必须是明确的。如果意思表示的内容不确定，例如出售一批粮食，但未说明粮食的种类和数量，只是说价款在人民币 25 万元左右，也没有说单价是多少，相对人无法判断要约的确切内容，无法作出明确的承诺，即使受要约人完全接受要约内容进行承诺，其承诺内容也必然是不确定的，仍然无法产生一个合同关系，因此要约的内容必须明确。要约的内容应当明确，并不是说要约必须载明合同的全部条款，只需达到足以确定合同内容的程度即可，至于其余条款，可以留待日后确定，即使为此发生争议，法院或仲裁机构也可根据案情和当时具体状况进行解释。

《国际商事合同通则》和我国《民法典》基于合同类别的多样性没有规定须明确的事项范围，而《国际货物销售合同公约》规定构成货物买卖合同的要约应当至少包含三项内容：货物名称、数量和价格。现代各国合同法出现简捷化趋势，对"明确"的要求有所降低，尽量避免某些合同因缺少条款而不能成立，以贯彻"与其使合同无效，不如使之有效"之宗旨。美国《统一商法典》甚至规定，在货物买卖中，要约的内容至少应当包括货物名称和数量，价格可以不确定而留待以后按照合理的标准加以确定。

要约的目的在于订立合同，要约的特点在于它一经受要约人的承诺，合同即告成立，无须再要求要约人的同意。换言之，只要受要约人对要约的内容予以承诺，要约人就必须受其约束，不能否认合同的成立。

（2）须含有订立合同的意思表示

订立合同的意思表示既可以明确表达，也可以是默示的。判断当事人是否有此种意思表示，一般从所使用的言词和文字、当时的情形等方面综合判断。在国际货物贸易中，订立合同的意思表示通常采用下列术语和语句：报价、供应、可供应、订购或订货等。相反，下列表达方式通常被认为没有订立合同的意思表示，因而不构成要约："……

须以我公司最后确认为准""须以货物尚未出售为准""仅供参考""你是否愿意给……""你是否有兴趣……"等。

此外，一方当事人向交易对方寄送或发送报价单、价目表、商品目录或发布一般商业广告、招股说明书等，不会被认为是订立合同的意思表示。因为这些行为虽然也是为了订立合同，但它本身不是一项要约，而只是为了邀请对方向自己发出要约，这些行为被称为要约邀请（Invitation to an Offer）或要约引诱。要约和要约邀请的区别在于：要约一经对方承诺，合同即告成立，要约人应当受到有效合同的约束；要约邀请不是订立合同的必经程序，仅仅是让对方向自己发出要约的一种邀请，因此即使对方予以回应，只要自己没有承诺，合同仍没有成立。

（3）意思表示须送达相对人

要约是一种意思表示，只有在送达受要约人之后，才能为受要约人所知悉，受要约人才可能决定是否予以承诺。因此，合同法一般规定一项要约在其送达受要约人时才能生效。要约采用电报或邮件等方式传送，如果在传递过程中丢失，将不能产生要约的法律后果。

2. 要约的法律效力

要约人在作出一项要约之后，将产生怎样的法律后果呢？要约的法律效力可以从它对受要约人和要约人所产生的法律后果进行分析。

（1）对受要约人的法律后果

一般而言，要约对受要约人是没有法律约束力的。受要约人收到要约后，便在法律上取得了承诺的权利，受要约人没有必须承诺的义务，也没有义务就承诺与否通知要约人，或者说他可以保持沉默，"沉默不等于承诺"。

（2）对要约人的法律后果

受要约人一旦对要约进行承诺，合同即成立，要约人将受到有效合同的约束。此处需要分析的是下面两个问题：在要约到达受要约人之前（生效以前），要约人是否可以将其撤回（Withdrawal）？在要约人到达受要约人之后，要约人是否可以将其撤销（Revocation）？

例如，要约人以信件方式寄出一项订货要约，随后即发现国际市场此商品价格突然发生了不利于己方的变化，想要取消要约，此时能否在要约到达对方之前用电话或电子邮件等更快的方式通知受要约人，以撤回该要约？按《国际商事合同通则》《国际货物销售合同公约》和我国《民法典》的规定，要约人可以撤回要约，条件是撤回通知先于要约到达受要约人，或者与要约同时到达受要约人。法律作这样的规定，一方面尊重了要约人的意志，保护了要约人的利益，另一方面也不会损害受要约人的利益。当然，如果要约本身是以十分快捷的方式进行传送，撤回要约将会非常困难。

在要约已经送达受要约人之后、受要约人作出承诺之前，要约人能否通知对方取消该要约，从而使要约的效力归于消灭？对要约人而言，撤销要约的价值类似于撤回要约，但撤销要约明显不利受要约人。对于要约人能否撤销要约，各国法律存在分歧，大陆法系国家原则上认为不能撤销，而英美法系国家原则上认为可以撤销。《国际商事合同通则》和《国际货物销售合同公约》对此作了折中处理：一方面规定，如果撤销通知在受要约人发出承诺之前送达受要约人的，要约可以被撤销，这其实参照了英美法的规定；另一方面又在例外部分考虑了大陆法的做法，规定有下列情形之一的，要约不得撤销。第一，要约写明承诺期限或以其他方式表明要约是不可撤销的，例如"此要约直到收到贵方答复均有效""有效期1个月""不可撤销"等。第二，受要约人有理由相信该项要约是不可撤销的，并已本着对该要约的信赖行事。因为在这种情况下,如果允许要约人突然撤销该要约,对受要约人而言是不公平的,有违诚实信用和公平交易的原则,因而不得被撤销。我国《民法典》"合同"编也作了类似规定。

3.要约的失效

要约的失效,又称要约的终止,指要约失去效力,要约人不再受其约束,受要约人丧失承诺的权利,即使其向要约人表示承诺,也不能导致合同成立。要约可能因为下列原因而失效:

(1)要约人撤回或撤销要约。严格地说,撤回要约是在要约尚未生效的情况下使要约不生效力,并不属于使要约失效的行为,但撤回要约的确可使受要约人无法取得承诺资格,故在此一并介绍。无论要约是否可以撤销,均可以在其生效前撤回。在要约生效后,要约人在符合条件的情况下撤销要约,将使得要约失去效力,受要约人也将丧失承诺的权利。

(2)要约有效期届满,受要约人未作承诺。在要约规定了承诺期限的情况下,要约在承诺期限届满后自行失效,此后受要约人即使作出所谓的承诺,也只能算是一项新的要约。如果要约中没有规定承诺期限,以对话为要约者,受要约人未立即承诺,要约即失去效力;以非对话为要约者,在承诺所需的合理期间经过后,要约也会失效。至于合理时间的确定,依具体情形而定。

(3)受要约人明确表示拒绝。受要约人明确拒绝要约后,要约即失去法律效力,此后受要约人如反悔欲再行接受要约,也不生承诺的效力,因为此时要约已经失去效力,承诺已经失去了对象。

(4)受要约人对要约内容作出实质性变更。如果受要约人对要约的内容作出实质性变更,可以视为受要约人向原要约人发出了新的要约,原要约即归于无效。反要约(Counter-offer)其实是对原要约的拒绝,至于何为实质性变更,《国际商事合同通则》没有在条文中做具体规定,但在注释中认为这一标准应视具体交易的情形而定,如果变更的内容涉及价格或支付方式、非金钱债务履行的时间和地点、违约责任的范围以及争议解决方式等问题,则通常(并不必然)构成了实质性变更。《国际货物销售合同公约》则明确指出,凡对价格、货款支付方式、货物数量和质量、交货地点和时间、违约责任范围或争议解决方式等方面作了变更的,即为实质性变更。我国《民法典》"合同"编就此参照了《国际货物销售合同公约》的规定。

(5)要约人或受要约人死亡或终止。如果未来的合同必须由要约人自己履行或者要约中明确表示要约人的存在为要约有效条件的,要约人死亡,要约也归于消灭。在要约人为法人时,要约人若终止存在,一般认为要约也随之消灭。受要约人在收到要约后死亡或终止存在的,一般认为要约也将失去效力,因为要约人出于对受要约人的信任才发出要约,受要约人不复存在了,要约也将失去效力。如果作承诺以后受要约人死亡或终止存在的,则涉及的不是要约失效问题而是合同履行问题。

(二)承诺

承诺(Acceptance)是受要约人同意要约的意思表示,又称接受。承诺的法律意义在于,受要约人的承诺发生法律效力后,合同即告成立。要形成具体的合同关系,必须经过承诺阶段,承诺是合同成立的必经阶段,因为合同必须有两个以上的意思表示,要约只是一方当事人的意思表示,承诺其实就是另一方的意思表示。承诺可以用声明或其他行动来表达,沉默一般不构成承诺。

1. 承诺的构成要件

(1)由受要约人向要约人作出

受要约人有资格进行承诺,受要约人以外的主体即使知道要约内容,也不具有承诺的资格。例如甲向乙发出一项要约,则由乙向甲作出才可能构成承诺,如果由不属于受要约人的丙或丁所作出的接受表示,并不是真正的承诺。

(2)在要约的有效期间内进行

如果要约规定了有效期,则必须在该期限内进行承诺;如果要约没有规定有效期,在对话人之间的承诺应立即作出,在非对话人之间则必须在合理时间内承诺。如果承诺时间迟于要约的有效期,即为迟到的承诺(Late Acceptance),迟到的承诺不是真正意义上的承诺。逾期的承诺一般情况下无效,但《国际商事合同通则》和《国际货物销售合同公约》对此作了灵活规定:对于逾期的承诺,只要要约人毫不迟延地以口头或书面将其认为逾期承诺仍有效的意思表示通知承诺人,承诺仍有效;如果由于传递迟延致使承诺逾期的,该项逾期承诺仍具有承诺的效力,除非要约人毫无延误地以口头或书面通知承诺人,表示其要约已因逾期接受而失效。总之,逾期承诺是否有效,关键要看要约人如何表态。我国《民法典》"合同"编对逾期承诺也作了类似规定。

(3)内容应当与要约相一致

承诺是受要约人同意要约的意思表示,因而承诺的内容必须和要约的内容相一致。所谓"相一致",是指双方当事人在意思表示上的一致,而不是承诺所使用的文字表述与要约完全一致。如果对要约内容的改变构成实质性变更,其实是反要约,构成一项新要约,而不是对原来要约的承诺。在对要约的内容作出非实质性变更时,除要约人及时表示反对或要约声明承诺不得对要约内容作任何改变的以外,仍将其视为有效的承诺,合同的内容以承诺的内容为准。例如,要约中规定的包装方式是纸箱,受要约人作出承诺时,将包装方式改为木箱,包装方式的改变不属于实质性变更,因此,如果要约人不及时表示反对并且要约也没有声明对包装方式不得作任何改变,合同仍将得以成立,并且其内容以木箱包装为准。

(4)传递方式应符合要约的要求

要约人可以在要约中规定承诺的方式,如指定必须以电报或电子邮件方式作出承诺,此时受要约人必须按照要约规定的方式作出,不得擅自更改,否则承诺不能成立。如果要约未对承诺的传递方式作出具体规定,承诺一般应按要约所采用的传递方式办理,当然承诺人也可以使用更为快捷的方式,如要约以普通信件方式发出,则承诺可以采用普通信件方式,也可以采用电子邮件、航空邮件等方式。

2. 承诺的生效

承诺一旦生效,合同即告成立,双方当事人一般将承受由合同所产生的权利义务,因此承诺生效的时间具有重要意义。承诺不是以面谈或电话方式作出,而是用电报、邮件等非对话方式传递时,承诺从受要约人手中发出开始将经历以下过程:投邮、到达要约人处、要约人阅读知晓。承诺究竟何时生效,合同何时开始成立?

相应地有三种立法主义:投邮主义、到达主义和了解主义。投邮主义(Mail-Box Rule)主张,即使承诺函件在传递过程中丢失,合同仍可成立。到达主义(Received the Letter of Acceptance)主张,承诺函件在到达要约人的支配范围时生效,"要约人的支配范围"一般是指其营业场所或居住地点,而不是收信人手中。就数据电文的送达而言,应是该数据电文进入收件人指定特定系统的时间,未指定特定系统的,是该数据电文进入收件人的任何系统的首次时间。根据到达主义,如果承诺函件在传递过程中遗失,承诺不生效,合同也不能成立,承诺人承担了从发出承诺到送达要约人这段时间的风险。了解主义(Knowledge of the Letter of Acceptance)不仅要求要约人收到对方的承诺,而且要求真正了解承诺内容时,承诺才生效。但是,要证明要约人是否真正了解某种意思表示的内容有时很困难,要约人收信后可能认为无关紧要而不阅读,这种情况下,确定承诺的生效时间就相当困难。根据到达主义,从函件到达要约人的支配范围时起,承诺即生效,即使要约人没有及时拆阅、不了解其内容也不影响承诺的生效。

在承诺的生效时间上,《国际商事合同通则》和《国际货物销售合同公约》采用了到达主义。让承诺人承担传递的风险,比由要约人承担更加合理,因为一般是承诺人选择了传递方式,他知道该方式是否容易出现特别的风险或延误,应采取最有效的措施,以确保承诺送达目的地。我国合同法总体上也采用了到达主义。

"现在我们必须认识到,关于承诺究竟应在发信的时候还是只能在收信的时刻生效的探讨,在当代社会中已经越来越没有什么意思了。因为在当代信息传播技术的条件下,例如在广泛使用传真技术和电子技术的情况下,即使发出人和接收人在各自的住所相距遥远,发出和接收的行为也可以同时发生。"

3. 承诺的撤回

承诺的撤回是承诺人阻止或消灭承诺发生法律效力的意思表示。在采用承诺到达生效主义的情况下,承诺是可以撤回的,只要撤回承诺的通知比承诺通知提前或同时到达要约人即可。需要指出的是,在当前通信设施非常发达和各国普遍采用现代化通信手段的条件下,当发现承诺中存在问题而想撤回时,往往时间上已经来不及,为防止出现差错和避免不必要的损失,在实际业务中首先应谨慎行事。此外,承诺是不能撤销的,因为承诺一旦生效,合同即成立,任何一方当事人都不能单方面任意解除合同。

二、合同的特殊缔结方式

利用拍卖、招投标、格式合同等方式达成的协议,其缔约方式有别于一般合同,有必要另作阐述。

(一)拍卖

拍卖(Auction)是指以公开竞价的形式,将特定物品或者财产权利转让给最高应价者的买卖方式。《国际商事合同通则》没有关于拍卖的规定,《国际货物销售合同公约》明确规定其不适用于拍卖方式成交的货物买卖合同,此处按我国《拍卖法》的规定介绍相关内容。

拍卖程序主要分为三个阶段:①拍卖的委托阶段。拍卖标的物所有人(委托人)与拍卖人签订委托合同前,拍卖人要查验委托人的身份以及拍卖标的物所有权证书或处分权证书,并就佣金收取的比例以及拍卖方式等事项与委托人达成一致,然后签订"委托拍卖协议书"。②拍卖的公告与展示。拍卖的公告即为拍卖人将拍卖的大概情况告知社会公众,公告本身不是要约,只是要约邀请。在拍卖标的物展示期间,拍卖人还应提供拍卖标的物的详细资料。③拍卖的竞买过程。竞买人经过咨询和看样后,为明确表示其愿意参加竞买的意愿,就必须进行竞买登记,交付保证金和领取竞价号牌,从而成为真正意义上的竞买人。竞买是以应价的方式向拍卖人作出应买的意思表示,其法律性质属于要约;众多竞买人彼此互相不隐瞒情况,以公开方式应价,形成竞争。一般的拍卖先由拍卖人出底价,并规定两次应价之差,然后由竞买人竞相加价直到无人再加价为止。拍定是拍卖人在竞买人的众多应价中选择最高者予以接受的意思表示,在实际运作中,拍卖师以击木槌、拍板或其他惯用方式作出,其法律性质属于承诺。拍卖人一旦拍定,买受人和拍卖人应当签署成交确认书。确认书是买受人和拍卖人之间约定的再确认,也是确定拍卖人和买受人权利义务的书面买卖合同。

按照起价方式不同,拍卖可分为一般式和荷兰式,上文所介绍的就是一般式拍卖。荷兰式拍卖先由拍卖人出最高价作为起价,若在约定时间内无人应叫,即依次逐次降低价格,直到成交。荷兰式拍卖通常适用于拍卖鲜活商品和水果、蔬菜等。

拓展阅读

青海某某房地产有限公司与青海省某某投资管理有限公司、青海省产权交易市场确认合同有效纠纷案

扫一扫

拍卖还可以分为有保留价的拍卖和无保留价的拍卖。拍卖标的物有保留价的,竞买人的最高应价未达到保留价时,该应价不发生效力,拍卖师应停止拍卖标的物的拍卖。拍卖标的物无保留价的,拍卖师应在拍卖前予以说明。

(二)招投标

招标、投标(Bid Invitation and Bidding)作为国际商事活动中一种订立合同的特殊方式,对于招标人而言,充分体现了"百里挑一,众中选优"的特点,广泛应用于货物买卖、建设工程、租赁、技术转让等领域。按我国《招标投标法》规定,大型基础设施、公用事业等关系社会公共利益、公共安全的项目,全部或部分使用国有资金或国家融资的项目,使用国际组织或外国政府贷款、援助资金的项目,在勘察、设计、施工、监理以及与工程建设有关的重要设备、材料等采购中,必须采用招投标程序订立合同。

1. 招标

招标是指招标人通过采取符合法定要求的招标通知或公告,公开地向特定的数人或不特定的公众发出的投标邀请。从法律性质上看,招标仅是要约邀请,其作用是邀请投标人投

标,即诱使其发出要约。

2.投标

投标对投标人按照招标人提供的招标文件的要求,向投标人提出报价的行为,从法律性质上看,它是订立合同的要约。投标人应当在招标文件要求的截止时间前,将投标文件送达投标地点。

3.开标

开标是指招标人在其召开的邀请所有投标人出席的会议上,当众启封标书,公开所有投标的标书的内容。

4.评标和定标

评标是指由招标人依法组建的评标委员会对有效标书进行评审,按一定的标准,确定招标人满意的投标人。定标则是在此基础上,确定中标投标人人选。对于投标人而言,此即谓中标。中标人确定后,招标人应当向中标人发出中标通知书,并同时将中标结果通知所有未中标的投标人。中标通知书对招标人和中标人具有法律效力。如果定标是对投标的标书的内容完全接受,在性质上就是承诺。

5.签订合同书

投标人接到中标通知后,一般还要与招标人在法定时间内,按照招标文件和中标人的投标文件签订书面合同。招标人和投标人不得再行订立背离合同实质性内容的其他协议。

(三)格式合同

格式合同由一方当事人预先拟定,相对方只有附合该条款方能缔结合同。自19世纪以来,格式合同逐渐得到发展,尤其在供水、供气、电力等公用事业领域,格式合同更是日渐普遍。格式合同的大量运用带来了明显的效益:第一,格式合同节省大量的缔约时间,加速交易的进行,改变了传统条件下须经过的反复要约和承诺方能订立合同的非经济方式;第二,极大地降低了交易成本,如果让公用事业部门与每位消费者逐一协商并根据不同结果分别订合同,必然费时费力,效率低下,巨额的缔约成本最终也会以各种形式转嫁到消费者身上。

格式条款由一方当事人提出,虽经广泛使用,但并不因此具有法律规范的效力,仍须经双方当事人合意才能成为合同的内容。由于格式条款有的未与合同文件结合在一起,有的悬挂于营业场所,有的因内容复杂致使相对人不知其意义,所以,格式条款如何订入合同,与传统个别协商方式的缔约有所不同,对此各国立法与判例均予以承认。

格式条款订入消费者合同时,格式条款的提供方必须提请消费者注意格式条款,使消费者有合理机会了解其内容,同意将它订入合同。也就是说,格式条款提供方有义务就特定合同提请对方注意其准备以格式条款订入合同的事实。一般而言,消费者在载有格式条款的文件上签字,格式条款即订入合同中,即使他并未阅读过这些条款,除非有欺诈、胁迫等因素。当然,免责条款及其他格式条款成为合同的组成部分,并不意味着它一定能约束相对人,如果它存在显失公平等问题,尚有法律规则在其他环节阻止其生效。

至于格式条款订入商业性合同,相对人并不是消费者而是商事活动者,其与格式条款提供方的缔约能力与缔约机会差异较小,因此,格式条款订入商业性合同与订入消费者合同的要求不同,除可适用民法的一般缔约理论外,还可适用"连续交易理论""共同了解理论""商业习惯"或"习惯做法"等方式。

所谓"连续交易关系",是指当事人之间多次、重复地进行某类交易,所采用的格式条款相同,所使用的免责条款一致。此处的"连续交易"意味着持续地以一方的格式条款签订合同,而格式条款提供方一直无误解地认为,自己原则上只准备在该格式条款的基础上从事交易。就相对人而言,基于迄今为止发展的交易关系可以推断,该格式条款在无保留地缔结合同时会再次成为合同内容。满足上述条件,格式条款提供方便无须尽提示义务,格式条款即可订入合同。

与连续交易理论相似的是"共同了解理论"。后者与前者的不同之处在于,它认为双方当事人不以有"连续的交易""内容一致的格式条款"为必要,只要相对人"了解"格式条款的提供方是以"某特定种类的格式条款"作为合同内容,即使双方当事人以往没有交易前例或虽有交易却不频繁,格式条款仍因"共同了解"而订入合同。

如果格式条款已成为某行业或某种交易的常规或习惯做法,则不论相对人是否已经知悉或应该知悉此种惯例,也不论特定合同当事人先前是否做过此种交易,格式条款也能成为合同的组成部分。

在格式条款订入商业性合同时,实践中还存着格式条款之争的问题。合同当事人均为商事活动者的情况下,双方都以各自的格式条款进行要约或承诺,并且都坚持在自己的格式条款文本的基础上达成最后的合同,从而引起关于合同是否成立以及如何确立合同条款的争议。

大陆法系国家和英美法系国家起初基于镜像规则而采用"最后一枪规则"(Last Shot Rule)。合同是当事人双方的合意,承诺必须与要约的内容完全一致才能符合要求,如果要约与承诺不完全一致,合同就归于不成立,并构成反要约;每一个被采纳的表格都应被当作一个反要约,最后一个表格被视为收到者以沉默的方式接受,最后一个表格也就是"最后一枪"。此规则过分注重交易过程中的最后一枪,由于在商业交易中通常是买方先发出订单,卖方最后作出订购确认书,所以实际上造成偏向于卖方的效果。

20世纪70年代,德国通过专门立法对格式合同加以规范,对于有矛盾的格式条款则采用"相互击倒理论"(Knock-out Rule),已相互同意的条款构成合同基础,相互冲突或追加的条款不作为合同内容,留待有关法律补充。《国际商事合同通则》规定:"在双方当事人均使用各自的格式条款的情况下,如果双方对除格式条款以外的条款达成一致,则合同应根据已达成一致的条款以及在实质上内容相同的格式条款订立,除非一方事前已明确表示或事后毫不迟延地通知另一方当事人,他无意受此种合同的约束。"这一规定就采纳了"相互击倒理论",合同成立的内容是双方格式条款在实质上相同的部分。

我国《民法典》第496条第2款规定,"采用格式条款订立合同的,提供格式条款的一方应当遵循公平原则确定当事人之间的权利和义务,并采取合理的方式提示对方注意免除或者减轻其责任等与对方有重大利害关系的条款,按照对方的要求,对该条款予以说明。提供格式条款的一方未履行提示或者说明义务,致使对方没有注意或者理解与其有重大利害关系的条款的,对方可以主张该条款不成为合同的内容。"对于格式条款之争问题,我国合同法没有作明确规定。

三、合同的形式

合同的形式(Formality of Contract)是合同内容的外在表现和载体,是当事人合意的表现形式。合同一般经过要约和承诺阶段后即成立,所成立的合同是否必须采用书面形式,抑或口头形式也可以,这涉及合同的形式问题。

合同可以采取的形式主要有口头形式、书面形式和推定形式。口头形式(Oral Form)指当事人只用语言为意思表示订立合同,而不用文字表述协议内容,例如商店中的零售一般采用口头合同形式。口头形式具有简便易行的特点,其缺点是发生纠纷时难以取证,不易弄清合同具体内容,不易分清责任。

书面形式(Written Form),指以文字表现当事人所订立合同的形式,如合同书、载有要约和承诺的信件、电报、传真、电子邮件等文件,都是书面形式的具体表现。书面形式的最大优点是合同有据可查,发生纠纷时容易举证,便于分清责任,但相对而言,当事人也要花费一定的时间来完成书面文件的制作,因此与口头合同相比,书面合同具有安全性而不具有简捷性。

推定形式(Form of Presumption),指当事人没有用语言、文字表达其意思表示,仅用行为向对方发出要约,对方表示接受该要约,作出一定的或指定的行为作为承诺,合同成立。例如,某商店安装自动售货机,顾客将指定的货币投入机器内,买卖合同即成立。又如房屋租赁期限届满后,承租人继续交房租,出租人接受的,可以推定当事人双方产生了延长租期的合同关系。推定形式实际上是通过行为人实施的行为,推断出行为人想产生某种合同关系的意思表示。

法律对不同性质的合同,在形式上有不同的要求,合同因而有要式和不要式之分。要式合同就是必须采用特定形式的合同,而不要式合同是指法律没有要求采用特定的形式,任何形式均可的合同。例如,我国现行法律规定,保险合同、海上拖航合同、房地产转让合同、抵押合同等均须采用书面形式,这些合同在我国法律中就属于要式合同。

现代社会商品经济高度发达,如果对于合同的形式要求过于严格,会人为地阻碍经济活动的顺利进行,因此,现代各国合同法对多数合同形式采取自由的态度,即采用不要式合同的立场,当事人可以采取口头、书面或其他形式等表示合意,发生纠纷时,当事人可以采用证人证言、当事人陈述等在内的任何证据证明其主张。同时,为了严肃某些重要

> **拓展思考**
>
> 合同形式存在缺陷会产生怎样的法律后果?
>
> 扫一扫

的社会关系,确保公正和防止欺诈发生,各国也都会规定某几种特殊类型的合同必须采用特定的形式,如书面形式,或者书面形式且经过批准。

按我国《民法典》规定,合同可以采用书面形式、口头形式或其他形式。由此可以看出,

我国合同法对一般合同的形式以不要式为原则。《国际商事合同通则》和《国际货物销售合同公约》对合同也采取不要式态度，当事人采取口头形式还是书面形式，均不影响合同的效力，也不影响其证据力。

四、缔约过失责任

(一)概念和理论基础

依据合同自由原则，当事人缔结合同与否是自由的，在谈判时也可自由决定中断与否。例如，对于商店而言，顾客可以自由挑选和查看商品、询问价格及其他有关情况，即使最终不购买，似乎也无责任可言。但值得考虑的是，当事人为签订合同而进行磋商之际，因一方当事人未尽必要的注意，致对方当事人遭受损害的问题。对此，现代合同法基于民法诚实信用原则，发展出一套先合同义务理论，违反此种先合同义务，可以构成"缔约上的过失"，并产生缔约过失责任。缔约过失责任(Liability for Contracting Fault)，是指在缔结合同过程中，一方当事人故意或过失违反因诚实信用原则而生的相互保护、通知、协助等义务，致使他方当事人遭受损害时，应承担的损害赔偿责任。

缔约过失责任的系统理论为德国著名法学家耶林所创。耶林在1861年发表的《缔约上的过失——契约无效与不成立时的损害赔偿》一文中指出："法律所保护的，并非仅是一个业已存在的合同关系，正在发生中的合同关系亦应包括在内，否则，合同交易将暴露于外，如不受保护，缔约一方当事人不免成为他方疏忽或不注意的牺牲品。合同的缔结产生一种履行的义务，若此种效力因法律上的障碍而被排除时，则会产生一种损害赔偿义务，所以，所谓合同无效者，仅指不发生履行效力，非谓不发生任何效力。简言之，当事人因自己过失致使合同不成立者，对信其合同有效成立的相对人，应赔偿基于此项信赖而生的损害。"这段话揭示了一个重要的问题：开始进行缔约的当事人，须负担较高的义务，不仅有消极的不为侵害的义务，而且依具体情事，也可能向对方承担为特定行为的义务。也就是说，他们之间不再是人与人之间一般的消极的权利义务关系，而是进入到一个类似于合同关系的阶段，在此阶段中相互之间负有对他方利益进行合理的积极的注意义务。这种注意义务常常被学者称为"先合同义务"，缔约过失的赔偿责任恰恰源于对此等积极义务的违反。

耶林的上述理论被誉为"法学上的重要发现"。后来，这一理论又与源于诚实信用原则的保护义务相结合，由此，缔约过失责任制度中的积极义务——先合同义务找到了理论上的根据。当事人为缔结合同而进行接触、磋商之际，已经由一般关系进入到特殊联系，相互之间建立了一种信赖关系，虽非以给付为内容，但依诚实信用原则，产生了协助、通知、照顾、保护及忠诚等注意义务，论其性质及强度，超过一般侵权行为法上的注意义务，而与合同关系较为接近，适用合同法的原则，比较符合当事人的利益状态。从另一角度观察，交易的达成是一个过程，起初是双方当事人开始接触，尔后是相互洽商，最后才是成交。法律保护交易，就应该对整个过程进行全面规制，对成交的保护通过赋予合同关系并配置违约责任，对接触、磋商的保护通过课以先合同义务并配置缔约过失责任。

(二)构成要件及主要类型

1. 构成要件

产生缔约过失责任,应同时具备以下条件:①准备缔约的一方违反先合同义务。缔约过失责任的基础在于违反依诚实信用原则而产生的协助、通知、照顾、保护及忠诚等义务,当事人是否负有此等义务,应视具体的接触、磋商情形而定。具体的先合同义务并非自缔约双方一开始接触就固定地产生,而是随着合同谈判的进程,向有效合同关系的逼近而逐渐产生的。②对方当事人受有损失。对方当事人的损失主要是指信赖利益的损失,即因信赖合同将成立、有效和对方将履行合同而支付的费用和代价。此种损失仅指财产损失,不包括精神损害。③违反先合同义务与损失之间有因果关系。一方当事人违反先合同义务的行为导致另一方当事人的损失,两者之间有因果关系。④违反先合同义务的一方有过错。法律保护当事人的缔约自由,如果在公正和善意的情况下未能达成合意,不能让一方当事人承担责任。缔约过失是一种过错责任,违反一方有故意或过失时才需要承担责任。

2. 主要类型

我国《民法典》第500条规定:"当事人在订立合同过程中有下列情形之一,造成对方损失的,应当承担赔偿责任:(一)假借订立合同,恶意进行磋商;(二)故意隐瞒与订立合同有关的重要事实或者提供虚假情况;(三)有其他违背诚信原则的行为。"第501条规定:"当事人在订立合同过程中知悉的商业秘密或者其他应当保密的信息,无论合同是否成立,不得泄露或者不正当地使用;泄露、不正当地使用该商业秘密或者信息,造成对方损失的,应当承担赔偿责任。"《国际商事合同通则》就缔约过程中的恶意谈判及保密义务作了明确规定。对于导致缔约过失责任的各种类型,各国合同法的规定并不完全相同,学者的观点也存在一定分歧,此处将其分成三种类型加以阐述。

(1)合同不成立时的缔约过失责任

缔约一方假借订立合同之名,恶意与对方当事人进行磋商或终止协商给对方造成损失,就应承担缔约过失责任。《国际商事合同通则》规定,当事人可以自由进行谈判,并不因未达成协议而承担责任;但是,如果一方当事人恶意进行谈判或恶意终止谈判,则应对因此给另一方当事人造成的损失承担责任。"恶意",特别是指一方当事人在无意与对方当事人达成协议的情况下,开始或继续进行谈判。

例如,甲知道乙有转让餐馆的意图,其根本没有购买餐馆的想法,但他仅为阻止乙将餐馆卖给竞争对手丙,与乙进行了长时间的谈判;当丙购买了另一家餐馆后,甲中断了谈判,乙最终以比丙的出价更低的价格将餐馆转让。对此,甲应向乙偿付这两种价格间的差价。

又如,A答应B,如果B努力取得经验并准备投资15万美元,就会考虑跟其签订授予某种专营许可的合同。此后的两年中,B为了跟A签订合同做了大量准备工作,且一直深信会得到A的专营许可。当订立合同的一切准备工作就绪时,A通知B必须投资远高于15万美元的数额才会给予专营许可。B可以拒绝这一要求,同时有权要求A赔偿自己为准备签订合同而发生的费用。也就是说,要约一旦作出,只能按规定进行撤回和撤销,即使在要约被承诺之前，或者在没有明确要约和承诺的谈判过程中，一方当事人也不能随意地、无正当理由地终止谈判。当一方当事人的某种行为使得相对方有理由相信谈判能产生积极的结果，以及双方已经就未来合同的缔结达成若干共识时，相对方可据此要求任意终止谈判方承担相应的赔偿责任。

（2）因合同无效而产生的缔约过失责任

一方当事人在订立合同时，明知无法履行或者有违法事项，故意不告知对方，从而导致合同无效的，对于非因过失而信其合同为有效而遭受损害的对方当事人，应承担损害赔偿责任。在缔约过程中，一方当事人如果采用欺诈、胁迫等方法，使对方当事人在意思表示不真实的情况下签订合同，受欺诈人、受胁迫人后来予以撤销并使合同最终失去效力，之前为缔约支付的相关费用，或丧失了其他缔约机会，可要求有过错的欺诈人、胁迫人予以赔偿。在合同效力未定的情况下，有权人如不予追认而导致合同无法生效，若依据具体情形认定存在缔约过失的，也可发生缔约上的过失责任。

（3）订立合同过程中其他违反诚实信用原则行为而产生的缔约过失责任

诚实信用原则贯穿于自合同缔结的开始至合同履行、终止的整个时期，先合同义务系依据诚实信用原则而产生，当事人如违反该义务，就应当承担缔约过失责任。

《国际商事合同通则》明确规定了违反保密义务的缔约过失责任。在谈判过程中，一方当事人以保密性质提供的信息，无论此后是否达成合同，另一方当事人都有义务不予泄露，也不得为自己的目的不适当地使用这些信息，违反保密义务就意味着承担损害赔偿责任。当然，在签订合同的谈判过程中，当事人通常无须将它们所交换的信息视为秘密，因为当事人可以自由地决定披露哪些信息，这类信息原则上被认为是非秘密的信息，即使合同没有达成，另一方当事人可以公开给第三人，也可纯粹用于其自己的目的。但是，如果一方当事人明确声明某种信息是秘密，或默示表明相关信息是秘密的，另一方当事人就承担了保密的义务。例如，乙公司和丙公司是某国两个主要的轿车生产商。甲公司有意与其中之一达成合资企业协议，在与乙公司的谈判过程中，甲公司收到乙公司关于新型轿车的设计方案的详细资料，尽管乙公司没有明确要求甲将此作为商业秘密，但这是一种新车的设计方案，甲公司就有不向丙公司透露的义务，合同未达成之前，甲公司也不能使用该设计方案。

拓展思考

缔约过失责任与违反合同责任有何区别？

我国《民法典》规定，一方当事人故意隐瞒与订立合同有关的重要情况或者提供虚假情况，造成对方损失的，应当承担赔偿责任。这主要是指在订立合同过程中，当事人出于自己的利益，隐瞒了相关不利的事项，而另一方当事人在订立合同了解相关事项就不会订立合同，或者合同的内容会产生变化，此时也会产生缔约过失责任。

（三）责任形式

缔约过失责任主要是指在订立合同过程中，违背诚实信用的一方当事人给对方造成的信赖利益之损失,应承担的法律责任。信赖利益也就是相对方对一方当事人将会诚信地谈判签订合同的信赖。加害方主要是对其所造成的相对方的损失承担责任,这种责任的承担其实是对受害方所蒙受经济损失的一种救济,使受害方恢复到加害方没有违反诚实信用原则时应有的状况。因此,缔约过失责任的形式主要是损害赔偿,损害赔偿的结果是使受害方恢复到无加害行为时所处的状态。如果双方当事人都有过错,应当按照过错大小各自承担相应的责任。信赖利益的损失主要包括:①订约费用(如赴订约地或察看标的物所支出的交通费、鉴定费、律师咨询费等);②准备履约的费用(如为运送标的物或受领对方给付所支出的合理费用);③受害人支付上述费用所失去的利息;④合理的间接损失,即丧失与第三人另订合同的机会所产生的损失。例如,甲公司为从乙银行的分支机构获得银行贷款进行了长时间的谈判,在最后时刻,该分支机构披露自己无权签约,其上级机构已经决定不批准该协议草案,而甲公司原本可以从另一家银行获得贷款。为此,对于因谈判导致的费用支出,以及在从其他银行获得贷款前这段延误期内本可得到的收益,甲公司有权获得补偿。

此外,缔约过失还可能涉及合同不成立或无效的处理。因缔约过失导致合同最终不成立或不发生效力,合同就不发生当事人所预期的法律效力,合同无须履行,但并不是说不产生任何法律后果。①合同尚未履行的,不再履行。合同不成立或无效,当事人就不受合同权利、义务的约束,因此,一方当事人无权要求对方履行,另一方也无义务向对方履行,如果合同尚未履行,就不再履行。②合同已经履行的,应恢复至合同订立前的状态,也就是恢复原状。在合同不成立或无效场合,当事人一方或双方基于合同所为之给付,失去存在依据,应予返还,该给付为财产交付时,发生返还财产的效果;不能返还或没有必要返还的,应当折价补偿。返还财产旨在使财产关系恢复到缔约前的状态,缔约前的状态和当事人现实财产状况间的差距,就是当事人所应返还财产的范围。返还财产的对象包括原物和孳息,如果当事人接受的是现金,在未征得对方当事人同意的情况下,不能以其他物品代替;如果接受的是物,应返还原物。如果原物已经灭失或已被处分,包括所有权转让和附和于其他财产之上,不宜分离,或虽能分离却需要花费巨大代价的,经济上极不合理,当事人可以通过折价的方式,返还现金。

第三节　国际商事合同的效力

导问:国际商事合同成立后,存在哪几种效力状态? 一般具备哪些要件合同才能发生法律效力?

一、合同生效的概念和法律后果

(一)合同生效的概念

合同具有法律效力是指已经成立的合同在当事人之间产生法律约束力。合同依法发生法律约束力,即合同生效。已经成立的合同,并不一定对当事人产生法律上的约束力,只有当已经成立的合同满足法律所规定的条件时,合同才能产生效力。也就是说,合同的生效和合同的成立(Establishment)是有区别的,合同的成立一般是指当事人就合同的内容达成合意(实践合同和要式合同除外),合同有效(Effectiveness/Validity)是指合同在当事人之间产生了法律约束力。合同成立是合同生效的前提,但是成立的合同未必就能够在当事人之间产生法律效力,只有当已成立的合同满足法律规定的生效条件时,合同方能生效。

任何国家的法律都不可能规定,只要双方当事人意思表示一致就可以毫无限制地发生其预设的效果。之所以如此,主要是基于以下两项因素:其一,法律为个人自治划定了界限,个人的意思自治在这一界限的框架内才能发生效力,意思表示违反或超越这一界限的,法律自然不能允许其生效。因为任何一项双方当事人合意的效果可能会涉及他人

> **知识拓展**
>
> 附条件的合同
>
> 扫一扫

利益或社会利益,如果合同损害了这些利益,将会否决合意发生法律效力。其二,合同是当事人合意的结果,如果合同内容并不是当事人真实意思的表示,国家的法律就可能介入其中,或者当事人之间的合同利益呈现严重的不平等时,国家作为维护个人间利益平衡的机器,也有可能对合同利益均衡性施加影响。一般来说,在第一种情况下,法律会作出直接的否定性评价,对应的是合同无效制度;在第二种情况下,法律不直接作出否定性评价,而是被动性介入,在当事人的请求下,才作出否定性评价,对应合同的可撤销制度。

(二)合同生效的法律后果

合同生效便在当事人之间产生了法律约束力。双方当事人依合同的规定享有权利,履行义务。除对方当事人同意或者存在解约事由外,不容许一方当事人反悔,请求解除合同。换言之,任何一方当事人不能单方面废止或变更合同,如果一方当事人违反合同,就要承担违约责任。

合同的生效应当具备一定的条件。《国际货物销售合同公约》回避了买卖合同的有效性问题,对此未作任何规定;《国际商事合同通则》尽管设专章规定"合同的效力",阐述了合同的效力状态,但为了尽可能取得广泛认可,对于其中某些问题也无法作细致规定。各国国内法都有关于合同效力的规定,但相关规定并不相同,本节主要按照我国法律展开介绍。根据

我国合同法的相关规定,合同成立后,依据效力状态不同,存在着有效合同、无效合同、可撤销合同和效力未定合同之分。

二、有效合同

合同成立不同于合同有效,前者是当事人意思表示相一致的结果,后者是指合同产生法律上的约束力,是法律认可当事人意思表示的结果。合同成立是合同生效的前提,符合法律规定的合同才是有效合同。合同成立后,一般应满足三方面的要件才能生效。

(一)当事人有订立合同的能力

合同是双方当事人就权利义务达成一致的意思表示,这就要求该行为人具有相应的意思表示能力,也就是具有缔结合同的行为能力——缔约能力。

自然人的缔约能力,主要依据其行为能力确定。所谓行为能力,是指行为人以自己的行为享受权利、承担义务的资格和能力。对于自然人行为能力的认定,各国法律一般采取两个标准,即年龄标准和精神状态标准。虽然自然人个体的特质有所不同,但从一般的抽象意义上说,年龄与智力的发展水平基本一致。现代民法正是以这种一般的抽象的主体作为基础,以年龄为标准确定自然人的行为能力。各国关于成年的标准有所不同,而且要真正统一各国规定也不可能,所以《国际商事合同通则》对此没有统一规定,而是留给各国国内法解决。

按我国民法的规定,18周岁是成年的年龄标准,已满18周岁且精神正常的人为完全行为能力人,他们可以独立进行民事活动,具有完全的缔约能力;16周岁以上不满18周岁且以自己的劳动收入作为主要生活来源的自然人,也视为完全行为能力人。限制民事行为能力人是指那些已经达到一定年龄但尚未成年和虽已成年但精神不健全、不能完全辨认自己行为后果的自然人,包括两种:一种是8周岁以上的未成年人;另一种是具有部分判断能力的精神病人,即不能完全辨认自己行为的成年人。完全不能辨认自己行为的人为无行为能力人,包括两种:一种是不满8周岁的未成年人;另一种是不能辨认自己行为的精神病人,即患有严重的精神障碍使其判断能力相当于不满8周岁的未成年人。限制民事行为能力人可以从事与其年龄、智力和精神状态相适应的民事活动,也可以独立实施纯获利益的民事法律行为,其余民事法律行为只能由法定代理人代理或征得法定代理人同意时实施,方为有效。无民事行为能力人不能独立实施民事行为,他们的民事行为必须由其法定代理人代理。

各国法律之所以规定未成年人以及精神病人所订合同不具有法律效力,是为了保护未成年人和精神病人的利益。这些人由于年龄太小或者神志不清,缺乏判断力,不能理解自身行为的后果,所以法律给予特别的保护,使他们不受自己所签合同的约束。

法人拥有独立的财产,能够以自己的名义展开民事活动,享受民事权利和承担民事义务。按传统理论,法人的缔约能力与其民事行为能力相一致,由于法人的民事行为能力受其目的、章程和经营范围的限制,所以法人只有在特定范围内才具有缔约能力,超越经营范围的合同无效。这种做法有利于保护企业法人的债权人和投资者利益,但也严重损害了相对方的利益,并使交易安全受到威胁,德国、法国、日本、英国和美国等国家后来都放松了对公司等企业法人缔约能力的限制,一般不轻易认定因超越经营范围所签订的合同无效。我国《民法典》也规定:法人的法定代表人或者非法人组织的负责人超越权限订立的合同,除相对人知道或者应当知道其超越权限外,该合同对法人或者非法人组织发生效力;当事人超越经营范围订立的合同的效力,不得仅以超越经营范围确认合同无效。

至于合伙企业、个人独资企业等非法人组织的缔约能力问题,各国最初的学说和立法一般都否定非法人团体的权利能力和缔约能力,但目前一般都承认非法人团体具有一定的权利能力和缔约能力。按照我国相关法律规定,合伙企业、个人独资企业以及其他领取营业执照的非法人组织,可以从事签订合同等营业活动,对非法人组织的缔约能力应准用关于法人缔约能力的有关规定,其与法人组织的区别在于财产责任方面,而不在缔约能力方面。

(二)意思表示真实

合同是当事人意思表示相一致的结果,合同内容是当事人所追求并且希望发生效力的,所以当事人在合同中所作的意思表示必须是真实的,是在自愿基础上作出的,否则法律就不会赋予意思表示以法律效力,因此意思表示真实是合同生效的重要条件。

意思表示真实,是指行为人表现于外部的意思与其内在意志相一致或相符合,或者说,行为人的表示行为真实反映其内心的效果意思。在通常情况下,行为人的外部表示行为与其内在的效果意思是一致的,行为人应受其意思表示的约束并对其负责,不应言而无信或口是心非,这是维护正常社会经济秩序所必需的。但是,如果行为人的意思表示是在误解、欺诈或者胁迫下进行的,就不能反映行为人的真实意志,如果仅仅根据行为人外部的表示行为就确认其有效,不仅违背了行为人的真实意志,也不符合行为人预期的法律后果,难以保护行为人的合法权益和维护社会的正常秩序。

意思表示不真实,也就是意思表示瑕疵。按瑕疵是否基于行为人本身的原因,不真实的意思表示又可以分为"意思与表示不一致"和"意思表示不自由"两类。意思与表示不一致,是指行为人的表示行为与其内心的效果意思不一致。这种不一致并非由外力所致,而是由行为人自己的因素导致,如错误等。意思表示不自由,从外部行为和内心意思的关系看,虽然行为人的表示行为和效果意思是一致的,但这种一致系他人不正当干涉的结果,如欺诈、胁迫和乘人之危等。如果当事人是在意思表示不真实情况下订立的合同,这样的合同就不能体现当事人的真实意愿,也往往会损害一方当事人的利益,所以各国法律往往规定这种合同是无效的或可撤销的。

> **知识拓展**
>
> 意思与表示不一致
>
> 扫一扫

(三)合同的内容合法

尽管世界各国法律承认有缔约能力的主体享有缔约自由,包括可以自由协商确定合同的内容,但是各国为维护国家利益和社会公共秩序,无不把合同的内容合法作为合同自由的例外。合同如欠缺合法性要件,则绝对不可能采取措施予以补救,只能归于完全无效。合同的内容是否违反法律、行政法规的强制性规定或公序良俗,可以从合同的目的、标的、条件和结果等四个方面考察。所谓目的违法,是指行为人主观上所要达到的法律上和事实上的效果违法,例如出卖某项动产,其目的是销赃、逃避债务清偿等。标的违法,常见的是买卖、赠与等转移物的所有或占有的行为中,标的物为禁止流通物或限制流通物等。所谓条件违法,是指行为内容中与目的、标的有实质性关联的权利义务事项和其他事项违法,如附带不法条件的赠与行为。所谓结果违法,是指行为的方式将产生违法的后果,如不正当竞争和非法垄断行为等。

当然,由于各国对违法和公序良俗的理解有所不同,《国际商事合同通则》将合同的内容是否合法问题留给各国国内法解决,本身没有作具体规定。例如,私自买卖枪支的行为,在某些国家是允许的,但按照我国法律的规定,这一合同因违法而无效。

三、无效合同

(一)概念和特征

无效合同(Void Contract),是指已经成立,因严重欠缺法定生效要件,在法律上确定、当然、自始不发生行为人预期之效力的合同。合同无效,仅指在法律上不按当事人意思表示的内容赋予效力,并非不发生任何法律后果,合同无效场合仍可能产生缔约过失责任。

无效合同具有以下特征:①无效合同虽已成立,但严重欠缺法定有效要件。法定有效要件的欠缺,主要表现为内容违反法律的强制性规定和公序良俗。法律确定合同为无效的原因,主要是从国家利益和社会公共利益出发,是国家干预的结果。②无效合同自始无效。无效合同于成立时即自始无效,自始不发生当事人所欲发生的效力。③无效合同当然无效。无效合同,其无效属于当然无效,不问当事人意思如何,既不需要当事人主张其无效,也不须经过任何程序,法院、仲裁机关在审理案件过程中可以主动确认其无效。当然,当事人对其是否无效有争议时,不妨提起无效确认之诉,请求法院予以确认。④无效合同确定无效。无效合同不仅从合同成立时起就没有效力,而且在成立之后也没有任何事实能够使其变成有效。

(二)无效的原因

合同无效之原因,各国规定的范围有所不同。其中,最常见最重要者,是合同内容违反法律强制性规定及公序良俗。

1. 违反法律强制性规定

合同行为违反法律、行政法规的强制性规定时,即属违法,合同一般应归于无效。我国《民法典》153条第1款规定:"违反法律、行政法规的强制性规定的民事法律行为无效。但是,该强制性规定不导致该民事法律行为无效的除外。""法律"是指全国人大及其常委会颁布的法律,"行政法规"是指国务院颁布的规章、命令、条例等行政法规。国务院各部委颁布的规章和地方性法规不能作为判断合同是否无效的依据。所谓"强制性规定",是指强制性的法律规范,它与"任意性的法律规范"相对应,又可分为管理性的强制性规范和效力性的强制性规范。其中,管理性的强制性规定以实现特定管理秩序的维护为规范目的,不以否定民事法律行为的效力为规范目的,违反此类强制性规定,当事人将承受行政法乃至刑法上的不利法律后果,民事法律行为并非绝对无效。效力性的强制性规范,以否认民事法律行为的效力,从而禁绝此类民事法律行为的发生为规范目的,违反效力性的强制性规定,民事法律行为无效。

2.违背公序良俗

公序良俗是公共秩序和善良风俗的简称,公序良俗原则是现代民法一项重要的基本原则,具有极其重要的地位,具有限制私法自治的功能。这一重要功能,就是通过使违反公序良俗的法律行为无效来实现的。也就是说,违反公序良俗,成为决定法律行为无效的最重要的原因。我国《民法典》第 153 条第 2 款规定:"违背公序良俗的民事法律行为无效。"我国法律有时也使用"社会公共利益"及"社会公德"的概念,在性质和作用上与"公序良俗"相当。

民事法律行为的内容违反公共秩序或善良风俗,从本质上来说也是一种违法行为。然而公序良俗属于不确定概念和一般条款,本身并不属于法律规范,其内容与外延不确定。民法之所以需要规定公序良俗原则,是因为立法当时不可能预见一切损害国家利益、社会公益和道德秩序的行为并作出详尽的禁止性规定,因而设立公序良俗原则,以弥补法律强制性规定的不足。在遇到损害国家利益、社会公益和社会道德秩序的合同,而又缺乏相应的强制性法律规定时,公序良俗原则就能发挥行为规范与审判规范的职能,法院可直接依据公序良俗原则认定其无效。例如,购买"洋垃圾"、签订规避课税的合同等就是违背公共秩序的行为;离婚时约定禁止再婚、签订强制债务人在债主家作奴仆以抵偿债务的协议等就是违背善良风俗的行为。

(三)部分无效

就单一合同而言,以无效的原因存在于合同的全部或部分,可区分为全部无效与部分无效。如果合同全部无效,则该合同当然全部不发生效力;如果无效的原因仅存在于合同的一部分,则"有效部分,不因无效部分而受影响"。我国《民法典》规定,民事法律行为部分无效,不影响其他部分效力的,其他部分仍然有效。

如果合同表面上是一个行为,实质上由若干部分组成,或在内容上可以分若干部分,则有效部分和无效部分可以独立存在,一部分无效不影响另一部分的效力,即无效部分被确认无效后,有效部分继续有效。但是,如果有效部分和无效部分有牵连关系,确认部分内容无效将影响其余部分的效力,或者从行为的性质、目的、交易习惯以及强制性规定的目的,仅仅部分有效违背当事人意愿,或对当事人已无意义,或无法实现强制性规定目的的,合同应该被确认为全部无效。

所谓"部分无效不影响其他部分"的合同,主要有以下情形:①行为标的之数量超过法律许可的范围。例如,借款合同约定的利息超过国家规定的最高利率,其高于国家规定的最高利率的部分无效。②行为的标的由数种不同事项拼合而成,其中一项或数项无效。例如,买卖合同的标的物有数个,其中之一为法律禁止流通物,则该项买卖中仅买卖禁止流通物部分无效,其他部分仍可有效。③行为中的某项内容因违反法律禁止性规定或公序良俗被法院认定无效。例如,雇佣合同中约定"工伤概不负责",该条款因违反公序良俗被法院认定无效,而雇佣合同本身并不无效。我国《民法典》第 506 条还规定,合同中的下列免责条款无效:造成对方人身损害的;因故意或重大过失造成对方财产损失的。

此外,格式条款如有下列情形之一的也会导致合同全部或部分无效:提供格式条款一方不合理地免除或者减轻其责任、加重对方责任、限制对方主要权利;提供格式条款一方排除对方主要权利。

四、可撤销合同

(一)概念和特征

可撤销合同(Voidable Contract),是指合同虽已成立并生效,但因意思表示不真实,法律允许当事人撤销而使之无效。可撤销合同起初是有效的,如果没有被撤销,它仍保持有效的状态;如果被撤销权人适当地撤销,它就被视为自始无效。可撤销合同,只要它尚处于可撤销的状态,尽管暂时是有效的,却是可以被毁掉的。

可撤销合同具有如下特点:①从撤销对象看,是意思表示不真实的合同,例如因误解、欺诈或胁迫而签订的合同等。②合同的撤销,须由撤销权人行使撤销权来实现,撤销权人是否行使撤销权由其自己决定。③撤销权不行使,合同继续有效,撤销权行使后合同则自始无效。

可撤销合同不存在对国家利益或社会公共秩序的危害,公权力无须直接干预其效力,因而赋予当事人撤销权,意在贯彻私法自治原则。因此可撤销合同效力的消灭,必须有撤销权的行使,仅有可撤销事由而无行使撤销权的行为,合同的效力不受影响。

(二)发生原因

1. 基于重大误解而订立的合同

错误(Mistake),也被称为"误解",是指表意人所表示出来的意思与其真实意思不一致,而这种不一致是表意人作出意思表示时所不知道的。误解作为合同可撤销的原因,是法律为误解人提供救济机会的表现。但是,误解一般可归责于误解人,相对人对此一般无责任。既然如此,对误解人的保护应是有限度的,不能不问误解的程度一律允许误解人撤销合同,法律一般只承认重大误解为合同可撤销的原因。重大误解,是指误解人作出意思表示时,对涉及合同法律效果的重要事项存在认识上的显著缺陷,合同如果生效将使误解人受到较大损失,以至于根本达不到缔约目的。我国合同法将重大误解作为合同可撤销的原因。对重大误解的具体确定,应分别误解人所误解的不同情况,考虑当事人的状况、活动性质、交易习惯等各方面的因素。一般认为,行为人对行为的性质、对方当事人、标的物的品种、质量、规格和数量等的错误认识,使行为的后果与自己的意思相悖,造成较大损失的,可认定为重大误解。《国际商事合同通则》也将重大误解作为合同可撤销的原因,同时也规定了误解方不能撤销合同的情况:第一,错误是由于错误方的重大过失造成的;第二,错误方已经意识到了该错误的风险,或者该错误的风险依据具体的情况应当由错误方承担。

2. 因受欺诈而订立的合同

欺诈(Fraud),是指当事人一方故意告知对方虚假信息或故意隐瞒真实情况,诱使对方当事人作出错误的意思表示的行为。各国法律基本上都认为,对于因受欺诈而订立的合同,受欺诈一方可撤销合同或主张合同无效。《国际商事合同通则》明确规定:"如果一方当事人订立合同是基于另一方当事人的欺诈性陈述,包括欺诈性的语言或做法,或者按照公平交易的合理性商业标准,另一方当事人对应予披露的情况欺诈性地未予披露,则该一方当事人可宣告合同无效。"按照我国《民法典》的规定,一方以欺诈手段,使对方在违背真实意思的情况下签订的合同,受欺诈方有权请求予以撤销;第三人实施欺诈行为,使一方在违背真实意思的情况下签订的合同,对方知道或者应当知道该欺诈行为的,受欺诈方有权请求予以撤销。

3. 因受胁迫而签订的合同

胁迫(Duress),是指以给自然人及其亲友的生命健康、荣誉、名誉、财产等造成损害或者以给法人或非法人组织的荣誉、名誉、财产等造成损害为要挟,迫使对方作出违背真意的意思表示。当事人受胁迫所为的行为,不是其内心的真实意思,不能产生法律上的约束力,因此各国法律一致认为,在胁迫情况下订立的合同,受胁迫一方可以主张合同无效或撤销合同。按我国《民法典》规定,一方或者第三人以胁迫手段,使对方在违背真实意思的情况下签订的合同,受胁迫方有权请求予以撤销。《国际商事合同通则》也规定在胁迫情况下所签订的合同,受胁迫方可使合同归于无效。

4. 乘人之危而订立的合同

乘人之危,是指行为人利用相对人的紧迫需要或者危难处境,迫使其作出违背本意而接受对其非常不利的条件的意思表示。它只是一方利用他方的危难处境而非主动实施胁迫行为,其社会危害性要小于胁迫。《国际商事合同通则》没有专门对乘人之危进行规范,而是以"显失公平"(Gross Disparity)为标题加以规范,在考虑合同或个别条款是否构成显失公平时,应考虑"另一方当事人不公平地利用了对方当事人的依赖、经济困境或紧急需要,或不公平地利用了对方当事人的缺乏远见、无知、无经验或缺乏谈判技巧"。按我国《民法典》第151条的规定,一方利用对方处于危困状态、缺乏判断能力等情形,致使合同成立时显失公平的,受损害方有权请求予以撤销。根据这一规定,同时具备客观要件和主观要件才可导致合同可撤销。客观要件是指合同成立时,当事人的给付与对待给付之间失衡或造成利益不平衡;主观要件是指在订立合同过程中,一方具有利用优势地位或利用对方轻率、无经验等而与其订立显失公平合同的故意。

(三)撤销权的行使

撤销权,是指合同一方当事人凭单方的意思表示就可以使合同溯及既往地消灭的权利。撤销权人,在因欺诈、胁迫而成立的合同中为受欺诈人、受胁迫人,在因重大误解而成立的合同中为误解人,在乘人之危场合为遭受重大不利之人。

按德国、日本等国家的法律规定,撤销权的行使,由撤销权人向对方当事人为意思表示即可。我国法律与之不同,要求撤销权人行使撤销权时应向人民法院或仲裁机构提出请求,换言之,撤销权的行使应以起诉或提起仲裁申请方可。如撤销权人不采取起诉或提起仲裁的方式为之,而直接向相对人以意思表示为之,应不发生撤销权行使的效力。

撤销权的行使必须在规定的期限内。法律一般都规定撤销权的行使期限,超过了行使期限撤销权消灭,民事法律行为确定地产生效力,否则行为将长期处于效力不稳定的状况,不利于交易的稳定性。

按我国《民法典》规定,撤销权的行使期限为 1 年,自撤销权人知道或应当知道撤销事由之日起开始计算。也就是说,如果撤销权人在发现了可撤销合同的事由后一年内没有行使撤销权的,撤销权消灭,合同确定地有效;如果在此期限内行使了撤销权,合同自其成立时起无效。对于发生撤销权的事由不加区分而统一适用 1 年期间,似乎不妥。例如,因受胁迫而具有撤销权者,若胁迫持续期间在 1 年以上,撤销权人虽明知撤销事由,却无从行使撤销权,则撤销权的规定对受胁迫人形同虚设。又如,因重大误解而具有撤销权的情形,重大误解往往因表意人自己过失所致,不同于受欺诈、受胁迫的情形,一律适用 1 年期间则过长。另外,起算时间自当事人知道或应当知道撤销事由之日,若当事人不知道或不应当知道撤销事由,将会导致始终不能起算,也不利于相对人合法权益之保护及法律秩序之稳定。有鉴于此,我国《民法典》还规定:其一,主观期间原则上为 1 年,但重大误解的期间为 3 个月,自当事人知道或应当知道撤销事由之日起计算,受胁迫的 1 年期间自胁迫行为终止之日开始计算;其二,客观期间为 5 年,自可撤销合同成立之日计算。

撤销权的消灭情形主要有两种:一种是撤销权人没有在法律规定的期限内行使撤销权;另一种情形是撤销权人自知道撤销事由后明确表示或以自己的行为放弃撤销权,例如撤销权人在合理的期限内请求相对人实际履行,或者提起诉讼或申请仲裁,要求相对人承担违约责任等。

五、效力未定的合同

(一)概念和特征

效力未定的合同(Contract of Undetermined Effect),也就是效力待定的合同,是指虽已成立,但是否生效尚不确定,只有经由特定主体的行为,才能确定生效或不生效的合同。

效力未定合同的特征是:①效力未定的合同,虽已成立,但欠缺法定有效要件。法定有效要件的欠缺,表现为当事人行为能力、代为行为资格的欠缺,合同的其他有效要件均具备。法律规定此类行为为效力未定的行为,主要是为了维护相对人的利益,在维护交易安全的前提下,提高交易的效率。②效力未定合同,虽已成立,但因欠缺法定有效要

件,其效力能否发生尚未确定。它既可能发生法律效力,也可能不发生法律效力。③效力未定合同是否发生法律效力,取决于事后有权人是否追认。有权人追认的,合同自始发生法律效力;有权人不追认的,合同自始不发生法律效力。

(二)主要类型

我国《民法典》未就效力未定行为设一般性规定,而是就相关情形分别作了具体规定。按我国法律规定,效力未定的合同主要有两种类型:限制民事行为能力人订立合同和无权代理人订立的合同。

1.限制行为能力人依法不能独立签订的合同

限制民事行为能力人可以进行与其年龄、智力或精神健康状况相适应的民事活动,其他民事活动由法定代理人代理,或者征得法定代理人的同意。也就是说,限制行为能力人能独立从事的行为包括两类:纯获利益的合同(如无负担之赠与合同);其他与其年龄、智力、精神健康状况相适应的合同(如购买书本、搭乘公共交通工具、购买生活日用品等)。除上述可以独立从事的行为外,限制民事行为能力人签订合同,原则上由其法定代理人代其签订,如独立签订合同,须经其法定代理人追认,方为有效。追认权制度旨在保护限制行为能力人及其法定代理人,同时,相对人的利益也不能漠视,法律一般赋予相对人两项权利,即催告权和撤销权。

催告权是指相对人告知并催促有权人决定是否追认的权利。我国《民法典》规定,相对人可以催告法定代理人在30日内予以追认;法定代理人未作表示的,视为拒绝追认。如果法定代理人拒绝追认,限制行为能力人签订的合同即归于无效,追认权也将不复存在。

在法定代理人追认前,相对人也可以撤销,即向法定代理人发出撤销通知。该撤销权的行使有一定条件,即相对人应是善意的,如果相对人明知缔约人为限制行为能力人或明知其法定代理人不同意的,不得撤销。当然,也可以认为在这种情况下撤销权不发生。

2.无权代理人签订的合同

无权代理人以被代理人的名义签订的合同,本不应对被代理人发生效力,因为只有代理人在代理权限内所进行的民事活动,其后果才归属于被代理人。但是由于无权代理人以被代理人名义所签订的合同,本身不违反法律、行政法规的强制性规定和社会公共利益,且未必对被代理人或相对人不利,因而,为了维护交易的安全和保护善意相对人的利益,无权代

理人以被代理人的名义所签订的合同是一种效力未定的合同,一旦经被代理人追认,就能产生有权代理的法律效果。当然,为及时确定悬而未决的权利义务关系,平等保护被代理人和善意相对人的合法权益,相对人有催告权和撤销权。

被代理人的追认权,是指被代理人对无权代理行为事后承认其效力的权利。行使追认权的法律后果是使无权代理行为的后果由不确定状态变为确定状态,发生与有权代理一样的效力,即从行为成立时起对被代理人发生效力。反之,如果被代理人没有追认的,由行为人(无权代理人)承担责任。行为人承担责任的方式依据相对人的选择,或履行义务,或者承担损害赔偿责任。此外,如果无权代理行为给被代理人造成了损害,无权代理人应对被代理人承担赔偿责任。

拓展思考

无处分权人处分他人财产所订立的合同,其效力状态如何?

扫一扫

相对人的催告权与撤销权类似于"限制行为能力人订立合同时相对人的催告权和撤销权"。我国《民法典》规定,相对人可以催告被代理人自收到通知之日起 30 日内予以追认。被代理人未作表示的,视为拒绝追认。行为人签订的合同被追认前,善意相对人有撤销的权利,撤销应当以通知的方式作出。

第四节　国际商事合同的履行

导问:合同约定的履行时间有先后之分,如果先履行义务的一方在准备履行时发现对方资信发生重大变化,自己履行后对方很有可能无法履行,此时其是否仍需按合同规定履行交货义务?

一、合同履行的概念

当事人在合同中设定各种各样的权利和义务,其目的在于合同的履行(Performance of Contract)。合同的履行是指合同当事人实现合同内容的行为。例如,在买卖合同中,卖方应按合同规定的时间、地点和质量交货,买方应按合同规定的时间、方式支付货款和受领货物等,这都是属于履行合同的行为。各国法律都认为,合同当事人在订立合同后,都有履行合同的义务,如果违反应履行的义务,就要根据不同的情况,承担相应的法律责任。

合同履行的前提是有效合同,无效合同不需要履行。合同在符合生效要件依法生效后,对当事人具有约束力,当事人必须履行该合同中规定的义务。

二、合同履行的原则

合同履行的原则,是指法律规定的、所有种类合同的当事人在履行合同的整个过程中所必须遵循的一般准则。根据我国合同法及其司法实践,合同的履行除应遵守平等、公平、诚实信用等民法基本原则外,还应遵守以下合同履行的特有原则:实际履行原则、全面履行原则和协作履行原则。

(一)实际履行原则

实际履行原则,是指合同当事人必须按照有效合同约定的标的履行合同义务,不能用其他标的加以代替。实际履行原则,无论是大陆法系国家还是英美法系国家,其合同立法都作了明确规定。至于违约的救济措施,各国立法规定不一。在大陆法系国家,实际履行是违约的一种重要补救措施;在英美法系国家,赔偿损失是违约的一种主要补救措施,实际履行只是一种例外的方法。我国《民法典》第577条规定,当事人一方不履行合同义务或者履行合同义务不符合约定的,应当承担继续履行、采取补救措施或者赔偿损失等违约责任。《民法典》第583条还规定,当事人一方不履行合同义务或者履行合同义务不符合约定的,在履行义务或采取补救措施后,对方还有其他损失的,应当赔偿损失。

(二)全面履行原则

全面履行原则,又称正确履行原则或适当履行原则,是指除经债权人同意外,债务人必须按合同约定的标的以及数量、质量、规格、履行期限、地点、方式等要求,全面完成合同义务。我国《民法典》第509条第1款规定,当事人应当按照约定全面履行自己的义务。

全面履行原则是对实际履行原则的补充和扩展。实际履行原则只要求当事人按合同约定的标的履行,至于这种履行是否符合合同的具体规定,则是全面履行原则所要解决的问题。因此,全面履行必定是实际履行,实际履行未必是全面履行。全面履行场合不会存在违约责任,实际履行不全面时将产生违约责任。

(三)协作履行原则

协作履行原则,是指合同的双方当事人不仅应各自严格履行自己的债务,而且应尽力协助对方履行其义务,在整个履行过程中贯彻团结互助、相互协作的精神。我国《民法典》第509条第2款规定,当事人应当遵循诚实信用原则,根据合同的性质、目的和交易习惯履行通知、协助、保密等义务。

合同的履行,如果只有债务人的给付行为而没有债权人的受领给付,合同的内容仍难实现。不仅如此,在建设工程合同、技术开发合同、技术转让合同、提供服务合同等场合,债务人实施给付行为也需要债权人的积极配合,否则,合同的内容也难以实现。因此,履行合同,不仅是债务人的事,也是债权人的事,协助履行往往是债权人的义务。

协作履行是诚实信用原则在合同履行方面的具体体现。一方面表明合同履行需要双方当事人之间的相互协助,另一方面也表明协助不是无限度的。一般认为,协作履行原则含有如下内容:①债务人履行合同债务,债权人应适当受领给付;②债务人履行合同债务,时常要求债权人创造必要的条件,提供方便;③债务人因故不能履行或不能完全履行时,债权人应积极采取措施,避免或减少损失,否则应就扩大的损失自负其责。

三、合同履行的特别规则

合同发生法律效力后,当事人应当按照合同约定的时间、地点和方式等全面、实际履行合同义务,法律也对某些特殊情况下的履行作了特别规定。

> **拓展思考**
>
> 合同条款对质量、履行期限和履行地点等没有约定或约定不明确时,该如何履行合同?
>
> 扫一扫

(一)债务人提前履行规则

债务人提前履行规则,是指债务人在合同履行期限到来之前就开始履行自己合同义务的效力规则。我国《民法典》第530条规定,债权人可以拒绝债务人提前履行债务,但是提前履行不损害债权人利益的除外;债务人提前履行债务给债权人增加的费用,由债务人承担。《国际商事合同通则》的规定整体上与我国《民法典》相一致,但更加详细、具体。

(二)债务人部分履行债务规则

债务人部分履行债务规则,是指债务人在合同履行期限内没有按照约定全部履行合同义务,而只是履行部分合同义务的效力规则。我国《民法典》第531条规定,债权人可以拒绝债务人部分履行债务,但部分履行不损害债权人利益的除外;债务人部分履行债务给债权人增加的费用,由债务人承担。《国际商事合同通则》作了类似规定。

基于全面履行规则,债务人应全面履行合同义务。对于债务人部分履行债务的,债权人可以拒绝。因为债务人仅仅部分履行,不仅违反了合同义务,而且往往会使债权人的合同目的不能真正实现,损害债权人利益。然而,债权人可以拒绝债务人部分履行债务并不是绝对的,如果债务人部分履行债务并不损害债权人的利益,那么,债务人就应当接受这种部分履行。由于债务人的部分履行毕竟仍是一种违约行为,所以给债权人增加的费用,应由债务人承担。

(三)债务人向第三人履行或由第三人向债权人履行的规则

债务人向第三人履行债务规则,是指债务人向第三人履行债务的条件及效力的规则。

由于合同关系是一种信用关系,所以在合同的履行中应当贯彻亲自履行的规则,即由债务人本人向债权人本人履行。但是,这一规则不能一律排除合同约定由债务人向第三人履行债务的情况。当事人约定由债务人向第三人履行债务时,如果债务人未向第三人履行债务或履行不符合约定的,债务人应当向债权人承担违约责任。因为第三人并不是合同当事人,只是替代债权人受领履行,所履行的义务还是合同中约定的向债权人履行的义务,向第三人履行只是履行方式的变化,所以,当债务人违约时,应当向债权人而不是第三人承担违约责任。当然,如果法律规定或当事人约定第三人可以直接请求债务人向其履行债务,第三人未在合理期限内明确拒绝,债务人未向第三人履行债务或者履行债务不符合约定的,第三人可以请求债务人承担违约责任,因为在这种情况下第三人具有直接请求债务人履行的权利,只不过法律规定或者当事人约定债务人对债权人的抗辩,债务人可以向第三人主张。我国《民法典》第 522 条就债务人向第三人履行债务问题即作了如上规定。

第三人向债权人履行债务规则,是指第三人替债务人向债权人履行债务的条件及效力规则。当事人出于彼此间的信任才成立合同关系,因而合同的履行一般应当贯彻亲自履行的规则,即由债务人本人向债权人本人履行,但当事人也可以约定由第三人向债权人履行债务。当事人约定由第三人向债权人履行债务时,如果第三人不履行债务或履行债务不符合约定的,债务人应当向债权人承担违约责任。由于第三人并非合同当事人,他只是替债务人履行债务,第三人如果违约,实际上是债务人违约,债务人应当对此承担违约责任。我国《民法典》第 523 条规定,当事人约定由第三人向债权人履行债务的,第三人不履行债务或者履行债务不符合约定时,债务人应当向债权人承担违约责任。

(四)同时履行规则

同时履行规则,是指当事人互负债务、没有先后履行顺序的,双方应当同时履行,否则可以行使同时履行抗辩权的规则。合同的同时履行规则,是商品交换规律在合同关系中的反映,是对“一手交钱、一手交货”这一古老的交易原则的确认与发展。同时履行规则的法律基础在于双务合同在成立上的关联性,由此决定履行合同的关联性,即一方的权利与另一方的义务具有相互依存、互为因果的关系。同时履行规则的目的,在于确保当事人权利义务的对等性,从而维护合同法的公平原则和诚实信用原则,避免一方在自己已为给付而对方不履行时遭受相应的损失。

(五)顺序履行规则

顺序履行规则,也称异时履行规则,指当事人互负债务,但有先后履行顺序时,当事人履行合同的规则。当事人互负债务,有先后履行顺序的,先履行一方未履行的,后履行一方有权拒绝其履行要求;先履行一方履行债务不符合约定的,后履行一方有权拒绝其相应的履行要求。合同是当事人合意的结果,既然合同对当事人的履行顺序作了约定,该约定就成为合同条款之一,当事人就应遵循诚实信用原则,按照先后顺序履行各自的义务。如果应先履行的一方未履行或未全面履行,后履行的一方对应先履行的一方的履行请求享有先履行抗辩权。

(六)保证履行规则

保证履行规则,是指合同有效成立以后至合同约定的履行期限届满前,为了防患于未然,确保合同目的实现,公平合理地保护双方当事人的合法权益,法律赋予当事人自我保护的规则。为此,大陆法规定了不安抗辩权制度,英美法则规定了预期违约制度,我国合同法同时规定了不安抗辩权制度和预期违约制度。

(七)债权人发生变化时的履行规则

债权人发生变化时的履行规则,是指债权人分立、合并或者变更住所时的履行规则。我国合同法规定,债权人分立、合并或者变更住所没有通知债务人,致使履行债务发生困难的,债务人可以中止履行或者将标的物提存。据此,债权人发生变化时的履行规则包括两方面:其一,债权人发生分立、合并或者变更住所时,应当通知债务人,以便债务人能够及时履行债务,这是协作履行原则的具体要求;其二,债权人发生分立、合并或者变更住所没有通知债务人,致使履行债务发生困难的,债务人可以中止履行或者将标的物提存。

(八)保全履行规则

保全履行规则,是指法律为了防止债务人的财产不当减少而给债权的实现带来危害,允许债权人对债务人或第三人行使代位权或撤销权的规则。债务人的财产状况,直接关系到债权人的债权实现,为防止债务人财产的减少危及债权人的债权,法律允许债权人在特定情况下可以代替债务人向第三人行使债务人的权利,或者允许债权人撤销债务人与第三人之间的民事法律行为。

(九)合同当事人的某些变动不影响合同履行规则

合同当事人的某些变动不影响合同履行规则,是指生效后的合同不得因当事人的姓名、名称的变更或者法定代表人、负责人、承办人的变动而影响其效力。我国合同法就作了此种规定。由于合同当事人的姓名或名称,只是一种区别于其他具体民事主体的符号,在合同当事人的姓名、名称发生变更时,只不过是一种新符号代替原有的符号,合同的主体实质上并没有发生变化,合同的效力不应受到影响,所以,当事人仍有履行合同的义务,不得因姓名、名称的变更而不履行合同义务。同时,由于法定代表人、负责人、承办人并非合同当事人本身,而只是以当事人的名义代表或代理当事人订立合同,所以当其发生变动时,合同的主体没有发生变化,合同的效力并不因此而受到影响,当事人不得以法定代表人、负责人、承办人的变动为由而不履行合同义务。

四、双务合同履行中的抗辩权

双务合同,是指双方当事人互负对待给付义务的合同,即一方当事人之所以承担给付义务,在于取得对待给付。商事合同通常都属于双务合同。与双务合同对应的是单务合同,赠与、借用合同等是典型的单务合同。所谓抗辩权,是指对抗请求权或否认对方权利主张的权利。双务合同履行中的抗辩权,是指在符合法定要件时,当事人一方对抗对方当事人的履行请求权,暂时拒绝履行其债务的权利。就其性质或功能而言,属于延缓的抗辩权,它并无消灭对方请求权的效力,只是一时地拒绝对方的履行请求,暂时中止履行,一旦产生抗辩权的事由消失,债务人仍应履行其债务。双务合同履行中的抗辩权存在的基础在于双务合同的牵连性,即在双务合同中,给付与对待给付具有不可分离的关系。按我国《民法典》规定,双务合同履行中的抗辩权包括同时履行抗辩权、先履行抗辩权和不安抗辩权。当事人行使同时履行抗辩权、先履行抗辩权和不安抗辩权,是权利的正当行使而非违约,应受法律保护,不能令当事人承担违约责任。

(一)同时履行抗辩权

同时履行抗辩权(Plea of Simultaneous Performance),是指在双务合同中,没有先后履行顺序的,当事人应同时履行,一方在对方履行之前有权拒绝其履行要求,一方在对方履行债务不符合约定时有权拒绝其相应的履行请求。同时履行抗辩权是"一手交钱、一手交货"这一古老的交易原则的体现,其在法律上的根据就在于双务合同的牵连性。正是由于这种牵连性,在没有先后履行顺序时,当事人应当同时履行各自的主要义务,如果一方不履行自己所负担的义务而又有权要求对方履行义务,显然不利于维持双务合同当事人之间在利益关系上的公平,有悖于民法的公平和诚实信用原则。正因如此,各国民法都规定了同时履行抗辩权,《国际商事合同通则》也有相应规定。我国《民法典》第 525 条也对此作出明确规定:"当事人互负债务,没有先后履行顺序的,应当同时履行。一方在对方履行之前有权拒绝其履行请求。一方在对方履行债务不符合约定时,有权拒绝其相应的履行请求。"

一般认为,构成同时履行抗辩权,须同时具备以下要件:

第一,须由同一双务合同互负债务。同时履行抗辩权只存在于双务合同之中,非双务合同所生债务不产生同时履行抗辩权;须由同一双务合同产生债务,即双方当事人之间的债务是根据一个合同产生的;须双方当事人所负的债务之间有对价或牵连关系。

第二,双方当事人的债务均已届清偿期。同时履行抗辩权,旨在使双方当事人所负的债务同时履行,所以,只有双方债务同时届满清偿期时,才能行使同时履行抗辩权。如果一方当事人负有先履行的义务,就不由同时履行抗辩权制度管辖,而应让位于其他种类的抗辩权。

第三,须对方未履行债务或未提出履行债务。一方向对方请求履行债务时,须自己已为履行或提出履行,否则,对方可行使同时履行抗辩权,拒绝履行自己的债务。但是,一方未履行的债务或未提出履行的债务,与另一方所负的债务无对价关系时,对方仍不得主张同时履行抗辩权。

第四,须对方的对待给付是可能履行的。同时履行抗辩权制度旨在促使双方当事人同时履行其债务,当对方当事人的对待给付已不可能时,因同时履行的目的已不可能达到,不发生同时履行抗辩权问题,而由合同解除制度解决。

(二)先履行抗辩权

先履行抗辩权,是指合同当事人互负债务,有先后履行顺序的,先履行一方未履行之前,后履行一方有权拒绝其履行请求;先履行一方履行债务不符合约定的,后履行一方有权拒绝其相应的履行请求。先履行抗辩权确立的法律根据在于维护诚实信用原则和切实维护顺序在后履行人的合法权益。大陆法系国家的法律一般没有规定先履行抗辩权,认为先履行抗辩权已包含在同时履行抗辩权之中,视为其中的一种特殊情形。《国际商事合同通则》则明确规定了先履行抗辩权。在我国以前的司法实践中,出现了将正当行使抗辩权的行为当作违约处理的情况,我国合同法为纠正这种状况,也明确规定了先履行抗辩权。

一般认为,先履行抗辩权的构成要件包括:首先,须由同一双务合同互负债务。这一要件与同时履行抗辩权相同。其次,须双方当事人的债务有先后履行顺序。至于该顺序是当事人约定的,还是法律直接规定的,在所不问。如果两个对立的债务无先后履行顺序的,则不成立先履行抗辩权,而应适用同时履行抗辩权的规定。最后,应该先履行的一方未履行债务或者履行债务不符合约定。

先履行抗辩权由后履行顺序的一方当事人行使,后履行一方可暂时中止履行自己的债务,对抗先履行一方的履行请求,以此保护自己的期限利益、顺序利益。在先履行一方采取了补救措施,变违约为适当履行的情况下,先履行抗辩权消失,后履行一方须履行其债务。先履行抗辩权的行使不影响后履行一方主张追究对方的违约责任。

(三)不安抗辩权

不安抗辩权,是指在双务合同中应当先履行债务的当事人,在有确切证据证明后履行债务的当事人有财产明显减少或履行能力明显减弱等情形时,可中止履行合同并有条件地解除合同的权利。设置不安抗辩权的目的是平衡合同当事人双方的利益,维护公平和平等的原则。在双务合同中,双方互负债务,互为债权人和债务人,从而形成了合同债的关联性,若先履行义务的一方履行义务,而另一方可能不会或不能履行,如仍强迫应先履行一方履行其债务,则有悖于公平原则。因此,为了避免发生单方面给付后收不到对方的对待给付的后果,平衡当事人之间的利益,促进公平原则的具体实现,大陆法系国家通常设置了不安抗辩权制度,我国合同法对此也作了规定。

按我国《民法典》规定,成立不安抗辩权应具备如下条件:①双方当事人因同一双务合同而互负债务。不安抗辩权是双务合同的效力表现,其成立须是双方当事人因同一双务合同而互负债务,且双方债务之间互有牵连。②后履行义务一方履行能力明显降低,有不能为对待给付的现实危险。不安抗辩权制度保护先给付义务人是有条件的,不允许其在后给付义务人有履行能力的情况下行使不安抗辩权,只能在后给付义务人有不能为对待给付的现实危险,危及先给付义务人的债权实现时,才能行使不安抗辩权。后履行义务一方履行能力明显降低,有不能为对待给付的现实危险,主要包括以下情形:经营状况严重恶化;转移财产、抽逃资金,以逃避债务;丧失商业信誉;其他丧失或可能丧失履行能力的情况。履行能力明显降低,有不能为对待给付的现实危险,须发生在合同成立以后,如果在订立合同时就已经存在,先给付义务人如明知此情却仍然缔约,法律则无必要对其特别保护;如其在不知情的情况下缔结合同,则可以重大误解等为理由主张撤销合同。

只要具备不安抗辩权的成立条件,先履行债务的当事人就可以行使不安抗辩权,中止履行合同义务,但应当举证证明后履行义务一方的履行能力明显降低,有不能为对待给付的现实危险,以防止其滥用不安抗辩权。如果先履行义务一方没有确切证据而中止履行的,应当承担违约责任。主张不安抗辩权的当事人负有两项义务:第一,通知义务。当事人依法行使不安抗辩权中止履行后,应及时通知对方,即将中止履行的事实、理由及时告诉对方。虽然不安抗辩权的行使仅取决于一方当事人的意思,无需对方当事人同意,但是为了避免对方因此受到损害,同时为便于对方及时提供担保以消灭不安抗辩权,行使不安抗辩权的一方负有通知义务。第二,如对方当事人提供适当担保的,应当恢复履行。对方已提供适当担保的,不安抗辩权的适用条件也就不存在了,因此,先履行债务的一方当然应恢复履行。所谓"适当担保",既指设定担保的时间适当,更指设定的担保能保障先给付义务人的债权得以实现。至于担保的类型,可以是保证,也可以是质押、抵押,在理论上还可以是定金。

中止履行后,对方在合理期限内未恢复履行能力并且未提供适当担保的,就视为以自己的行为表明不履行合同主要义务,中止履行的一方可以解除合同并请求对方承担违约责任,即先履行一方在一定条件下享有法定的解除权。先履行一方享有或行使法定解约权的条件为:第一,先履行一方行使了不安抗辩权而中止履行;第二,中止履行后对方在合理期限内未恢复履行能力且未提供适当担保。我国法律的这一规定其实借鉴了英美法中的预期违约(Anticipatory Breach of Contract)制度,因为大陆法中的不安抗辩权纯粹作为一种抗辩手段,并不包含解除合同的规定。

不安抗辩权制度是大陆法上的一项制度,其目的在于保证合同履行,即合同有效成立以后至合同约定的履行期限届满前,为了防患于未然,确保合同目的的实现,公平合理地保护双方当事人的合法权益,法律赋予当事人的一种自我保护的权利。英美法中与此相对应的是预期违约制度。《国际商事合同通则》和《国际货物销售合同公约》仅规定了预期违约制度,我国合同法则同时规定了不安抗辩权制度和预期违约制度。

五、合同履行的保全

(一)概念

合同履行的保全,又称合同保全(Preservation of Contract),是指法律为防止债务人的财产不当减少而给债权人债权的实现带来危害,允许债权人代债务人之位向第三人行使债务人的权利,或者请求法院撤销债务人与第三人的民事法律行为的制度。

债权的实现需要债务人的适当履行,履行债务经常体现为从债务人的总财产中分离出一定的财产给债权人,因此,债务人总财产的状况,直接关系到债权人的债权能否实现。为防止债务人总财产的减少危及债权人的债权实现,固然可以通过担保制度达到目的,但担保制度亦有其弱点,例如,抵押的设立需要当事人办理登记手续,留置权局限于特定的

知识拓展

合同的担保方式

扫一扫

债权债务关系,保证既需要保证人的同意,又难逃责任财产减少危及债权实现的命运。为此,法律设立合同保全制度以保护债务人的总财产,其中代位权是为了保持债务人的财产而设,撤销权是为了恢复债务人的财产而设。我国《民法典》"合同"编设专章规定了合同保全制度。

(二)代位权

1.概念和构成要件

债权人的代位权(Creditor's Right of Subrogation),是指当债务人怠于行使其对第三人享有的权利而害及债权人的债权时,债权人为保全自己的债权,可以自己的名义代为行使债务人权利的权利。

债权人代位权的成立要件包括:①债务人享有对第三人(次债务人)的到期债权。债务人对第三人的到期债权,为债权人代位权的标的。可代位行使债务人的权利,必须是非专属于债务人自身的权利。专属于债务人自身的权利,例如基于扶养关系、抚养关系、赡养关系、继承关系产生的给付请求权和劳动报酬、退休金、养老金、抚恤金、安置费、人寿保险、人身伤害赔偿请求权等权利,均不得由债权人代位行使。②债务人怠于行使其权利。债务人怠于行使权利,主要表现为根本不主张权利或者迟延行使权利。只要债务人自己行使了该权利,则不论其行使权利的方法及结果对债权人是否不利,债权人均不得行使代位权。③债务人已陷于迟延。在债务人迟延履行以前,债权人的债权能否实现,难以预料,如允许债权人行使代位权,对于债务人的干预实属过分。反之,如债务人的债务已经陷于迟延,而怠于行使其权利,且又无资力清偿其债务,则债权人的债权已经有不能实现的现实危险,此时发生保全债权的必要。当然,在债权人的债权到期前,债务人的权利存在诉讼时效期间即将届满或者未及时申报破产债权等情形,影响债权人的债权实现的,债权人可以代位向次债务人请求其向债务人履行、向破产管理人申报或者作出其他必要的行为。

2.代位权的行使及其效果

代位权的行使主体是债权人,应通过诉讼程序方式行使,行使的范围以债权为限。因为债权人代位权突破了债权的相对性,为了保护第三人和平衡债权人与第三人的利益,避免债权人滥用债权,代位权须通过诉讼的方式进行。

债权人向次债务人提起的代位权诉讼经法院审理后认定代位权成立的,由次债务人向

债权人履行清偿义务,债权人接受履行后,债权人与债务人、债务人与次债务人之间相应的债权债务关系即消灭。当然,如果债务人对第三人的权利被采取保全、执行措施,或者债务人破产的,应依照相关法律的规定处理。

(三)撤销权

1. 概念和成立要件

此处的撤销权(Right of Abolishment),是指债权人对于债务人所为的危害债权的行为,可请求法院予以撤销的权利。债权人的撤销权的成立要件,按我国合同法的规定,因债务人的行为系无偿行为抑或有偿行为而有所不同。整体而言,在无偿行为场合只需要客观要件,在有偿行为的情况下,则必须同时具备客观要件和主观要件。

客观要件有:①须有债务人处理财产的行为。债务人处理财产行为主要包括放弃到期债权或未到期债权、放弃债权担保、无偿转让财产等方式无偿处理财产权益,或者恶意延长到期债权的履行期,或者以明显不合理的低价转让财产、以明显不合理的高价受让他人财产,为他人的债务提供担保。②债务人处理财产的行为有害债权。这是指债务人减少其清偿资力,不能使债权人的债权得到清偿,从而对债权人造成损害。如果债务人有处理财产的行为,并使债务人财产减少,但其尚存的财产仍旧足以清偿其债务的,就不存在对债权人债权的损害,就不该行使撤销权。

主观要件是指对于债务人以明显不合理价格转让财产或者为他人的债务提供担保,并影响债权人的债权实现的,债权人行使撤销权以债务人(转让人)和受让人的恶意为前提。受让人的恶意,是指受让人知道债务人所为的行为有害于债权的事实。

对于放弃到期债权或未到期债权、放弃债权担保、无偿转让财产等方式无偿处理财产权益,或者恶意延长到期债权履行期的,债权人行使撤销权不要求受让人知情。

2. 撤销权的行使

撤销权的主体,是指因债务人的行为而使债权受到损害的债权人。如果债权人为数人,可共同享有并行使撤销权,也可由每个债权人独立行使。

撤销权须由债权人以自己的名义以诉讼方式行使。之所以要求采用诉讼方式,是因为撤销权的行使,对于第三人的利害关系重大,应由法院审查该撤销权的主体和成立要件,以避免滥用撤销权,达到债权人撤销权制度的立法目的。

撤销权自债权人知道或者应当知道撤销事由之日起1年内行使。自债务人的行为发生之日起5年内没有行使撤销权的,该撤销权消灭。

3. 撤销权行使的效果

对于债务人而言,被撤销的债务人行为归于消灭,视为自始无效。对于受让人而言,已受领债务人财产的,应负返还不当得利的义务;原物不能返还的,应折价赔偿。

撤销权人有权请求受益人向自己返还所受利益,并有义务将收取的利益加入债务人的一般财产,作为全体一般债权人的共同担保,但无优先受偿权,尽管如此,撤销权人仍可能因为在时间上先行使债权而在事实上得到优先清偿。

六、合同的解释

(一)解释的原因

在合同履行过程中,需要确定合同内容时,有可能要通过解释的方法加以确定。合同之所以需要解释(Explanation),主要有两方面的原因:一是由语言的特性决定。语言本身具有模糊性,无论是何种语言,都很难精确地、毫无歧义地表达语言使用者的意思。二是当事人没有规定合同的某些条款,或者有意不规定合同某些条文,留待以后决定。

(二)解释的原则

在传统民法中,对意思表示的本质存在着意思主义、表示主义和折中主义等不同认识,因而对意思表示解释的原则也有着不同的认识。

意思主义认为,意思表示的实质在于行为人的内心意思,法律行为不过是实现行为人意思自治的手段。因而在对意思进行解释时,应贯彻探求真意而不拘泥于词语的原则。但是,由于行为人的内心意思外人无从考察,如果行为人随时以意思表示不真实为由主张行为无效,可能使相对人蒙受损害,也不利于维护交易的安全。

表示主义认为,内心的效果意思虽是意思表示的起源,但当事人表示于客观的效果意思却是意思表示的核心或根本。因而,在对意思表示进行解释时,应贯彻客观主义原则,在表示与意思不一致的情况下,应以外部的表示为准,对有相对人的意思表示的解释应当以相对人足以合理客观了解的表示内容为准。虽然这种理论有利于保护相对人的利益,但却不利于保护表意人的利益,于是产生了折中主义。

折中主义认为,当内在意思与外在表示不一致时,应根据具体情况,或采意思主义,或采表示主义,既要顾及相对人利益与交易安全,也要顾及表意人的利益。目前大多数国家均采用折中主义,我国学界通说也认为应该采用折中主义。当然,合同作为有相对人的意思表示,在进行解释时,似应更多采用表示主义,以维护相对人的利益。

(三)解释的方法

我国《民法典》就意思表示的解释方法作了规定,《国际商事合同通则》也专门规定了合同的解释问题。尽管如此,实务中对合同进行准确解释是件很复杂的事,似乎也没有一成不变的解释方法,有时甚至需要综合使用两种或两种以上的解释方法。

1. 文义解释

文义解释就是对当事人使用的语言文字的含义进行解释。意思表示的首要解释规则是探求当事人的内心真实意思。如果通过文义解释能够直接确定当事人的真实意思的,一般就无须再采用其他解释规则了。文义解释包括限制语义的解释和扩大语义的解释。

2. 整体解释

在解释合同的各项具体规定时,必须结合当事人整个意思表示进行解释。解释合同,不应孤立地仅仅就某一个条款作解释,而应当结合其他条款,各条款相互解释,以确定意思表示的各个条款在整个合同中的正确意义。

3. 目的解释

在解释合同时,如果合同所使用的文字或某个条款可能作两种解释时,应采取最适合于合同目的的解释。也就是说,对合同的解释应符合当事人所欲达成的目的,即双方当事人共同的目的或者至少是为对方当事人已知或应知的一方当事人的目的。

4. 习惯解释

具体的表示行为往往与当事人的语言环境和客观环境相联系,因而在解释合同的内容时,应考虑当事人所知悉或实践的惯行表示方式,它包括语言习惯、交易习惯和支付习惯等。当然,解释合同所依据的习惯不得违反法律的强制性规定。

5. 不利解释

如果当事人对合同条款的含义发生争议,应当作不利于提供该条款一方的解释,这就是"不利解释"。在由一方当事人提供格式条款的情况下,另一方当事人并没有就合同条款进行个别磋商的机会和能力,如果按通常方法仍不能确定格式条款含义的,应当作不利于格式条款提供方的解释,使其承担因表述含义不清而导致的风险,从而维护公正、公平的法律原则。

6. 诚信解释

诚信解释是指解释意思表示应遵循诚实信用的原则。其他解释方法主要是寻求当事人真意,而诚信解释的作用在于协调、平衡意思表示当事人双方的利益。在解释合同时,一般不能首先运用诚信原则,而应采用文义解释、整体解释、目的解释和习惯解释等,去探求当事人的真实意思,最后用诚信方法检验这些解释的结果。诚信解释的主要功能就在于,依据诚实信用原则对运用前述几种解释方法所得出的结论进行检验,违反诚实信用原则的解释结论,不应被采纳。

第五节　违约责任

导问: 当事人违反国际商事合同应承担的责任有哪些? 没有过错违反合同需要承担违约责任吗? 发生台风、罢工等不可抗力或者合同赖以存在的客观状况发生巨大变化,当事人是否仍需履行合同义务?

一、违约责任的概念和特征

违约责任(Liability for Breach of Contract)也称为违反合同的民事责任,是指合同当事人违反合同义务应当承担的责任。合同一旦生效,就在当事人之间产生法律拘束力,当事人应按照合同的约定全面、严格地履行合同义务,任何一方当事人违反合同义务均应承担违约责任。所以,违约责任是违反有效合同所规定的义务的后果。从另一角度观察,违约责任其实也就是一方违约时另一方可以采取的救济措施(Remedies for Breach of Contract)。

违约责任具有以下特征:

其一,违约责任的产生以合同当事人不履行合同义务为条件。违约责任的产生以合同债务的存在为前提,或者说必须存在合法有效的合同关系,如果当事人之间不存在合同关系,就无违约责任可言。违约责任的产生以当事人一方不履行合同债务,或履行不符合合同约定或法律规定为条件。违约责任是违反合同义务的行为所产生的法律后果,没有违反合同义务的行为,便没有违约责任。

其二,违约责任具有相对性。违约责任的相对性是指违约责任仅仅发生在特定当事人之间,合同关系以外的人不承担违约责任,合同当事人也不向合同关系以外的第三人负违约责任。具体说来,违约责任的相对性包括以下几层含义:①违反合同债务的当事人应对自己的违约行为负责,不能将违约责任推卸给别人。其原因是作为不履行合同债务后果的违约责任不过是合同债务的转化形态,该法律关系的主体不应因之改变。即使在合同债务由第三人代为履行的情况下,违约责任仍应由债务人承担。②因第三人的原因造成违约的,债务人仍应对债权人负违约责任,而不应由第三人向债权人负违约责任。③债务人应当向债权人承担违约责任,而不是向国家或第三人承担违约责任。因为国家或第三人不是合同关系的主体,如果债务人的违约行为造成了第三人或国家利益的损害而需要依法追究违法行为人的法律责任,该责任在性质上就不是违约责任而属于行政责任或刑事责任。违约责任的相对性来源于合同的相对性(Privity of Contract)。所谓合同的相对性是指合同关系只存在于特定的当事人之间,是特定当事人之间的债权债务关系。只有合同的当事人才能基于合同关系向对方提出请求或提起诉讼,而不能向与其无关的第三人提出请求,也不能擅自为第三人设定合同上的义务。既然合同关系只能存在于特定当事人之间,那么,作为违反合同义务的法律结果的违约责任也只能存在于特定的当事人之间,此即违约责任的相对性。

其三,违约责任主要具有补偿性。违约责任的补偿性是指违约责任旨在填补或弥补受害人因违约方的行为所受的损失。在一方违约从而使他方遭受损失的情况下,通过使违约方支付赔偿金、违约金或其他方式使受害人的损失得以赔偿。也就是说,违约责任的补偿性表现在一方赔偿应相当于对方所受的损失,在多种责任形式并存时,应与违约行为所致的后果大致相当。

其四,违约责任可以由当事人在法律允许的范围内约定。首先,违约责任可以由当事人约定。例如,当事人可事先通过约定违约金的数额、损害赔偿的计算方法,以及通过设定免责条款限制或免除当事人可能在未来发生的责任。对违约责任的事先约定,从根本上说,是合同自由原则所决定的,有助于合同纠纷的及时解决,减少当事人在未来可能承担的风险,同时可以弥补法律规定的不足。其次,当事人应在法律允许的范围内约定。为了保障当事人设定的违约责任条款的公平合理,法律也要对其约定予以干预,如果约定不符合法律要求,将会导致相关约定无效而适用法定的违约责任。

二、违约责任的归责原则

一项损害发生后,如果该损害不由受害人自己承担,就会面临由其他人承担的问题,这时,法律将赔偿损害等后果作为一项法律责任,归于某人承担,便是在"归责"。

(一)概念和意义

归责原则,是指基于一定的归责事由而确定责任成立的法律原则,或者说,是基于一定的归责事由而确定行为人是否承担责任的法律原则。违约责任的归责原则,是指基于一定的归责事由确定违约责任成立的法律原则,也就是说,基于一定的归责事由而确定行为人是否承担违约责任的法律原则。

归责原则在违约责任制度中具有重要的法律意义:①归责原则决定着违约责任的构成要件,归责原则不同,违约责任的构成要件也不一致。例如,在过错责任原则中,过错是违约责任的一般构成要件;而在无过错责任原则中,过错并不是构成违约责任的要件。②归责原则决定着举证责任的内容,归责原则不同,举证责任的分配也不一致。在过错责任原则下,非违约方负有证明违约方存在着过错的义务;在实行无过错原则的情况下,由于不以过错作为责任的构成要件,所以违约方没有必要反证证明自己没有过错。

(二)种类

在现行各国合同法中,违约责任的归责原则主要有过错责任原则和无过错责任原则两种。

过错责任原则,是指一方当事人违反合同规定的义务,不履行或不适当履行合同时,应以过错作为确定责任承担的决定性因素。过错包括故意和过失两种形态。故意是指行为人预见到自己的行为会造成违反合同的后果,仍希望或放纵这种结果发生。过失是指行为人没有尽到必要的谨慎与注意的义务,本应预见自己的行为可能导致损害结果的发生,但因疏忽大意没有预见,或者虽然预见但却轻信能够避免而不采取预防措施以致发生违约的后果。按照过错责任原则,仅仅证明债务人没有履行合同义务,不足以让其承担违约责任,而必须同时存在债务人主观上的过错。采用过错责任原则,将客观行为和主观意志结合起来考虑,能体现法律的扬善惩恶的功能,使违约责任具有教育功能和预防功能。

无过错责任原则,又称严格责任原则,指违约责任的成立无须当事人主观上具有过错,只要存在违约行为,违约方就应对其违约行为负责。采用严格责任原则,有利于促使当事人严肃对待合同,具有方便裁判、降低诉讼成本的优点。

总体而言,在违约责任的归责原则上,大陆法系国家采过错责任原则,而英美法系国家则采用严格责任原则。当然,司法实践中两大法系的区别不是那么明显,因为两大法系国家分别在采用上述归责原则的同时,也在一定条件下适用另一种归责原则。

我国合同法对违约责任一般采取无过错责任原则,但对部分有名合同也采用了过错责任原则。例如,《民法典》第929条规定:"有偿的委托合同,因受托人的过错造成委托人损失的,委托人可以请求赔偿损失。无偿的委托合同,因受托人的故意或者重大过失造成委托人损失的,委托人可以请求赔偿损失。"第714条规定:"承租人应当妥善保管租赁物,因保管不善造成租赁物毁损、灭失的,应当承担赔偿责任。"因此可以认为,我国合同法关于违约责任的归责原则实行了双轨制,在"通则"中规定了无过错责任,而在部分典型合同中又部分规定了过错责任,两者相互结合。

《国际商事合同通则》和《国际货物销售合同公约》主要采用的也是无过错责任原则。对违反商事合同的行为采取无过错责任原则,可以彰显商事合同追求的是利润最大化而不是道义的维护和过错的惩罚,商事合同需要的是交易安全、便捷和纠纷的迅速处理。

三、违约行为

违约责任的构成要件是指违约责任成立所必须具备的要件。我国合同法在违约责任的归责原则上采用了双轨制,在不同的归责原则下,违约责任的构成要件并不相同。合同法对一般合同采用了无过错责任,而过错责任只发生于特殊情况,因此,关于违约责任的一般构成要件,其实就是无过错责任原则的构成要件,即只须存在违约行为。

(一)概念和特征

违约行为是指合同当事人违反合同义务的行为。违约行为具有如下特征:①违约行为的主体是合同关系的当事人,非合同当事人不能成为违约的主体。这一特点是由合同的相对性原则决定的,根据合同相对性原则,只有合同当事人才有可能构成违约,而第三人的行为不构成违约行为。②违约行为是以有效合同关系的存在为前提的。在违约行为发生时当事人已经受到有效合同关系的约束,如果合同关系不存在,则不可能发生违约行为,任何一方当事人也不能基于合同请求另一方承担违约责任。③违约行为违反的是合同义务。合同义务主要是指合同当事人约定的义务。④违约行为在后果上导致了对合同债权的损害。违约行为不同于侵权行为的一个重要特点在于,侵权行为是对绝对权的侵害,而违约行为则是对相对权即合同债权的侵害。由于债权是以请求权为核心的,债权的实现有赖于债务人切实履行其合同义务,债务人违反合同义务必然会导致债权人依据合同所享有的债权不能实现，所以，任何违约行为都导致对债权人的债权的侵害。

(二)形态

1. 不履行(完全不履行)

不履行包括履行不能和拒绝履行。履行不能是指债务人在客观上已经没有履行能力。如在提供劳务的合同中，债务人丧失了劳动能力；在以给付特定物为标的的合同中，该特定物灭失。拒绝履行是指债务人能够实际履行而故意不履行。

作为违约行为的一种表现形式，拒绝履行必须具备以下要件：有合法的债务存在、债务人能够履行、债务人不履行债务和债务人不履行债务没有合法理由。在债务人享有同时履行抗辩权、先履行抗辩权和不安抗辩权等抗辩权的情况下，债务人的拒绝履行不构成违约。

2. 迟延履行

迟延履行又称逾期履行，是指在合同债务已经到期，合同当事人能够履行而不按法定或约定的时间履行的情况。迟延履行时，违约方违反了合同规定的履行期限。所以，确定迟延履行的关键在于确定合同中的履行期限，如果合同明确规定了履行期限，则应当依据合同的规定履行；如果合同没有规定履行期限，债务人可以随时向债权人履行，债权人也可以随时要求债务人履行义务，但应当给对方必要的准备时间。必要的准备时间就是合理的履行期限。

3. 不完全履行

不完全履行又称不适当履行或不正确履行，是指债务人虽然履行了债务，但其履行不符合合同的约定。不完全履行分为瑕疵给付和加害给付两种。瑕疵给付，包括给付在数量上的不完全、给付质量不符合要求、履行地点不当、履行方法不符合约定等。加害给付不是一般的不完全履行，加害给付不仅违反了合同的约定，而且还因其履行有瑕疵造成了债权人的人身或财产损失。例如出售不符合保障人身及财产安全的产品导致了买受人的损害；债务人交付有传染病的家畜，致使债权人的其他家畜感染死亡等。加害给付的法律后果为：因加害给付而致债权人其他利益遭受损失，无论是人身损害还是财产损失，无论是既得利益的损失或可得利益的损失，债务人均应赔偿。当然，此时实际上已构成侵权责任与违约责任的竞合，债权人一般可选择行使请求权。

4. 预期违约

预期违约，又称先期违约，是指在履行期限到来之前一方无正当理由而明确表示其在履行期到来后将不履行合同，或者其行为表明其在履行期到来以后将不可能履行合同。预期违约是英美法上的一项制度，大陆法中没有预期违约制度，我国合同法则引入了预期违约制度。预期违约与实际违约的主要区别在于两者违约的时间不同，预期违约是在履行期限届满前的违约，而实际违约则是在履行期届满时或届满后的违约。

预期违约制度的目的是使受害方提前得到法律上的救济,防止其蒙受本来可以避免的损失。例如,为了就即将到期的履行进行准备而蒙受损失;或者在得知对方毁约后不得不继续自己一方的履行,从而蒙受损失;或者等合同规定的履行期到来再采取行动,从而丧失了与他人进行交易的机会。

按我国合同法规定,预期违约分为明示预期违约和默示预期违约两种。明示预期违约,又称为明示毁约,指合同有效成立后到合同约定的履行期届满前,一方当事人肯定明确地向另一方当事人表示其将不按约定履行合同义务。构成明示毁约须具备如下条件:第一,必须是一方明确肯定地向对方作出毁约的表示;第二,不履行合同的主要义务;第三,不履行合同义务无正当理由。在明示毁约的情况下,另一方可拒绝对方的明示毁约,也就是说,其可以根本不考虑一方所作出的毁约要求,而单方面坚持合同的效力,等到履行期到来后要求毁约方继续履行合同或承担违约责任;也可以立即提出请求,要求对方在履行期到来之前承担违约责任。

默示预期违约,又称默示毁约,是指在履行期到来之前,一方当事人有足够的证据证明对方将不履行或不能履行合同义务,而对方当事人又不愿意提供必要的担保。默示预期违约的构成,必须具备以下条件:第一,债权人有确切的证据表明债务人在履行期限到来时将不履行或不能履行合同义务;第二,债务人被要求提供履行担保,而其在合理的期间内不能提供充分的担保。在默示预期违约的情况下,非违约方既可以在履行期限到来以后要求毁约方实际履行或承担违约责任,也可以不必等待履行期限到来而直接要求毁约方承担违约责任。

四、违约责任的主要形式

违约责任的形式,即违约方当事人承担违约责任的具体方式,从另一角度观察,也就是非违约方可以采取的法律上的补救措施。因此,违约责任的形式和违约的救济方法只不过是同一个问题的两个不同方面而已。各国合同法关于违约的救济方法不尽相同,主要有实际履行、解除合同、损害赔偿和违约金等几种。

(一)实际履行

实际履行(Specific Performance),又称继续履行,指在一方当事人违反合同义务时,另一方当事人请求法院强制违约方继续履行合同义务的责任形式。表面上看,继续履行仍是原合同约定的义务,因为继续履行并未增加债务人的债务,但实际上,继续履行与正常履行合同义务在性质上是不同的。一般的履行是在合同履行期到来时如期履行,继续履行则是在履行期过后才履行;此外,一般履行是债务人的自觉履行,而继续履行则带有国家强制的性质,是对行为人违约行为的否定性评价。继续履行作为一种救济方法,强调违约方应按合同的约定履行义务,以实现订立合同时所期望达到的目的。

大陆法系和英美法系对实际履行有不同的态度。英美普通法中没有实际履行这一救济方法,但在衡平法中可作为一种例外的救济方法,仅仅在损害赔偿不能满足债权人要求时适用，如罕见物品的买卖、特定的土地买卖等。大陆法系国家则将实际履行作为一种主要的救济方法，非违约方原则上均可请求法院判令违约方实际履行合同义务。《国际商事合同通则》区分金钱债务和非金钱债务对实际履行作出规定。

对于金钱债务的履行，如买卖合同下买方的义务、技术许可合同中被许可人的义务等，各国立法都规定可以强制实际履行，因为金钱是可替代物，具有高度的流通性，客观上不可能发生不能履行问题，在法律上不可能也没必要转换为其他债务或以其他救济方法来取代实际履行。《国际商事合同通则》规定，如果有义务付款的一方当事人未

知识拓展

英国合同法关于合同明示条款的分类

扫一扫

履行其付款义务，则另一方当事人可以要求付款。

对于非金钱债务，《国际商事合同通则》原则上允许债权人请求实际履行，但又规定了若干例外情形。构成例外的情形包括：其一，履行在法律上或事实上的不可能。例如，买卖特定的标的物，发生毁损、灭失且不可能另外获得。其二，履行或相关的执行会带来不合理的负担或费用。也就是说，履行尽管仍然可能，但却会使履行方的负担过重，以致实际履行将违背诚实信用和公平交易的一般原则。其三，非违约方可以合理地从其他途径获得履行。例如，标准类型的货物、服务的交易，此种合同没有得到履行时，非违约方通常更愿意到市场上去获得替代货物或服务，并对另一方当事人的不履行要求损害赔偿，从而主张终止合同并达成替代交易，而不是主张实际履行。其四，履行完全属于人身性质。如果履行是不可委托的，并且需要艺术性或科学性的个人技能，或者涉及保密性和私人性的关系，就属于具有完全人身性质的履行。具有完全人身性质的履行，如果强制执行将妨碍债务人的人身自由，也会损害履行的质量。其五，非违约方在合理期限内没有要求履行。如果债权人不积极行使其履行请求权，主张实际履行，而是合理时间过后才要求强制履行，对债务人未免不公。如果允许债权人使债务人处于一种对是否要求履行的不确定状态中，从有益于市场发展的角度看，债权人这种投机性的行为将会不公平地产生不利于债务人的风险。

我国合同法关于实际履行的规定基本上参照了《国际商事合同通则》。《国际货物销售合同公约》关于非金钱债务的实际履行没有作强制性规定，对于法院是否应当作出强制实际履行的判决，由法院按其本国法律的规定决定。

（二）解除合同

解除合同（Rescission of Contract），是指合同一方当事人违约时，另一方当事人径自或通过法院解除自己履行合同的义务的一种救济方法。行使解除权的方法主要有两种：一是由主张解除合同的一方当事人向法院起诉，由法院作出解除合同的判决；二是直接向对方表示解除合同。合同被解除后，双方当事人不必再继续履行各自的合同义务，原来订立的合同也不复存在，合同的目的也将无法实现。可以看出，解除合同是一种很严厉的补救方法，违约方准备履行所发生的费用将得不到补偿而造成严重损害，所以各国法律对解除合同都规

定严格的条件,并不是任何违约都能导致另一方有权解除合同。

《国际货物销售合同公约》采用了"根本违约"(Fundamental Breach of Contract)的概念,《国际商事合同通则》使用了"根本不履行"(Fundamental Non-performance)的概念,以表示违约的严重程度。在一方当事人构成根本违约或根本不履行的情况时,另一方当事人有权解除合同。按《国际商事合同通则》的规定,在确定不履行某项义务是否构成根本不履行时,应特别考虑是否存在以下情况:①不履行实质上剥夺了受损害方根据合同有权期待的利益,除非另一方当事人并未预见而且也不可能合理地预见到此结果;②对该项未履行义务的严格遵守是合同的实质性约定;③不履行是故意所致还是疏忽所致;④不履行使受损害方有理由相信,不能信赖另一方当事人的未来履行;⑤如果合同被解除,违约方将因已做的准备或不履行而蒙受不相称的损失。

《国际商事合同通则》规定除根本不履行情况下另一方有权解除合同外,还规定下列情况下非违约方也可解除合同:在迟延履行的情况下,经催告仍未在额外期限届满前履行合同;预期违约构成根本不履行;不提供充分担保的一般预期违约。

解除合同的法律后果是消灭合同的效力,合同解除后,当事人仍可以索赔因违约而遭受的损失。由于实际履行与解除合同的目的相违背,合同解除后双方之间就不再有合同关系,自然也就无所谓实际履行了,因此两种救济方法是相互排斥的。

我国《民法典》虽未使用根本违约或根本不履行的概念,但是关于非违约方能否解除合同的问题,主要是根据违约的后果是否影响实现合同目的,实质内容与《国际商事合同通则》相似。

(三)损害赔偿

损害赔偿(Damage Compensation),指当事人一方因违反合同规定的义务并给对方造成损失时,为了弥补对方当事人的损失而向其支付一定数额的金钱的责任方式。它是在商事领域使用频率最高、应用范围最广的救济方法。损害赔偿的前提条件是因违约行为造成了另一方的损害。损害赔偿的救济方法有时单独使用,有时连同其他补救方法一起使用,因为有可能实际履行或解除合同的救济方法仍不足以弥补非违约方所遭受的损失。

关于损害赔偿的范围,双方当事人可以在合同中约定,在没有约定或约定不清时则依法加以确定。由于违约损害赔偿的目的在于补偿受害人所遭受的损失,通过赔偿使受害人恢复到合同订立前的状态,或恢复到合同如期履行的状态,所以各国立法都采纳完全赔偿原则,《国际商事合同通则》对此作了明确规定。按照完全赔偿原则,违约方应承担的损害赔偿范围不但包括积极损失,还包括消极损失,或者说,对既有利益的损失应当予以赔偿,对本来可以获得利益之损失也应当赔偿。例如,歌手甲违反了与演出主办者乙签订的合同,没有参加乙为其举办的演出,此时甲不仅赔偿乙准备音乐会所支出的费用(积极损失),而且应赔偿乙因取消音乐会所遭受的利润损失(消极损失)。

违约损害赔偿责任以补偿受害人的损失为目的,但是,如果这种责任过于重大,就会阻碍当事人从事交易行为的积极性,也增加了交易的风险,对违约方而言也是不公平的,因此需要对完全赔偿原则作适当的限制。《国际商事合同通则》主要有合理预见规则、过错相抵规则和损益同销规则来对完全赔偿加以限制。

合理预见规则,意味着损害赔偿的金额不得超过违约方订立合同时预见到的或应当合理预见到的、因违反合同可能造成的损失。这种限制与合同本身的性质有关:并不是受损害方被剥夺的所有利益都属于合同范围之内,违约方并不需对其订立合同时不能预见的、从而不可能对其风险进行投保的损害承担赔偿责任。之所以强调"订立合同时",是因为订立合同时当事人会对日后的风险做一种判断,从而决定是否订立合同,不能把订立合同时不存在的风险强加于违约方。判断可预见的标准,是一个正常勤勉的人能够合理预见到的、按照事情正常进展过程以及合同的特定情况(如合同当事人提供的信息或他们之前的交易行为)不履行将会导致的后果。

过错相抵规则,指在受害人对损失的发生也有过错时,可以相应减轻或免除违约方赔偿责任的规则。过错相抵规则是将违约方的违约与受害人的过错加以衡量,各自承担相应责任,最终表现为违约责任的减轻或免除,体现出对损失后果的公平分摊,是诚信原则的当然要求。

损益同销规则,又称损益相抵规则,指非违约方基于对方的违约而受有利益时,应将其所受利益从所受损害中扣除来确定损害赔偿范围的规则。损益同销规则所确定的是,仅赔偿受害人因对方违约而遭受的净损失的规则。例如,航次租船合同下承租人没有货可交运输,出租人就不能要求承租人支付全部的运费损失,因为承租人如果履行合同还会产生有关的费用支出,如燃油、船员工资等,运费并不是净损失。损益同销规则的理论基础在于:赔偿责任制度的目的在于补偿受害人因违约所遭受的损失,不能使受害人获得额外利益,受害人不得因损害赔偿而较损害事故发生前的情况更为优越。

《国际货物销售合同公约》关于损害赔偿的规定与《国际商事合同通则》基本相同,我国《民法典》关于违约损害赔偿的规定也类似于《国际商事合同通则》。

(四)违约金

违约金(Liquidated Damages),是指合同当事人在合同中约定的、一方违约时应向对方支付的一定数量的金钱。在商事合同中,违约金条款主要有两种规定方法:一是规定一笔约定的金额,任何一方违约即需支付对方此数额的金钱;二是规定一个合同金额的百分比,任何一方违约时按此比例支付金钱。

在违约方向对方支付违约金后,违约方是否还需要向对方赔偿损失?违约金的实际数额是否应当跟损失数额大体相当?违约方支付违约金后,是否还需要履行合同?回答这些问题就涉及违约金的性质和作用。

关于违约金的性质和作用,有两种不同的立法主张:一种观点认为违约金是惩罚性的,是对债务人不履行合同的一种制裁,只要有违约行为,不论有无损失,也不论损失有多少,都要按约定数额向对方支付。由于这种违约金是对违约方的一种惩罚,所以在一方当事人违约时,对方除了请求支付违约金以外,仍可请求违约方履行合同以及损害赔偿。另一种观点认为,违约金是当事人预先约定的损害赔偿金额,因为在没有事先约定违约金的情况下,债权人对违约方提出损害赔偿请求时,必须承担证明损害事实的发生、损失金额以及因果关系存在的举证责任,有时完成这种举证相当困难,且容易引起纠纷,合同中如约定违约金条款,就可以免去上述麻烦。这种观点还认为,合同双方当事人地位平等,一方违约,另一方只能要求赔偿而不能加以惩罚；违约金一般相当于履行之替代，因此不允许债权人在请求违约金的同时，再要求违约方履行主债务或提出不履行的损害赔偿请求。

大陆法系国家原则上承认惩罚性违约金条款的有效性，同时允许或不允许对负担特别沉重的条款作司法审查，英美法系国家一般不承认惩罚性违约金。我国《民法典》所规定的违约金是补偿性的，违约金一般视为预定的违约赔偿金，非违约方请求违约方支付违约金的，不得同时请求其继续履行合同或赔偿损失；但如果违约金是专门为迟延履行所作的约定，不在此限。

在补偿性违约金的情况下，涉及的另一问题便是：法院是否有权对当事人约定的违约金予以增加或减少？按照我国《民法典》的规定，合同约定的违约金低于造成的损失的，当事人可请求法院或仲裁机关予以增加；合同约定的违约金过分高于造成的损失的，当事人可请求法院或仲裁机关予以适当减少。按照最高人民法院颁布的相关司法解释，当事人约定的违约金超过造成损失的30%的，一般即可认定为"过分高于"。

鉴于两大法系国家对违约金的规定有很大差异，《国际商事合同通则》对此作了简单的折中规定，违约金既可以是损害赔偿金额的约定，也可以是为阻止不履行的真正罚金；但是，如果约定的违约金相对于违约所导致的损害以及相对于其他情况严重过高，则可将该约定金额减少至一个合理的数目。

五、违约的免责事由

合同生效后，双方当事人都有义务履行，如果一方当事人不履行合同义务，通常应承担违约的责任。但是，如果在合同成立后，发生了当事人当时无法预料的事情，导致合同无法履行，如政府实行封锁禁运导致买方无法交货、租船合同下的船舶被政府征用无法按时还船，或者虽可履行但将极大地增加当事人的负担，履行会产生极不公平的结果，如卖方所在国家发生自然灾害导致合同项下货物的价格上涨了十倍等。对此，法律上将这些情形作为例外处理，免除当事人的违约责任。

（一）情势变更

情势变更（Change in Circumstances），又称情势变迁，指合同有效成立后，作为合同关系基础的客观状况，由于不可归责于双方当事人的原因，发生了非缔约双方当初所能预料到的变化，如仍坚持原来合同的效力，将会产生显失公平的结果，因而允许当事人变更或解除合同。情势变更理论的主要依据是合同基础论，认为合同的有效性应以合同成立时所处环境继续存在为条件，如果合同成立后，订约时所依据的环境条件已发生重大变化，或已不复存在,则合同的效力也应随之变更,不能按原来的合同规定要求履行。

适用情势变更一般应具备如下要件:①须有情势变更的客观事实。"情势",泛指作为合同基础或环境的客观事实,"情势变更"即指合同基础或环境在客观上的异常变动或重大变化。也就是说,如果当事人缔约时以某种客观情形作为基础,如该基础已发生变化,依附于该基础并以其存在作为利益判断的当事人之意思表示也应作相应变化。

②情势变更的客观事实发生在合同成立后履行完毕前。如果在订立合同之前或之时已发生情势变更的事实,而当事人并不知道,则当事人可以重大误解为由主张合同效力上存在瑕疵;如果当事人已经知道情势变更事实而仍订立合同的,则表明当事人自愿承担相关风险,法律没有予以特别保护的必要。如果合同履行完毕以后发生情势变更的事实,则因合同关系已经消灭,对双方利益不再产生任何影响,也就没有必要适用情势变更原则。只有在合同成立以后且履行完毕之前,发生情势变更的客观事实,才需要考虑当事人是否可以不严格履行合同,从而主张变更或解除原来的合同关系。③情势变更是缔约时当事人不可预见的。如果当事人在缔约时预见到将来要发生情势变更,而仍以当时的客观情况为基础订立合同,则表明当事人愿意承担相关风险,应使其自负后果,不应适用情势变更原则。如果当事人应当预见将要发生情势变更而没有预见,则说明其主观上存在错误或过错,或由当事人自行负责,或由当事人行使撤销权以寻求保护,也不应适用情势变更原则。只有情势变更是当事人缔约时不可预见的,从而在合同中并未对此作相应处理的情况下,才有在情势发生变化时变更或解除合同的必要。④情势变更的发生不可归责于当事人。情势变更的发生如可归责于当事人,则当事人自应负担其风险或承担违约责任,不发生适用情势变更原则的问题。只有情势变更的发生不可归责于当事人,也就是不为当事人尤其是受不利影响的当事人所控制,由此产生的损失才需要进行公平分配,合同也才需要进行相应的变更或解除。⑤情势变更后若仍维持原合同效力将导致显失公平。情势变更的发生,如果仍旧按原合同规定履行并未导致当事人之间权利、义务的失衡,则应按照"契约必须遵守"原则履行原合同。只有在情势变更使得缔约双方所赖以判断自己权利义务的基础发生动摇或根本丧失,使得当事人的权利义务严重失衡,才有予以恢复平衡的必要。

情势变更的法律效果是赋予不利的一方请求变更或解除合同的权利,但最终的决定权属于受理案件的法院或仲裁机构。司法机关在适用情势变更时,一般会尽量维持原有合同关系,只有在变更合同的方法不能排除不公平结果时,才采取解除原合同关系的方法。

情势变更是大陆法中的一种重要制度,虽然立法可能没有明文规定,但为各国所认可并应用于实践。同时,由于情势变更的适用条件并无清晰界限,适用时就较难把握。情势的变化必须是根本的或重大的,但何谓"根本的或重大的"?签订合同本身就有许多风险,履行完毕后一方也有可能无法从中获得利益,怎样构成"显失公平"也难以确定。如果运用情势变更制度不当则将严重扰乱合同履行的正常秩序,所以在司法实践中一般不轻易适用,在之前我国的立法中也没有作明确规定。新近颁布的《民法典》确立了情势变更制度,第533条规定:"合同成立后,合同的基础条件发生了当事人在订立合同时无法预见的、不属于商业风险的重大变化,继续履行合同对于当事人一方明显不公平的,受不利影响的当事人可以与对方重新协商;在合理期限内协商不成的,当事人可以请求人民法院或者仲裁机构变更或者解除合同。人民法院或者仲裁机构应当结合案件的实际情况,根据公平原则变更或者解除合同。"

《国际商事合同通则》以"艰难情形"(Hardship)为标题对情势变更作了规定,明确了艰难情形的构成要件及其后果。

(二)不可抗力

不可抗力(Force Majeure)指合同订立之后发生的,不可归责于当事人任何一方,当事人不能预见,不能避免且不能克服的意外事故。不可抗力事件有其特定的解释,并不是任何一种意外事件都可随意称为不可抗力事件。引起不可抗力事件的原因大体可分为自然原因和社会原因,前者如洪水、暴雨、干旱、暴雪、地震和海啸等,后者如战争、暴动、政府颁布禁令、封锁禁运以及国际航道封闭等。对不可抗力事件的认定必须将其与商品价格波动、汇率变化、班轮逾期及机器故障等商业风险区分开来。

一般认为,构成不可抗力须具备以下要件:①不可预见性。当事人在订立合同时,对不可抗力事件是否发生是无法预见的。②不可避免性。当事人对于可能出现的意外情况尽管采取了及时合理的措施,但客观上并不能阻止这一情况的发生。③不可克服性。合同当事人对于事件的发生无法抵御,也就是说,在事件发生后即使已尽到最大的努力仍不能克服事件造成的损害后果,使合同得以履行。④客观性。不可抗力为客观情况,即外在于当事人行为的客观情况。如果是因为用于履行的物品之内部原因造成的,这种阻碍就不是外部的,不构成不可抗力。

至于不可抗力事件对合同履行产生的法律后果,主要是根据不可抗力对合同履行的影响而有所不同,主要有全部免责、部分免责和允许延期履行合同三种。如果不可抗力导致合同不能全部履行的,免除全部责任(如两国发生战争导致两国当事人的租船合同根本无法履行);部分不能履行的,免除部分责任(如房屋租赁合同下的部分房屋被台风摧毁);不能在合同约定的履行期限内履行的,允许延期履行,并免除其违约责任。因不可抗力而不能履行或不能完全履行合同的一方当事人,应及时通知对方以减轻其损失,并在合理期限内提供相关证明以便对方及时采取措施,减轻损失或防止损失的扩大。

《国际商事合同通则》和我国《民法典》都对不可抗力作了明确规定,《国际货物销售合同公约》用"一定障碍"(Impediment)的术语规定了不可抗力制度的内容。

第六节 国际商事合同的变更和转让

导问:国际商事合同生效后,当事人如果想变更合同内容,应通过怎样的程序和方式?一方当事人是否可以将合同权利或合同义务转让给第三人?如果想转让给第三人,需要通过怎样的程序和方式?

一、合同的变更

合同的变更(Modification)一般是指合同内容的变更,也就是合同当事人不变,合同的内容予以改变的现象。

按我国合同法规定,合同变更应具备下列条件:①原已存在有效的合同关系。合同的变更,是改变原合同关系,无原合同关系便无变更的对象,所以合同的变更离不开已存在合同关系这一条件。合同无效,自始即无合同关系,自无变更合同的余地。②合同变更一般依当事人的协议。合同是双方当事人合意的结果,变更合同也应当是当事人合意的结果。当事人变更合同的协议应当符合合同的有效要件,如变更合同的协议不成立或不生效,则当事人仍然得按原合同的内容履行。如果当事人对合同变更的内容约定不明确,则推定为未变更。③须有合同内容的变化。合同变更为合同内容的变化,例如标的物的数量、履行期限和地点、合同价款或酬金、违约金数额等内容。同时,合同的变更发生于合同成立之后、履行完毕之前。合同成立之前,没有合同存在,就谈不上合同的变更;合同履行完毕之后,当事人之间的合同关系归于消灭,也不可能发生合同的变更。④须遵守法定的形式。依照法律、行政法规的规定,变更合同应办理批准、登记等手续的,应当办理批准、登记等手续,否则合同变更不生效。

合同的变更是在保持原合同关系的基础上,合同的某项或某部分内容的变化。因而,在合同变更后,当事人应当按照变更后的合同内容履行合同,否则构成违约。合同的变更原则上向将来发生效力,未变更的权利义务继续有效,已经履行的债务不因合同的变更而失去法律依据。

二、合同的转让

合同的转让(Assignment),又称合同的让与,是指合同主体发生的变更,即一方当事人将合同的权利和义务全部或部分转让给第三人。按照所转让的内容不同,合同转让分为合同权利的转让、合同义务的转移和合同权利义务的概括转移等三种。

(一)合同权利的转让

合同权利的转让,又称合同权利让与、合同债权让与,是指不改变合同的内容,合同权利人通过与第三人订立合同将权利的全部或部分转移给第三人。在这个过程中,该合同权利人称为让与人,该第三人称为受让人。

按照我国《民法典》及相关的法律规定,合同权利的转让应当具备以下条件:

其一,须有有效的合同权利存在。合同权利的有效存在,是合同权利转让的根本前提。如果合同权利根本不存在,或者合同权利已经消灭,就不可能进行合同权利的让与。

其二,合同权利的让与人和受让人达成让与协议。只有让与人和受让人之间达成转让的合意,合同权利的转让才能有效。这种合意应以何种方式表达出来,我国合同法没有明确规定,所以可以是口头的,也可以用书面形式约定。

其三,转让的合同权利须具有可让与性。合同权利在大多数情况下是可以转让的,但是合同债权毕竟是特定人之间自由创设的权利,它有时是建立在当事人相互信赖或特定利益的基础之上,其可转让性往往受到此种债权之性质的限制,法律基于社会公共政策和保护社会公共秩序的考虑,也会禁止某些债权的可转让性。因此,并非一切合

拓展思考

合同义务的转移与第三人代为履行有何不同?

扫一扫

同权利均可转让。对于不具有让与性的合同权利,权利人不得转让。根据我国合同法的规定,下列合同权利不得转让:第一,根据合同权利的性质不得转让的权利,主要指基于个人信赖关系产生的合同权利,如雇佣合同、委托合同中雇佣人、委托人享有的权利。第二,按照当事人约定不得转让的权利。按合同自由原则,当事人可以在订立合同时或订立合同后特别约定,禁止任何一方转让合同权利,只要此种约定不违反法律的禁止性规定和社会公共道德,就应当产生法律效力。但是,当事人约定非金钱债权不得转让的,不得对抗善意第三人;当事人约定金钱债权不得转让的,不得对抗第三人。第三,法律规定禁止转让的合同权利。

其四,须通知债务人。合同权利的转让,是否以征得债务人的同意为要件,各国立法有三种不同的做法:一是自由主义,即债权人转让其债权,不必征得债务人的同意,也不必通知债务人;二是通知主义,即债权人转让其债权虽不必征得债务人的同意,但必须将债权转让通知债务人,才能对债务人发生效力;三是同意主义,即债权人转让合同权利必须经过债务人的同意才能生效。我国合同法采用了通知主义,也就是说,债权人转让权利时,只需将其转让权利的情况及时通知债务人,而不必征得债务人的同意。一旦通知到达债务人,则权利的转让发生效力;未经通知,该转让对债务人不发生效力,债务人仍然可以向原债权人履行义务。通知主义尊重了债权人处分债权的自由,也有利于鼓励债权转让和促进流通,符合市场经济发展的需要。《国际商事合同通则》对合同权利转让也作了规定,相关规定体现了通知主义,即债务人收到通知以前可以向转让人履行义务,而在收到通知以后,只能向受让人履行义务。债权人所作转让权利的通知到达债务人后,发生效力,债权人不得撤销该通知,否则,受让人取得权利后,因为转让人随意撤销转让权利的通知将使已转让的权利处于不稳定状态,我国《民法典》第546条第2款规定,"债权转让的通知不得撤销,但是经受让人同意的除外。"这就是说,如果受让人同意债权人撤销转让的通知,则该权利的转让不发生效力,但受让人拒绝债权人的撤销行为,则权利的转让将发生效力。

合同权利转让有效成立后,即在让与人和受让人之间产生法律效力,并在已向债务人通知的情况下,对债务人也产生一定的法律效果。合同权利由让与人转让给受让人,让与人不得再向债务人请求给付,债务人也不得再向原债权人履行债务,否则,前者构成不当得利,后者不构成合同的履行。

(二)合同义务的转移

1. 概念

合同义务的转移，又称合同债务承担，是指不改变债务内容，债权人或债务人通过与第三人订立转让债务的协议，将债务全部或部分转移给第三人承担。合同义务转移分为两种情况：一是合同义务全部转移给第三人，由该第三人取代债务人的地位，成为新的债务人，这种转移称为免责的债务承担；二是债务人不脱离债务关系，第三人加入债务关系，与债务人共同承担债务，这种转移称为并存的债务承担。

2. 免责的债务承担

免责的债务承担，是指债权人或债务人与第三人之间达成转移债务的协议，由第三人取代原债务人承担全部债务。免责的债务承担的方法，有合同权利人与第三人订立协议和合同义务人与第三人订立协议两种。

合同权利人与第三人订立协议，即债权人与第三人（承担人）订立债务承担协议，该协议一旦成立便生效。承担人将取代原债务人，原债务人被免除其债务。债权人与承担人订立的债务承担协议是否要经过债务人同意才能生效？各国立法有所不同，一般认为不必要，因为这种协议事实上是一种为原债务人创设利益的合同。我国《民法典》对此没有直接规定，似可按照其中关于免除债务的规定处理，即债权人可免除债务人全部或部分的债务，但债务人在合理期限内明确表示拒绝的除外。

合同义务人与第三人订立协议，即由承担人和债务人订立的债务承担协议，必须经债权人同意。因为合同关系是建立在债权人对债务人的履行能力有所信任的基础之上，如果未经债权人同意而将债务转移于第三人，该第三人是否有足够资历和信用履行债务，往往不能确定，债权人的利益也就难以得到保障。为了保护债权人的利益不受债务人和第三人之间的债务承担合同的影响，各国民法及学说均以债权人的同意作为债务承担协议的生效要件。我国《民法典》第551条规定，债务人将债务的全部或部分转移给第三人的，应当经债权人同意；债务人或者第三人可以催告债权人在合理期限内予以同意，债权人未作表示的，视为不同意。

免责的债务承担，其法律后果是债务人脱离债务关系，由承担人直接向债权人承担债务。嗣后承担人不履行债务的，债权人仅可请求法院对承担人强制执行或向承担人请求损害赔偿，原债务人并不对承担人的履行能力负担保义务。债务将以债务转移时的状态转移于承担人，因此承担人能以承担债务时已经存在的事由对抗债权人。

3. 并存的债务承担

并存的债务承担，是指原债务人并不脱离债务关系，第三人又加入债务关系，与债务人共同承担责任。第三人承担义务的比例由当事人协商确定，当债务比例确定时，第三人承担约定债务；如比例不确定，第三人与原合同债务人连带承担合同债务。

并存的债务承担是否需要债权人同意？一般认为不需要。因为在并存的债务承担中，原债务人并不消灭债务,这就决定了并存的债务承担对债权人并无不利,反而扩大了承担债务的责任财产,所以原则上并存的债务承担不需经过债权人同意,只需债务人或第三人向债权人发出通知即可生效。我国《民法典》第552条则规定:"第三人与债务人约定加入债务并通知债权人,或者第三人向债权人表示愿意加入债务,债权人未在合理期限内明确拒绝的,债权人可以请求第三人在其愿意承担的债务范围内和债务人承担连带债务。"

就债务的内容而言,第三人所承担的债务不得超过原债务的限度。原债务人得以对抗债权人的事由,第三人成为承担人后能对抗债权人,但第三人不得以可对抗原债务人的事由对抗债权人。

《国际商事合同通则》对合同义务的转移也作了明确规定,与上述内容大体相同。

(三)合同权利义务的概括转移

合同权利义务的概括转移,是指由原合同当事人一方将其权利义务一并转移给第三人,由第三人概括地继受这些权利义务。这种转移不同于权利转让或义务转移,不是单纯地转让债权或转移债务,而是概括地转移权利义务。合同权利义务的概括转移需经合同当事人一方和第三方合意,还应取得对方当事人的同意,因为概括转移包括了债务的转移。依照法律、行政法规必须采取特定形式的合同,合同转让的形式也应遵循相应的规定。

合同权利义务概括转移后,第三人(承担人)取得合同转让人享有的一切权利和负担的一切义务,合同转让人一般同时脱离合同关系。承担人得以对抗原合同当事人的事由,不得对抗合同当事人的相对方。

《国际商事合同通则》对合同权利义务的概括转移作了较为详细的规定。

第七节　国际商事合同的终止

导问:哪些情形可导致国际商事合同终止呢?

一、合同终止的概念

合同的终止(Termination of Contract),就是合同权利义务的终止,又称合同的消灭(Discharge of Contract),是指某种特定事由的出现,使当事人之间以权利义务为内容的合同关系归于消灭。合同是基于一定的法律事实而产生、变更的,同时也基于一定的法律事实而终止。能够引起合同终止的法律事实,就是合同终止的原因;没有终止原因,合同就不能消灭。

合同的终止原因,基本上可以分为以下几类:一是基于合同目的达到而终止。合同目的达到就是债权人的利益得到了满足,当事人订立合同的目的就是取得某种利益,而利益的取得通过债权的实现才能达到;债权得到实现,合同也就终止,因此合同的设定本身就是为了合同的消灭。例如,清偿、提存等都是使合同目的达到的原因。二是基于当事人的意思而终止。当事人的意思可以是一方当事人的意思表示,如免除、抵销等;也可以是双方当事人的意思表示,如合同的协议解除就是基于当事人双方的意思表示一致而终止合同。三是基于法律的直接规定而终止。合同虽然是当事人之间的权利义务关系,但在法律直接规定合同终止情形时,合同也归于终止,例如混同。

二、合同解除

(一)概念与特征

合同的解除是指在合同依法成立后而尚未全部履行前,当事人基于协商、法律规定或当事人约定而使合同关系归于消灭的一种法律行为。合同解除具有如下特征:

首先,合同的解除以当事人之间存在有效合同为前提。当事人之间自始不存在合同关系的,不存在合同解除的问题;当事人之间原来存在合同关系,但合同关系已经消灭的,也不发生合同的解除。同时,当事人之间的合同应当为有效合同,否则,也不存在合同的解除。

其次,合同的解除须具备一定的条件。合同依法成立后,即具有法律约束力,任何一方不得擅自解除合同。但是在具备一定条件的情况下,法律也允许当事人解除合同,以满足自己利益的需要。合同解除的条件,可以是法律规定的,也可以是当事人约定的。法定解除条件就是由法律规定的当事人享有解除权的各种条件,约定解除条件就是由当事人约定的当事人享有解除权的条件。当然,当事人也可以通过协商而解除合同。

最后,合同的解除是一种消灭合同关系的法律行为。在具备合同解除条件的情况下,当事人可以解除合同,但当事人解除合同必须实施一定的行为,即解除行为。解除行为是法律行为,如果只有合同解除的条件,而没有当事人的解除行为,合同不能自动地解除。解除合同的法律行为,既可以是单方法律行为,也可以是双方法律行为。

(二)种类

1. 协议解除

协议解除是指在合同依法成立后而尚未全部履行前,当事人通过协商而解除合同。根据合同自由原则,当事人有权通过协商而解除合同,他人无权干涉。协议解除的特点在于,它是通过订立一个新合同而解除原来的合同,也就是说,当事人协商的目的就是达成一个解除原合同的协议。在实践中,大部分合同的解除都是通过当事人协商而实现的。

2. 约定解除

约定解除是指在合同依法成立后而尚未全部履行前,当事人基于双方约定的事由行使解除权而解除合同。约定解除的基本特点在于：当事人在合同中约定解除合同的条件，当约定条件出现时，即可行使解除权而使合同解除。因此，约定解除属于单方解除。

3. 法定解除

法定解除是指在合同依法成立后而尚未全部履行前，当事人基于法律规定的事由行使解除权而解除合同。法定解除是与约定解除并列的一种单方解除合同的方式，其基本特点在于：由法律直接规定解除合同的条件，在条件具备时，当事人可以行使解除权以解除合同。法定解除条件是法律规定的当事人解除合同的条件。法律规定的解除合同的条件有一般条件和特殊条件之分。解除合同的一般条件是适用于所有合同的解除条件，由法律作一般性规定；而特殊条件是适用于特定合同的解除条件。例如在财产性租赁合同中，承租人擅自将租赁财产转租的，出租人有权解除合同；在保险合同中，投保人故意隐瞒重要事实，不履行如实告知义务的，保险人有权解除合同。

我国《民法典》第 563 条对合同的法定解除的一般条件作了明确规定。根据该条规定，解除合同的一般条件可分为两类，一是因不可抗力致使不能实现合同目的而解除合同。二是因严重的违约行为而解除合同，主要包括：在履行期限届满之前，当事人一方明确表示或以自己的行为表明不履行主要债务；当事人一方延迟履行主要债务，经催告后在合理期限内仍未履行；当事人一方迟延履行债务或有其他违约行为致使不能实现合同目的。

(三)合同解除的程序

根据合同解除的不同种类，我国合同法规定了不同的解除程序，即解除合同的程序应分别按照两种情况办理。

1. 协议解除合同的程序

协议解除合同是当事人通过订立一个新合同的办法，达到解除合同的目的。因此，协议解除合同的程序必须遵循订立合同的程序，即必须经过要约和承诺两个阶段。就是说，当事人双方必须对解除合同的各种事项达成意思表示一致，合同才能解除。

2. 通知解除合同的程序

约定解除和法定解除都属于单方解除，在具备了当事人约定的或法律规定的条件时，当事人一方或双方就享有解除合同的权利，简称解除权。例如，在一方严重违约时，另一方当事人有解除权；在合同因不可抗力导致不能履行时，双方当事人都享有解除权。解除权人在行使解除权时，只要将解除合同的意思表示通知对方，即可产生解除的效力，无须对方作出答复，更无须对方同意。合同自通知到达对方时解除；通知载明债务人在一定期限内不履行债务则合同自动解除，债务人在该期限内未履行债务的，合同自通知载明的期限届满时解除。在当事人行使解除权时，如果对方当事人有异议的，可以请求人民法院或仲裁机构确认解除合同的效力。

当事人在行使解除权时，应当遵循下列规则：第一，解除权的行使，应当采取法律规定的或当事人约定的方式。解除权人要求解除合同的，应当以意思表示向对方为之，解除合同的意思表示的方式,应当遵循法律的规定或当事人的约定。我国法律对解除合同方式没有规定,可以是口头、书面或其他形式,但为避免产生争议,最好采用书面形式。第二,解除权的行使,应在确定期限内或合理期限内进行。我国《民法典》第564条规定:"法律规定或者当事人约定解除权行使期限,期限届满当事人不行使的,该权利消灭。法律没有规定或者当事人没有约定解除权行使期限,自解除权人知道或者应当知道解除事由之日起一年内不行使,或者经对方催告后在合理期限内不行使的,该权利消灭。"

(四)合同解除的溯及力

合同解除的直接法律后果就是使合同关系消灭,合同不再履行。合同解除后,对于解除以前的债权债务关系应如何处理,这涉及合同解除是否具有溯及力的问题。如果合同解除具有溯及力,则对合同解除前已履行的部分,就要发生恢复原状的法律后果,即恢复到合同订立前的状态;如果合同解除不具有溯及力,则合同解除前所为的履行仍然有效存在,当事人无须恢复原状。

我国合同法对于合同解除的溯及力作了较灵活的规定。合同解除后,对于已经履行的部分,根据履行的情况和合同性质,当事人可以要求恢复原状,采取其他补救措施,并有权要求赔偿损失。也就是说,根据履行情况和合同性质能够恢复原状的,当事人可以要求恢复原状;如果根据合同的履行情况没有必要恢复原状的,当事人可以不要求恢复原状;如果根据合同性质不可能恢复原状的,则当事人不能要求恢复原状。其中所谓合同性质,是指合同是继续性合同还是非继续性合同。所谓继续性合同,是指不能通过一次给付完结履行的合同,履行必须在一定的期限内持续进行,例如租赁合同、劳务合同、保管合同、使用借贷合同等。对于继续性合同,原则上不能采用恢复原状的方法。而对于非继续性合同,也就是一时性合同,即通过一次给付即可完结履行的合同,例如买卖合同、承揽合同等,可以恢复原状,已经进行的给付能够返还给付人。

三、清偿

所谓清偿(Payment),其实就是债务按规定履行。清偿与履行、给付的意义相同,履行是满足债权实现的动态过程,给付是债务人履行行为的抽象,而清偿则是从合同履行结果的角度而言的。合同当事人利益的实现为合同的根本目的,债务经清偿,债权即因其达到目的而消灭,清偿为合同权利义务终止的原因。

四、抵销

抵销(Set-off),指互负债务的双方各以其债权充当债务的清偿,而使其债务与对方的债务在对等额内相互消灭。例如,甲公司因向乙公司购买木材,欠乙公司货款10000元,而乙公司则因向甲公司租赁厂房欠租金15000元,这时经过抵销,甲公司欠乙公司的10000元债务消灭,该合同也因此消灭,乙公司仍欠甲公司 5000 元。如果甲、乙两家公司互欠的债务相等,则抵销的结果是两项债务同时归于消灭。

抵销制度主要有两方面的作用:一是当事人通过抵销可免去双方相互履行的麻烦,节省履行费用,降低交易成本;二是确保债权的效力,以免先清偿者蒙受损失,尤其是在一方当事人破产的情况下。例如,甲、乙两家公司互负债务,甲公司进入破产程序,如果没有抵销方式,则乙公司欠甲公司的债务仍应继续清偿,而甲公司欠乙公司的债务,因甲公司已经无力清偿,乙公司只能按破产程序参与破产财产的分配,最后能分到多少并没有保障,这对乙公司很不利。而采用抵销的方法,可避免不公平的结果产生。

一般而言,抵销应当具备如下要件:①双方当事人互负债务,互享债权。抵销权的产生,在于当事人对于对方既负有债务,同时又享有债权,只有债务而无债权或者只有债权没有债务,均不发生抵销问题。②二人互负债务,其履行种类应当相同且均已届清偿期。为确保债权目的实现,只有双方债务的履行种类相同时方可抵销,通常发生在金钱债务以及其他种类物的债务上。对于此种债务的抵销,是否当然发生,各国立法有所不同。有些国家主张当然发生主义,认为无须当事人的行为,以双方互负此种债务的事实即可发生抵销;有些国家则主张必须由当事人一方行使抵销权才可发生抵销的效果,采用单独行为主义。《国际商事合同通则》规定抵销权以向另一方当事人发出通知行使,采用的是单独行为主义,我国合同法也采用了这种做法。③必须是依法律规定可以抵销的债务。与人身不可分离的债务,不得主张抵销,例如故意实施侵权行为而产生的债务;当事人约定禁止抵销的债权也不得抵销。

抵销既为单独行为,那么只依当事人一方的意思表示即可产生抵销的效力。抵销的意思表示应向对方当事人为之。此种意思表示一经抵销权人作出即发生法律效力,不须对方当事人同意,也不以诉讼上的裁判为必要。

抵销的效力主要表现为抵销使双方债权按照抵销数额而消灭,如果一方的债权额大于对方的债权,前者仅消灭一部分债权额,而后者则全部消灭。

五、提存

债务的履行往往需要债权人的协助,如果债权人无正当理由拒绝受领或不能受领,债权人虽然应负受领迟延之责,但债务人的债务却并未消灭,债务人仍受合同约束,并处于随时准备履行的状态,这对债务人有失公平;在债权人下落不明而债务人想履行债务的情况下也是如此。为保护债务人利益,使当事人间不稳定的法律关系处于确定状态,各国法律一般都规定了提存制度。

提存(Escrow),是指由于债权人的原因使债务人无法向其交付合同标的物时,债务人将该标的物交给提存机关而消灭合同的制度。提存意味着"提交、保存",将标的物交付提存的债务人称为提存人;债权人为提存受领人;由国家设立并保管提存物的机关为提存机关。各国规定的提存机关有法院指定的银行、商会等,我国的提存机关主要是公证机关。

一般而言,具备以下要件才可以进行提存:①须有合法的提存原因。各国法律规定可以进行提存的原因有:债权人迟延受领、债权人下落不明、债权人无法确定(如债权人死亡又不能确定继承人)。②提存的标的物与合同规定相符且适合于提存。提存仍然属于履行债务,因而提存的标的物必须与合同的规定相符,否则就是违约,因此对不符合提存条件的,提存机关应当拒绝办理提存业务。提存的标的物,应当适合于提存,例如货币、有价证券、贵重物品等。如果合同规定的标的物性质不适宜提存,如不动产、易腐烂水果、生鲜食品、易爆物、化学品等,或者保管费用过高,如需要人工照顾的动物,债务人可以经法院的许可,在当地进行拍卖,而将拍卖所得的价款进行提存。

债务人提存后,应将有关情况通知债权人,如债务人没有及时发出通知致使债权人蒙受损失,债务人须负赔偿责任,但是在无法通知情况下债务人无须通知。提存物提存后,债权人在一定年限内可随时向提存机关领取标的物。我国《民法典》第574条规定,债权人领取提存物的权利,自提存之日起5年内不行使而消灭,提存物扣除提存费用后归国家所有。

提存在债权人和债务人之间将产生如下法律效力:第一,债务人免除责任。债务人将标的物提存后,债权人只能向提存机关领取提存物,不能再向债务人请求清偿。第二,风险转移。提存物寄存于提存机构后,其风险即由债权人承担,如发生毁坏或灭失,债务人概不负责。第三,费用由债权人负担。在提存期间发生的费用,如维护费、拍卖费、保管费,均由债权人负担。

六、免除

免除(Release)是指债权人抛弃其债权,全部或部分终止合同关系的行为。例如,房屋租赁合同下出租人免除承租人交付租金的义务,使得租赁合同部分关系终止。

免除是否需要经过债务人同意呢?各国立法有不同观点,德国、法国、瑞士等国家的法律认为免除是双方法律行为,需要经过债务人同意,其立法理由包括:合同是双方法律行为,合同关系的成立以双方当事人合意为前提,消灭某种义务也应当考虑债务人的意思,否则就是对债务人的漠视;免除债务是一种恩惠,但恩惠不得强加于人,否则有害于债务人人格的独立性;债权人免除债务必有其动机和目的,因而不能断定债权人的免除一定不会有损于债务人的利益。

日本和奥地利等国家的法律认为免除是一种单方法律行为。其理由主要是:债务人被免除债务不过是债权人抛弃债权的间接结果,债务人既然因此而受益,就没有征得其同意的必要,并且如果免除必须征得债务人同意,那么在债务人不同意时就会发生不得抛弃其债权的结果,这显然违反常理。若主张免除是一种单方法律行为,则由债权人向债务人以意思表示方式为之,向第三人为免除的意思表示,不发生免除的法律效力。免除一旦由债权人向债务人作出,就不得撤回。

我国《民法典》第575条则规定:"债权人免除债务人部分或者全部债务的,债权债务部分或者全部终止,但是债务人在合理期限内拒绝的除外。"这一规定其实是上述两种做法的折中,即一方面规定免除债务需要经过债务人同意,另一方面又规定债务人没有在合理期限内拒绝的即视为同意。

免除发生债务绝对消灭的效力,因合同所生的全部债务如有两个对立的债务,只有一一将它们免除时,才发生全部免除的效力,即合同关系消灭的效果。仅免除部分债务,合同关系仅部分终止。

七、混同

混同(Merger),是指债权和债务同归一人,致使合同的权利义务终止的事实。债权债务混同,由债权或债务的承受而产生,包括概括承受和特定承受。概括承受,如企业合并等;特定承受,如债务人由债权人处受让债权等。至于混同消灭债务的理由,一般认为,债权的存在必须有两个主体,当债权人和债务人为一个主体时,不符合债权的观念,也不可能存在自己向自己履行的法律义务,因而混同为债的消灭,合同也是如此。

第八节　合同的诉讼时效

> **导问**:合同权利遭受侵害后,一方当事人如果长时间不要求对方承担违约责任,是否可能导致权利不再受法律保护? 为什么?

一、时效的概念、作用和种类

(一)概念

时效是"时间经过的效力"的简称,指一定的事实状态维持存在一定时间以后,产生与该事实状态相适应的法律效力。民法设立时效制度的目的在于维护社会公共利益,维护经济秩序。因时效期间届满发生与原权利人利益相反的法律效果,所以时效制度的实质,在于对民事权利的限制。

(二)作用

1. 稳定法律秩序

民事权利的行使与否取决于权利人的意志,权利不会因不行使而自动消灭。但是,如果权利人能行使权利而长期不行使,义务人的义务长期不履行,这就使当事人之间的权利义务处于不确定状态,从而导致当事人之间的社会关系的事实状态与法律状态不一致。在这种不确定权利义务关系的基础上,又会发生其他权利义务关系,长此以往,必然影响正常的社会经济秩序和交易安全。当社会关系的事实状态与法律状态不一致,持续一定时间,法律应适应现实生活的需要,否认旧的关系,确认新的关系,以稳定社会经济秩序和确保交易安全。

2.促使权利人行使权利

法律不保护在权利上"睡觉"之人。权利人如不及时行使权利,依据时效制度,就可能导致权利的丧失或者不受法律保护或者使义务人取得权利,这就促使权利人在法定期间内行使权利,以维护自己的利益。

3.避免诉讼上举证困难

一种事实状态长期存在,必然导致证据灭失、证人死亡,此事实状态是否合法,实难证明。实行时效制度,凡时效期间届满,即认为权利人丧失权利或者不受法律保护,便于及时确定法律关系。

(三)种类

时效可分为取得时效和消灭时效。取得时效(Acquisitive Prescription),又称占有时效,是指占有他人财产持续达到法定期限,即可依法取得该项财产的所有权或其他财产权的时效。消灭时效,又称诉讼时效(Limitation of Action),是指权利人不行使权利的事实状态经过法定期间,即发生权利不受法律保护的时效。我国《民法典》仅规定诉讼时效,而未涉及取得时效。

二、诉讼时效的效力

(一)相应的立法主义

对于诉讼时效经过后,其产生的法律后果,各国法律规定有所不同。

1.实体权利消灭主义

实体权利消灭主义,就是规定诉讼时效经过后,直接消灭实体权利,权利人无权再接受原义务人的履行,否则构成不当得利,义务人可请求返还。日本民法即作此规定。

2.请求权消灭主义

请求权消灭主义,就是诉讼时效经过后请求权归于消灭,实体权利仍存在。若债务人自动履行其义务,例如因不知晓时效已经超过,也不得请求返还。权利人仍可向法院起诉,因为起诉权具有不可剥夺性,原则上任何人在与他人的关系上遇到纠纷,都有权向法院提起诉讼,诉讼时效届满,不能作为权利人起诉权消灭的根据,但是由于请求权已经消灭,经法院审理后权利人实难以胜诉。法国民法采用这一做法。

3. 抗辩权发生主义

德国民法采用抗辩权发生主义,实体权利和请求权均不消灭。按照此种立法,时效完成后,请求权并不是直接当然地消灭,权利人仍可请求义务人履行,法院也不主动援用时效的规定,不能依职权驳回原告的请求,只有债务人主张时效利益时,法院才考虑诉讼时效的问题。

(二)我国民法的规定

1. 义务人产生抗辩权

我国民法采用抗辩权发生主义。《民法典》第192条第1款规定:"诉讼时效期间届满的,义务人可以提出不履行义务的抗辩。"第193条规定:"人民法院不得主动适用诉讼时效的规定。"这是因为诉讼时效抗辩本质上是义务人的一项民事权利,义务人是否行使,司法不应过多干预,这是民法意思自治原则的根本要求;义务人主张抗辩,属于自由处分权利的范畴,私法不应过多干涉,这是民事诉讼处分原则的应有之义。因此,遵循意思自治原则和处分原则,在义务人不提出诉讼时效抗辩的情形下,人民法院不应主动援引诉讼时效的规定进行裁判。

当事人超过诉讼时效期间起诉的,人民法院应予受理。受理后对方当事人提出诉讼时效抗辩,人民法院经审理认为抗辩事由成立的,判决驳回原告的诉讼请求。

2. 义务人自愿履行的不得要求返还

我国《民法典》第192条第2款规定:"诉讼时效期间届满后,义务人同意履行的,不得以诉讼时效期间届满为由抗辩;义务人已经自愿履行的,不得请求返还。"也就是说,债务本身仍然存在,只是债务人可以提出抗辩,该债权也不能强制执行而已。诉讼时效期间届满,债权人的权利在效力上虽然有一定减损,但该债权仍属有效债权,债权人自愿作出给付的,债权人仍有权保有该给付利益,不构成不当得利,债务人不得请求返还。

三、诉讼时效适用于合同请求权

并非所有的权利均适用诉讼时效,诉讼时效有其自身的适用范围。诉讼时效的适用范围,也称诉讼时效的客体,是指哪些权利应适用诉讼时效。各国民法关于诉讼时效客体的规定,颇不一致,但对于诉讼时效适用于合同请求权,似没有争议。《国际商事合同通则》也设专章规定了"时效期间"(Limitation of Period),此处按我国民法的规定展开。

> **知识拓展**
>
> 支配权、请求权、抗辩权和形成权
>
> 扫一扫

诉讼时效以请求权为适用对象,原因在于:一方面,请求权的实现有赖于义务人履行一定的给付义务,这种给付义务对义务人来说是一种负担,这种负担应当在一定的期限内存在,而不能无期限地持续下去。另一方面,权利人请求法院保护其请求权的实现,应受时间的限制,否则可能因年代久远而出现举证困难等问题,使当事人的合法权益难以受到法院的保护。此外,诉讼时效经过后,义务人取得抗辩权,抗辩权是针对请求权的,时效抗辩只针对请求权适用。

请求权,以所由发生的法律关系为标准,可以分为人格权保护请求权、身份关系上的请求权、债权请求权和物权请求权。这些请求权是否均可为诉讼时效的客体,各国立法不一,学说也有争论。但可以肯定的是,诉讼时效主要适用于债权请求权,合同请求权是最重要的债权请求权。

四、诉讼时效期间的分类及起算

(一)分类

诉讼时效期间是指权利人向法院请求保护其民事权利的法定期间。

按照时效期间之起算方式不同,诉讼时效期间可分为主观时效期间和客观时效期间。主观时效期间,自权利人知道或应当知道权利受侵害及加害人之日起算;客观时效期间自权利成立之日起算。我国《民法典》规定的 3 年普通时效期间属于主观时效期间,20 年长期时效期间属于客观时效期间。此与民法原理及德国、法国等立法例相同,理论上称为"双重时效期间"。

3 年普通时效期间与 20 年长期时效期间的区别如下:其一,时效期间的起算点不同。3 年的普通时效期间,从当事人知道或应当知道权利受侵害及义务人之时起算;20 年长期时效期间,从权利成立(权利受侵害)之日起算。其二,期间性质不同。3 年的普通时效期间有中止、中断问题,性质上为可变期间;20 年长期时效期间不发生中止、中断问题,但可以延长。

此外,我国法律中还有特别诉讼时效期间的规定,也就是对某些特定的民事法律关系规定的时效期间。特别诉讼时效期间也属于主观时效期间,期间不是 3 年,具体由法律特别规定。例如,国际货物买卖合同和技术进出口合同争议为 4 年;海上货物运输中向承运人要求赔偿的请求权,时效期间为 1 年。

(二)起算

起算,即何时开始计算诉讼时效期间,此处是指普通诉讼时效期间的起算,20 年长期诉讼时效期间从权利成立之日或权利受侵害之日起算。

我国《民法典》规定"诉讼时效期间自权利人知道或应当知道权利受到损害以及义务人之日起计算"。诉讼时效的开始是权利人可以行使权利的时间,该权利的行使以权利人知道或者应当知道自己的权利受到损害以及义务人为前提。

"权利受到损害"是诉讼时效适用的前提。权利遭受侵害的时间应当区分不同情形分别予以认定。以合同为例,在当事人明确约定了合同履行期限时,该期限届满,债务人未履行债务,即可认定债权人的债权遭受了侵害;但在未约定履行期限的合同中,需要债权人请求后一定合理时间经过,债务人才应履行义务。因此,只有在该期限经过后,才可认定债权人的权利遭受了侵害。

"知道或者应当知道"是一种主观状态。所谓"应当知道",是指一种法律上的推定,不管当事人实际上是否知道权利受到侵害,只要客观上存在知道的条件和可能,即使当事人不知道其权利受到侵害,也应当开始计算诉讼时效期间。例如,有履行期限的合同,期限届满后,债权人就应当主张权利,一方在履行期到来后不履行,就应当视为另一方知道其已经违约。

"知道或者应当知道自己的权利受到损害"和"知道或者应当知道义务人"两个条件应当同时具备。因为知道权利被侵害,但不知明确的侵害人,权利人无法提出请求,时效也不能开始计算。当然,就合同请求权而言,一般不存在不知道义务人是谁的问题。

《民法典》第 189 条规定,"当事人约定同一债务分期履行的,诉讼时效期间自最后一期履行期限届满之日起计算。"此处涉及分期履行债务中的诉讼时效起算问题。分期履行债务,是指按照当事人事先约定,分批分次完成一个债务履行的情况。分期付款买卖合同是最典型的分期履行债务。例如,甲乙签订合同买卖机床,约定总价款 50 万元;甲先交 20 万元后乙发货;乙安装调试完成后甲再交 20 万元;甲用该机床生产出质量合格的产品后,再交剩余 10 万元。一方面,分期履行债务具有整体性和唯一性。此例中,当事人虽然约定分三次缴纳 50 万元的总价款,但实际上是一个合同的完整履行。另一方面,对分期履行的同一债务而言,自最后一期债务履行期限届满之日起计算诉讼时效,有利于保护债权人利益。此外,对分期履行的同一债务而言,如果每一期履行的债务都单独计算,可能导致法律关系过于复杂。

五、诉讼时效期间的中断、中止和延长

(一)中断

1. 概念

诉讼时效期间的中断(Interruption)是指在诉讼时效进行过程中因法定事由发生时,此前已计算的时效期间全部归于无效,诉讼时效期间重新起算。因为诉讼时效设立的目的是制裁怠于行使权利的事实状态,如果出现了权利人行使权利的事实,仍然使权利人的权利继续受到时效的约束,将违背诉讼时效的目的。

2. 中断事由

我国法律规定的中断事由有:起诉或仲裁、权利人提出履行请求、义务人同意履行。

（1）起诉或仲裁

提起诉讼可导致诉讼时效中断。此外，申请仲裁、向人民调解委员会以及有权解决纠纷的社会组织提出保护相应民事权利的请求，向公安机关、检察院等报案或者提出控告，同样具有诉讼时效中断的效力。

起诉不符合条件未予受理或被驳回，虽然不构成法律上的起诉，但仍可导致时效中断，因为起诉本身就表明权利人已经在行使权利，至于是否受理只是表明权利行使的方式是否正确的问题，所以，即使起诉不符合条件未予受理，仍可导致时效中断。

（2）权利人提出履行请求

权利人向义务人明确提出要求其履行义务的主张，客观上改变了权利不行使的事实状态，以使诉讼时效中断。此处权利人提出的履行请求，专指诉讼外的请求，不包括诉讼上的请求。

（3）义务人同意履行

义务人作出的同意履行义务的意思表示，意味着对权利人权利存在的认可。该认可行为，使当事人之间的权利义务关系得以明确、稳定，因而法律规定义务人同意履行义务为中断诉讼时效的法定事由之一。

3. 中断的效果

诉讼时效期间中断的效果包括：①原有的已经经过的诉讼时效归于无效，已经计算的时效只要尚未届满都可以因为中断事由的出现而失去效力。②中断事由消除后，时效期间重新起算。在权利人提出履行要求、义务人同意履行等方式中断诉讼时效的，一旦履行要求到达义务人，或者义务人同意履行的意思表示到达权利人，就可以发生时效中断的效果，所以诉讼时效期间从中断时起重新计算。在权利人提起诉讼或者申请仲裁等方式导致诉讼时效中断的，权利人处于依据法律程序主张权利的状态，如果规定诉讼时效期间从起诉之日或提起仲裁之日起重新计算，可能会因法律程序烦琐、所耗费时日过长，出现法律程序尚未终结而诉讼时效期间已经届满的情况，所以从有关程序终结起，诉讼时效期间重新计算。③因法定事由出现而导致诉讼时效中断后，权利人在重新计算的诉讼时效期间再次主张权利或者义务人再次同意履行义务的，可以认定为诉讼时效再次中断。

（二）中止

1. 概念

诉讼时效的中止（Suspension）即诉讼时效的停止，指在诉讼时效进行中，因为一定的法定事由的发生而导致权利人无法行使请求权，法律为保护权利人而使时效期间暂停计算，待中止事由消灭后再行计算。

法律规定诉讼时效制度的目的是催促权利人及时行使权利，避免权利人睡眠于权利之上，但在因不可抗力等因素造成权利人不能行使请求权的情况下，如果让权利人承担时效届满的后果，就违背了时效制度设定的宗旨。

2.中止的条件

我国《民法典》第 194 条规定,在诉讼时效期间的最后六个月内,因不可抗力或其他障碍不能行使请求权的,诉讼时效中止。发生诉讼时效期间中止的条件是:

第一,存在使权利人不能行使其请求权的障碍,包括不可抗力及其他障碍。所谓"其他障碍",包括权利被侵害的无民事行为能力人、限制民事行为能力人没有法定代理人,或者法定代理人死亡、丧失代理权、丧失行为能力;继承开始后未确定继承人或者遗产管理人;权利人被义务人或其他人控制无法主张权利等。

> **拓展思考**
>
> 诉讼时效的中止和中断有何区别?
>
> 扫一扫

第二,此障碍发生或存续于时效期间的最后 6 个月。发生在最后 6 个月之前且未存续到该 6 个月内的,不构成中止时效期间的事由。

3.中止的效力

时效期间中止的效力,在于使时效期间暂停计算,待中止的原因消灭后,也就是权利人能行使其请求权后,再继续计算时效期间 6 个月。例如,在甲的合同请求权的诉讼时效期间还剩余 2 个月的情形下发生了诉讼时效期间中止的事由,则在中止事由消除之日起满 6 个月,其请求权的诉讼时效期间才届满。法律作此规定,有利于在诉讼时效期间中止的情形下简化诉讼时效期间的计算方法,从而减少相关纠纷。

(三)延长

按《民法典》第 188 条规定,自权利受到损害之日起超过 20 年的,人民法院不予保护;有特殊情况的,人民法院可以根据权利人的申请决定延长。这一规定应当理解成 20 年长期诉讼时效期间的延长,而不是 3 年普通诉讼时效的延长。对于 20 年长期时效期间的延长,应当严格掌握,不允许滥用,对所谓"特殊情况"宜作严格解释。

六、诉讼时效规定的强行性

民法关于诉讼时效的规定,可否由当事人约定变更,各国的法律规定不一。我国《民法典》的相关规定可作如下两方面的解读。

其一,法律关于诉讼时效的规定是强制性规定。禁止当事人通过约定排除诉讼时效的适用,禁止当事人自行约定延长或缩短时效期间,禁止当事人就诉讼时效的计算方法另作约定,禁止当事人就诉讼时效中止、中断等自行约定。主要是因为如果允许当事人预先就诉讼时效另作约定,一方当事人可能利用其优势地位强迫另一方同意相关安排,使法律中的时效制度形同虚设,从而损害实质公平。《民法典》第 197 条规定:"诉讼时效的期间、计算方法以及中止、中断的事由由法律规定,当事人约定无效。当事人对诉讼时效利益的预先放弃无效。"

其二,允许诉讼时效届满后抛弃时效利益。诉讼时效届满后,债务人可以诉讼时效届满为由对抗债权人的请求权,此时债务人的诉讼时效利益主要体现为债务人个人的财产利益,按民法的自愿原则,法律对当事人处分其个人利益且不妨碍社会公共利益的行为,均应承认其有效,债务人也可以抛弃诉讼时效利益。抛弃的方式有两种:实际履行债务和同意履行债务。《民法典》第 192 条第 2 款规定:"诉讼时效期间届满后,义务人同意履行的,不得以诉讼时效期间届满为由抗辩;义务人已经自愿履行的,不得请求返还。"

诉讼时效届满后,债务转化为自然债务,虽然债权人无法请求法院保护,但是,债权人仍然有受领并保有的权利,一旦受领履行,债务人不能请求对方返还不当得利,即使债务人因错误而不知道时效届满,也不能以"重大误解"为由主张撤销。

债务人同意履行,包括双方达成履行债务的协议和单方允诺履行债务。这时有新达成的协议或有新的单方允诺,由债务人继续承担全部或者一部分债务,此项债务已非自然债务,乃是一种新的债务,时效期间应当重新计算。"时效完成之利益一经抛弃,即回复时效完成前之状态,债务人不得再以时效业经完成拒绝给付。惟得援用时效利益抛弃后重行起算新时效利益。"

◀◀ 本章小结

合同是民事主体之间设立、变更和终止民事权利义务关系的协议。国际商事合同是在合同概念的基础上,增加"国际"和"商事"两个要素而构成。国际商事合同法是调整国际商事合同关系的法律规范的总和。国际商事合同法的渊源同样可以分为两个层面:国际法层面和国内法层面。目前,在特定的国际商事合同领域,或许有相关的国际公约,例如用以调整国际货物买卖合同关系的《国际货物销售合同公约》,但并没有一部关于一般性国际商事合同的国际公约。由国际统一私法协会编纂的《国际商事合同通则》是一部具有现代性、广泛代表性、权威性与实用性的商事合同示范法,并不属于国际公约。各国合同法也有可能适用于某些国际商事合同,因而也属于国际商事合同法的范畴。我国合同法律规范主要体现于《民法典》"合同"编之中。

国际商事合同是当事人之间意思表示相一致的产物,它的成立一般须经过要约和承诺两个阶段。通过拍卖、招投标、格式合同方式缔约的,合同的成立方式有一定的特殊性。合同的形式有书面形式、口头形式和推定形式之分。在缔结合同过程中,一方当事人故意或过失违反因诚实信用原则而产生的相互保护、通知、协助等义务,致使他方当事人遭受损害时,应承担缔约过失责任。合同成立后,必须满足一定的条件才能生效。国际商事合同生效的一般条件包括:当事人有订立合同的能力,意思表示真实和合同的内容合法。合同成立后的状态包括有效合同、无效合同、可撤销合同和效力未定的合同,可撤销合同和效力未定合同的最终效力可能是有效的,可能是无效的。

国际商事合同生效后即具有法律约束力,当事人应各自按规定履行合同义务。国际商事合同的履行除应遵守平等、公平、诚实信用等民法基本原则外,还应遵守实际履行原则、全面履行原则和协作履行原则等特有原则,也需要遵循一些特别的履行规则。在双务合同的履行过程中,存在同时履行抗辩权、先履行抗辩权和不安抗辩权等抗辩权,在特定情况下可用来对抗对方当事人的履行请求,从而暂时拒绝履行自己的债务。债权人为保障自己权利的实现、保全合同的履行,在满足相应条件时可以行使代位权和撤销权。

违约责任是违反合同的责任,就非违约方而言即是可以采取的救济措施。国际商事合同的违约责任通常采用无过错责任,只需有违约行为即可产生违约责任,违约方的过错并不是违约责任的构成要件。违约责任的具体形式包括:实际履行、解除合同、损害赔偿和违约金等。但是,在出现免责事由的情况下,尽管当事人有不履行合同的行为,也不需要为此承担违约责任,常见的免责事由包括情势变迁和不可抗力。

国际商事合同的变更是指在当事人不变的情况下合同内容的变更。当事人一般可以通过协商变更合同内容。合同变更后,原则上向将来发生效力,未变更的权利义务继续有效,已经履行的债务也不因合同变更而失去法律依据。国际商事合同的转让涉及合同当事人的变化。依所转让的内容不同,合同转让可分为合同权利的让与、合同义务的转移和合同权利义务的概括转移等三种,它们各有自己的转让条件和转让方式。

国际商事合同的终止,是指某种特定事由的出现,使当事人之间以权利义务为内容的合同关系归于消灭。导致合同终止的事由主要有:合同解除、清偿、抵销、提存、免除和混同。

合同权利遭受侵害时,权利人应及时要求侵害人承担责任,否则可能因超过诉讼时效期间而不再受法律的保护。合同的诉讼时效制度主要包括诉讼时效的起算、期间及其中止、中断、延长和届满的法律后果等内容。

思考题

1. 合同有哪些法律特征?

2. 试论国际商事合同法的渊源。

3. 要约的撤回和撤销有什么区别?

4. 什么是对要约的实质性变更?

5. 国际商事合同生效的一般要件是什么?

6. 试论可撤销合同制度。

7. 试论效力未定的合同制度。

8. 行使同时履行抗辩权应具备哪些要件?

9. 行使先履行抗辩权应具备哪些条件?

10. 试论不安抗辩权的构成要件及其行使。

11. 试论合同履行的保全。

12. 试论违约责任的归责原则。

13. 在什么情况下可以强制违约方实际履行?

14. 因违约而解除合同应具备哪些条件?

15. 赔偿损失时有哪些确定损失的基本规则?

16. 试论违约金与赔偿损失的关系。

17. 按《国际商事合同通则》的规定,艰难情形和不可抗力有何异同?

18. 免责的债务承担和并存的债务承担有何不同?

19.合同解除的法律后果是什么？

20.试论我国关于合同的诉讼时效制度。

案例分析

1.我国某公司与美国某公司洽谈出售某种原料产品 400 公吨,我方公司发电子邮件称："确认售与你方……400 公吨,7 月在纽约交货,请汇 40 万美元。"美方公司用电子邮件回复称："确认你方电邮,条件按你方电邮确定……已汇交你方银行 40 万美元。"请问:此时两公司之间是否存在合同关系? 为什么?

2.2017 年 7 月 10 日,香港甲公司给厦门乙公司发出要约称:"鳗鱼饲料数量 180 吨,单价 CIF 厦门 980 美元,总金额 176400 美元,合同订立后三个月装船,不可撤销即期信用证付款,请电复"。厦门乙公司回复:"接受你方发盘,在订立合同后请立即装船"。对此香港甲公司没有回音,也一直没有装船。厦门乙公司认为香港甲公司违约,而香港甲公司则主张自己在订立合同后三个月内装船即可,双方为此产生争议。试问:该纠纷应如何解决?

3.请分析发生以下情况时,A 公司与 B 公司之间的合同是否成立? 为什么? (1)5 月 1 日:A 以邮寄信件方式发出要约给 B;(2)5 月 7 日:A 发出撤回要约的邮件给 B;(3)5 月 9 日:B 收到 A 的要约,并立即用电报发出接受通知;(4)5 月 12 日:B 又邮寄一份确认函,确认他于 5 月 9 日发出的接受电报;(5)5 月 15 日:B 收到 A 邮寄的撤回通知。事后双方对该合同是否成立发生纠纷。

4.法国某食品公司与我国某进出口公司签订销售 1000 个箱包的合同,总价款 10 万欧元。此后,进出口公司又将箱包卖给国内某百货公司,因箱包市场价格下跌,百货公司进货积存,无力支付货款,进出口公司也没有向食品公司付款。食品公司将进出口公司诉至人民法院,并要求追加商店为第三人。一审法院依据我国合同法进行审理,认为食品公司超越经营范围,三者相互之间的连环合同无效,被告及第三人返还箱包,不赔偿损失。问:一审判决有无不当? 为什么?

5.2013 年 6 月 2 日,甲公司与乙公司订立合同约定,甲公司向乙公司交付 20 台电视机,乙公司向甲交付支付 10 万元。7 月 2 日,甲公司便要求乙公司支付 10 万元,但乙公司以合同未约定履行顺序为由,拒绝支付 10 万元,除非甲公司交付 20 台电视机。甲公司急于周转资金,便于 7 月 6 日与丙公司签订合同,将其对乙公司的债权转让给丙公司。7 月 7 日,甲公司告知乙公司债权转让的情形,乙公司通知甲公司自己不接受甲公司与丙公司间的债权转让,因此不会向丙公司履行债务。丙公司在知道乙公司的态度后,感觉合同的履行势必障碍重重,便放下此事,直到 2014 年 6 月 2 日,丙公司才想起此事。经过询问,丙公司得知甲公司已经对乙公司履行了债务,交付了 20 台电视机。但丙公司认为乙公司很可能仍不会向自己支付 10 万元,于是丙公司便于 2014 年 7 月 2 日与丁公司签订了合同,将债权转让给了丁公司,并于当日将此情形通知乙公司。试问:(1)2013 年 7 月 2 日,乙公司向甲公司行使的是什么权利? (2)乙公司表示不接受甲公司与丙公司间的债权转让,甲公司与丙公司所签订的债权转让合同是否有效? 为什么? (3)乙公司拒绝向丁履行合同,丁公司是否可以要求丙承担责任? 为什么?

6.A 国甲公司和 B 国废品清理公司乙为安排废品的收购订立一合同,合同规定了 4 年的期限及每吨废品的固定价格。订立合同 2 年后,B 国的环境保护运动发展壮大,B 国政府规定了比以前价格高 10 倍的废品收购价格。此时,乙公司如何维护自己的利益? 为什么?

7. A 公司与 B 公司订立国际货物买卖合同,约定于 11 月 5 日交货给 B 公司。为完成该合同,A 公司又与 C 公司签订了原材料买卖合同,约定 9 月 18 日 C 公司交货给 A 公司。但是,9 月 15 日 C 公司发生火灾,导致其无法交货。A 公司因此也无法向 B 公司交货,B 公司解除合同,并要求 A 公司承担违约责任;A 公司一方面以 C 公司未交货向 B 公司辩解,另一方面又要求 C 公司承担违约责任。试问:C 公司能否以不可抗力为由拒绝向 A 公司承担违约责任? A 公司是否能以不可抗力为由不向 B 公司承担违约责任? 为什么?

8. 某服装店从某服装厂进了一箱文化衫,准备试销一下,看效果决定是否大量进货。结果很快销售一空,于是服装店就决定再进 10 箱货。由于没有留下样品,服装店按包装箱上的“A 型文化衫”进货,结果货物到运后,服装店发现,与原来的款式和颜色都不相同,但包装箱上确实写明“A 型文化衫”。经过询问才知,该文化衫有两款,分别为 A 型和 B 型,服装店试销的实际上是 B 型的,但由于装箱工人的疏忽,错用了 A 型的箱子。试问:该合同有效吗? 为什么?

9. 甲公司于 2017 年 7 月 6 日与乙商场签订了一份供货合同,由甲公司供应一批服装,对方于收货后 10 日内付款。甲公司于 10 月 2 日将货送至对方,对方出具了收据,但对方没有按期把货款付给甲公司。后来由于负责催讨这笔款项的人员调走了,工作交接不清,因而甲公司一直未去乙商场追讨这笔货款,直到 2020 年 10 月 15 日公司查账时才发现,并于当日立即派人前去讨要。乙商场认为,合同是 2017 年 7 月 6 日签订的,现已超过三年的诉讼时效期间,因而拒绝付款。甲公司遂向法院起诉。试分析此案。

扫一扫,看答案

📝 练习题

第四章

国际商事代理法

学习目标

1. 掌握代理的概念、代理权的产生。
2. 了解代理人、被代理人的义务，被代理人、代理人对第三人的责任。
3. 熟悉代理关系终止的原因。

第一节　概　述

> **导问**：商业经济社会为什么会产生代理现象，并由法律制度对代理关系加以必要的规范？

在发达的商业经济社会，商事主体并不是在各个领域都是万能的，他们经常会因为受到诸如时间、专业知识、经验和行为能力的限制，难以事事躬亲，而需要依赖代理人代为实施商事行为，以最大限度地追求商业利润。国际商事活动中还产生了基于代理制度的专门行业，如运输代理人、保险代理人、广告代理人等，他们的存在大大提高了国际商事活动的效率。

一、国际商事代理的概念和特征

国际商事代理是指代理人按照被代理人的授权或法律的规定，代表被代理人与第三人从事有法律意义的国际商事行为，由此产生的权利义务直接对被代理人产生法律效力的一种制度。代理关系涉及三方当事人，即代理人（Agent）、被代理人和第三人，其中被代理人又称为"本人"（Principal）。

国际商事代理具有以下法律特征：①国际商事代理的行为是具有法律意义的行为。代理人代被代理人实施的行为应当是法律行为,即代理实施的行为应是能产生一定法律后果的行为。通过代理行为,必然在被代理人与第三人之间发生一定的法律关系,或者变更、终止被代理人与第三人之间已经存在的法律关系。前者如代订国际商事合同,后者如代理对国际商事合同的内容进行变更或代理解除国际商事合同。②国际商事代理的依据为被代理人的授权或法律的规定。在国际商事领域,国际商事代理的产生绝大部分是基于被代理人的授权。代理人在实施代理行为时,要贯彻被代理人的意志,这个意志其实就是授权的内容,代理人应当根据被代理人的授权进行代理,不能以自己的意志来代替授权的内容。但代理人在实施代理行为时,也应有一定的独立进行意思表示的权利。如果事事都要请示被代理人,那么代理对于被代理人来说并没有多大好处或意义。因此,为了更好地完成代理事务,代理人在授权范围内可以根据代理活动的具体情况进行相应的意思表示,在对被代理人最有利的情况下完成代理事务,以维护被代理人的利益。在一些特殊的情况下,即使没有被代理人的授权,代理权也可因法律的特别规定而产生。③代理行为产生的权利和义务直接对被代理人产生法律效力。从形式上看,代理行为是在代理人与第三人之间进行的,它却会产生被代理人与第三人之间的法律关系,基于代理行为而产生的权利和义务,理所当然地应由被代理人承受,即被代理人应承受代理人实施代理行为所产生的法律后果。④代理的行为在法律上具有可代理性。代理的行为必须是在法律上被允许代理的,依照法律规定或行为的性质不能由他人代为实施的行为,不适用代理。如立遗嘱的法律行为、婚姻行为等,不适用代理。当然在国际商事领域,一般的商事行为都具有可代理性,可授权他人代为实施。不具有可代理性的行为一般只限于民事领域。

二、两大法系中的代理制度

(一)大陆法系国家的代理制度

大陆法系国家的代理一般指代理人按照被代理人的授权委托,代表被代理人与第三人订立合同或实施其他的法律行为,由此产生的权利义务直接对被代理人产生法律效力的一种制度。

大陆法系国家的代理制度是建立在委任关系和授权关系的基础上的。委任关系调整的是被代理人与代理人之间的内部关系;而授权关系则调整被代理人和代理人与第三人之间的外部关系,主要指代理人代表被代理人与第三人签订合同或实施其他法律行为的权力。

根据代理人究竟是以代理人的身份还是以其自身的名义与第三人订立合同,大陆法系将代理分为直接代理和间接代理。直接代理是指代理人以被代理人的名义与第三人签订合同或实施其他法律行为。如果代理人以自己的名义与第三人签约,但实际是为了被代理人利益的考虑,就是间接代理。间接代理人又称行纪人。在直接代理的情况下,代理人一般对第三人不承担个人责任,此项责任直接由被代理人承担。在间接代理的情况下,由于代理人是以自己的名义与第三人签订合同,尽管该合同的签订完全是为了被代理人利益的考虑,代理人对此也应承担个人责任,而被代理人则一般并不直接承担责任,除非代理人把该合同项下的权利和义务转让给被代理人承担。

在国际商事实践中,直接代理人往往是小本经营的商人,他们从不以自己的名义对外签约,他们服务于一个或一个以上的被代理人,代理往往是他们唯一的职业。在间接代理中,间接代理人一般资金雄厚,他们不同于直接代理人把自己的命运束缚在一个或几个委托人的身上,间接代理人以自己的名义从事大规模的商业活动,与第三人订立合同,并且除承揽代理业务外还往往经营其他业务。

(二)英美法系国家的代理制度

英美法系国家没有直接代理与间接代理的划分,其代理制度是建立在"等同论"的基础上的,即"通过他人为的行为视为自己亲自为的行为"。所以英美法所关心的并不是代理人究竟以代理人自己的名义还是以被代理人的名义与第三人签约这一表面上的形式,而是看重商事交易的实质内容,即由谁来承担代理人与第三人签订的合同的责任。英美法系国家的代理制度认为代理是一种受托信任关系,并且在早期就确立了被代理人与第三人有直接合同关系的原则。

> **知识拓展**
>
> 国际商事代理法的统一
>
> 扫一扫

虽然英美法系国家与大陆法系国家代理的定义不同,但其核心却是相同的。代理涉及法律关系一般包括三个,即被代理人与代理人之间的关系、代理人与第三人之间的关系、被代理人与第三人之间的关系。不管是英美法系国家还是大陆法系国家,代理关系的最终目的都是通过代理人的行为来形成被代理人与第三人之间的直接合同关系。

三、我国民法中的代理制度

代理是近现代民法所普遍承认的法律制度。由于调整国际商事代理关系的国际法规范的局限性,国内法规范在调整国际商事代理关系中依然扮演着重要角色。我国立法没有明确区分民事代理与商事代理。我国1986年《民法通则》受大陆法系国家代理制度的影响,仅规定了直接代理,而不承认间接代理。1999年《合同法》在"委托合同"一章中,对建立在委托合同基础上的代理关系作了明确规定,借鉴了英美法中的相关规定,有条件承认了隐名代理和不公开被代理人身份的代理,并规定了委托人的介入权和第三人的选择权。2017年《民法总则》"代理"一章沿袭《民法通则》的做法,也仅规定了直接代理,将其作为我国代理法的一般规则,将间接代理保留在《合同法》中,作为特别规则。在制定《民法典》时,受多方面因素的影响,在规定代理制度时,仍沿袭了当时的法律规定,在"总则"编"代理"章规定了直接代理,在"合同"编"委托合同"章中承认了在特定情况下的隐名代理和不公开代理。

第二节　国际商事代理权的产生和终止

导问：除被代理人的授权委托外，还有哪些情形会使得代理权产生？在哪些情形下代理权会终止？什么是无权代理？无权代理产生什么法律后果？

一、代理权的产生

代理权的产生，不仅关系着当事人之间的代理关系是否存在，还决定着被代理人与代理人之间的法律关系，并进一步影响被代理人与第三人之间、代理人与第三人之间的法律关系。在国际商事代理中，代理权产生的最主要依据是被代理人的授权。

(一)明示授权

明示授权(Express Authority)是指由被代理人以明示的方式授予代理人以代理权，从而产生代理关系。在这种情况下，被代理人与代理人之间的代理关系由合同特别创设，并受合同条款的约束。但委托合同只约束被代理人和代理人双方，被代理人与代理人之间的委托合同只是代理权产生的基础。代理人代理权的取得，是基于被代理人的明示授权，与代理人实施交易或其他法律行为的第三人是基于被代理人的授权，而信赖代理人有代理权及代理权的范围。

明示授权产生代理权的方式有书面形式和口头形式。书面形式又可以分为授权委托书和其他书面形式。

在英美法系国家，对于授权委托书的解释具有一定的特殊性，主要体现在以下三个方面：

首先，代理权的范围应局限于授权委托书的目的范围之内。即使授权委托书采用了宽泛性的词句，根据英美国家代理法的学说，授权委托书授予代理人的权限范围，也仅限于代理人为了妥当履行授权委托书所规定的特定职责。这一解释原则在代理人签发汇票和代表被代理人借款的行为中尤为重要。

其次，如果授权委托书既有一般条款，又有特别条款，并且特别条款记载了代理人实施特别行为的权限范围，那么一般条款受制于特别条款。

最后，如果授权委托书的正文部分含糊不清，那么授权委托书的前言部分可以作为解释授权委托书的依据。比如在授权委托书中被代理人没有说明该委托书的有效期限，但是在授权委托书的前言中提到授权委托书的目的是使被代理人在出国期间在国内有一名代理人代理其事务，那么，从前言中就可以认定代理人的代理有效期为被代理人出国期间。

如果代理权产生的依据不是授权委托书，而是其他文件，或者当事人之间的代理关系是以口头形式存在的,那么,对于代理人代理权限的范围,应主要按照代理的目的、授予代理权当时的情形,以及代理人开展业务的一般惯例进行解释。如果产生代理权的有关书面文件中的条款用语比较模糊,则只要代理人是善意的,并且按照对代理权限范围的合理解释实施行为,那么,该代理人的行为就应当被视为是在被代理人的授权范围之内。例如在"伯顿诉弗兰奇"一案中,被代理人指示代理人以每吨 15 先令的价格卖煤。但是,代理人以每吨 15.6先令的价格卖给了第三人,并允许第三人延缓两个月付款。法院认为,代理人并没有违反代理合同,因为可以合理地认为代理人的行为没有超出代理合同的一般条款。

(二)默示授权

默示授权(Implied Authority)是指在明示授权之外,被代理人使代理人有合理根据相信自己有代理权,从而在当事人之间产生代理关系。产生默示授权的根据主要是被代理人其他方面的明示授权和行业习惯。

在被代理人创设代理关系的时候,被代理人的明示授权有可能不能完全包含要求代理人实施的行为范围,此时,就有必要从被代理人的明示授权中发掘默示的授权。如果在明示授权中缺乏确切说明代理权限范围的条款,那么,解释代理权限的方法之一就是看是否能够推断出某一特定的默示授权。例如,被代理人授权代理人签订某一财产的出售合同,那么,代理人的默示权限之一就是向潜在的买主说明这一财产的有关情况。

产生默示授权的另一主要根据是行业习惯。当代理人在某一特定场所、市场或营业中代表被代理人实施某种法律行为时,有权按照该场所、市场或营业中的惯例实施有关代理行为。适用行业习惯来确定被代理人的默示授权时,一般应当具备以下条件:①在某一特定场所、市场或营业中客观上存在着代理人可以遵循的惯例;②该惯例直接影响到代理人代表被代理人实施法律行为的方式与内容;③被代理人知道或者应当知道这种交易惯例;④交易惯例必须合理且合法,当某一交易惯例与代理关系的本质特征发生冲突时,该交易惯例便不能被认为具有合理性。

如果代理合同中已经明确排除适用某种交易惯例,则即使存在满足以上条件的有效而且通常适用的交易惯例,也不能适用,不产生默示授权的效力。

(三)表见授权

表见授权(Apparent Authority)是指一方当事人(被代理人)通过语言或者行为向第三人声明或者使第三人知道,另外一方当事人(代理人)拥有代表自己的权限,而实际并未授予另一方当事人以代理权,但第三人基于对被代理人声明的信赖,而与代理人缔结法律关系,从而被代理人就要受代理人行为的约束,就像与事先授权给代理人一样。由表见授权而产生的代理称为表见代理,在表见授权的情形下,代理人有关行为的法律后果由被代理人承担。表见代理本质上属于无权代理,但是由于被代理人的言行造成善意第三人的信赖,所以被代理人就应对代理人的行为负责,虽然在事实上根本不存在这样的授权。

表见授权不同于默示授权,默示授权是就代理人而言,其有理由和根据认为自己有代理权,而表见授权是就第三人而言,其有根据和理由信赖代理人有代理权。因此,只有第三人才可以主张成立表见代理,要求被代理人承担代理人所实施行为的后果。

实践中广泛存在的租赁柜台、借用公司名称和账号、交付给职员或代理人空白授权委托书等,都容易使善意第三人相信代理人有代理权而与其发生交易,都属于表见代理。法律对表见代理关系进行调整,主要是为了保护善意第三人的利益,维护商事交易的安全。究其实质,是为了体现社会利益和社会公正而对意思自治原则进行正当的限制。

表见授权而产生的代理与明示授权和默示授权产生的代理存在着明显的区别。其特点包括:①在被代理人与代理人之间实际上并没有发生授权关系,表见代理实质上是无权代理。②构成表见代理的前提条件是第三人必须是善意的,即第三人合理地相信代理人得到了被代理人的授权。如果第三人是恶意的或存在重大过失,知道或应当知道代理人无代理权,仍与代理人发生交易,则被代理人不对第三人负责。③表见代理所产生的法律后果是被代理人受代理人行为的约束,对第三人负责,由表见授权而产生的代理关系与事先获得被代理人授权而产生的代理关系具有相同的法律效力。

表见代理关系的构成,应同时满足以下三个条件:

首先,存在被代理人的声明。被代理人的声明可以以言语的方式作出,也可以以行为的方式作出,但都必须是明确的,而不能模棱两可。以言语的方式作出声明并不经常发生。以行为作出的声明方式,又可以分为以积极行为作出声明和以消极行为作出声明。一项以积极行为作出的声明,包括以前交往的惯例、委托代理人办理特别任务或安置代理人于某一职位等方式。但是,当声明是以安置代理人于某职位的方式作出时,声明的内容仅仅涉及安置于该职位的人,具有所有在该职位的人通常有的权力。以消极行为构成声明的情形主要有两种,一是声明人事先以言语或行为作了正面陈述,而事后又对"代理人"违反其陈述的行为保持沉默或不作为;二是被代理人有对代理人的行为作出声明的义务,却保持沉默,从而构成错误引导。

其次,第三人对声明的信赖。被代理人的声明必须是直接导致第三人的错误判断。如果第三人没有信赖被代理人的声明,也就是说,第三人与"代理人"缔约的行为与被代理人的声明没有任何关系,则被代理人不对其声明承担责任。

最后,第三人基于这种信赖而改变了自己的法律地位。一般而言,只要第三人因信赖被代理人的声明而与代理人缔结了合同就认为是改变了自己的法律地位,而不问第三人的利益是否受到损害。

对于表见代理发生的具体情形,一般可以归纳为以下三类。①代理人没有代理权,但从一个善意的第三人看来,被代理人的行为表明了代理人具有代理权。这类表见代理的最主要特征是被代理人把表见代理人置于某一具有代理权表象的位置,但实际上,代理人根本没有从被代理人那里获得授权。②在连续交易中,代理关系已经终止,但被代理人没有明确通知第三人已经终止代理人的代理权,或没有向代理人收回授权证书或授权委托书。在这种情形下,被代理人与代理人之间的内部协议并不能约束第三人,如果代理人仍以被代理人的名义行事,则构成表见代理。③被代理人对代理人原先的代理权限作了某些限制,但没有及时通知第三人。

(四)客观必需的授权

客观必需的授权,是指在一方当事人的财产或利益处于紧急状态时,法律为保全该当事人的财产或利益,而推定对该财产拥有实际控制权的人享有采取某种行动的权利。客观必需的授权而产生的代理(Agency of Necessity),是基于法律的规定而直接形成代理关系,其产生不是基于被代理人的同意或行为,而是由于情势所迫而在当事人之间自动形成代理关系。该种代理在国际贸易、国际运输和国际金融活动中经常发生。例如,船长因为货物腐烂而在来不及请示货主的情况下出售货物。

客观必需的授权而产生的代理应当具备以下四个要件:

其一,必须有真正并且迫切需要采取行动的紧急情况存在。紧急情况不能笼统地理解为不可抗力,而应当理解为存在决定行为人必须实施某种行为的客观情况。如对于易腐烂或易损毁的货物,是不是有紧急情况并且迫切需要采取行动,应当以当时货物的状况、抢救及储藏的可能性而定,"代理人"虽没有义务证明货物完全不能抢救,但他也不能为了自己的方便而随意采取行动。

其二,代理人不可能与被代理人取得联系以得到其指示。"不可能"不是说绝对的不可能,对于代理人来说,只需要证明与被代理人取得联系是不切实际的就可以。但是,在通信技术十分发达的现代社会,代理人要证明自己实际上不可能及时与被代理人取得联系已经变得非常困难了。

其三,代理人所采取的有关行动必须是为了被代理人的利益。如果代理人不是为了维护被代理人的利益而采取行动,而只是为了自己的方便,则当事人之间并不构成代理关系。

其四,代理人的行为在当时的情况下必须是合理的、谨慎的,并且必须考虑到所有有关各方当事人的利益。

以上四个要件缺一不可,否则,就不构成客观必需的授权,行为人应承担相应的法律责任。

客观必需的授权不同于民法上的无因管理。无因管理是指没有法定和约定的义务,

> **知识拓展**
>
> 代理权的法律性质
>
> 扫一扫

为使他人避免利益损失而实施的管理行为。管理人应将无因管理行为的结果转移给该他人,而其实施管理行为所造成的损失可以要求受益人赔偿。无因管理法律关系中,管理人和受益人之间原先并不存在任何基础关系,无因管理人并无法律上或合同上的管理义务;而客观必需的授权中,代理人与被代理人之间存在着一定的基础性法律关系,如国际货物运输中,承运人根据运输合同的约定,有义务照管其承运的货物。此外,在无因管理中,管理人实施的管理行为可能是法律行为,也可能是事实行为;而客观必需的授权中,代理人实施的是法律行为。

(五)事后追认的授权

由追认的授权而产生的代理也称为追认代理(Agency of Ratification),是指行为人在没有代理权或超越代理权的情况下,以被代理人的名义或代表被代理人实施法律行为,被代理人可以通过追认的方式,使该行为有效,从而在当事人之间产生代理关系。追认的效果就是使代理人的行为对被代理人产生约束力。

追认的授权不同于表见授权,在成立表见代理的情况下,第三人可直接主张,要求被代理人承担代理行为的后果,而无需被代理人的追认。

有效并能对被代理人产生约束力的追认,应符合以下条件:①追认只能由为法律行为时已指明的被代理人作出。只有当代理人实施法律行为时,声称自己是他人的代理人,该行为才能被追认。并且除代理人声称代表的被代理人外,任何人都不得对代理人实施的行为进行追认。②代理人实施法律行为时,被代理人已经存在。代理人不能为将来存在的自然人或法人实施法律行为。但在许多国家的公司法中,已经允许公司追认发起人在公司未成立时代表公司签订的合同。③被代理人在代理人实施法律行为时以及在追认时,必须具备相应的行为能力。④被代理人在追认时必须完全知道行为的内容。被代理人在追认时已经知道或应当知道有关交易的重要事实,是追认行为生效的重要前提。所谓重要事实是指影响与初始行为有关的债务的事实。被代理人在追认时,如果不了解与初始法律行为有关的重要事实,并且自己不知情,即使已经追认,其也有权撤销追认行为的效力。这主要是为了保护被代理人的利益。⑤追认必须在合理的期限内作出。对追认的时间作出限制,主要是为了保护第三人的利益。如果当事人约定了追认的有效期限,被代理人对代理人行为的追认必须在约定的期限内作出。如果当事人没有对追认的期限作出约定,被代理人的追认行为必须在合理的期间内作出。至于什么是"合理的",则应视不同的情况而定。⑥被代理人必须是对法律行为的全部而不是部分作出追认。被代理人不可以只追认对其有利的部分而否定其余的部分,这是一项普遍的原则。

二、代理权的终止

代理关系包括三方面的关系,代理权和代理关系的终止不仅仅只是意味着被代理人与代理人之间代理关系的终止,而是指被代理人、代理人和第三人三方法律关系的结束。但代理权和代理关系的终止所产生的效果,对三方关系的影响并不是完全相同的。如果代理人在代理权限消灭后仍以被代理人的名义行事,对于不知或不应知其代理权终止事实的第三人而言,如构成表见代理,被代理人仍应承担法律责任。

(一)代理权终止的原因

代理权和代理关系终止的原因可以分为两种情形,一是根据当事人的行为终止,二是根据法律终止。

1. 根据当事人的行为终止

因当事人的行为导致代理权终止的,具体分为以下情形:

①代理权和代理关系可以因当事人的行为而结束。如果代理关系是根据被代理与代理人之间的协议而创设的,双方当事人也可以依据协议而终止代理关系。

②代理人完成了特定的代理事务,则导致代理关系的终止。

③如果双方当事人明确约定了代理关系的存续期间,代理关系可因代理权限的存续期届满而终止。

④代理关系可因被代理人的撤销而终止,除非双方当事人有相反的约定。在代理关系存续期间,即使代理人尚未履行完其义务,被代理人有权随时通知撤销代理人的代理权限。但是撤销行为不具有溯及力,即不影响撤销行为之前被代理人与代理人之间的法律关系。

⑤代理关系可因代理人的辞去委托而终止。如果代理人辞去委托,被代理人一般不能要求代理人实际履行代理义务,而只能向其要求损害赔偿。我国合同法规定,委托人或受托人可以随时解除委托合同;因解除合同给对方造成损失的,除不可归责于该当事人的事由以外,无偿委托合同的解除方应当赔偿因解除时间不当造成的直接损失,有偿委托合同的解除方应当赔偿对方的直接损失和可以获得的利益。

2. 根据法律终止

根据各国法律,在下列情形下,代理权和代理关系终止:

①代理关系的标的物被毁损或灭失,代理关系终止。例如,代理人代表被代理人出售某建筑物,如建筑物因自然灾害而灭失时,代理关系终止。

②在代理人和被代理人都是自然人的情况下,被代理人或代理人的死亡导致他们之间代理关系的终止。

③在代理人或被代理人患有精神病时代理关系终止。精神病人属于无民事行为能力人或限制民事行为能力人,不能像完全民事行为能力人那样实施法律行为,所以在被代理人或代理人成为精神病人时,代理关系也终止。

④当代理人或被代理人被法院宣告破产时,代理关系终止。

(二)代理权终止的法律后果

代理权和代理关系终止的法律效果可以从两方面进行分析。

1. 对代理人和被代理人的法律效果

代理权和代理关系终止后,代理人不再具有代理权,不得再以被代理人的名义与第三人进行交易。同时,代理人有义务向被代理人办理代理关系终止后的相关手续,如交还授权委托书或代理证书、移交有关的财产和业务账册等。

不论什么原因导致代理关系的终止,双方当事人在代理关系终止前已经确定的权利义务不因此而受到影响。被代理人有权对代理人在代理关系终止之前的违约行为或其他过错要求赔偿。代理人就其在代理关系终止之前的报酬享有请求权,对被代理人的违约行为也有权要求赔偿。

商事代理中，在代理关系终止后，被代理人对来源于原代理人代理地区内的业务，是否应向代理人支付佣金，各国法律规定不同，需要由当事人事先在代理合同中加以约定。但一般认为，若被代理人从代理人在其代理期间为被代理人建立的商业信誉中获得了重大利益，代理关系终止后，尤其是在被代理人单方面终止代理合同的情况下，被代理人应给予代理人合理的补偿。

2. 对第三人的法律效果

代理权和代理关系终止后，被代理人、代理人与第三人的关系，即代理的外部关系比较复杂，下面详细说明。如果代理关系终止后，代理人再与第三人订立合同，则不再对被代理人产生法律效力，而应由代理人对所订立的合同承担责任。但是第三人有时可能不知道代理人的代理权已经终止的事实，为了保护第三人的利益，各国法律一般规定，在第三人不知道或不应当知道代理权终止的情形下，成立表见代理，被代理人仍应对代代理人的行为对第三人承担责任，但被代理人有权要求代理人赔偿其损失。

三、无权代理

(一)无权代理的概念

所谓无权代理，是指代理人在不享有或者已丧失代理权的情形下所实施的代理行为。

无权代理主要表现为以下四种情形：①超越授权范围行事的代理；②代理权终止后的代理；③不具备默示授权条件的代理，即代理人没有代理权，也没有根据和理由认为其有代理权；④授权行为无效的代理。

(二)无权代理中第三人的权利

无权代理中，善意的第三人享有撤销权和催告权。被代理人有权追认无权代理人的代理行为，但在被代理人作出追认的表示之前，善意的第三人有权撤销其与代理人所实施的法律行为。在被代理人未作追认表示的情形下，第三人或代理人可以向被代理人进行催告，要求被代理人及时作出是否追认的表示。经催告后被代理人在合理的期限内未作追认的表示的，视为拒绝追认。

(三)无权代理的法律后果

根据各国法律的规定，原则上无权代理人所实施的代理行为对被代理人没有约束力，但无权代理行为可以由被代理人于事后追认而发生效力。如果被代理人事后不予追认，善意的第三人由于无权代理人的行为而遭受损失的，该无权代理人应对善意的第三人负责。如果第三人知道或理应知道代理人欠缺代理权,或者合同中已经排除了无权代理人的责任,则无权代理人可以不承担责任。

第三节　国际商事代理法律关系

导问:国际商事代理中,代理人应对被代理人承担什么义务? 被代理人对代理人应承担什么义务? 被代理人、代理人应对第三人承担什么义务?

代理法律关系涉及三方当事人,具体包括被代理人与代理人之间的关系、代理人与第三人之间的关系,以及被代理人与第三人之间的关系三方面内容。被代理人与代理人之间是委托授权关系,代理人与第三人之间是法律行为实施关系,被代理人与第三人之间是法律后果承担关系。实践中,大部分代理关系是因当事人的协议而产生,当事人之间的法律关系一般可依协议来确定。但为了保护和平衡当事人之间的利益,法律也对各方当事人的权利和义务作出详尽的规定。在被代理人与代理人的法律关系中,一方的权利往往就是另一方的义务,各国代理法对代理人的义务规定得较多,而对被代理人的义务则规定较少,这主要是因为代理人在代表被代理人实施法律行为的过程中,非常容易侵害被代理人的利益。

一、代理人的义务

代理人应向被代理人履行的义务主要包括:勤勉地完成委托事务、做到诚信忠实和管理具体事务。

(一)勤勉地完成委托的事务

代理人应运用自己的知识与技能履行双方当事人在代理合同中约定的义务,不得超越代理权限。在履行义务的过程中,应尽到应有的注意义务,当由于某种原因无法履行约定的义务时,应当及时通知被代理人。如果没有尽职或者处理代理事务有过失,致使被代理人的利益遭受损失的,代理人应当承担赔偿责任。

代理人必须亲自履行被代理人委托的事项,这是各国代理法的一般规则。因为代理关系涉及被代理人与代理人之间的相互信任关系,所以即使双方当事人在合同中没有约定,代理人也必须亲自完成被代理人委托的事项,这是其应承担的基本义务。在特殊情形下,代理人需要转委托第三人代理的,应当取得被代理人的同意或者追认。转委托代理经被代理人同意或者追认的,被代理人可以就代理事务直接指示转委托的第三人,代理人仅就第三人的选任以及对第三人的指示承担责任。转委托代理未经被代理人同意或者追认的,代理人应当对转委托的第三人的行为承担责任,但是在紧急情况下,代理人为了维护被代理人的利益需要转委托第三人代理的除外。

虽然代理人应完成被代理人委托的事项,但是代理人没有义务代表被代理人实施违法行为,对于被代理人所指示的违法行为,代理人没有执行的义务。

(二)做到诚信忠实

代理人对被代理人诚信忠实是代理人的一项基本义务,主要是为了防止代理人滥用代理权,以保护被代理人的利益。其基本内容是代理人必须对被代理人诚实信用,不得使自己的个人利益与被代理人的利益相冲突。

代理人在代表被代理人与第三人订立合同时,如果存在自己的利益与他对被代理人所承担的义务相冲突的情形,应全面地向被代理人披露有关信息,以使被代理人考虑是否与该客户订立合同。否则,被代理人可以拒绝该交易的结果,并且可以要求代理人赔偿损失。

代理人不得以被代理人的名义与代理人自己订立合同,也不得从事双方代理行为,除非事先征得被代理人的同意并向双方被代理人披露了具体的信息。不得与被代理人从事交易的人的范围还包括代理人的家人、受代理人协助的人等。

代理人不得利用代理人的地位和被代理人的财产为自己谋取私利。代理人不得利用自己作为代理人的地位从第三人处谋取利益,通过这一方式获得的利益应归被代理人所有。

代理人在代表被代理人实施法律行为过程中不得收取商业贿赂,在代理关系中这也是一项不言自明的规则。一旦代理人收受商业贿赂,就有义务将其上缴给被代理人,被代理人也有权向代理人索还,并有权不经事先通知而解除代理关系,或撤销该代理人与第三人订立的合同,或拒绝支付代理人在受贿交易上的佣金。另外,被代理人还可以对受贿的代理人和行贿的第三人起诉,要求他们赔偿由于行贿受贿订立合同而使自己受到的损失。

代理人不得泄露在代理业务中获得的保密信息和资料。不管是在代理关系存续期间还是在代理关系终止后,代理人都负有保密义务。代理人违反保密义务的行为既包括自己直接利用被代理人的秘密谋取利益,也包括把被代理人的秘密有偿或无偿地提供给第三人。

拓展阅读

海南实业与威海化工出口代理纠纷案

扫一扫

另外,代理人的诚信义务还包括代理人不得从事与被代理人从事的营业活动相同或者相似的业务,即代理人负有竞业禁止的义务。这也是为了避免代理人的利益与被代理人的利益相冲突,以确保被代理人的利益免受代理人的侵害。

(三)管理具体事务

代理人管理具体事务主要包括:在代理关系存续期间有义务对其代理开展的每一项交易如实记账,并应根据代理合同的约定,或者在被代理人提出要求时,向被代理人申报账目;在代理关系终止时向被代理人提交自己所掌握的有关被代理人的所有账簿和文件,移交因实施代理需要而占有的被代理人的财产,以及在代理活动中取得的财产。

二、被代理人的义务

被代理人对代理人所承担的义务主要包括支付报酬和其他费用。被代理人对代理人所承担的义务,也就是代理人对被代理人所享有的权利。

(一)支付报酬

1. 支付约定报酬

被代理人必须按照合同的约定付给代理人佣金或其他约定的报酬,这是被代理人的首要义务,即使当事人没有约定,被代理人也应按照合理的劳务价格支付报酬。当然,被代理人支付报酬的前提是代理人完成了代理任务,如果代理人没有完成代理任务,被代理人可以拒绝履行这一义务。

我国《民法典》第928条对此也作了规定:受托人完成委托事务的,委托人应当向其支付报酬;因不可归责于受托人的事由,委托合同解除或者委托事务不能完成的,委托人应当向其支付相应的报酬;当事人另有约定的,按照其约定。

2. 支付其他费用

被代理人除了有义务向代理人支付其提供服务的报酬外,还有义务向代理人支付其他费用,这些费用包括代理人在实施代理行为时所垫付的必要费用,以及因实施代理行为而遭受损失的费用。我国《民法典》第921条规定:"委托人应当预付处理委托事务的费用。受托人为处理委托事务垫付的必要费用,委托人应当偿还该费用并支付利息。"

但是,有下列情形之一的,代理人通常不承担支付这些费用的义务:①代理人的行为越权的(在这种情况下,只有在被代理人追认了该行为时才需要支付这些费用);②代理人由于自身的过错而支付的各种费用;③代理人知道或应当知道其所实施的行为违法而仍实施该行为的。

三、被代理人和代理人对第三人的责任

(一)合同关系中的责任

大陆法系国家把代理分为直接代理和间接代理两类。在直接代理中,代理人是以被代理人的名义与第三人订立合同,合同的双方当事人是被代理人和第三人,因此由被代理人直接承担代理行为所产生的法律后果。在间接代理中,代理人是以自己的名义与第三人订立合同,合同的双方当事人是代理人和第三人,因此由代理人对合同负责,被代理人不能直接

对第三人主张权利,只有经过代理人让与合同的权利义务后,被代理人才能取代代理人的地位,对第三人主张权利。

英美法系国家将代理分为显名代理、隐名代理和未披露的代理。

在显名代理(Agency for a Named Principal)中,代理人实施代理的法律行为时,直接表明他是代表指名的被代理人实施法律行为,在这种情况下,由被代理人承担在授权范围内的代理行为所产生的法律后果。

在隐名代理(Agency for an Unnamed Principal)中,代理人实施代理的法律行为时,表明了代理关系的存在,但没有指出被代理人的姓名或名称,在这种情况下,仍由被代理人承担代理行为所产生的法律后果,代理人不承担个人责任。按照英国的判例,代理人在订约时必须以清楚的方式表明他是代理人,如写明买方代理人或卖方代理人,而对于所代理的买方或卖方的名称则可以不在合同中写明。

在未披露的代理(Agency for an Undisclosed Principal)中,代理人虽然得到被代理人的授权,但他在实施代理行为时根本不披露代理关系的存在,更不指出被代理人是谁,也称为不公开被代理人身份的代理。不公开身份的被代理人原则上与第三人没有直接的法律关系,他们之间的商业关系建立在两个连续的合同基础上,即第三人与代理人之间的合同和代理人与被代理人之间的合同。在这种情形下,代理人虽然是为了被代理人的利益与第三人签约,但却是以自己的名义进行,他在与第三人订约时根本没有披露代理关系的存在,其实就是把自己放在了合同当事人的地位,所以代理人应对其实施的代理行为承担责任。但是,在这一类型的代理关系中,未被披露的被代理人享有介入权,即未被披露的被代理人有权介入合同并直接对第三人行使请求权。不过,未被披露的被代理人在行使介入权时受到两项限制:如果未被披露的被代理人行使介入权会与合同的明示或默示的条款相抵触,就不能介入合同;如果第三人是基于信赖代理人的才能或清偿能力而与其订立合同,则未被披露的被代理人也不能介入该合同。对于第三人来说,第三人在发现了代理关系的存在后,享有选择权,他可以要求被代理人或代理人承担合同义务,或者对被代理人或代理人提起诉讼。但第三人一旦选定了要求被代理人或代理人承担义务后,就不能改变主意要求由另一人承担义务。

(二)侵权关系中的责任

除合同关系外,在代理人行使代理权的过程中对第三人实施了侵权行为,被代理人和代理人与第三人之间也会产生相应的法律关系。在侵权关系中,具体可分为三种情况:①当代理人是被代理人的雇员时,被代理人作为雇主应当对雇员在雇佣过程中实施的侵权行为对受害人承担侵权责任;②当代理人不是被代理人的雇员时,被代理人对于由其唆使、授意或者追认了的代理人实施的侵权行为,应承担侵权责任。③代理人在实施代理行为的过程中,如果是在代理权限范围内实施了侵权行为且是善意的,由被代理人对第三人承担侵权责任。但当代理人是恶意时,由被代理人和代理人共同对第三人承担责任。当代理人是在代理权限之外对第三人实施侵权行为时,被代理人不对第三人承担侵权责任,第三人只能向实施侵权行为的行为人追究责任。

第四节　承担特别责任的代理人

> **导问**：国际商事活动中，为什么会出现向第三人或被代理人承担特别责任的"代理人"？

一般情况下，代理行为实施后产生的法律后果直接由被代理人承担，对被代理人的违约行为，应由第三人向被代理人要求赔偿，代理人并不对被代理人的违约行为负责；对第三人的违约行为，一般应由被代理人向第三人要求赔偿，代理人不对第三人的行为负责。但在某些特殊情况下，基于开展国际商事活动的需要，根据代理人与第三人的特别约定或者行业习惯，代理人应对被代理人的行为负责，向第三人承担特别的责任；或者，根据代理人与被代理人的特别约定或行业习惯，代理人应对第三人的行为负责，向被代理人承担特别的责任。从严格意义上讲，这些特殊情况中的"代理人"已不是传统意义上的代理人，相关的法律关系也不是简单的代理关系，称其为"代理人"更多地是从开展业务的初衷出发，"代理人"利用自己的资信能力帮助其他主体代为处理某些事项，结果是自己需要向"被代理人"或"第三人"承担特别的责任。

一、向被代理人承担特别责任的代理人

代理人向被代理人承担特别的责任，主要发生于信用担保代理的场合。代理商替被代理人的产品开拓海外市场时，被代理人通常对国外市场和国外客户不太熟悉，如果采用赊销付款方式，无法充分信任代理商接洽的进口商的付款能力，代理人如果此时对进口商的付款能力提供相应的担保，即成为信用担保代理人（Del Credere Agent）。

信用担保的代理人与被代理人之间，存在两种法律关系：一种是代理人与被代理人之间的委托关系，另一种是保证人与债权人之间的担保关系。信用担保代理人之所以需要向被代理人承担特别责任，法律上的原因不是他们之间的委托关系，而是他们之间的担保关系。当然，代理人之所以愿意作为进口商信用的担保人，是由其作为出口商代理人身份的后续发展。代理人承担起信用担保的责任，在免除或降低出口商收取货款后顾之忧的同时，也促使代理商更重视进口商的资信能力，使其不愿为了赚取佣金而随意促成交易的达成。

二、向第三人承担特别责任的代理人

在某些特殊场合，根据代理人与第三人的特别约定或者行业习惯，如保付代理、保兑信用证、货运代理等行业或业务中，代理人应对被代理人的行为负责，向第三人承担特别责任。

(一)保付代理人

保付代理人(Confirming Agent)的业务是代表国外的买方(被代理人),向本国的卖方订货,并在国外买方的订单上加上代理人的保证,由其担保国外的买方会按约定履行合同,如果国外的买方不履行合同或拒付货款,由保付代理人向卖方支付货款。保付代理人的最初身份仅是买方的代理人,当其代买方向卖方购买货物时,如果是用赊销的付款方式,卖方希望能在收回货款方面获得更多的保障,此时买方代理人为促使交易达成,即以自己的资信向卖方提供付款的保障。保付代理人,一方面是买方购买货物的代理人,另一方面也是买方支付货款的担保人。但是,当卖方违反合同而使买方不履行合同或拒付货款,保付代理人不承担保证付款的责任。如果在合同履行前,国外买方(被代理人)无正当理由取消合同,保付代理人仍应对卖方(第三人)承担支付货款的义务,在其支付货款后,可以向买方(被代理人)追偿,并可要求赔偿损失。

保付代理人和信用担保代理人的出现,对促进国际贸易的发展起着重要的作用。国际贸易的当事人双方处于不同的国家,要了解对方当事人的信用和经营情况往往比较困难,而代理人往往对本国或外国的客户的情况较为了解,并在国内外的客户中建立了良好的信用。正因为如此,被代理人或第三人要求代理人对其承担个人责任,使之能放心地与对方进行交易。保付代理人与信用担保代理人的共同点是代理人都要承担个人责任。不同的是保付代理人是对第三人承担责任,而信用担保代理人则是对被代理人承担责任。

(二)保兑信用证

在使用跟单信用证支付货款的国际货物买卖中,卖方为了保证收款安全,经常要求买方通过银行对他开出保兑的、不可撤销的信用证。一般的操作程序是由国外的买方通过进口地的银行(开证行)向出口地的代理银行开出一份不可撤销的信用证,委托该出口地的代理行对其不可撤销的信用证加以保兑,并将该信用证通知卖方。代理行在对信用证保兑后即成为保兑行(Confirming Bank),在开证银行和保兑银行之间,就一般意义而言,保兑行通常是开证行的代理行,卖方是信用证的受益人。卖方只要提交信用证所规定的单据,就可以向出口地的保兑行要求支付货款,保兑行与开证行均对受益人(第三人)承担第一位的付款责任,即第三人可以直接向保兑行要求付款。

尽管在信用证业务中,保兑行通常是开证行的业务往来银行,也是业务中所谓的代理银行,但保兑行在进行保兑时,实际上并不是以代理人的身份向信用证受益人行事,而是以自己的资信向受益人承担信用证项下的付款责任。

拓展思考

代理人与居间人、经销商有何区别?

(三)货运代理人

国际货物运输代理业是指接受进出口货物收货人、发货人的委托,以委托人的名义或以自己的名义,为委托人办理国际货物运输及相关业务并收取服务报酬的行业。货运代理人(Forwarding Agent),通常简称为"货代",开展业务的初衷是代货方向运输公司办理托运业务,其代理行为的后果应由作为被代理人的货方承担,但在实际业务中,货运代理人有时也以自己名义向货方签发相关运输单证,并以自己名义向运输公司办理托运事宜,从中赚取运费的差价。在货运代理人既与货方产生运输合同关系,又与运输公司产生运输合同关系的情况下,其在法律上就不再是代理人的身份,在货方面前是承运人的身份,在运输公司面前则是托运人的身份,货运代理人与货方、运输公司的权利义务关系分别依据各自的合同确定。从表面观察,似乎是货运代理人需要向作为第三人的运输公司承担相应的责任。

本章小结

代理关系是被代理人、代理人和第三人三方当事人之间的法律关系。代理权产生的依据主要是被代理人的授权委托,但在特殊情况下,即使没有被代理人的授权,根据法律的规定,也能在当事人之间直接形成代理关系,包括默示的授权、表见授权、客观必需的授权、事后追认的授权。代理关系终止的原因包括根据当事人的行为终止和根据法律终止两种情形。代理人对被代理人承担勤勉地完成委托事务、做到诚信忠实和管理具体事务义务,被代理人对代理人承担支付约定报酬及支付其他费用的义务。在代理权限范围内实施的代理行为的后果,由被代理人直接对第三人承担。实务中存在着向被代理人或第三人承担特殊责任的代理人,其实他们在有关商事活动中已经超越"代理人"的身份,凭借自己的资信能力与相关主体产生了其他的法律关系。

思考题

1.国际商事代理有什么法律特征?

2.代理权产生的依据有哪些?

3.什么是表见代理? 表见代理的成立有哪些要件?

4.代理人对被代理人承担哪些义务?

案例分析

希腊海信海运有限公司(以下简称海信公司)委托韩国凯普航运有限公司(以下简称凯普公司)为其所属的"太阳升"轮在韩国仁川港的船务代理。"太阳升"轮靠泊仁川港期间,凯普公司委托施武船务代理有限公司办理了船务代理事务。在办理代理事务中,凯普公司为"太阳升"轮垫付了在港期间发生的费用共计 68513.49 美元。海信公司向凯普公司支付了35000 美元,之后又支付了 15000 美元,尚欠 18513.49 美元。此后,凯普公司为保全其代理费用请求权,申请海事法院在中国防城港扣押了海信公司的"太阳升"轮,并为此而支付扣船申请费187.93美元,产生追索欠款费用4872.88美元。海信公司在"太阳升"轮被扣押后,向海事法院提供了30000美元的担保,"太阳升"轮被解除了扣押。

之后,凯普公司向海事法院提起诉讼,请求判令海信公司支付拖欠的代理费18513.49美元及利息,以及扣船申请费和律师费等费用11784.80美元。但后经法院认定,凯普公司所提供的支付凭证表明其为此支付的费用仅为5060.81美元。

海信公司答辩认为:因凯普公司转委托代理造成了其船舶滞期的损失,并认为凯普公司请求的利息损失和律师费等额外费用缺乏事实和法律依据,请求驳回凯普公司的无理请求。但海信公司未能提供其船舶滞期及损失的证明。

本案主要涉及双方当事人因代理关系而产生的代理人追索代理费和有关费用的赔偿问题。凯普公司和海信公司对双方达成的委托代理协议都没有异议,海信公司对凯普公司要求支付拖欠的代理费的请求也没有异议。双方争议的焦点是凯普公司提出的扣船申请费和律师费等的赔偿问题。这个问题包括两个方面,一是海信公司应否予以赔偿,二是赔偿数额应如何确定。请按照我国合同法对此展开分析。

扫一扫,看答案

📝 练习题

第五章

国际货物买卖法

学习目标

1. 熟悉国际货物买卖法的渊源。
2. 掌握《国际货物销售合同公约》的适用范围。
3. 熟悉《国际货物销售合同公约》的主要内容。
4. 掌握《2020 年国际贸易术语解释通则》中 11 个贸易术语的基本含义。
5. 了解国际贸易中货物所有权转移的法律规则。

第一节 概 述

导问：什么是国际货物买卖？国际货物买卖法有哪些渊源？

一、国际货物买卖法的概念

国际货物买卖法，顾名思义，是调整国际货物买卖关系的法律规范的总和。在市场经济环境下，当事人一般都通过合同形成国际货物买卖关系，国际货物买卖关系在本质上就是国际货物买卖合同关系，国际货物买卖法调整的就是国际货物买卖合同关系。

什么是"国际货物买卖关系"呢？"货物"一般是指有形动产，货物学常将货物定义成："经由运输部门或仓储部门承运的一切原材料、工农业产品、商品以及其他产品。"由此可见，货物其实就是原材料、产品或商品，只不过处于运输过程中而已。"买卖"是指转移所有权的交易，一方将物品所有权转移给另一方，另一方接受物品所有权并给付价款。"国际"的含义从广义上讲，凡法律关系的主体、客体或据以产生法律关系的法律事实之中有一项具有涉外因素,此种法律关系都可以被认为具有"国际性"。因此,国际货物买卖法所调整的国际货物买卖关系,其范围相当广泛,但这并不意味着所有关于国际货物买卖的法律都如此确定自己的调整对象。以 1980 年《国际货物销售合同公约》为例,其将国际货物买卖合同作为自己调整对象,在确定某项货物买卖交易是否具有"国际性"时,判断标准是交易主体的营业地,也就是说营业地(一般以是否领有营业执照为判断标准,而不是指临时性的或为某一特定交易进行谈判或洽商的地点)分别处于不同国家的当事人之间的货物买卖才属于"国际"货物买卖,并不是以当事人的国籍,或买卖合同的签订地及履行地等作为判断的标准。

二、国际货物买卖法的渊源

国际货物买卖法由调整国际货物买卖关系的法律规范构成,而这种法律规范散见于相关的国际公约、国际惯例和国内法。

(一)关于国际货物买卖的国际公约

由于各国关于货物买卖的法律规定存在着差别,不可避免地会产生法律冲突,给国际货物交易带来不便。为解决这一问题,国际统一私法协会从 1930 年开始着手拟订关于国际货物买卖的统一实体法规则,受二战影响一度中断后,草案终于在 1964 年的海牙会议上正式获得通过,分别就是《国际货物买卖统一法公约》(The Uniform Law on International Sale of Goods,ULIS)和《国际货物买卖合同成立统一法公约》(The Uniform Law on Formation of Contract for International Sale of Goods,ULF),两公约后于 1972 年 8 月依次生效。两公约受欧洲大陆法系的影响较大,内容又过于烦琐,用词也比较晦涩,参加的国家并不多,没有真正实现统一国际货物买卖法的目的。

联合国国际贸易法委员会决定承担起这一任务,于 1969 年成立了专门工作组,在 1964 年两项公约的基础上制定统一的国际货物买卖法,使它获得不同社会经济制度和不同法律制度的国家的广泛接受。工作组经过近十年的努力,终于在 1978 年完成了对 1964 年两项公约的修订,并将其合二为一,命名为《国际货物销售合同公约》(CISG)。该公约于 1980 年 4 月在维也纳举行的外交会议上获得通过,于 1988 年 1 月 1 日起生效。截至 2020 年 1 月,该公约对 93 个缔约国产生约束力,其中包括经济总量位于世界前列的美国、中国、日本、德国、法国以及俄罗斯、意大利、挪威、瑞典、瑞士、加拿大等世界重要的贸易国。公约为不同政治、经济和法律制度的国家提供了统一的货物买卖规则,已经成为关于国际货物买卖的最重要的国际公约。

《国际货物销售合同公约》(为行文方便,本章有时简称为《公约》)除序言外,共分四个部分,有 101 条。第一部分"适用范围和总则",有 13 个条文;第二部分"合同的成立",有 11 个条文,规定关于合同订立程序的规则;第三部分"货物买卖"共 64 条,就货物买卖的一般规则、买卖双方的权利和义务、违约的救济、风险的转移等事项作出规定;第四部分"最后条款"共有 13 条,就《公约》的保管、签字、加入、保留、生效和退出等事项作了规定。

《公约》尽管是关于国际货物买卖方面的法律规定，但作为一项由各国相互妥协达成的国际条约，为了尽可能得到更多国家的认同，对于某些与货物买卖密切相关却由于各国国内法差异较大等原因很难达成一致的事项，《公约》没有作出规定。首先，《公约》不涉及货物买卖合同或惯例的效力问题。因为合同的效力问题涉及当事人的缔约能力、意思

知识拓展

违约责任与侵权责任的区别

扫一扫

表示真实和合同内容合法等诸多方面，各国国内法的具体规定又有较大差异，无法达成各方满意的实体法规则。其次，《公约》对货物所有权何时转移问题也没有规定。各国关于所有权转移问题的法律分歧较大，有的规定合同成立时转移，有的规定交货时转移，还有的规定需有单独的物权行为才能转移所有权，不容易就此制定统一的实体法规则，因而《公约》将风险转移与所有权分开处理，对货物风险转移问题进行规定，没有处理货物所有权的转移问题。此外，《公约》对卖方因货物所造成的任何人死亡或受伤的责任也没有作出规定。在此，需要区分货物的品质责任与"产品责任"（Product Liability）：买卖双方因货物品质问题引起的纠纷，属于买卖合同关系的范畴，《公约》对"货物品质"有相应的规定；但对于"产品责任"问题，《公约》没有进行规定，因为产品责任调整的是产品缺陷引起的人身伤害或财产损失问题，不包括产品本身的损失，通常是没有合同关系的侵权责任关系，责任者不但可能包括卖方，还可以包括产品的生产者，索赔者可能是买方，也可能是买方的买方或最终的消费者等。

《国际货物销售合同公约》对自己的适用范围作了明确规定，由于其所调整的是国际货物买卖合同关系，《公约》关于适用范围的某些规定可以看作对"国际货物买卖合同"的理解。《公约》适用于营业地在不同国家的当事人之间所订立的货物买卖合同，但同时要求这些国家是缔约国，或者国际私法规则导致适用某一缔约国法律。也就是说，如果合

知识拓展

国际私法规范

扫一扫

同双方当事人的营业地分别处于不同的国家，而且这些国家都是《公约》的缔约国，《公约》就能适用于他们之间的买卖合同；如果合同双方当事人的营业地分别处于不同国家，即使他们营业地所处的国家并不都是《公约》缔约国，但如果按照国际私法规则导致适用某一缔约国法律的，《公约》也将适用于他们之间的合同。在后一种情形下，当事人的营业地分别位于不同国家，同时由于这些国家并不都是《公约》缔约国，通常的处理方法是不适用公约，但《公约》为了扩大自己的适用范围，规定如果按照国际私法规则（例如按照当事人意思自治或最密切联系原则等）导致适用某一缔约国法律的，则《公约》同样将得以适用。此时可将《公约》视为该缔约国国内法的组成部分加以理解：应适用的是某一缔约国的法律，而该国已经缔结《公约》，《公约》可视为该国法律的一部分而得到适用。我国对《公约》在此种情况下的适用提出了保留（保留是指一国于签署、批准、接受、赞同或加入条约时所作之片面声明，其目的在于排除或更改条约中若干规定对该国适用之法律效果），也就是说，我国认为《公约》的适用范围仅限于营业地分别处于不同缔约国的当事人之间所签订的货物买卖合同。

《国际货物销售合同公约》还明确规定不适用于下列销售：①购买供私人、家人或家庭使用的货物的销售，除非卖方在订立合同前任何时候或订立合同时不知道而且没有理由知道这些货物的购买是供此种使用的；②经由拍卖的销售；③根据法律执行令状或其他令状的销售；④债券、股票、投资证券、流通票据或货币的销售；⑤船舶、船只、气垫船或飞机的销售；⑥电力的销售。

对于《公约》的上述规定，可作如下解读：①从购货目的上看，向私人消费者的销售不适用《公约》。因为许多国家为保护消费者权益，往往制定有消费者权益保护法，要求制造者和卖方对消费者承担较重的义务和责任，并且此种规定多具有强行性，必须予以适用，《公约》因此规定不适用于此种销售。②从交易方式上看，以下三类特殊交易不适用公约：拍卖，根据法律执行令状的买卖及债券、股票、流通票据、货币的买卖。因为这三类交易都必须根据特殊的法律进行，在交易的程序和方式上具有特殊性。通过拍卖达成的买卖，其交易的成立方式有特殊性；根据法律执行令状的买卖，需受与执行令状密切相关的法律支配；债券、股票和流通票据的买卖，各国通常制定专门的证券交易法律来规范交易行为，货币作为交易对象时，其实就是外汇的买卖，各国通常规定买卖外汇须通过银行或外汇交易所，并按特殊规则进行，因而均有别于一般的货物买卖。③从货物类别上看，电力、船舶和飞机的买卖不适用《公约》。货物通常被理解成"有形动产"，电力显然不属于传统意义上的"货物"；船舶和飞机尽管均属于动产，但是由于价值较高，各国国内法在物权变动等方面常将其作为不动产对待，《公约》因此将它们排除在适用范围之外。当然，船舶或飞机零部件的买卖并没有被排除适用。

《公约》所适用的国际货物买卖合同，并不要求货物在签订合同时就已经客观存在，可以是尚待生产与制造的货物，但如果由买方提供生产这种货物所需的大部分重要材料，此种合同就不是买卖合同，而是加工承揽合同，《公约》将不能适用。也就是说，《公约》不适用于供应货物一方的绝大部分义务在于供应劳力或其他服务的合同，因为此种合同不是买卖合同，而具有劳务合同或服务合同的性质。

《公约》是任意性法律。国际货物买卖合同的双方当事人可明示约定不适用《公约》或减损《公约》的任何规定或改变其效力，其理论根据在于当事人意思自治、合同自由原则。但是，如果出现前文所述符合《公约》适用范围的情况，国际货物买卖合同的双方当事人又没有排除《公约》的适用，《公约》将自动适用于他们之间的国际货物买卖合同。

总而言之，尽管 1980 年《国际货物销售合同公约》的适用范围不仅受货物种类、交易性质和交易方式等的限制，而且受到交易当事人意愿和缔约国保留等因素的影响，但它仍是迄今为止关于国际货物买卖的最重要的国际公约。《公约》就国际货物买卖合同的订立、买卖双方的权利和义务等规定了统一的规则，是关于国际货物买卖的统一实体法。

（二）关于国际货物买卖的国际惯例

在国际货物贸易的长期实践中，逐渐形成了用简短的概念或英文缩写字母来确定买卖双方在交货中的义务、费用和风险负担的做法，此即国际贸易术语。在相当长的时间内，国际上没有形成对各种贸易术语的统一解释，不同国家和地区在使用贸易术语和规定交货条件时，有着各种不同的解释和做法。不同国家的当事人往往不了解对方国家对习惯的解释，因而容易产生误解、争议和诉讼,影响了国际贸易的正常发展。为了解决该问题,国际商会、国际法协会(International Law Association)等国际组织以及美国一些著名的商业团体经过长期努力,分别制定了解释国际贸易术语的规则,成为国际货物买卖方面的最主要惯例。

国际贸易惯例本身不是国际条约,也不是某个国家的国内立法,对贸易双方不具有强制性,它的法律效力来自于双方当事人的共同协议和选择,即它的使用以当事人意思自治为基础,当事人既可以全盘采用,也可有所增删、修改某项规定。但是,如果交易双方都同意并在合同中明确规定采用某项国际惯例来约束该项交易,那么这项被采用的惯例就对缔约双方有约束力。此外,即使交易双方对某一问题没有作出明确规定,也没有注明该合同适用某项惯例,但是如果在合同履行过程中发生争议,法院或仲裁机构一般仍会将国际贸易惯例作为判决或裁决的依据。

关于国际贸易术语的惯例,在国际上影响最大的就是国际商会制定的《国际贸易术语解释通则》(International Rules for the Interpretation of Trade Terms)。《国际贸易术语解释通则》曾是该文件的副标题,我国国内经常以该副标题加以称呼,其实它的正式名称是"国际商业术语",英文为"International Commercial Terms"(简称"Incoterms")。《国际贸易术语解释通则》是国际商会于 1936 年首次公布的,此后分别于 1953 年、1967 年、1976 年、1980 年、1990 年、2000 年、2010 年和 2020 年进行补充和修订,历次修订的主要是为了使其适应商业实践的发展需要。《2020 年国际贸易术语解释通则》(Incoterms 2020)于 2020 年 1 月 1 日开始生效,是关于国际贸易术语含义解释的最新版本,它使用的正式文件名是"国际商会国内与国际贸易术语适用规则"(ICC Rules for the Use of Domestic and International Trade Terms)。这一名称表明该规则不仅可适用于国际贸易,在有需要的情况下当事人也可以在国内贸易中使用。Incoterms 2020 规定了 11 个贸易术语,分成两大组,分别适合于各种运输方式和仅适合于水运。适合于各种运输方式的一组,有 EXW(工厂交货)、FCA(货交承运人)、CPT(运费付至目的地)、CIP(运费、保险费付至目的地)、DAP(目的地交货)、DPU(目的地卸货后交货)、DDP(完税后交货)等七个贸易术语;另一组是仅适合于水路运输的,有 FAS(装运港船边交货)、FOB(装运港船上交货)、CFR(成本加运费)、CIF(成本加保险费、运费)等四个贸易术语。

与 2010 年版本相比,Incoterms 2020 并没有进行大幅度的修改,主要是对一些术语的细节问题进行了改进,所作的修改主要有:①将 DAT(运输终端交货)术语改成 DPU 术语。在 2010 年版本中,DAT 术语下当货物从到达的运输工具卸载到"运输终端"时,卖方即完成交货义务,而在 DAP 术语下,在到达的运输工具上可供卸载的货物交由买方处置时,卖方即完成交货义务,卖方是否承担卸货义务似乎是两个术语之间的唯一区别,因为 DAT 术语中的"运输终端"可宽泛地定义为包括"任何地点、而不论该地点是否有遮盖……"。Incoterms 2020 将 DAT 术语改成 DPU 的同时,将交货时间发生在卸载之前的 DAP 放在 DPU 之前。②FCA 术语下可以约定由买方指示其承运人在货物装运后向卖方签发已装船提单,卖方随后才有义务向买方提交已装船提单。③规定 CIF 术语和 CIP 术语中保险险别的不同层级。维持 CIF 术语中仅要求卖方投保"协会货物协会保险条款"的"C 条款"或类似险别的规定,同时将 CIP 术语下卖方的投保要求增加到"协会货物协会保险条款"的"A 条款"或类似险别。④明确允许在 FCA、DAP、DPU 和 DDP 等术语中使用卖方或买方自己的运输工具安排运输。在由卖方或买方负责安排运输的情况下,货方通常联系作为第三方的承运人负责运输,但这并不排除卖方或买方利用自己的运输工具进行运输,尽管 2010 年版本没有禁止负责安排运输事宜的一方这样做,却也没有作明确规定,Incoterms 2020 对此则作了规定。⑤买卖双方间就有关费用的分担问题得到进一步的明确和改进,在运输义务和费用中加入与安全有关的要求,并将不同条款中提及的所有与费用相关的内容均列入专门的费用条款中。当然,在国际贸易实务中,当事人仍可以选用之前版本的《国际贸易术语解释通则》,合同通常也应就版本问题作出明确规定,以免日后产生纠纷。

除国际商会制定的《国际贸易术语解释通则》外,在国际货物贸易中具有一定影响力的还有《1941 年美国对外贸易定义修订本》(Revised American Foreign Trade Definitions 1941)和《1932 年华沙—牛津规则》(Warsaw Oxford Rules 1932)。《1941 年美国对外贸易定义修订本》主要在美国使用,加拿大和一些拉丁美洲国家也有所采用,主要对美国在对外贸易中经常使用的 6 种贸易术语作了解释,即 EX(产地交货)、FOB(运输工具上交货)、FAS(船边交货)、C&F(成本加运费)、CIF(成本加保险费、运费)、EX DOCK(目的港码头交货),近年来该规则有被《国际贸易术语解释通则》取代的趋势。《1932 年华沙—牛津规则》由国际法协会制定,主要规定 CIF(成本加保险费、运费)买卖合同的性质和特点,并具体规定 CIF 合同中买卖双方所承担的费用、责任和风险。由于《国际贸易术语解释通则》不断修订而完善了对 CIF 的解释,该规则在实践中也已经较少采用。

(三)关于国际货物买卖的国内法

大陆法系国家以成文法为主要的法律渊源,关于货物买卖的法律大多规定在民商法典之中。采取民商分立的国家,如法国、德国、日本等,除了在民法典中规定买卖合同外,在商法典对商事买卖也作了相应规定。民法典中关于买卖合同的规定为一般规定,商法典关于商事买卖的规定为特别规定,"特别法优于一般法",商法典中关于货物买卖的规定应优先适用。在采用民商合一的国家,如瑞士、意大利等,关于货物买卖的内容一般均安排在民法典的债编或专门的债法中。

英美法系国家既无民法典,也没有商法典,货物买卖法主要由两部分组成:一是判例法,由法院通过判例的形式确定的法律规则,属于不成文法;二是成文法,即关于货物买卖的单行法。具有代表性的单行法是英国《1893 年货物买卖法》(Sale of Goods Act,1893),这部法律是在总结英国法院数百年来关于货物买卖方面的判例的基础上制定的,后经过多次修改,在英美法国家中颇具影响力。美国《1906 年货物买卖统一法》(Uniform Sale of Goods Act,1906)就是以英国《1893 年货物买卖法》为蓝本制定的,随着时间的推移,该法逐渐不能适用美国经济发展的需要。美国法学会和美国统一州法全国委员会于 1952 年公布了《统一商法典》,其中第二篇名为"买卖篇",整篇都是对商事买卖进行全面规定,其他各篇也都紧紧围绕"买卖"而制定。《统一商法典》后又经过数次修订,其调整范围涵盖整个买卖过程的各个环节,实质上是一部典型而又系统的买卖法,对其他国家的国内立法、相关的国际公约和国际惯例产生了较大影响。

我国有关货物买卖的国内立法,主要是 2021 年 1 月 1 日开始实施的《民法典》。《民法典》"合同"编是以此前的《合同法》为基础修改而成的,其中将"买卖合同"作为典型合同之一种,专门作了详细规定。

第二节　国际贸易术语

导问：国际贸易实务中为什么要使用贸易术语？买卖双方不使用贸易术语是否可以进行交易？

一、国际贸易术语的含义与作用

（一）含义

与国内货物贸易相比，国际货物贸易较为复杂。国际货物贸易的特点可以概括为：线长、面广、环节多、风险大。国际货物贸易的双方当事人通常分别处于不同国家，从订立合同到履行完毕需要较长的时间，履行合同一般还涉及海关、银行、运输公司、保险公司、商检机构等单位及相关的手续办理。此外，货物从起运地到目的地经常要经过长距离的运输，通过多道关卡，在此期间货物遭遇自然灾害或意外事故而导致损坏或灭失的风险也相对较大。

为明确交易双方所承担的与交货相关的义务和责任，当事人在协商、签订合同时，必须考虑以下几方面的重要问题：在什么地方以什么方式交货？货物发生损坏或灭失的风险何时由卖方转移给买方承担？采用何种方式完成运输以及由谁办理货物托运手续并支付运费？由谁办理投保手续并支付保险费？由谁办理进出口清关手续并支付相关的税费？

对于上述各种与交货相关的问题，交易双方尽管可以用口头方式逐项协商，经谈判达成一致后用文字加以表述，但这种方法显然并不便捷、高效。国际贸易术语就是在长期的国际贸易实践中形成的，用简短的概念或英文缩写字母来确定买卖双方在交货中的义务、费用和风险负担的贸易惯例。

在国际贸易中，确定一种商品的成交价，不仅取决于其本身的价值，还要考虑商品从产地运至最终目的地过程中，有关的手续由谁办理、费用由谁承担以及风险如何划分等一系列问题。与交货相关的责任承担、费用划分、风险负担必定反映在货物价格的构成上，同一批货物用不同术语成交其价格也会有所不同，贸易术语因此又称为"价格条件"或"价格术语"。国际货物买卖合同中的价格条款，其内容一般包括价格计量单位、单位价格金额、计价货币和贸易术语等，例如"每公吨 1000 美元 CIF 纽约"。

由此可见，贸易术语具有双重性，一方面它可以用来确定交货条件，明确买卖双方在交接货物时各自承担的风险、责任和费用，另一方面又可用来表示该商品的价格构成因素，这两者是密切相关的。需要补充说明的是，贸易术语使用于货物的买卖交易，而不会出现在运输合同和保险合同之中，尽管它会对由谁负责安排运输、保险事宜产生影响。

(二)作用

首先,采用贸易术语可以简化交易手续,促进交易的达成。贸易术语用简短的概念或几个简单的英文字母加以表示,双方当事人在签订合同时只需使用简短概念或简单字母就可以明确表示买方和卖方所应承担的与交货相关的风险、责任与费用,不必逐项磋商,为买卖双方提供了很大方便,简化了交易程序,缩短了磋商时间,并且可以节省交易的开支和费用。

> **拓展思考**
>
> 如果贸易术语与合同明文规定的条款发生矛盾和冲突,应以何者为准?为什么?
>
> 扫一扫

其次,便于买卖双方核算成本和价格。由于贸易术语表示价格构成因素,采用不同的贸易术语,货价中所包含的从属费用也不同,报价也就不同,所以买卖双方在确定成交价格时,必然会考虑所采用的贸易术语中包含哪些税费,如运费、保险费、装卸费、关税等,这就有利于买卖双方进行价格比较、加强成本核算。

二、Incoterms 2020 规定的贸易术语

Incoterms 2020 规定有 11 个贸易术语,分成两大组,分别适合于各种运输方式和仅适合于水运,属于前者的术语有 EXW、FCA、CPT、CIP、DAP、DPU 和 DDP,属于后者的有 FAS、FOB、CFR 和 CIF,因为后四个贸易术语的风险转移点都跟船舶有关,无法适用于其他运输方式。Incoterms 2020 的这种分组方式维持了 2010 年版本的做法,而 2000 年及以前版本的《国际贸易术语解释通则》按照各贸易术语首字母的不同,分成 E、F、C、D 四组,此种分组方式有助于理解交货点(风险转移点)的明显变化。

(一)各贸易术语的主要异同

Incoterms 2020 规定的 11 个贸易术语,按首字母之不同,可依 E、F、C、D 的顺序展开,也就是按照买卖双方责任的划分、承担风险的大小、支付费用的多少进行排列,由卖方承担责任、费用和风险最小的而买方相应最大的 EXW 术语,到卖方承担责任、费用和风险最大而买方最小的 DDP 术语。

就交货点(风险转移点)而言,E 组和 D 组分别处于相对的两个极端,EXW 术语中的交货点是在卖方工厂或仓库等出口国的指定地点,买方在此地点收货,之后相关事项均由买方自己承担,包括准备采用的运输方式、确定目的地(港)等,甚至在出口国的海关手续也需要由买方办理。D 组中的三个术语均在进口国的指定地点进行交货,交货之前的事项由卖方负责,交货之后的事项由买方负责。DAP、DPU 和 DDP 三个术语的主要异同是:DAP 和 DDP 术语的交货点大体相同,但 DDP 术语下需由卖方办理进口国的海关放行手续;DPU 术语下卖方需要将货物从运输工具卸载后才可完成交货义务,而 D 组中的另两个术语下卖方

不需要负责卸货。

F组和C组术语的交货点位于E组和D组的中间,但均是在出口国进行交货,并发生货物风险的转移。F组和C组术语的最大不同在于:F组术语下需由买方办理运输事宜并承担运费,而C组术语均由卖方办理运输事宜并承担运费。

F组三个术语之间的最主要区别在于所适合的运输方式不同:FAS、FOB术语仅适合于海运与内河运输,而FCA适合于各种运输方式。FAS与FOB的主要不同在于风险转移点:FOB术语下的风险转移时间比FAS术语晚一些,前者是货物在装运港装上船舶后才发生风险转移,后者是货物在装运港船边时即转移风险。与F组术语相类似,C组四个术语之间的最主要区别也在于所适合的运输方式:CFR、CIF术语仅适合于海运与内河运输,而CPT、CIP术语适合于各种运输方式。CFR与CIF的风险转移点均是在装运港的船上,两者主要区别在于投保事宜的办理,前者由买方自行确定是否需要投保,而后者需要由卖方办理保险事宜并支付保费;CPT与CIP的风险转移均发生于货交承运人时,两者主要区别也在于保险事宜的办理,前者由买方自行确定是否需要投保,后者由卖方办理保险事宜并支付保费。

由于F组和C组术语均是在出口国完成交货义务,不同组的术语之间在风险转移上也存在着相同之处:FOB术语和CFR、CIF术语的风险转移点都是在装运港的船上;FCA术语和CPT、CIP术语的风险转移点都是货交承运人时。当然,由于FCA术语下是由买方指派的承运人,在卖方是否需要负责装货等问题上,与CPT、CIP术语存在着细微差别。

按照上述理解,可将Incoterms 2020所规定贸易术语在风险转移点(交货点)、费用承担、所适合运输方式等方面的主要异同作成示意图(见图5-1)。

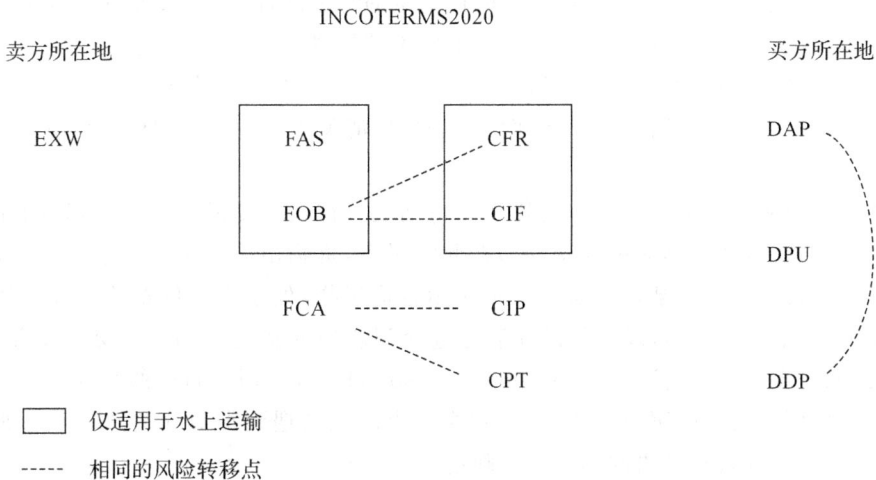

图 5-1　INCOTERMS 2020 贸易术语

(二)各贸易术语的主要内容

1. EXW 术语

EXW的全称为EX Works(named place),即"工厂交货"(指定地点)。

"工厂交货"是指卖方在指定地点(如卖方工厂或仓库等),将货物交给买方。买卖双方如果采用这一术语成交,卖方在合同规定的时间、地点将货物交给买方时就算完成交货义务,风险由此转移给买方。货物在指定地点交货之前的费用和风险由卖方承担,卖方无须将货物在指定地点装上任何前来接收货物的运输工具。

买方在卖方所在地收货后,如何运往目的地、是否安排投保,均是其自己所要决定的事项,与卖方无关。

买卖双方采用这一术语成交的,在出口国的海关手续和进口国的海关手续均由买方办理。因此,如果按照出口国相关法律的规定,买方不能直接或间接办理出口手续时,就不应采用这一术语。

由此可以看出,对于卖方而言,采用这一术语成交时,其所承担的责任、风险和费用是很小的,即使在国内贸易中使用这一术语时也是如此。

2. FAS 术语

FAS 的全称为 Free Alongside Ship(... named port of shipment),即(装运港)"船边交货"。

"船边交货"是指卖方在指定装运港将货物交到买方指定的船舶边上时,即完成交货任务,货物灭失或损坏的风险也由此转移给买方,同时买方承担起此后的一切费用。如果买方指派的承担主要运输区段任务的船舶不能靠泊码头,卖方应负责用驳船把货物运至此船边,才算履行了交货义务。

采用这一术语成交,由买方指派船舶驶往指定的装运港,因而由买方负责运输事宜并且支付运费。同时,由于在装运港船边交货后即发生转移风险,是否投保应由买方自己决定。

在通常情况下,由卖方办理出口清关手续并承担相关税费、买方办理进口清关手续并承担相关税费,不仅方便而且合理,FAS 术语对进出口清关手续的办理和税费承担即作了此种规定。

需要补充说明的是链式交易中的货物交付问题。在大宗商品的买卖中,货物在运输期间往往被多次转让,从而形成链式交易。在此情况下,货物由第一个卖方进行交付,处于链式交易中间位置的某个或某几个卖方并不实际装运货物,处于中间位置的卖方与其买方之间如使用 FAS 术语交易的,以取得已在装运港交到船边的货物权利履行交货义务,即卖方以"取得已如此交付的货物"(procure the goods so delivered)履行自己的交货义务。如果在链式交易中使用了其他的贸易术语,在确定交货点时也会遇到类似问题,"取得已如此交付的货物"之含义应依贸易术语的不同分别确定。

3. FOB 术语

FOB 的全称为 Free On Board(... named port of shipment),即(装运港)"船上交货"。

装运港船上交货是一种有着悠久使用历史的一种贸易术语。采用这一术语成交时,卖方必须在合同规定的装运港和规定的时间,将货物交到买方指定的船上,以履行其交货义务,买卖双方所承担的有关货物的风险和费用,均以货物交至船上为界,也就是说,货物在装运港装到船上以前的风险和费用由卖方承担,此后由买方承担。这一术语不适用于货物在装上船舶之前就交给承运人的情况,例如使用集装箱运输的货物,通常是在集装箱堆场或货运站就交货给承运人,如果规定在装上船时才发生风险转移,显然并不合适。

采用这一术语成交,由买方指派船舶驶往指定的装运港,因而由买方负责运输事宜并且支付运费。同时,货物在装运港装上船后即发生转移风险,买方需要承担运输途中的风险,是否投保应由买方自己决定。

至于进出口清关手续的办理,FOB 术语的规定符合通常的做法,即由卖方办理出口清关手续并承担相关税费,买方办理进口清关手续并承担相关税费。

4. FCA 术语

FCA 的全称为 Free Carrier(... named place),即(指定地点)"货交承运人"。

采用 FCA 术语成交时,卖方在其所在地或其他指定地点将货物装上买方提供的运输工具或交给买方指定的承运人,风险即转移给买方。双方当事人应尽可能详细地规定交货地点,因为风险在该地点由卖方转移给买方。"承运人"是指在运输合同中承担履行铁路、公路、海洋、航空、内陆水路运输或多式运输的实际承运人,或承担履行上述运输任务的订约承运人。

采用这一术语成交,承运人是由买方指派的,由买方负责运输事宜并且支付运费。同时,货物在指定地点货交承运人后即发生转移风险,买方需要承担运输途中的风险,是否投保应由买方自己决定。

需要补充的是,FOB 术语不适合于货物在装上船前已经交给承运人的情况,例如用集装箱运输的货物,此时可以使用 FCA 术语,因为在 FCA 术语下,卖方将集装箱交给承运人就可以完成交货义务,无须等待集装箱装上船舶。此时,买方可能又会要求卖方向自己(信用证等方式付款时向银行)提交已装船提单,但根据运输合同关系,承运人只有在货物装船后才会签发已装船提单,卖方交货后无法从承运人处马上获得已装船提单。为解决上述问题,Incoterms 2020 在 FCA 术语中增加了一个附加选项:"买卖双方可以约定,买方可指示其承运人在货物装船后向卖方签发已装船提单,然后卖方有义务向买方提交该提单(或者通过银行提交)。"也就是说,要求卖方提交已装船提单和卖方在 FCA 术语下的交货情况似乎存在着矛盾,Incoterms 2020 的上述修改是为了满足交易主体在其他贸易环节的实际需求。应当强调的是,即使买卖合同规定采用该附加选项,卖方对买方也不承担运输合同条款的义务。当然,如果买卖双方已约定卖方仅需提供收货待运提单而非已装船提单,就不需要选择该方案。

至于进出口清关手续的办理,FCA 术语的规定符合通常的做法,即由卖方办理出口清关手续并承担相关税费,买方办理进口清关手续并承担相关税费。

5. CFR 术语

CFR 的全称为 Cost and Freight(... named port of destination),中文名称为"成本加运费",贸易术语后跟指定目的港。

采用这一术语成交时,卖方在装运港将货物装到船上,完成交货义务。卖方要负责与承运人订立运输合同,支付将货物运至指定目的港所必需的费用和运费,但交货后货物灭失或损坏的风险,以及由于发生事故而引起的任何额外费用,由买方承担。

采用这一术语成交,承运人是由卖方指派的,由卖方负责订立运输合同并且支付运费,但货物在装运港装上船舶时即发生转移风险,买方需要承担运输途中的风险,是否投保应由买方自己决定,卖方不负责投保。卖方必须向买方发出所需的通知,以便买方采取收取货物通常所需要的措施。

至于进出口清关手续的办理,CFR 术语的规定符合通常的做法,即由卖方办理出口清关手续并承担相关税费,买方办理进口清关手续并承担相关税费。

6. CIF 术语

CIF 是 Cost,Insurance and Freight 的缩写,中文名称为"成本加保险费、运费",贸易术语后跟指定目的港(...named port of destination)。

采用这一术语成交时,卖方在装运港将货物装到船上,完成交货义务。卖方不仅要负责与承运人订立运输合同,支付将货物运至指定目的港所必需的费用和运费,还要负责与保险人订立保险合同并支付保险费,但交货后货物灭失或损坏的风险,以及由于发生事故而引起的任何额外费用,均由买方承担。

采用这一术语成交,承运人是由卖方指派的,由卖方负责订立运输合同并且支付运费;保险人是由卖方接洽的,由卖方负责订立保险合同并支付保险费。就投保事宜而言,由于不同险别的保险费高低也不相同,在买方承担风险却由卖方投保的情况下,需要明确卖方具体的投保险别义务。按照 Incoterms 2020 的规定,该保险至少应当符合"协会货物保险条款"(Institute Cargo Clauses,LMA/IUA)"C 条款"或类似条款的最低险别。当然,买卖双方可以另行协商选择更广承保范围的险别。

在进出口清关手续方面,CIF 术语的规定符合通常的做法,即由卖方办理出口清关手续并承担相关税费,买方办理进口清关手续并承担相关税费。

7. CPT 术语

CPT 的全称为 Carriage Paid to(...named place of destination),即"运费付至"(指定目的地)。

采用 CPT 术语成交时,卖方将货物在双方约定地点交给其指定的承运人或其他人,就完成交货义务,而不是货物到达目的地之时。交货后,风险即由卖方转移给买方,此后发生的货物灭失或损坏以及发生事故而引起的额外费用,均由买方承担。"承运人"是指在运输合同中承担履行铁路、公路、海洋、航空、内陆水路运输或多式运输的实际承运人,或承担履行上述运输任务的订约承运人。

采用这一术语成交,承运人由卖方指派,由卖方负责运输事宜并且支付运费。货物在指定地点交给承运人后即发生转移风险,买方需要承担运输途中的风险,是否投保应由买方自己决定,卖方没有投保的义务。为避免运输和运输保险之间的脱节,以致货物装运后不能及时获得保险保障,卖方应及时向买方发出装运通知。

至于进出口清关手续的办理,CPT 术语的规定符合通常的做法,即由卖方办理出口清关手续并承担相关税费,买方办理进口清关手续并承担相关税费。

8. CIP 术语

CIP 的全称为 Carriage and Insurance Paid to(...named place of destination),即"运费和保险费付至"(指定目的地)。

采用 CIP 术语成交时，卖方将货物在双方约定地点交给其指定的承运人或其他人，就完成交货义务，而不是货物到达目的地之时。交货后，风险即由卖方转移给买方，此后发生的货物灭失或损坏以及由于发生事故而引起的额外费用，均由买方承担。"承运人"是指在运输合同中承担履行铁路、公路、海洋、航空、内陆水路运输或多式运输的实际承运人，或承担履行上述运输任务的订约承运人。

采用这一术语成交，承运人由卖方指派，由卖方负责运输事宜并且支付运费，保险事宜也由卖方安排，卖方需要负责投保并且支付保险费。在 CIP 术语下，卖方必须投保"协会货物保险条款"中"A 条款"或类似条款的险别，但当事人可以协商选择更小承保范围的险别，这也是 Incoterms 2020 所作的修订内容之一。"协会货物保险条款"中的"A 条款"采用"一切风险减除外责任"的方法确定承保范围，除了"除外责任"项下所列风险保险人不予负责外，其他风险均予负责。这一修订的原因在于 CIF 更多地用于海上大宗商品贸易，而 CIP 作为多式联运术语更多地用于制成品。"协会货物保险条款"中的"A 条款"承保的风险比"C 条款"要大得多，这有利于买方，也导致卖方需要支出更多的保险费。

至于进出口清关手续的办理，CIP 术语的规定符合通常的做法，即由卖方办理出口清关手续并承担相关税费，买方办理进口清关手续并承担相关税费。

9. DAP 术语

DAP 是英文 Delivered at Place 的缩写，该贸易术语的中文名称为"目的地交货"，贸易术语后跟指定目的地（named place of destination）。

采用 DAP 术语成交时，卖方在指定目的地将还在运输工具上可供卸载的货物交由买方处置，即为交货。卖方承担交货以前的风险和相关费用，交货以后则由买方承担风险和相关费用。

由于卖方承担在特定目的地交货前的风险和费用，双方应当尽可能详细地订明交货的具体地点。在交货之前的风险和费用由卖方承担，意味着卖方需要负责将货物运至指定目的地，至于是否投保，也由其自行决定。

至于进出口清关手续的办理，DAP 术语的规定符合通常的做法，即由卖方办理出口清关手续并承担相关税费，买方办理进口清关手续并承担相关税费。

10. DPU 术语

DPU 是英文 Delivered at Place Unloaded 的缩写，其中文名称为"目的地卸货后交货"，贸易术语后跟指定目的地（named place of destination）。这一术语可使用于任何运输方式中，目的地可以是任何运输终端、仓库或货运站等。

从表面上看，DPU 是 Incoterms 2020 新增加的贸易术语，其实是 Incoterms 2010 中的 DAT（Delivered At Terminal）术语转化而来。Incoterms 2010 中的 DAT 术语，货物在指定运输终端卸货后即交货。在国际贸易实务中，交易双方可能想在运输终端以外的场所交付货物，例如工业半制成品的制造商可能同意在买方工厂所在地交货，DPU 术语因而删除了对运输终端的提及，使目的地可涵盖范围更广，但实质内容并无其他改变。

采用 DPU 术语成交，卖方在指定目的地将货物从运输工具上卸载后，交由买方处置时，即为交货。卖方承担交货以前的风险和相关费用，交货以后则由买方承担风险和相关费用。在 Incoterms 2020 规定的 11 个贸易术语中，DPU 是唯一要求卖方负责目的地卸货的贸易术语。

由于卖方承担在特定目的地交货前的风险和费用，双方应尽可能详细约定交货的具体地点。在交货之前的风险和费用由卖方承担，意味着卖方需要负责将货物运至指定目的地，至于是否投保，也由其自行决定。

进出口清关手续的办理，DPU 术语的规定符合通常的做法，即由卖方办理出口清关手续并承担相关税费，买方办理进口清关手续并承担相关税费。

11. DDP 术语

DDP 是英文 Delivered Duty Paid 的缩写，其中文名称为"完税后交货"，贸易术语后跟指定目的地（named place of destination）。"完税后交货"是指在指定目的地，将已到达的运输工具上待卸下的货物，交由买方处置时，卖方完成交货义务。

这一术语适用于任何运输方式，当事人应尽可能明确规定在约定目的地内的特定地点，因为货物运至该地点交由买方处置时，风险即转由买方承担。在交货之前的风险和费用由卖方承担，这意味着卖方需要负责将货物运至指定目的地，对于运输过程中的风险是否投保，由其自行决定。

进出口清关手续的办理，DDP 术语的规定比较特殊，卖方不仅要办理出口清关手续并承担相关税费，还要办理进口清关手续并承担相关税费。如果卖方不能直接或间接取得进口许可证或其他由当局签发的进口核准书，则不应使用该术语。

第三节　卖方和买方的义务

> **导问**：结合国际货物买卖交易的实际情况，卖方和买方各自有哪些义务？

就货物买卖关系而言，卖方的主要义务是交付货物并将其所有权转移给买方，买方的主要义务则是向卖方支付货款。卖方承担的义务是买方所享有的权利，反之亦然。买卖双方通常依据国际货物贸易的特点，在合同中对各自义务作具体规定。在合同没有规定或者规定不明确的情况下，需要由相关法律作补充性规定或者作相应解释。《国际货物销售合同公约》关于买卖双方义务的规定多属任意性规范，其作用主要在于弥补合同中的漏洞，当合同与《公约》中的规定不符时，通常应优先适用合同中的规定。本节主要按照《公约》的规定，同时结合我国合同法的相关规定，就国际货物买卖合同双方当事人的义务展开论述。

一、卖方的义务

（一）交付货物

交付货物，是指卖方将货物转移给买方占有。卖方应当按照合同约定的方式、时间和地点交付货物；合同没有约定的，按照相关法律的规定进行确定。

1. 交货方式

在国际货物贸易中，卖方的交货方式有实际交货（Physical Delivery）和象征性交货（Symbolic Delivery）之分。所谓实际交货，是指卖方将货物直接交给买方，置于买方的控制之下。当买卖双方采用 EXW、DAP、DPU、DDP 等术语成交时，其交货方式为实际交货。所谓象征性交货，是指卖方先将货物交给承运人，然后将货物的权利凭证转让给买方以履行交货义务。买卖双方如采用 FAS、FOB、FCA、CFR、CIF、CPT、CIP 等术语成交，一般为象征性交货方式。在象征性交货方式中，货物实际上是由承运人转交的，卖方将货物交给承运人后可以取得提单等权利凭证，在向买方转让权利凭证后，买方可据此在目的港（地）向承运人提取货物。国际贸易实务中大多采用象征性交货方式。不同的交货方式，对于确定交货时间和交货地点有着重要影响：采用实际交货方式时，买卖双方交接货物的时间和地点为交货时间和交货地点；采用象征性交货方式时，通常根据卖方向承运人交付货物的时间和地点确定交货时间和交货地点。

2. 交货时间

如果合同明确规定了货物的交付时间，卖方必须按照合同约定的时间交付货物；如果合同没有明确约定交货时间，各国的法律规定有所不同。

《公约》第 33 条对卖方的交货时间作了如下规定：如果合同规定有日期，或按合同可以确定日期，卖方应在该日期交货；如果合同规定有一段交货的期间，或按合同可以确定一段时间，除非情况表明买方有权选定一个具体日期，否则卖方有权选择在这段时期内的任何时候交货；在其他情况下，卖方应在订立合同后的一段合理时间内交货。

按我国《民法典》的规定，卖方应当按照约定的期限交付标的物；约定交付期间的，卖方可以在该期间内的任何时间交付；合同履行期限不明确的，当事人可以协议补充，不能达成补充协议的，按照合同有关条款或者交易习惯确定，仍无法确定的，债务人可以随时履行，债权人也可以随时要求履行，但应当给对方必要的准备时间。

3. 交货地点

交货地点对货物的风险转移和费用承担有着重要影响。如果合同中明确约定了交货地点（包括使用贸易术语的方式），则依据合同的约定履行；如果合同中没有约定交货地点或者约定不明确的，各国的法律规定有所不同。

如果合同没有明确规定交货地点，根据《公约》第 31 条的规定，卖方应按照以下三种不同情况履行其交货义务：①如果买卖合同涉及货物的运输，要求卖方把货物托运给买方，则卖方应把货物交给第一承运人，以运给买方。也就是说，即使货物由卖方手中运至买方手中，需要经过两个或两个以上承运人的运输，卖方在货交第一个承运人时即履行其交货义务。②如果买卖合同不涉及货物的运输，双方买卖的是特定货物或从特定存货中提取的，或者尚待制造或加工生产的未经特定化的货物，而双方当事人在订立合同时已知道这些货物是在某一特定地点，或将在某一特定地点制造或生产，卖方应在该地点把货物交给买方处置。③除上述情况外，在其他情况下，卖方应在他于订立合同时的营业地把货物交给买方处置。我国合同法的相关规定与此基本一致。

关于与交货相关的运输及保险事宜,《公约》第 32 条作了如下规定:①如果按照合同或公约的规定,卖方应将货物交付给承运人以便运交买方,但货物没有加上标记,或以装运单据方式或以其他方式,将货物确定在该合同项下,则卖方必须向买方发出具体列明此项货物的发货通知。②如果卖方有义务安排货物的运输,他必须订立必要的运输合同,用适合情况的运输工具,按照通常的运输条件,把货物运到指定地点。③如果卖方没有义务对货物的运输办理保险,他必须在买方提出要求时,提供一切现有的必要资料,使买方能够办理这种保险。

(二)移交货物单据并转移货物所有权

在国际货物贸易中,由于涉及进出口清关手续、运输及保险等事项的办理,卖方仅仅交付货物通常还不足以使交易顺利完成。卖方在交付货物的同时,一般还需要向买方移交关于货物的相关单据,例如提单、保险单、商业发票、商检证书等。卖方需要提交的单据种类和数量可以在合同中进行约定。

《公约》第 34 条规定,如果卖方有义务移交与货物有关的单据,就必须按照合同所规定的时间、地点和方式移交这些单据;如果卖方在上述时间以前已移交相关单据,可以在约定交单时间之前修改单据中与合同不符之处,但这一权利的行使不得使买方遭受不合理的不便或承担不合理的开支,否则买方有权要求损害赔偿。

买卖合同的本质是所有权的转移,卖方取得货款的代价是转让货物所有权给买方。《公约》第 30 条明确规定,卖方必须按照合同和《公约》的规定,交付货物、移交一切与货物有关的单据并转移所有权。由于各国国内法对于所有权转移的规定存在着很大差别,《公约》关于货物所有权的转移时间问题没有作具体规定,有关货物所有权问题的论述详见本章第五节。

我国合同法规定,出卖人应当履行向买受人交付标的物或者交付提取标的物的单证,并转移标的物所有权的义务;出卖人应当按照约定或者交易习惯向买受人交付提取标的物单证以外的有关单证和资料。

(三)对货物的品质担保

卖方所交付的货物,应当与合同所规定的数量、质量和规格相符,并须按照合同所规定的方式装箱或包装。货物品质是指货物的内在素质和外表形态的综合。内在素质包括化学成分、物理性能、机械性能、生物特征等;外表形态则包括外形、构造、色香味、长度、硬度等。在合同缺乏关于货物品质的具体规定时,卖方所交付货物的品质应当符合所适用法律的相关规定。卖方对货物的品质担保,是指卖方应确保其所出售货物的质量、规格、性能和用途等符合合同和法律的规定。

除非买卖合同另有规定,《公约》要求卖方所交付的货物应当符合下列要求,否则即可认为货物与合同不符:①货物适用于同一规格货物通常使用的用途;②货物适用于订立合同时买方曾明示或默示通知卖方的任何特定用途,除非情况表明买方并不依赖卖方的技能和判断力,或者这种依赖对卖方来说是不合理的;③货物的质量与卖方向买方提供的货物样品或样式相同;④货物按照同类货物通用的方式装箱或包装,如果没有此种通用方式,应按照足以保全和保护货物的方式装箱或包装。以上四项义务是在合同没有其他约定的情况下,《公约》要求卖方应当履行的义务,实质上体现了买方可以对货物的品质抱有合理的期望。

卖方所承担的货物品质担保义务,是就货物的内在素质和外表形态而言的,同时应当确定卖方承担此项义务的时间限制。总体而言,货物在交付时的品质应当符合要求,此种符合不仅是指外表形态的符合,也包括内在素质的符合,如果货物品质不符合要求在交货后一段时间才显现出来,例如有些货物需要经过科学鉴定或者使用一段时间后才能确定其品质,只要能够确定品质缺陷在交货时就已经存在,仍可认为卖方违反了品质担保义务。此外,货物交付之后发生的品质问题,如果违反卖方之前所作的关于货物品质的某种保证,例如卖方对于自己交付的机械设备承诺了一年的保质期,卖方仍然违反了品质担保义务。

《公约》第36条规定,卖方对货物风险移转到买方时所存在的任何不符合同的情形,负有责任,即使这种不符合同的情形在风险转移后才明显表现出来;卖方对风险转移后发生的任何不符合同情形,也负有责任,如果不符合同情形是由于卖方违反他的某项义务所致,包括违反关于在一段时间内货物将继续适用于其通常用途或某种特定用途,或将保持某种特定质量或性质的任何保证。交货时间一般就是货物的风险转移时间,《公约》的这一规定符合卖方所承担的货物品质担保义务的基本要求。

在特定情况下,卖方对货物品质担保义务得以免除。《公约》规定出现下列情况时,可相应免除卖方交货不符的责任:①买方在订立合同时知道或者不可能不知道货物不符合同;②买方未在按《公约》第38条规定的合理时间或合同约定时间内对货物进行检验;③买方没有在发现或理应发现货物不符情形后的一段合理时间内通知卖方,说明货物不符的情形,或者在任何情况下,买方在实际收到货物之日起2年内将货物不符合同情形通知卖方,除非合同规定的保证期限超过2年。此外,如果卖方交货时已经知道或不可能不知道所交货物与合同不符,并且没有告知卖方相应事实,卖方就不能援引以上后两点主张免除责任。

我国《民法典》也详细规定了卖方对货物的品质担保义务。主要内容包括:出卖人应当按照约定的质量要求交付标的物;出卖人提供有关标的物质量说明的,交付的标的物应当符合该说明的质量要求。(第615条)当事人对标的物的质量要求没有约定或者约定不明确,如不能达成补充协议,按合同有关条款、合同性质、合同目的或者交易习惯确定,仍不能确定的,按照强制性国家标准履行;没有强制性国家标准的,按照推荐性国家标准履行;没有推荐性国家标准的,按照行业标准履行;没有国家标准、行业标准的,按照通常标准或者符合合同目的的特定标准履行。(第616条)买受人收到标的物时应当在约定的检验期间内检验;没有约定检验期间的,应当及时检验。(第620条)当事人约定检验期间的,买受人应当在检验期间内将标的物的数量或者质量不符合约定的情形通知出卖人;买受人怠于通知的,视为标的物的数量或者质量符合约定。当事人没有约定检验期间的,买受人应当在发现或者应当发现标的物的数量或者质量不符合约定的合理期间内通知出卖人;买受人在合理期间内未通知或者自标的物收到之日起2年内未通知出卖人的,视为标的物的数量或者质量符合约定,但对标的物有质量保证期的,适用质量保证期,不适用该2年的规定。出卖人知道或者应当知道提供的标的物不符合约定的,买受人不受上述关于通知时间的限制。(第621条)出卖人应当按照约定的包装方式交付标的物;对包装方式没有约定或者约定不明确,经协商不能达成补充协议的,按合同有关条款或者交易习惯确定,仍不能确定的,应当按照通用的

方式包装,没有通用方式的,应当采取足以保护标的物的包装方式。(第 619 条)

(四)对货物的权利担保

卖方对货物的权利担保是指卖方应对所销售的货物享有完整的权利,没有侵犯任何第三人的权利,第三人也无权就该项货物向买方主张任何权利,以便买方安稳地取得货物权利。买方支付货款旨在完好地取得货物所有权,为此,卖方应当至少保证如下三项内容:①对货物享有所有权或者出卖货物的处分权;②货物上不存在买方所不知晓的抵押权、质权等担保物权;③货物不存在侵犯第三人专利权、商标权等知识产权的情况。如果卖方无法做到这些保证事项,买方在合同项下的利益就会受到损害,各国法律因而一般将上述内容作为卖方的法定义务,即使买卖合同对此没有明确规定,卖方也须承担相应的义务。

《公约》关于卖方对货物权利担保的规定比较详细和具体,主要体现在《公约》第 41 条、第 42 条和第 43 条。

《公约》第 41 规定,卖方所交付的货物,必须是第三方不能提出任何权利或请求的货物,除非买方同意在这种权利或请求的条件下,收取货物。因为如果有第三人可以就货物主张抵押权等财产权利,将严重影响买方通过合同期望获得的利益。

《公约》第 42 条规定,卖方所交付的货物,必须是第三方不能根据工业产权或其他知识产权主张任何权利或要求的货物。由于知识产权具有地域性,在一国受到知识产权法的保护并不意味着在所有国家都受知识产权法的保护,要求卖方所交付的货物不能侵犯任何第三方的知识产权,显然不切合实际,也没有必要在规范买卖合同关系的国际公约中加以规定。有鉴于此,《公约》并不绝对地要求卖方保证其所交付的货物不得侵犯任何第三方的知识产权,而是有一定的条件限制,这些限制条件是:①卖方只有当其订立合同时已经知道或不可能不知道第三方对其货物提出知识产权方面的权利或请求时,才需对买方承担责任;②卖方只在货物侵犯以下国家的知识产权法时才承担责任:如果双方当事人在订立合同时预期货物将在某一国境内转售或做其他使用,遵循为货物将在其境内转售或做其他使用的国家的法律;在任何其他情况下,遵循为买方营业地所在国家的法律。

《公约》同时规定了免除卖方知识产权担保义务的几种情况:①买方在订立合同时已经知道或不可能不知道第三方会主张侵犯其知识产权的权利或请求;②卖方遵照买方所提供的技术图样、图案、程式或其他规格制造产品,导致侵犯第三方的知识产权。

《公约》第 43 条规定了买方行使相关权利的程序,即买方应在已经知道或理应知道第三方的权利或要求后一段合理时间内,将此项权利或要求的性质通知卖方,否则就会丧失援引第 41 条和第 42 条规定的权利,但在卖方知道第三方的权利或要求及其性质的情况下买方无须履行通知义务。

关于卖方的权利担保义务,我国《民法典》第 612 条、第 613 条和第 614 条作了规

> **拓展思考**
>
> 如果第三方对卖方所交付的货物提出抵押权等担保物权的主张时,如何处理买方、卖方和第三方之间的法律关系?
>
> 扫一扫

定:出卖人就交付的标的物,负有保证第三人不享有任何权利的义务,但法律另有规定的除外;买受人订立合同时知道或应当知道第三人对买卖的标的物享有权利的,出卖人不承担上述义务;买受人有确切证据证明第三人对标的物享有权利的,可以中止支付相应的价款,但出卖人提供适当担保的除外。

二、买方的义务

(一)支付货款

支付货款是买方在买卖合同中的最主要义务。买方应按照合同规定的时间、地点和方式支付货款;如果合同没有规定,则应按有关法律的规定履行此项义务。与国内货物买卖相比,国际贸易中的货款支付复杂得多,《公约》对此作了较为详细的规定。

1. 办理必要的付款手续

国际贸易货款的支付通常涉及外汇的使用,在实行外汇管制的国家,买方应依法申请取得支付货款所需的外汇。在采用信用证或银行保函等方式付款的情况下,买方还应向银行提交相关材料,申请其开立信用证或保函。相关手续的办理,是买方顺利支付货款的前提和基础,《公约》第 54 条规定:"买方支付价款的义务包括根据合同或任何有关法律和规章规定的步骤和手续,以便支付价款。"

2. 确定货物的价格

如果合同已经规定了货物的价格,则按照合同规定确定货物的价格。如果合同没有明示或默示地规定价格或确定价格的方法,则依《公约》第 55 条规定,在没有任何相反表示的情况下,应视为双方当事人已默示同意订立合同时此种货物在有关贸易中类似情况下销售的通常价格。如果货价是按照重量计算的,在有疑问的情况下,《公约》第 56 条规定应按照货物的净重计算,货物的包装不计算在重量内。

3. 支付货款的地点

如果合同明确规定了货款的支付地点,则按照合同的规定履行付款义务。合同所采用的付款方式,对支付货款的地点有很大的影响。例如,采用信用证方式付款的,依据信用证的收付流程,一般以议付银行所在地为付款地点;采用跟单托收方式付款的,买方在代收银行所在地支付付款。如果按照买卖合同无法确定支付货款的地点,买方应当按照《公约》第57 条的规定,在以下地点向卖方支付价款:如凭移交货物或单据支付价款的,为移交货物或单据的地点;在其他情况下,为卖方的营业地。如果卖方的营业地在订立合同后发生变动,导致支付方面的费用增加,卖方应承担这一增加的费用。

4. 支付货款的时间

买方应按照合同规定的时间支付货款。如果合同没有规定并且按照合同条款无法确定的,按照"一手交钱,一手交货"的古老交易习惯,要求货物或代表货物的单据与货款同时对流是合理的做法。《公约》第 58 条规定了买方付款的时间和条件,其内容包括:①卖方将货物或控制货物处置权的单据交给买方处置时,买方应当支付价款;卖方可以将支付价款作为移交货物或单据的条件。②如果合同涉及货物的运输,卖方可以在发货时订明条件,规定在买方支付货款时,才会向买方交付货物或移交控制货物处置权的单据。③买方在没有机会检验货物前,无义务支付价款,除非这种机会与双方当事人议定的交货或支付程序相抵触。在国际贸易中,经常采用的是象征性交货方式,买方通常需要先履行支付货款义务,实际收货后才有机会检验货物,此时买方就不能以自己尚未检验货物为由拒绝付款。

(二)受领货物

受领货物是买方在买卖合同中的一项重要义务,可以分为两方面的内容:一是买方应采取必要行动,以便卖方能交付货物;二是买方应及时收取卖方交付的货物。《公约》第 60 条对此作了明确规定。

首先,买方应采取必要行动,为卖方交付货物提供条件。在国际贸易中,货物经常由承运人转交,如果合同规定由买方负责运输事宜(如 FOB 术语成交),则买方应按合同规定指派承运人前往装运地(港)揽货,否则卖方无法履行交货的义务。

其次,买方应及时收取卖方所交付的货物。卖方交货义务的完成,以买方收取货物为条件,买方不及时收取货物可能给卖方带来额外的费用支出。即使买方认为卖方交付的货物不符合合同的规定,买方也应采取合理措施收取货物,以减少由于卖方违约而引起的损失。在此,应合理区分接收货物(Receipt of Goods)与接受货物(Acceptance of Goods)之间的差别。买方接收货物并不等于接受货物,如果卖方所交付货物的质量、数量等与合同不符,买方接收货物的行为不影响其日后向卖方进行索赔的权利。

第四节 违约的救济方法

> **导问:** 卖方和买方主要有哪些种类的违约行为? 在一方违约时,对方可以采取怎样的救济措施?

国际货物买卖合同是国际商事合同的一种,本书第三章有关"违约责任"的内容整体上也适用于国际货物买卖合同。本节结合国际货物买卖合同的特点,根据《公约》的相关规定,就一方违反国际货物买卖合同时另一方可以采取的救济措施展开介绍。

一、特定类型违约行为的救济方法

违约行为的种类,可以从不同的角度进行划分。《公约》本身并没有系统划分违约行为的各种类型,但相关规定体现了不同违约行为所需承担的不同责任。

(一)根本违约的救济方法

《公约》第 25 条规定:"一方当事人违反合同的结果,如使另一方当事人蒙受损害,以致实际上剥夺了他根据合同规定有权期待得到的东西,即为根本违反合同,除非违反合同一方并不预知而且一个同等资格、通情达理的人处于相同情况中也没有理由预知会发生这种结果。"在认定是否构成根本违约的问题上,主要是按照违约行为所造成的损害程度,同时实行过错责任原则。一方当事人根本违反合同,另一方当事人不仅可以解除合同(《公约》采用"宣告合同无效"的措辞),还可以要求损害赔偿等其他救济措施。

迟延交付通常难以构成根本违约,但如果交付时间对于买方具有十分重要的意义,并且卖方也知晓这一情况时,迟延交付也可能构成根本违约。例如,买卖圣诞节食用的火鸡,卖方按合同规定应在圣诞节前一周交付火鸡,可如果实际交付的时间比合同规定晚了一周,导致买方无法在圣诞节销售火鸡的,可以认为卖方构成根本违约,买方可以要求解除合同,拒绝接受火鸡,并要求卖方赔偿损失。当然,如果交易的并非圣诞节食用的火鸡,而是在其他时间交付的普通肉鸡,迟延交付一周通常难以构成根本违约。

(二)预期违约的救济方法

《公约》对预期违约作了明确规定。如果订立合同后,一方当事人由于下列原因显然将不履行其大部分重要义务,另一方当事人可以中止履行义务:①其履行义务的能力或信用有严重缺陷;②其在准备履行合同或履行合同中的行为显示自己将不履行主要义务。如果卖方在上述情况明显化之前就已将货物发运的,就买卖双方之间的关系而言,卖方可以阻止将货物交给买方,即使买方持有其有权获得货物的单据。

中止履行义务的一方当事人无论是在货物发运前还是发运后,都必须立即通知另一方当事人,如经另一方当事人对履行义务提供充分担保,就必须继续履行义务。

如果一方当事人的预期违约行为构成根本违约,另一方当事人不仅可以中止履行义务,还可以宣告合同无效,但在时间允许的情况下应向对方发出合理通知,以便对方提供履行义务的充分担保,除非对方已明确声明将不履行义务。

(三)违反分批交货合同的救济方法

分批交货合同,是指一个合同项下的货物分成若干批次交付。如果一方当事人对其中某个批次的货物没有按照合同履行,此时对方当事人有权采取怎样的救济措施,《公约》第73条作了明确规定。

首先,如果一方当事人不履行对任何一批货物的义务,便对该批货物构成根本违约,则另一方当事人可以宣告合同对该批货物无效。

其次,如果一方当事人不履行对任何一批货物的义务,使另一方当事人有充分理由断定对今后各批货物将会发生根本违约,该另一方当事人可以在一段合理时间内宣告合同今后无效。

最后,如果各批货物是互相依存的,不能单独用于双方当事人在订立合同时所设想的目的,买方宣告合同对任何一批货物的交付为无效时,可以同时宣告合同对已交付的或今后交付的各批货物均为无效。

二、卖方违约时的救济方法

卖方可能出现的违约行为有:不交货、迟延交货或所交付的货物与合同不符等,对于这些不同形态的违约行为,《公约》尽管没有一一规定相应的救济方法,但关于救济方法的规定其实体现了他们各自所适合的违约行为。

(一)买方可要求卖方实际履行

如果卖方不履行合同义务,买方可以要求卖方实际履行合同义务。这一救济方法主要针对的是卖方的不交货行为。当然,在买方已经采取了与这一要求相抵触的其他救济方法时,他就不能采用这种救济方法。例如,买方在已经宣告合同无效的情况下,就不能再要求卖方实际履行,因为这两种救济措施是相互矛盾的。

需特别指出的是,《公约》第28条特别规定,当一方当事人要求另一方当事人履行某项义务时,法院并不是必须作出实际履行的判决,除非法院依照其本国法律对不属于《公约》范围的类似买卖合同愿意这样做。《公约》之所以如此规定,主要是为了调和大陆法与英美法在实际履行问题上存在的分歧,妥协的结果是让审理案件的法院按照其自身法律处理这一问题,《公约》对此不作统一规定。《公约》第28条的规定不仅直接适用于"要求卖方实际履行"这一救济方法,对于实质上属于该性质的其他救济方法同样适用,例如要求卖方交付替代物等。

(二)买方可要求交付替代物或进行修补

如果卖方已经交付货物,但所交货物与合同不符,并且这种不符合同的情形已经构成根本违约,此时买方有权要求卖方再交付另一批符合合同要求的货物,以替代原来已交付的货物。由于交付替代物会给卖方带来诸多不便,并引起相关费用的产生,所以《公约》规定仅在卖方构成根本违约的情况下,买方才可以要求交付替代物。

如果卖方已交付货物,所交货物与合同不符,但尚未构成根本违约,买方可以要求卖方对货物进行修补,从而使货物符合合同的要求。但是,如果根据当时的具体情况,要求卖方修补货物是不合理的,则卖方不能采取此项救济方法。

要求卖方交付替代物,或者要求修补货物,买方都必须在向卖方发出货物与合同不符的通知时提出此项要求,或者在发出上述通知后的一段合理时间内提出此项要求。

(三)买方可要求卖方在宽限期内履行

如果卖方没有按时履行合同义务,买方可以规定一段合理的额外时间让卖方履行其义务。除非买方收到卖方的通知,声称自己将不在所规定的时间内履行义务,否则买方在这段时间内不得采取任何其他救济方法。买方要求卖方在宽限期履行义务,并不会因此丧失对卖方迟延履行义务可以享有的要求损害赔偿的权利。

(四)卖方可自费进行补救

除了买方按照规定宣告合同无效外,卖方即使在交货日期之后,仍可自付费用,对任何不履行义务作出补救,但这种补救不得造成不合理的迟延,也不得使买方遭受不合理的不便,或导致无法确定卖方是否会偿付买方所预付的费用。即使卖方自费进行补救,买方仍可按《公约》规定要求卖方进行损害赔偿。

如果卖方要求买方表明是否接受自己自费补救,买方在收到卖方的通知后,应在一段合理时间内作出答复。买方不在这一合理时间内作出答复的,卖方可以按自己通知中所指明的时间履行义务,买方不得在该段时间内采取与卖方履行义务相抵触的任何补救办法。

(五)买方可要求减价

如果卖方所交付的货物与合同不符,但买方仍愿意收下货物,无论货款是否已经支付,买方都可以要求减价。减价按照实际交付的货物在交货时的价值与符合合同的货物在当时的价值两者之间的比例计算。如果卖方已按照《公约》规定对其不符合合同义务之处作了补救,或者买方拒绝接受卖方对此作出补救,买方不得减低价格。

(六)部分交货时买方的救济方法

如果卖方只交付一部分货物,或者交付的货物中只有一部分符合合同规定,买方只能就缺漏部分或不符合同规定部分的货物采取救济措施,例如要求减价、修补等,一般不能对符合合同规定部分的货物采取救济措施。但是,在卖方完全不交付货物或者不按照合同规定交付货物构成根本违反合同时,买方可以宣告整个合同无效。

(七)提前交货或超量交货时买方的救济方法

如果卖方在合同规定日期之前交付货物,买方可以收取货物,也可以拒绝收取货物。买方拒绝卖方提前交货的,卖方仍应在合同规定日期到来时履行交货义务。如果卖方交付的货物数量大于合同规定的数量,买方可以收取全部货物,也可以拒绝收取多交部分的货物。如果买方收取多交部分货物的全部或一部分,就必须按照合同规定的价格付款。

拓展阅读

中化国际(新加坡)有限公司诉蒂森克虏伯冶金产品有限责任公司国际货物买卖合同纠纷案(指导案例 107 号)

(八)买方可宣告合同无效

宣告合同无效是最为严厉的救济手段。一方当事人如按规定宣告合同无效,则双方当事人不再受合同的约束,不仅不需要再履行合同,还会影响之前可能已有的履行行为,《公约》因此对宣告合同无效的救济措施采取了非常谨慎的态度。

按照《公约》第 49 条的规定,当卖方违反合同时,买方在下列情况下可以宣告合同无效:①卖方不履行其在合同中或《公约》中的任何义务,构成根本违约;②如果发生卖方不交货的情况,卖方在买方规定的合理的额外时间内仍不交付货物,或者卖方声明自己将不在买方规定的合理的额外时间内交货。

一方宣告合同无效的,应向另一方发出通知。买方宣告合同无效的权利,应当在合理时间内行使,否则即丧失宣告合同无效的权利。至于何谓"合理时间",《公约》没有作具体规定,应结合案情确定。

(九)买方可要求卖方损害赔偿

损害赔偿是《公约》规定的一种重要救济方法。买卖合同一方当事人的违约行为造成对方损失时,对方当事人可以主张损害赔偿。损害赔偿可以与其他救济措施同时使用,例如,买方在采取宣告合同无效的同时可以要求卖方损害赔偿,也可以要求卖方在实际履行的同时承担损害赔偿的责任,因为受害方在采取相关救济措施后仍有可能受有损失。

《公约》第 74 条规定:"一方当事人违反合同应负的损害赔偿额,应与另一方当事人因他违反合同而遭受的包括利润在内的损失额相等。这种损害赔偿不得超过违反合同一方在订立合同时,依照他当时已知道或理应知道的事实和情况,对违反合同预料到或理应预料到的可能损失。"这一条文不仅规定了计算损害赔偿金额的基本方法,同时也确立了合理预见规则。

受害方可以要求违约方赔偿损失,但同时自己也有减少损失的义务。《公约》第 77 条规定:"声称另一方违反合同的一方,必须按情况采取合理措施,减轻由于该另一方违反合同而引起的损失,包括利润方面的损失。如果他不采取这种措施,违反合同一方可以要求从损害赔偿中扣除原可以减轻的损失数额。"这其实就是过错相抵规则,即受害方对损失的发生也有过错的,可以相应减轻违约方的赔偿责任。

对于受害方可以主张的损害赔偿金额的具体计算方法,《公约》在第 75 条和第 76 条作了规定。

如果合同被宣告无效,而在宣告无效后一段合理时间内,买方已以合理方式购买替代货物,则买方不仅可以取得合同价格和替代货物交易价格之间的差额,还可以索赔由于卖方违约造成的其他损失,例如由于购买替代货物引起的费用支出等。

如果合同被宣告无效,买方没有购买替代货物,则买方不仅可以取得合同规定的价格和宣告合同无效时的时价之间的差额,还可以索赔由于卖方违约造成的其他损失。但是,如果买方在接收货物之后宣告合同无效的,应适用接收货物时的时价,而不适用宣告合同无效时的时价。此处的"时价"是指合同原定交付货物地点的现行价格;如果该地点没有时价,则指另一合理替代地点的现行价格,但应适当考虑货物运输费用的差额。

三、买方违约时的救济方法

买方的违约主要表现为不付款、迟延付款、不收取货物及迟延收货。《公约》关于买方违约时卖方救济措施的规定,许多与卖方违约时买方可采取的救济措施相同,包括要求实际履行、给予宽限期要求履行、宣告合同无效和损害赔偿等,并且采取这些救济措施的具体规则也相类似,在此不再一一重复。此外,《公约》第 65 条还规定了卖方自行确定货物规格的救济方法。

如果买方应根据合同规定订明货物的形状、大小或其他特征,而买方在议定的日期或在收到卖方的要求后一段合理时间内没有订明这些规格,则卖方在不损害其可能享有的任何其他权利(例如要求损害赔偿的权利)的情况下,可以依照自己所知的买方的要求,自行订明规格。如果卖方自己订明规格,则必须把订明规格的细节通知买方,而且必须规定一段合理时间,让买方可以在该段时间内订出不同的规格;如果买方在收到这种通知后没有在该段时间内这样做,卖方所订的规格就具有约束力。

第五节　货物所有权与风险的转移

导问:货物所有权何时由卖方转移给买方? 货物的风险是否必然随着所有权的转移而转移?

一、货物所有权的转移

(一)货物所有权转移的意义

所有权是指所有权人对自己的动产或不动产,依法享有占有、使用、收益和处分的权利。买卖关系的本质是所有权的转移。货物所有权何时转移,对于买卖双方具有十分重要的意义。一旦货物所有权由卖方转移给买方,如果买方拒绝付款甚至陷入破产境地,卖方只能主张相应的债权请求权,以普通债权人身份参与破产财产的分配,通常结果是无法获得全部应收货款,只能按比例受偿。反之,在买方支付货款后货物所有权尚未转移前,卖方进入破产程序,买方由于尚未取得货物所有权,只能以普通债权人的身份参与卖方破产财产的分配,最终结果通常只是取回部分货款。

> **知识拓展**
>
> 物权的概念与特征
>
> 扫一扫

(二)货物所有权的转移条件

《公约》仅规定卖方有义务转移货物所有权给买方,对于所有权转移的具体条件却没有作统一规定,主要原因在于各国国内法有关物权变动的规定很不相同,要求各国就此妥协达成一致实非易事。

1. 买卖合同成立时即发生所有权的转移

按《法国民法典》规定,当事人双方就标的物及其价金意思表示一致时,即使标的物尚未交付、价金尚未支付,买卖也即告成立,标的物的所有权即依法由出卖人转移于买受人。由此可见,只要当事人就买卖合同达成一致的意思表示,就可以实现所有权的变动。但是,如果贯彻绝对的当事人意思主义,当事人以外的第三人就无法知晓物权变动的事实,可能遭受不测的损失,从而影响交易的安全,《法国民法典》因此规定不动产以登记、动产以交付作为对于第三人发生效力的要件。当然,登记或交付仅仅是物权变动对抗第三人的要件而已,对于当事人之间的效力没有任何影响,当事人之间的物权变动仍按意思主义确定。据此,货物所有权在买卖合同成立时即发生转移,但在交付后始得对抗第三人。

2. 须有单独的物权行为才可转移所有权

按《德国民法典》的规定,买卖合同等债权合同仅产生以发生物权变动为目的的债权和债务,而物权变动效力的发生,直接以登记或交付为条件,即在债权合同之外还须有以直接发生物权变动为目的的物权行为。动产所有权的变动,必须由所有人将交易物交付于受让人,并就所有权的转移由双方当事人达成合意。就货物买卖交易而言,当事人要转让货物所有权,在买卖合同之外,须就货物所有权的转让达成意思一致,并交付货物或相关的物权凭证,方可完成所有权的转移。

3. 须经交付才可转移货物所有权

物权因法律行为行为发生变动时,除了需要当事人之间的债权合同(如买卖合同)外,还需经过登记或交付后,才可以发生物权变动的效力,但不需要另外作出物权行为。这是前面两种做法的折中,奥地利、西班牙等国家的民法采用这一立法例。就转让货物所有权而言,买卖合同本身并不能直接导致货物所有权的转让,经交付才可发生所有权变动的效果,但不需要当事人就所有权转让另行达成一致的意思表示。

> **知识拓展**
>
> 物权公示原则
>
> 扫一扫

按照我国《民法典》的规定,物权因民事行为而发生变动时,除了当事人之间须有债权合意外,仅须经过登记或交付,可发生物权变动的效力。就一般的货物买卖而言,可以认为,我国法律采用的是"须经交付才可转移货物所有权"的做法。

二、货物风险的转移

(一)货物风险转移的含义和意义

货物风险,是指自然灾害、意外事故或当事人以外的原因造成的货物灭失或损坏的风险,例如载货船沉没、碰撞、火灾及盗窃、不属于正常损耗的腐烂变质等。风险本身没有什么转移的问题,因为货物无论处于怎样的状况都面临损失的可能性,风险转移是指风险承担者的转移,就货物买卖而言就是原来由卖方承担的风险,在某个时候转由买方承担。

风险一由卖方转移给买方,即使货物发生灭失或损坏,买方也有义务支付价款。相反,如果风险尚未转移给买方,货物发生灭失或损坏,卖方如果不能按合同规定交付货物,需要承担违约责任,除非卖方能够以不可抗力等为由主张免责,在卖方不履行交货义务的范围下,相应免除买方的付款义务。

国际贸易中的货物风险转移,仅涉及由买方或卖方承担风险的问题。在实务中,对于货物的损失,可能存在有赔偿或补偿责任的第三方,例如承运人或保险公司等,此时就涉及风险承担者(买方或卖方)向第三方索赔的问题。

(二)货物风险的转移时间

在货物风险转移时间的确定上,各国的做法主要有两种:一是物主承担风险原则,即由所有权人承担货物的风险,所有权转让前由卖方承担风险,转让后则由买方承担风险;二是依据交货时间确定风险的转移,交货前由卖方承担风险,交货后由买方承担风险。《公约》没有就货物所有权的转移条件作出规定,在处理风险转移问题上,也就抛弃了以所有权决定风险承担者的做法,原则上依据交货时间确定风险的转移时间。当然,按照《公约》第6条和第9条的规定,双方当事人可以在买卖合同中使用贸易术语或其他方式约定货物风险转移的时间,《公约》关于风险转移的规定具有任意性和补充性,仅在当事人没有约定的情况下适用。

对于涉及货物运输的贸易,如果卖方没有义务在某一特定地点交付货物,自货物按照买卖合同交付给第一承运人以转交给买方时起,风险就移转到买方承担;如果卖方有义务在某一特定地点把货物交付给承运人,在货物于该地点交付给承运人以前,风险不移转给买方承担。《公约》同时规定,卖方受权保留控制货物处置权的单据,不影响风险的移转,这是因为卖方保留货物处置权的单据,通常只是用来约束买方支付货款,不应使其影响货物风险的转移。此外,在货物特定化之前,风险不移转给买方承担。所谓"特定化",是指通过在货物上加标记,或提交单据,或向买方发通知等方式清楚地表明货物已归于合同项下的行为(Identified to the Contract)。

对于交易已在运输途中的货物,原则上从订立合同时起,风险就转移给买方承担。但有时,合同订立时的货物状况难以明确,尤其是在目的港发现货损后很难确定损失发生于合同订立之前或之后,《公约》第68条因此又规定:"如果情况表明有此需要,从货物交付给签发载有运输合同单据的承运人时起,风险就由买方承担。"例如,通过转让单据的方式转让目的港的提货权,买方成为唯一能够根据单据向承运人或保险人索赔的主体,将风险转移时间提前到货物交付给承运人时,就可以解决买方索赔时可能面临的举证困境。当然,如果卖方在订立合同时已经知道或理应知道货物已经遗失或损坏,又隐瞒这一事实不告知买方,则这种遗失或损坏应由卖方负责。

对于其他情况下的风险转移,《公约》区分在卖方营业地交货和在卖方营业地以外的地点交货两种情形作了规定。合同规定买方到卖方营业地收货的,从买方收货时起,风险转移给买方,如果买方不在适当时间内收取货物,则从货物交给他处置,但他违反合同不收取货物时起,风险转移。对于在卖方营业地以外的地点交货的,例如存放在公共仓库的货物,交货行为由保管员作出,只要合同规定的交货时间一到,买方知道货物已在该地交给他处置时,风险即发生转移。当然,在上述两种情形中,如果合同规定的是种类物,在货物特定化之前,不得视为已交给买方处置,风险亦不能发生转移。

(三)违约对风险转移的影响

在买卖双方分别履行合同义务的情况下,货物风险按合同约定发生转移。如果一方当事人没有按合同约定履行自己的义务,是否会对货物的风险转移发生影响呢?

如果买方没有按照合同约定履行支付货款或收取货物的义务,在没有因违约而导致合同关系解除的情况下,通常不影响货物风险按照合同约定发生转移。或者说,货物风险仍按合同的约定发生转移,不应使买方从自己的违约行为中获得任何利益。

在卖方违反合同的情况下,例如交付的货物质量或数量等与合同规定不相吻合,此时货物的风险是否仍按合同的约定转移给买方,取决于卖方是否构成根本违约。在卖方尽管有违约行为但尚未构成根本违约的情况下,买方可以追究卖方的违约责任,采取相应的救济措施,但货物风险仍按合同规定转移给买方,买方应当承担风险转移后所产生的相关损失;但是,如果卖方的违约构成根本违约,此时买方可以宣告合同无效,合同宣告无效后将不再约束双方当事人,买方也就不再受合同中关于货物风险转移规定的约束。按《公约》第 70 条的规定,如果卖方已根本违反合同,《公约》关于风险转移的规定,不损害买方因为此种违反合同而可以采取的各种补救办法。因此,违约与风险转移看似两个不同的问题,两者一般情况下也的确互不影响,但在非违约方采取宣告合同无效的救济方法后,合同中关于风险转移的规定也就不再约束双方当事人。

本章小结

国际货物买卖法是调整国际货物买卖关系的法律规范的总和。目前国际货物买卖法的渊源主要有《国际货物销售合同公约》《国际贸易术语解释通则》和各国关于货物买卖的国内法。《国际贸易术语解释通则》由国际商会于 1936 年首次公布,后经过多次修改,最新的是2020 年版本,它规定了 11 个贸易术语,每个贸易术语都能够明确买卖双方与交货相关的义务、责任和费用划分。《国际货物销售合同公约》并不适用于所有的国际货物销售合同,而是有着自己的适用范围,其内容涉及买卖合同的订立、卖方和买方的义务、违约的救济措施和风险的转移等。各国关于物权变动的法律规定存在着很大差异,目前尚无法就货物所有权转移条件问题达成一致规则,国际货物贸易中的所有权转移时间仍需依靠相关国家的国内法确定。

思考题

1.《国际货物销售合同公约》的适用范围是怎样的?

2.在国际货物买卖中,卖方和买方的主要义务各有哪些?

3.《国际货物销售合同公约》规定了哪些违约救济措施?

4.如何确定国际贸易中货物所有权的转移时间?

5.货物风险转移与当事人违约之间有什么关系?

6.Incoterms 2020 规定的 11 个贸易术语,首字母相同的贸易术语之间有何异同?

案例分析

1.甲公司将机器设备作为抵押物抵押给银行,并办理了设备的抵押登记手续,从银行处获取了贷款。之后,甲公司又将这套设定有抵押权的设备出售并交付给丙公司。丙公司在不知道乙银行拥有抵押权的情况下,购买了设备。但是由于甲公司未能按时清偿贷款,乙银行因此向丙公司主张自己对设备享有的抵押权。根据我国相关法律的规定,乙银行的主张能否得到支持? 为什么?

2.美国甲公司与中国国乙公司 2 月 1 日签订买卖某原材料的合同,双方约定 5 月 1 日交货。乙公司订立合同后又与丙公司订立了转售该批货物的合同。不料在3月6日甲公司突然致电乙公司表示因为货源问题希望取消合同。乙公司不同意,经反复协商不成。试问:在甲公司明确表示5月1日将无法交货的情况下,乙公司是否可以立即要求甲公司承担违约责任? 乙公司如果想等到5月1日后再要求对方承担违约责任,是否可以? 为什么?

3.中国A公司从德国B公司进口一套大型生产设备,分3批交货。第一批交付的货物符合合同要求,第二批交付的货物为该设备的主要部件,其型号、性能与合同不符,无法安装投产。A公司因此提出撤销整个合同,而B公司提出异议。试问:A公司提出撤销整个合同是否有法律依据? 为什么?

4.一份国际货物买卖合同要求买方在6月份到卖方仓库提取货物,6月1日卖方在拟交付的货物上打上了买方的名称和地址的标志,放在仓库里等待买方提取。结果到6月30日买方仍未提取。这批货物在7月2日因遭受台风而损坏。那么,这批货物的风险应由谁承担? 如上例中货物存放在公用仓库,6月20日发生火灾,货物灭失的风险又由谁承担? 为什么?

5.杭州某进出口公司向新加坡某贸易有限公司出口香料15公吨,对外报价为每公吨5000美元FOB宁波,装运期为10月集装箱装运。进出口公司10月16日收到买方的装运通知,为及时装船,公司业务员于10月17日将货物存于宁波港码头仓库,不料货物因18日晚仓库发生火灾而全部灭失,请问货物损失应由谁承担? 在该笔业务中,如采用FCA术语成交,火灾导致的损失应由谁承担? 为什么?

6.某进出口公司以CIF伦敦向英国某客商出售供应圣诞节的杏仁一批,由于该商品的季节性较强,买卖双方在合同中规定,买方须于9月底以前将信用证开抵卖方,卖方保证不迟于12月5日将货物交付买方,否则,买方有权撤销合同;如卖方已结汇,卖方仍需将货款退还买方。问:该合同是否属于真正的CIF合同? 为什么?

扫一扫·看答案

📝 **练习题**

第六章

国际货物运输法

学习目标

1. 掌握提单的概念、功能和分类。
2. 了解有关提单运输的国际公约之发展历史。
3. 掌握提单运输中承运人的法定权利和义务。
4. 熟悉租船运输的特点和法律适用。
5. 了解国际铁路货物运输主体之间的法律关系。
6. 了解国际航空承运人的归责原则及免责事由。
7. 熟悉国际多式联运经营人的责任基础。

国际贸易的真正完成要求进行货物的空间位移,这就有赖于运输的方式。从法律关系角度看,国际货物运输关系独立于国际货物买卖关系,它是在国际货物买卖关系产生后,在托运人、收货人与承运人之间,因货物运输而发生的一种法律关系。国际货物运输的方式主要有海洋运输、铁路运输、公路运输、航空运输以及上述若干方式相组合的多式联运等。在各种货物运输方式中,海洋运输是最主要的运输方式,全球货物贸易总量的 2/3 以上都采用海洋运输方式,海运具有运量大、运输成本低、通过能力强等优点。

第一节 国际海上货物运输法

导问:国际海上货物运输有班轮运输和租船运输之分,法律在对这两种运输方式进行调整时,为什么采取不同的规制方法?

一、国际海上货物运输的概念和种类

(一)概念

国际海上货物运输,是指船方在收取运费的情况下,负责将货方的货物经海路从一国港口运至另一国港口。也就是说,确定海上货物运输是否具有国际性,通常的标准是装运港和目的港是否位于不同国家。

(二)种类

国际海上货物运输有班轮运输和租船运输之分。班轮运输中当事人的名称分别是托运人和承运人,租船运输的当事人分别称为承租人和出租人。其中,托运人和承租人属于货方,承运人和出租人则属于船方。

1. 班轮运输

班轮运输(Liner Transport),又称提单运输,它是指一定航线、一定停靠港口、定期开航的船舶运输。班轮运输具有"四固定"的特点:航线固定,停靠港口固定,船期固定,运费率也相对固定。"班"在此是"按排定时间开行"的意思,类似的用法有班车、班机等。

对于货方而言,如果国际贸易中的货物系零星成交、批次较多或者到港较为分散,就适合采用班轮运输方式。

班轮运输尽管称为提单运输,但提单(Bill of Lading,B/L)并不是在运输合同关系成立时就立即签发的。在班轮运输中,通常的提单签发过程是:首先是班轮公司为了揽货,做相应的广告宣传,通常将此视为订立合同的要约邀请;货方在获得相关信息后,如有意向,就会向班轮公司填写订舱单,其中含有关于此次货物运输的基本信息,货方的这一

> **知识拓展**
>
> 提单的正面记载事项和背面条款
>
> 扫一扫

行为通常构成合同法上的要约行为;班轮公司如果接受货方的托运要求,即采用在订舱单上签名并指定船名等方式,以表示接受托运,这就是对要约的承诺。至此,海上货物运输合同已经成立。而提单是在班轮公司收到货物以后或者在货物装船以后才签发的,提单是海上货物运输合同的形式和证明。

2. 租船运输

租船运输(Charter Transport)是指货方租用船方的整艘船舶或部分舱位,以运送货物的一种运输方式。租船运输适用于批量大、货种单一、交货集中的货物运输。与班轮运输相

比,租船运输没有固定的航线和停靠港,也没有预定的船期表,运费也不固定,而是由出租人和承租人根据市场行情协商确定。在采用租船运输时,船舶承租人和出租人之间的权利和义务由双方签订的租船合同确定。

二、提单运输

(一)提单的由来

一般认为,提单起源于欧洲早期的航海贸易。起先,货主利用自己所有的船舶,驾驶船舶在地中海沿岸购买或销售货物,进行航海贸易;后来,随着生产力的发展和社会分工的细化,货主不再承担船东的角色,逐渐利用他人的船舶进行运输,提单便应运而生。货主在将货物交给船东后,通常会要求船东提供一份证明其已经接管货物的凭证,船东出具的这份已收到货物的凭证,就是提单的雏形。

17世纪以后,海上货物运输向规模化发展,承运人开始将他与托运人签订的运输合同条款记载于提单背面,不再为每票货物逐一制定提单,而是制定统一的标准格式提单,提单背面事先印制好固定的运输合同条款,承运人在收货时只需在提单正面记载每一票货物的情况后就签发给托运人。

海运作为国际贸易的最主要运输方式,具有速度慢、运输时间长的缺点,这对于急于处分货物的商人而言极为不便。为解决这一问题,法律逐渐在贸易领域认可提单能够直接代表货物,转让提单就等于转让了尚在运输途中的货物,转让提单也就转让了在目的港的提货权,现代意义上的提单由此产生。提单功能的发展与完善,与其说是运输发展的产物,还不如说是国际贸易发展的产物,或者说,国际贸易的发展推动了运输单证的发展。

提单使国际贸易从实物交易转变为单证交易成为可能,提单也由此成为国际贸易中最重要的单证之一。对国际贸易而言,提单使抽象的权利表现在具体的单据上,使货物易于被识别,易于被转让,从而简化了交易,使财产权利能够迅速转移,有利于资源的合理利用。

(二)提单的概念和功能

提单是承运人在接受所交托运的货物后,签发给托运人的,用以证明双方已订立运输合同,在目的港据以交付货物的一种书面凭证。

提单具有以下四方面的功能:

首先,它是承运人和托运人之间海上货物运输合同的证明。提单的签发过程表明,海上货物运输合同成立在先,提单签发在后,提单是由承运人单方面签发的,本身并不是海上货物运输合同。但是,海运业务有其自身特点,承运人签发提单就证明其与托运人之间存在海上货物运输合同关系,在双方没有相反的约定时,提单条款被视为双方一致同意的结果,将依法产生约束力。

其次,它是承运人接管货物或已将货物装船的凭证。承运人在收到货物或者将货物装船以后才签发提单,无论在何种情况下签发提单,都说明承运人至少已经收到货物。提单是承运人收到托运人所交付托运货物的凭证,承运人不应当在没收到货物的情况下就签发提单给托运人。

再次,它是运输过程中货物的物权凭证(Document of Title)。提单是物权凭证,在提单没有注明谁是收货人的情况下,谁持有提单,谁就等于间接占有了货物。提单持有人将提单转让给受让人后,受让人就间接占有了运输途中的货物。

最后,它是目的港承运人据以交付货物的凭证。在已签发提单的情况下,承运人在目的港交货时,应将货物交给提单持有人,否则就要承担无单放货的责任。对于货方而言,提单是目的港提取货物的凭证,托运人不能简单地以货物是自己交给承运人的为理由要求提货,收货人也不能简单地以自己是提单所记载的收货人为由要求提货。

> **知识拓展**
>
> 无单放货的概念、产生原因及法律性质
>
> 扫一扫

(三)提单的分类

按照不同标准,可以对提单作不同的分类。

1. 已装船提单(Shipped or on Board B/L)和收货待运提单(Received for Shipment B/L)

按提单签发时货物是否已装船,可将提单分为已装船提单和收货待运提单。

已装船提单是在货物已经由承运人接收并装上船舶后签发的提单,提单上通常有船名和装货日期。在买卖合同采用 FOB、CIF 或 CFR 等术语成交时,卖方一般应当向买方交付已装船提单。收货待运提单,又称为备运提单,是承运人在已经接受货物但尚未将货物装上船时签发的提单。班轮公司有时在内陆收货站收货,签发提单时尚无法确定船名和装船日期,在买卖合同采用 FCA、CPT 和 CIP 等术语成交时,卖方把货物交给承运人时获得的通常是收货待运提单,向买方转让的也就是这种提单,除非买卖双方另有约定。

收货待运提单只能说明货物已在承运人保管和控制下,何时装船,装上什么船,完全由承运人决定,收货人何时能收到货物更是难以判断。相比而言,已装船提单对收货人按时收到货物较有保障,买方一般更愿意接受这种提单。货物实际装上船后,如果承运人在收货待运提单上补充注明船名和装船日期,收货待运提单就会转变成已装船提单。

2. 记名提单(Straight B/L)、不记名提单(Open B/L)和指示提单(Order B/L)

根据提单上"收货人"一栏的记载方式不同,可以将提单分为记名提单、不记名提单和指示提单。

记名提单是记载了具体收货人姓名或名称的提单。不记名提单是在"收货人"一栏未作任何记载的提单,或仅写"交持单人"(to bearer)。指示提单是记载"凭指示交货"或"凭……

指示交货"(to order,to order of...)的提单。

这三种不同种类的提单的转让方式有所不同。按我国《海商法》的规定,记名提单不得转让,指示提单经指示人背书才可后转让,而不记名提单经交付即可转让。如果指示提单仅记载"凭指示交货"而没有写明凭谁的指示交货,一般认为是凭提单所载明的托运人的指示交付货物,因此首次转让应由托运人进行背书。

由于记名提单不能转让,缺乏自由流通性,在国际贸易中不常使用,一般用于运送贵重物品、展览品、样品或援助物资等。不记名提单具有转让手续简单、方便的特点,但是容易因遗失或被盗而给买卖双方带来损失,对收货人的保护不够,因而实践中也较少采用。指示提单适应了国际贸易的需要,在实践中应用较广,如果指示人不作任何背书,则意味着指示人保留凭提单提取货物的权利,有权提货的仍是指示人本人。

3. 清洁提单(Clean B/L)和不清洁提单(Unclean B/L)

根据提单上对货物外表状况的记载不同,可以将提单分为清洁提单和不清洁提单。

清洁提单是指未对货物外表状况作不良批注的提单。不清洁提单是批注了货物装船时外表状况不良的提单,例如"内装货物外露""破包""锈蚀""污损"等。在确定货物表面状况是否存在瑕疵时,承运人仅以目力或通常方法所能观察到的货物状况为依据,因此,货物外表状态良好,并不排除货物存在凭目力或通常方法不能发现的内在缺陷。

签发不清洁提单对承运人的意义在于:承运人在目的港交货时,对于提单批注范围内的货物瑕疵不负责任,因为这种瑕疵是在承运人收取货物时就已经存在的。通常情况下,买方会要求卖方交付清洁提单,而不愿接受不清洁提单。

4. 直达提单(Direct B/L)、转船提单(Transshipment B/L)和多式联运提单(Combined Transport B/L)

按所涉及运输方式的不同,可以将提单分为直达提单、转船提单和多式联运提单。

直达提单,是指货物在装运港装上船舶后,中途不再换船而直接驶往目的港卸货所签发的提单。只要提单上没有规定货物在中途换船,或改换其他运输方式运至目的港,即为直达提单,但这种提单不排除船舶中途挂靠其他港口。

转船提单,是指货物装上某一艘船舶后,在中途港需要将货物卸下并装入另一船舶再驶往目的港,由此所签发的包括全程运输在内的提单。注明"转运"或"在某港转运"等字样的提单即为转船提单。

多式联运提单,是指涉及海运和其他方式的联合运输,由第一承运人所签发的包括全程运输在内的提单。多式联运提单主要用于集装箱运输。

直达提单、转船提单和多式联运提单,或者涉及不同的运输方式,或者需要由不同的船舶完成运输,因而对于收货人而言,其所承担的实际运输风险有所差别,一般情况下直达提单项下的货物运输风险较小。

5. 运费预付提单(Freight Prepaid B/L)和运费到付提单(Freight Collect B/L)

按照运费支付时间的不同,可以将提单分为运费预付提单和运费到付提单。

运费预付提单,是指托运人在装货港提交货物时即支付运费的提单。承运人在提单中载明"运费付讫"的,即为运费预付提单。在采用 CIF 和 CFR 等术语成交时,买方要求卖方交付的通常是运费预付提单,因为是由卖方承担运费的。

运费到付提单,是指货物到达目的地后,由收货人支付运费的提单。提单上载明"运费到付"的,即为运费到付提单。如果买卖双方采用 FOB 术语成交时,卖方不承担运输费用,卖方向买方交付的通常是运费到付提单。

(四)提单的签发、转让和注销

应托运人请求签发提单是承运人的一项法定义务。提单由承运人或其授权的人签发,但船长签发提单不需要承运人的单独授权。提单的签发时间十分重要,具体因收货待运提单或已装船提单而有所不同。贸易实务中一般都要求使用已装船提单,签发人在提单上填写货物装船日期和船舶名称,然后签名或盖章,即为已装船提单。

实务中出现的预借提单(Advanced B/L)和倒签提单(Anti-dated B/L)即与装船相关。在贸易实务中,当提单作为跟单信用证等支付方式下的重要单据时,货物贸易中的卖方(运输合同中的托运人)往往会要求承运人变更签发时间,或是在货物还没有装船时就签发"已装船提单",使提单的表面记载符合买卖合同或信用证的要求,这就导致预借提单和倒签提单的产生。倒签提单和预借提单的区别在于:前者是在货物装船完毕后签发的,后者是在货物尚未装船完毕的情况下签发的。倒签提单和预借提单一样,都掩盖了货物的实际装船日期,并使信用证失去对装货这一环节的控制,隐蔽托运人的延迟交货问题,无法保证货物的准时到达,从而构成对收货人的欺诈。

提单的转让方式,因其种类不同而有所不同。不记名提单,仅凭交付提单即可转让;记名提单,不得转让;指示提单,经背书而转让。转让提单的后果是,提单本身所涉及的债权和物权同时转让给受让人,其中包括在目的港向承运人提取货物的权利以及由此可能产生的货物损害索赔权。

提单是承运人在目的港据以交付货物的唯一凭证。承运人在凭提单交付货物后,应将提单收回或在其上做注销的批注,从而终止提单的效力。如果没有注销提单,承运人即使已经实际交付货物,仍然可能要对提单持有人负责。也就是说,提单具有缴还性,提单权利的实现以缴还提单为条件。在承运人签发一式数份提单的情况下,货方在目的港

知识拓展

海运单(Sea Waybill)

扫一扫

提货时只需凭其中的一份提单,此时其余提单自动失效,承运人也不再对可能出现的提单持有人负责。

(五)有关提单运输的国际公约

提单条款涉及承运人和托运人的权利和义务,但提单是由承运人单方面制定并签发的,托运人通常没有要求改变提单内容的能力。如何规定承运人的责任,保护托运人的利益呢?

由于国际货物运输是在不同国家港口之间的运输,遇到的法律问题带有涉外因素,所以需要通过制定国际公约的方式来解决。为限定承运人的运输责任,协调各国法律对此问题的规定,国际社会先后缔结了四个有关提单运输的国际公约,即 1924 年《海牙规则》、1968 年《维斯比规则》、1978 年《汉堡规则》和 2008 年《鹿特丹规则》。

1.《海牙规则》

英国在 19 世纪中期是主要的航运国家。英国的法律曾经规定,从事件杂货运输的承运人对货物运输负有绝对的严格责任,但随着合同自由原则的盛行,海上货物运输合同也逐步贯彻这项原则。由于提单是由承运人单方面签发的,承运人从维护自身利益的角度出发,逐步在提单中加入免责条款。这种免责条款从 18 世纪开始出现,到 19 世纪中期发展到不可收拾的地步,有的提单上含有的免责事项甚至多达六十多项。其中常见的免责条款如:承运人对因其过失而发生的损害不负责任的"过失条款"、限制赔偿责任条款、目的港无人提货时承运人责任即终止的"不保留条款"、对特定损害免责的条款等。甚至可以说,承运人除了收取运费之外,竟无太多的责任可言。由此导致的结果是,收货人或提单持有人的权益无法得到保障,银行不愿接受提单,保险公司也不敢承保货物运输风险,这种状况严重妨碍了提单的流通作用,阻碍了国际贸易的发展。

到 19 世纪下半叶,美国对外贸易迅速发展,但作为传统货物国家,美国海运力量有限,大量货物必须借助其他国家(尤其是英国)的船舶完成。美国货主的利益经常由于提单的免责条款而得不到保护,美国为改变提单中众多免责事由的状况,对滥用合同自由的行为加以限制,率先于 1893 年通过《关于船舶航行、提单以及与财产运输有关的某些义务、职责和权利的法律》(简称《哈特法》),规定海运承运人应尽的义务和责任,并规定提单中任何免除承运人应尽义务和责任的条款无效,还明确规定承运人最大限度的免责范围。也就是说,如果承运人已谨慎处理使船舶适航,并妥善地配备了船员、装备船舶和配备供应品,在运输期间又妥善地履行了管理货物的义务,则船长、船员等驾驶船舶或管理船舶方面的过失以及天灾、公敌等行为或事件造成的货物灭失或损坏,承运人不负责任。也就是说,法律所规定的承运人的责任和义务是强制性的,当事人不能再通过约定予以降低。

《哈特法》对各国产生了巨大影响,澳大利亚、新西兰、加拿大等国家纷纷制定国内立法接受《哈特法》的做法。英国为了增强本国航运业的竞争能力,维护航运大国地位,也只能妥协主张制定国际公约。

第一次世界大战后,全球爆发严重的经济危机,经济大萧条必然导致海运业的不景气,海上货运量大幅度下降,幸存下来的海运公司急于寻找出路以求生存。在世界范围内明确承运人在提单下的最大限度的免责和最低限度的义务的时机来到了。国际法协会下属的海洋法委员会于 1912 年在海牙召开会议,起草关于提单规则的草案,并于 1924 年的布鲁塞尔外交会议上获得有关国家的通过,这就是《统一提单若干法律规则的国际公约》,简称《海牙规则》(Hague Rules)。《海牙规则》即采用了承运人的不完全过失责任制,一方面要求承运人在开航前和开航时谨慎处理使船舶适航,并在运输期间履行管理货物的义务,另一方面又对船长、船员在驾驶和管理船舶方面过失(航海过失)所引起的货物损失免除承运人的赔偿责任。

《海牙规则》于 1931 年 6 月 2 日起生效,它的最大成就在于:限制了承运人单方面任意规定免责条款的自由,确定了承运人必须履行的最低义务和责任,规定了他同托运人可以协商另定条款,但只可加重而不能降低或免除他的这些最低义务和责任。

2.《维斯比规则》

参加《海牙规则》的主要是代表船东利益的海运大国,相关规定仍然明显偏袒船东利益,代表货主利益的国家和海运业不发达国家对其并不完全满意,一直有要求修改《海牙规则》的愿望。同时,《海牙规则》还存在着如下问题:海运件杂货进入集装箱时代后,其中的某些规定不适应此种新发展;承运人的单位赔偿责任限额较低;对货物的适用范围不够广泛;承运人的代理人、受雇人的法律地位和善意受让提单的持有人法律地位需要明确。

1968 年 2 月在布鲁塞尔召开的由 53 个国家或地区的代表参加的第 12 届海洋法外交会议上,通过了《修订〈统一提单若干法律规则的国际公约〉的议定书》。在该议定书的制定过程中,为借用中世纪"维斯比法"的名声,草案在位于瑞典海果特兰岛首府维斯比城签署,因而该议定书被简称为《维斯比规则》(Visby Rules)。《维斯比规则》于 1977 年 6 月 23 日生效,它并不是一项独立的国际公约,而是对《海牙规则》进行修订的议定书,经该议定书修订后的《海牙规则》被称为《海牙—维斯比规则》。

《维斯比规则》对海牙规则所作的修改,主要是确定了承运人受雇人或代理人的法律地位,明确了提单的证据效力,还提高了承运人对货损的单位赔偿责任限额,但对承运人的不完全过失责任制未作实质性修改。

由于承运人的受雇人或代理人不是运输合同的当事人,因其过失造成货物的灭失或损坏时,就无法援引运输合同关于承运人的免责事由或责任限制的规定。在 1953 年发生的一起旅客运输合同纠纷案件中,一名女乘客在走下"喜马拉雅"号客轮舷梯时不慎摔伤,事后却发现承运人可以依据客票背面条款主张免责,女乘客便以舷梯未正确放置为由对船长、水手长提起诉讼,法院认为船长和水手长作为承运人的受雇人、代理人,无权援引承运人的免责事由,因而判决女乘客胜诉。此后,运输公司纷纷在提单或客票中加入受雇人、代理人可以援引承运人的免责事由或责任限制的规定,这就是"喜马拉雅条款"。《维斯比规则》将"喜马拉雅条款"的内容法律化,规定如果诉讼是针对承运人的受雇人、代理人提起的,则受雇人或代理人有权援引《海牙规则》关于承运人的抗辩事由和责任限制的规定。

《海牙规则》规定,载有货物标志、件数、数量或重量以及货物外表状态的提单,是承运人已收到其上所记载货物的初步证据(Prima Facie Evidence)。《维斯比规则》对此进一步规定,当提单转让到善意第三人手中时,成为承运人按其上记载内容收到货物的绝对证据(Conclusive Evidence)。也就是说,当提单在托运人手中时,承运人可以提出相反的证据推翻提单上所记载的内容,但是当提单转让到善意第三人手中时,与提单记载相反的证据将不被接受。第三人依据提单所记载的内容买受提单,法律应当保护相应的信赖利益,《维斯比规则》的这一规定增强了提单在国际贸易中的流通性。

承运人单位责任限制,指对承运人不能免责的原因造成的货物灭失、损坏或迟延交付,将其赔偿责任在数额上限制在一定的范围内。《维斯比规则》将承运人的单位赔偿责任限额由《海牙规则》规定的每件或每货运单位 100 英镑改为 10000 法郎,同时规定采用双轨制,即按照损失货物的毛重计算为每公斤 30 法郎,两者以较高者为准。由于该法郎以黄金作为定值标准,因而被称为"金法郎"。《维斯比规则》制定之时,10000 法郎等于

431 英镑,单位赔偿责任限额因而比《海牙规则》高出三倍多,由此基本解决了通货膨胀所造成的影响。

3.《汉堡规则》

《维斯比规则》通过提高《海牙规则》规定的承运人单位赔偿责任限额等方法,对维护船货双方的利益平衡起到了一定作用,但并没有触及《海牙规则》所确立的不完全过失责任制。对此,代表货主利益的发达国家和许多发展中国家并不满意,仍要求增加货主利益,加重承运人的责任。

联合国国际贸易法委员会设立的国际航运立法工作组,承担了草拟公约的任务,并于1978 年 3 月在德国汉堡召开的联合国海上货物运输会议上获得通过,即为 1978 年《海上货物运输公约》,简称《汉堡规则》(Hamburg Rules)。《汉堡规则》于 1992 年 11 月 1 日生效,批准或加入的国家大多为航运不发达的发展中国家,不少为内陆国。

《汉堡规则》按照船方和货方合理分担风险的原则,适当增加了承运人责任,使双方的权利义务趋于公平、合理。《汉堡规则》废止了航海过失免责,将承运人的不完全过失责任制改为承运人推定完全过失责任制,它不再规定承运人应当履行的最低限度的义务和可以享受的免责事项,而是规定承运人对货物在其掌管期间的任何灭失、损坏和迟延交付负责,除非承运人能够证明自己及其雇佣人、代理人已采取合理措施防止损失的发生。《汉堡规则》对承运人责任的规定仍是强制性的,承运人可以自愿承担多于法律所规定的义务和责任,但不允许当事人约定免除。此外,《汉堡规则》还提出"实际承运人"等概念,并将活动物和舱面货纳入"货物"范畴,延长了承运人的责任期间,提高了单位赔偿责任限额并以特别提款权(Special Drawing Right,SDR)作为记账单位,还对保函(Letter of Indemnity)的效力作出明确规定。

4.《鹿特丹规则》

《海牙规则》的目的在于统一各国关于提单运输的法律规则,但由于《维斯比规则》和《汉堡规则》的相继通过并生效,国际社会反而出现了多项海上货物运输公约同时生效的局面。此外,随着时间的推移,国际货物贸易的运输方式已发生很大变化,需要有新的国际公约对此作出回应。联合国国际贸易法委员会与国际海事委员会开展合作,经过数年的讨论、协商、修改,终于拟定了《全程或部分海上国际货物运输合同公约》草案,于 2008 年 12 月 11 日在联合国大会上获得通过,并于 2009 年 9 月 23 日在荷兰的鹿特丹举行签字仪式,故又称为《鹿特丹规则》(Rotterdam Rules)。由于批准国的数量目前未达到要求,《鹿特丹规则》尚未生效,何时生效乃至能否生效均是未知数,但其所规定的某些内容体现了时代的特征,对未来各国海运立法的发展具有重要影响。

与已经生效的三项海上货物运输公约相比,《鹿特丹规则》主要在以下三方面作出重大变化:一是为适用国际集装箱运输"门到门"方式的变革和批量合同的使用而作出重大变化;二是为适应电子商务在未来国际贸易运输中的广泛应用而作出重大变化;三是为重新平衡船货双方权利义务以及适应科学技术的发展而对国际货物运输责任制度作出重大变化。

《鹿特丹规则》的全称是《全程或部分海上国际货物运输合同公约》,表明它既适用于单一的国际海上货物运输,也适用于包括国际海上运输区段在内的国际货物多式联运。《鹿特丹规则》强制适用于货物从装船到卸船这一期间,但对于承运人责任期间内自承运人接收货物至装船之前的阶段,以及货物卸船后至承运人交付货物的阶段,如存在强制适用的其他国际条约,则适用该国际条约;如不存在这种国际条约,则仍适用该规则。

至于承运人的义务和责任,《鹿特丹规则》规定自承运人为运输而接收货物时起至交付货物时止为责任期间,承运人在责任期间应妥善而谨慎地履行管理货物的义务,并在开航前、开航当时和海上航程中应谨慎处理使船舶适航。同时,《鹿特丹规则》规定承运人对货物灭失、损坏或迟延交付的归责原则为完全的过失责任原则,并在推定承运人过失的基础上,规定了举证责任分配的具体规则,厘清了船货双方各自的举证内容与顺序。此外,相比于此前的海上货物运输公约,《鹿特丹规则》还提高了承运人的单位赔偿责任限额。

《鹿特丹规则》在托运人之外增加了"单证托运人"的概念,在"承运人"之外增加了"履约方"(包括海运履约方和非海运履行方)的概念,并分别规定它们在运输关系中所处的地位,明确认可电子运输记录的法律效力,并将其分为可转让与不可转让电子运输记录,还详细规定了货物控制权、货物交付等制度。

在合同条款的效力问题上,《鹿特丹规则》不再仅仅关注限制承运人权利,也对货方的权利进行了对等的限制。它规定运输合同条款具有下列情形时一概无效:直接或间接地排除或限制承运人或海运履约方在该规则下所承担的义务或损害赔偿责任;直接或间接地排除、限制或增加托运人、收货人、控制方、持有人或者单证托运人在该规则下的义务或损害赔偿责任。当然,对于在约定时间内分批运送指定数量货物的"批量合同",《鹿特丹规则》规定原则上合同可以对承运人和托运人的权利、义务和责任作不同约定,因为批量合同的双方当事人通常具有平等的缔约地位和充分的协商机会,允许当事人在一定范围内有条件地背离规则可以更好地体现契约自由的精神。

(六)提单运输下承运人的法定权利和义务

目前,批准或加入《海牙规则》的国家相对较多,有部分国家批准或加入了《维斯比规则》,《汉堡规则》的缔约国则较少。我国《海商法》于 1993 年 7 月 1 日起施行,其中第四章名为"海上货物运输合同",适用于国际海上货物运输合同。我国《海商法》关于承运人谨慎处理使船舶适航、妥善和谨慎地管理货物、不进行不合理绕航等义务,以及承运人免

拓展思考

提单运输形成强制性法律规定的内在原因是什么?

扫一扫

责事由等核心问题上采纳了《海牙—维斯比规则》的规定,在承运人的责任期间、货物迟延交付、活动物与舱面货的运输、实际承运人等细节问题上参照了《汉堡规则》的规定。此处依照我国《海商法》的规定来介绍承运人的法定权利和义务。

在提单运输中,作为合同自由原则的例外,《海商法》规定了承运人的法定权利和义务,承运人不能通过合同约定予以减少,也正是这一特点将海上货物运输法与一般运输合同法中区分开来。《海商法》第 44 条规定,海上货物运输合同和作为合同凭证的提单或者其他运

输单证中的条款,如违反"海上货物运输合同"章的规定则无效;此类条款的无效,不影响该合同和提单或其他运输单证中其他条款的效力。第45条则规定,当事人可以在该章规定的承运人责任和义务之外,增加承运人的责任和义务。也就是说,《海商法》一方面规定承运人不得利用合同条款减轻或免除自己的法定义务和责任,另一方面为了平衡当事人间的权利义务关系,又规定承运人得享有包括航海过失免责等免责事由,并在应该赔偿时享有单位赔偿责任限制的权利。

1. 承运人的法定义务

(1)适航义务

《海商法》第47条规定:"承运人在船舶开航前和开航当时,应当谨慎处理,使船舶处于适航状态,妥善配备船员、装备船舶和配备供应品,并使货舱、冷藏舱、冷气舱和其他载货处所适于并能安全收受、载运和保管货物。"

承运人应当履行的适航义务,其内容包括三方面:船体应坚固水密,各种航行设备处于良好状态;船长及其他船员的配备数量充足,经过良好训练,取得适任证书并有相应的技能;船舱等载货处所适于装载货物。承运人应履行适航的内容都是针对特定航次的,航次不同,装载的货物不同,运输途中的风险不同,这三方面的具体标准也就不同。例如,船舶没有冷藏设备,对于需要冷藏的货物而言就是不适航,而对于无需冷藏的货物就不构成不适航。船舶适航不是要求船舶绝对安全,也不要求船舶配备所有最现代化的安全设备,只要求船舶达到行业内正常的安全水平。承运人的义务不是提供一艘完美无缺、不会发生任何事故的船舶,而是相对即将进行的航次、所载运货物而言合理、适合的船舶。

承运人履行使船舶适航的义务,在时间上仅限于开航前和开航当时。开航以后船舶不适航造成货物灭失或损坏,承运人是否需要承担赔偿责任应依具体情形而定。之所以将承运人履行适航义务作此种限制,主要是考虑到海上特殊风险的存在。"开航前和开航当时",一般理解为从船舶装货时开始,直至船舶解掉最后一根缆绳时为止。同时,"开航"中的航次是指合同航次或提单航次,也就是说,就特定货物而言,是指该批货物装货港的开航而不是船舶最初的开航或中途挂靠港的开航。

承运人履行适航义务的程度,仅要求相对适航。适航有绝对适航和相对适航之分。绝对适航义务是指只要是由于船舶在开航之前和开航当时不适航的原因造成货物灭失或损坏,承运人都应当负赔偿责任。相对适航义务是指在开航之前和开航当时,承运人做到了谨慎处理(Due Diligence)使船舶处于适航,如果因船舶潜在缺陷导致在开航之前和开航当时事实上处于不适航状态,而货物受损,承运人仍然无须为此承担赔偿责任。"谨慎处理"意味着不要求承运人做到尽善尽美,只要求做到相对合理。

承运人违反适航义务的后果是什么呢? 按我国《海商法》的规定,承运人违反谨慎处理使船舶适航的义务,承运人应当对由此引起的货物灭失或损坏负责,也就是说损失和船舶不适航之间有因果关系的承运人才承担赔偿责任。例如,船东雇用了没有经适当训练的轮机员,但船长是合格的,船长在航行过程中因驾驶过失导致货物受损,此时尽管船舶是不适航的,但货物损失并不是由船舶不适航引起的,承运人并不因此承担赔偿责任。

（2）管货义务

《海商法》第 48 条规定："承运人应当妥善地、谨慎地装载、搬移、积载、运输、保管、照料和卸载所运货物。"据此，承运人应履行管货义务，一旦违反，后果是赔偿由此而造成的货物损失。

管货义务的内容包括装载、搬移、积载、运输、保管、照料和卸载等七个环节。对于承运人履行管货义务的程度要求，同样不是绝对的，而只需承运人在技术上做到妥善，在责任心上做到谨慎。承运人履行管货义务的时间包括从装货到卸货整个运输期间。

在实务中，某些管理货物的行为可能不是由承运人自己作出，而是由第三方完成的，例如由港口公司完成货物的装卸，此时是否可以解除承运人的管货义务？一般认为，管货义务是承运人的法定义务，承运人应当对港口公司等第三人的行为负责，向货方承担相应的赔偿责任，至于其与第三人的关系，应由其自行处理。

（3）不作不合理绕航

《海商法》第 49 条规定："承运人应当按照约定的或者习惯的或者地理上的航线将货物运往卸货港。船舶在海上为救助或者企图救助人命或者财产而发生的绕航或者其他合理绕航，不属于违反前款规定的行为。"

绕航（Deviation）是指船舶有意脱离约定的或者习惯的或者地理上的航线。绕航有合理绕航和不合理绕航之分。合理绕航，典型的是为了救助或企图救助人命或财产而进行的绕航。此外，一般把为了船货双方共同利益所作的绕航列为合理绕航，将仅仅为了船方单方利益所作的绕航列为不合理绕航。

承运人进行不合理绕航是一种严重的违约行为。尽管《海商法》没有明确规定发生不合理绕航时承运人应承担的责任，但一般认为，航线的选择是海上航行中的重要事项之一，离开特定航线一方面可能影响到船舶到达目的港时间，另外还可能招致额外的风险，除非承运人能够证明在不绕航情况下也会发生同样或类似后果，否则承运人应当对不合理绕航以后产生的货物损失承担赔偿责任。

（4）应托运人请求签发提单

《海商法》第 72 条第 1 款规定："货物由承运人接收或者装船后，应托运人的要求，承运人应当签发提单。"

在托运人有要求时，承运人应当签发提单，这是法律基于国际贸易需要而施加于承运人的一项法定义务，承运人不得以自己只负责运输为由拒绝签发提单。

2. 承运人的法定免责事项

对于违反合同的行为，合同法通常实行无过错责任制，如有违约行为，无论违约方是否存在着主观过错，均应承担违约责任。《海商法》在要求承运人承担赔偿责任时，不仅要求其存在主观过错，即使由某些特定过失行为所导致的损失，承运人也无须承担赔偿责任，因而实行的是不完全的过失责任制。

（1）航海过失免责

航海过失包括驾驶船舶过失和管理船舶过失。驾驶船舶过失是指采取措施使船舶移动时的判断发生错误，如驾驶员疏于瞭望致使船舶触礁、搁浅或与他船碰撞等；管理船舶过失是指船长及其他船员在维持船舶性能和有效状态上的过失，如船员忘记给锅炉加水，"管理"既非经营管理又非行政管理。

因航海过失导致的货物损失，承运人可以主张免责。航海过失免责目前被世界各国立法广泛采用，却正受到越来越多的批评。在以往航海技术落后、海上风险较为突出的情况下，航海过失免责的存在或许还有合理性，但在航运条件发生巨变、海上风险大为减轻的今天，是否仍有必要赋予承运人以航海过失免责，值得探讨。

（2）火灾免责

火灾是指有明火的燃烧，不包括没有火焰的高温现象。例如，低质煤在运输途中，出现发热现象，此时尚不构成火灾。承运人对于火灾造成的货物损失，可以免责，但由于承运人本人过失造成的火灾，承运人不能免责。实务中，承运人往往是一家航运公司，谁是"本人"是一个难以判断的问题。有的认为"本人"仅指公司的董事会成员，有的则认为是指参与公司的主要经营管理人员，包括所有在陆地上和船舶上的公司高级职员。对此，目前尚无统一接受的观点。

（3）类似于"不可抗力"的免责

由下列原因导致的货物损失，承运人不负赔偿责任：天灾、海上或者其他可航水域的危险或者意外事故；战争或者武装冲突；政府或者主管部门的行为、检疫限制或者司法扣押；罢工、停工或者劳动受到限制。

（4）基于货方原因的免责

由下列原因导致的货物损失，承运人可以主张不负赔偿责任：托运人、货物所有人或者他们的代理人的行为；货物的自然特性或者固有缺陷；货物包装不良或者标志欠缺、不清。

（5）法律推定承运人无过失的免责

由于在海上救助或企图救助人命或者财产、经谨慎处理仍未发现的船舶潜在缺陷导致的货物损失，承运人不负赔偿责任。此外，非承运人或者承运人的受雇人、代理人的过失造成的其他原因而导致的货物损失，承运人也不负赔偿责任。

3. 承运人的赔偿责任限制

承运人的赔偿责任限制，又称承运人单位责任限制，是指承运人对于不能免责的原因造成的货物灭失、损坏或迟延交付，可将其赔偿责任的金额限制在一定范围内。承运人的赔偿责任限制，实质上是对承运人赔偿责任的部分免除。法律关于承运人赔偿责任限制的规定，其实是对海运承运人提供的特殊保护。在海上风险已经大大减轻的今天，它仍然能够帮助承运人衡量最高赔偿责任，避

拓展阅读

中国建设银行股份有限公司广州荔湾支行诉广东蓝粤能源发展有限公司等信用证开证纠纷案（指导案例 111 号）

扫一扫

免未披露的高价货物带来的风险,有助于确立统一的海运承运人责任制度。

《海商法》第 56 条第 1 款规定:"承运人对货物的灭失或者损坏的赔偿限额,按照货物件数或者其他货运单位数计算,每件或者每个其他货运单位为 666.67 计算单位,或者按照货物毛重计算,每公斤为 2 计算单位,以二者中赔偿限额较高的为准。但是,托运人在货物装运前已经申报其性质和价值,并在提单中载明的,或者承运人与托运人已经另行约定高于本条规定的赔偿限额的除外。"其中的"计算单位",是指国际货币基金组织规定的特别提款权;其人民币数额为法院判决之日、仲裁机构裁决之日或者当事人协议之日,按照国家外汇主管机关规定的国际货币基金组织的特别提款权对人民币的换算办法计算得出的人民币数额。货物的件数,是指货物的包装单位,例如箱、包、桶、捆等;其他货运单位,是对非包装货物而言的,通常是指运费单位,如汽车按辆、机床按台收取运费。

《海商法》第 56 条第 2 款规定:"货物用集装箱、货盘或者类似装运器具集装的,提单中载明装在此类装运器具中的货物件数或者其他货运单位数,视为前款所指的货物件数或者其他货运单位数;未载明的,每一装运器具视为一件或者一个单位。"《海商法》第 56 条第 3 款规定:"装运器具不属于承运人所有或者非由承运人提供的,装运器具本身应当视为一件或者一个单位。"

按《海商法》第 57 条的规定,承运人因迟延交付造成经济损失的赔偿限额,为所迟延交付的货物的运费数额;货物的灭失或者损坏和迟延交付同时发生的,承运人的赔偿责任限额适用货物灭失或者损坏时的限额。

可以补充说明的是,承运人的单位赔偿责任限额,只有在货物灭失或损坏的金额超过赔偿限额时,才予以适用;如果货物灭失或损坏的金额低于赔偿限额,承运人只需赔偿货物的实际损失。此外,如果货物的灭失、损坏或者迟延交付是由于承运人的故意或明知可能造成损失而轻率地作为或者不作为造成的,承运人不得主张限制赔偿责任,这意味着承运人此时将丧失赔偿责任限制的权利。

三、租船运输

租船运输的双方当事人议价能力相当,通过协商谈判签订的合同能够贯彻意思自治原则,目前没有专门的国际公约对租船运输进行规范。

(一)航次租船运输

1. 概念

航次租船运输(Voyage Charter),又称程租运输,是指由船舶承租人支付约定的运费,出租人提供船舶的全部或者部分舱位,装运约定的货物,从一港运至另一港。航次租船运输,名义上是"租船运输",其实就是一种运输合同关系,承租人支付的也不是租金而是运费。

为节省谈判时间,简化和加速合同谈判的进程,方便签订合同,航次租船运输通常采用由各航运组织制定并推荐使用的标准合同范本,然后由当事人根据需要,对其中的某些条款进行修改、补充,最终形成他们之间的合同。国际上经常使用的标准格式有"统一杂货租船合同"(Uniform General Charter)、"谷物航次租船合同"(Standard Grain Voyage Charter Party)、"澳大利亚谷物运输租船合同"(Australian Grain Charter Party)、"油轮航次租船合同"(Tanker Voyage Charter Party)、"标准煤炭和矿石租船合同"(Standard Coal and Ore Charter Party)等。

2. 特点

首先,出租人负责船舶营运并负担费用。在航次租船运输中,出租人应提供承租人所要求的运输服务,将托运人的货物自装运港运往合同规定的卸货港,出租人通过其雇佣的船长和船员占有、控制船舶,船舶的营运事宜及其费用由出租人承担,承租人不直接参与船舶的经营。

> **拓展思考**
>
> 航次租船运输和提单运输有何异同?
>
> 扫一扫

其次,合同中约定货物的名称、数量及装卸港口。航次租船合同就货物的名称、数量以及挂靠的装卸港口作出约定。如果由于承租人的原因,实际使用的港口超过了合同约定的范围,承租人须承担因此而增加的费用。承租人提供的货物及其数量,应当符合合同的规定。出租人提供船舶的全部舱位运输承租人的货物时,通常采用整笔运费的方式计算运费;如果合同规定运费以运费率乘以实际装运的货物数量计算,承租人没有按合同规定的数量提供货物的,就要向出租人赔偿损失,这种损失一般按未装满的吨数计算,被称为"亏舱费"。

再次,出租人是否承担管理货物的义务可由当事人自行协商决定。在航次租船运输中,出租人是否承担管理货物的义务,各国法律通常允许当事人按合同自由原则进行约定。这与班轮运输不同,班轮运输的承运人应当履行管理货物的义务,不得通过合同约定加以违背。

最后,合同中通常约定装卸期限(Laytime)、滞期费(Demurrage)、速遣费(Despatch Money)及其计算方法。航次租船运输的运费金额,不由船舶用于完成运输任务的时间决定,而根据完成的航次数量确定。因此,完成一个航次时间越短,船舶营运的效率就越高,出租人的获利就越多,航次租船运输的时间损失由出租人承担。但是,航次租船运输中的货物装卸作业通常受承租人的影响,出租人无法控制货物装卸所耗费的时间,为了促使承租人尽快完成装卸作业,航次租船合同都会规定装卸时间、滞期费和速遣费条款。如果承租人未能在合同规定的装卸时间内完成货物装卸作业,须向出租人支付一定金额的滞期费;反之,如果承租人提前完成装卸,出租人应向承租人支付一定金额的速遣费。在班轮运输中,一般由承运人负责安排泊位装卸货物,以适应定期班轮的要求,因而班轮提单中一般没有装卸时间的规定,仅要求托运人或收货人应按船舶在港口的装卸速度提供货物或接收货物。

3. 法律适用

航次租船运输的双方当事人议价能力相当,通过协商谈判签订的合同能够贯彻意思自治原则,目前没有专门的国际公约对航次租船合同进行规范。普通法系和大陆法系国家通常也不对航次租船合同作强制性规定,因此,航次租船业务充分体现了合同自由的原则,出租人和承租人可以在不违背法律的情况下订立任何合同条款。

我国《海商法》第四章"海上货物运输合同"第七节对航次租船合同作了专门规定,其中第 94 条规定,承运人谨慎处理使船舶适航的规定和不进行不合理绕航之规定强制适用于航次租船合同的出租人,该章其他有关当事人权利义务的规定,仅在航次租船合同没有约定或没有不同约定时才适用,因而属任意性条款。也就是说,航次租船合同下出租人的管理货物义务和应承租人要求签发提单的义务并不是强制性的,出租人可以在合同中任意约定加以减少或免除。

4. 航次租船运输中签发的提单

在航次租船中,承租人租入船舶若是为了运输自己的货物,可能基于以下两方面原因希望得到提单:第一,虽然承租人有权在目的港提货,但希望得到提单以加强这种权利,并发挥提单的货物收据功能;第二,如果没有提单,货物在运输途中将被锁定在船上,承租人有可能希望在运输途中出售货物,这就需要提单来发挥其物权凭证功能。例如,在买卖合同以 CIF 术语成交时,卖方可能签订的是航次租船合同,此时就卖方就希望能从承租人处获得提单。因此,航次租船合同通常规定,货物在装货港由出租人装船后,应承租人的要求,出租人应当签发提单,由此产生航次租船合同项下的提单。

依据航次租船合同所签发的提单,具有货物收据的功能,但承租人和出租人之间的合同关系仍以航次租船合同为准。

如提单持有人不是承租人时,则在出租人和提单持有人之间存在以提单为表现形式的运输合同关系,出租人是货物的承运人,应根据提单条款对货物承担运输责任。关于海上货物运输的国际公约或国内法,将强制适用于提单持有人和承运人之间的权利和义务关系。按我国《海商法》第 95 条的规定,对按照航次租船合同运输的货物签发的提单,提单持有人不是承租人的,承运人与该提单持有人之间的权利义务关系适用提单的约定。

但是,在此情形下,会出现同一货运服务,具有不同运输合同关系的结果,承运人与提单持有人以及承运人与承租人之间的关系分别依提单和租船合同确定。出租人为了使这两种不同关系下自己的权利义务相一致,就会在提单中订入援引租船合同中某些规定的条款,这就是"并入条款"(Incorporation Clause)。按照《海商法》第 95 条的规定,提单中载明适用航次租船合同条款的,适用该航次租船合同的条款。一般认为,并入条款可以有效并入关于当事人权利、义务方面的条款,对于诸如仲裁条款、管辖权条款能否有效并入的问题,还存在一定的争议。

如果承租人租入船舶是为了运输他人的

拓展思考

有的航次租船合同规定,"只有当货物灭失、损失或迟延是由于出租人本人未谨慎处理使船舶适航所造成时,出租人才予以负责。"如果该条款被有效并入提单,按我国《海商法》或《海牙—维斯比规则》的规定,提单中的这一条款有效吗?为什么?

扫一扫

货物,这时承租人由于揽货并与第三人签订合同,将成为承运人,就与货主形成海上货运合同关系。如果提单由承租人签发,作为船舶所有人的出租人,按照我国《海商法》的规定,在提单运输关系中,它是实际承运人的身份。

(二)定期租船运输

1. 概念

定期租船运输(Time Charter),是指由承租人支付约定的租金,出租人将整艘船舶租给承租人,由其在约定的期限内按约定的用途使用船舶进行运输。定期租船的期限,通常以年、月等衡量确定,定期租船因而简称"期租"。承租人定期租船,可能是为了运送自己的货物,也可能是因为有可靠的货源所以租入船舶进行运输,或者是通过转租谋利。

航运实务中,当事人经常采用标准格式的定期租船合同,或者对标准格式的合同做适当修改即形成他们之间的合同。经常使用的定期租船合同的标准格式有"统一定期租船合同"(Uniform Time Charter,BALTIME)、"纽约土产格式"(New York Produce Exchange charter-party,NYPE)等。

2. 特点

首先,由出租人提供已配备船员的船舶,负责船舶航行和内部管理事务,并负担船舶固定费用和船员工资、伙食支出。定期租船合同对船舶的描述通常比航次租船合同更详细,除了船名、船籍、船级、船舶的吨位和容积等事项外,还约定船速和燃油消耗量。这是因为在定期租船合同中,承租人按照使用船舶的时间支付租金,船舶的航行速度直接影响承租人的经济效益;承租人负责提供燃油并支付费用,燃油消耗量直接关系到承租人使用船舶的成本大小。出租人提供的船舶在船速、燃油消耗量等方面不符合要求,承租人可以索赔,严重不符时可解除合同并索赔。相较而言,在航次租船运输中,船舶的船速和燃油消耗量对船东而言非常重要,只是与承租人关系不是很大,航行时间的长短与运费无关,航次租船合同一般没有必要对此加以规定。在定期租船运输中,出租人不仅要向承租人提供约定的船舶,还要配备船长及其他船员,期租期间船舶所有权和占有权由出租人享有。出租人需要负担船员的工资和伙食支出,还要承担船舶保险费和维修费用、机械备件、物料等固定费用。总之,出租人需提供一艘能即刻投入营运的静态意义上的船舶,并且负担相应的费用支出。

其次,承租人有权使用船舶,并负担船舶的营运费用。在定期租船运输中,承租人有权使用船舶,装运货物由装货港运往目的港,并承担燃料费、港口使用费、引水费、拖带费、装卸费等营运费用。也就是说,承租人在租期内可以按约定使用船舶,同时也需要承担因船舶营运而产生的费用。承租人可以就营运事宜向船长发出指示,例如船舶驶往什么港口、装运何种货物及货物数量,以及在什么港口卸货等,但承租人不能就航行和船舶安全方面作指示,也不能发出违反合同的指示,如装运非法货物、驶往不允许航行区域等。

3. 法律适用

在定期租船合同中,船舶出租人和承租人的议价能力大致相当,合同自由原则可以得到真正贯彻。目前国际上没有专门关于定期租船运输的国际公约,各国立法也都尊重当事人的意思自治。为与国际通行做法保持一致,我国《海商法》第 127 条规定,第六章第二节关于定期租船合同的规定属于任意性条款,仅在定期租船合同没有约定时才适用。也就是说,在适用我国《海商法》的情况下,当事人权利义务关系按定期租船合同确定,如果合同没有不同的规定,《海商法》关于定期租船合同的规定才予以适用。

4. 法律性质

对于定期租船运输的法律性质,学术界还存在一定的争议。

有的认为属于财产租赁合同。其理由是:承租人在支付租金后就取得了船舶的使用权,负责船舶的调度和营运以及船舶的营运费用,船舶经营权由承租人掌握;出租人维修船舶的义务体现了租赁合同的特点,"租金""交船""还船"等词的使用也可以佐证。但是,这种观点忽略了定期租船仅仅转移船舶使用权而不转移船舶占有权的特点,这不符合财产租赁转移租赁物占有和使用权的特点,同时也无法解释船员所提供的劳务。

另一种观点认为是海上货物运输合同。其理由是:出租人并不是交付符合规定的船舶就完成了义务,他还要负责船舶的安全航行,承担船员职务行为的后果,定期租船合同包含许多关于货物运输的规定,如船舶的适航问题、船舶载货能力、允许装运的货物种类、出租人对货物灭失或损坏的责任等,合同所规范的是货物运输事宜。但是,定期租船合同中承租人有权就船舶的营运发出指示,船舶使用权已转移给承租人,同时船舶在合同期内还允许有一定的合理磨损,对此似乎也不符合运输合同的特点。

比较合适的观点是,定期租船合同兼具财产租赁合同和运输合同的性质,是一种混合合同。因为随着生产力发展,经济关系越来越复杂,就不能简单地将某些合同归入传统的某种单一性质合同范畴,也没有必要将新型合同生硬地进行归类。

第二节 国际铁路货物运输法

> **导问**:按照国际铁路货物运输的运行方式,法律如何规定参与运输各方的基本关系?实行怎样的承运人责任制度?

一、国际铁路货物运输公约

铁路运输在国际货物运输中是一种仅次于海洋运输的运输方式,海洋运输的进出口货物,也大多靠铁路运输进行货物的集中和疏散。与其他运输方式相比,铁路运输有许多优点,一般不受气候条件的影响,可保障全年的正常运输,而且运量较大,速度较快,运输过程中可能遭受的风险也较小。国际铁路运输,是指两个或两个以上的国家铁路联合进行的货物运输。

为了简化国际铁路运输手续,加快货物流转,降低运费和杂项费用,保障铁路运输的顺利进行,国家之间一般通过双边或多边铁路联运协定规定国际铁路运输的具体法律制度。目前,关于国际铁路货物运输的国际公约主要有两个,即《国际铁路货物运输公约》和《国际铁路货物联运协定》。

欧洲国家基于地理条件和技术发展水平等优势,于19世纪后半期开办了国际铁路货物联运业务,并于1890年制定了《国际铁路货物运送规则》。该规则后来经过多次修改,1934年伯尔尼会议将其改称为《国际铁路货物运送公约》(Convention Concerning International Carriage of Goods by Rail),简称《国际货约》,于1938年10月1日开始实行。目前使用的是1980年通过、1985年生效的文本,新近修订于1999年。《国际货约》的缔约国主要分布于中欧、西欧和北非。

《国际铁路货物联运协定》(Agreement On International Railroad through Transport of Goods),简称《国际货协》,于1951年11月由苏联和东欧各国在波兰首都华沙签订。《国际货协》目前的缔约国主要是亚洲和东欧国家,生效后曾进行多次不定期的修订,目前使用的是2018年7月1日版。我国于1954年参加该协定,凡是经由铁路运输的进出口货物均按其规定办理。此处按《国际货协》最新版本的内容展开介绍。

二、国际铁路货物运输的主体及其关系

国际铁路货物运输的主体,也就是"运送参加方",包括发货人、承运人和收货人。发货人就是货物的托运人,即在运单中注明的货物发送人。承运人包括参加货物运送的缔约承运人和接续承运人,前者是指与发货人缔结运输合同的承运人,后者是指从缔约承运人或其他接续承运人处接运货物以继续运送并进而加入运输合同的承运人。收货人是运单中注明的货物领收人。

运送参加方之间如果没有另作约定,按下列方式支付运送费用:对参加货物运送的承运人办理的运送,应由发货人支付运送费用,但交付货物的承运人除外;对交付货物的承运人办理的运送,应由收货人支付运送费用。承运人有权要求在运送开始前支付运送费用。当然,如果收货人未领收货物且未曾行使收货人的相关权利,或者不到场领取货物的,则根据运输合同原本应由其支付的运输费用转由发货人承担。如某承运人已收到或应该收到由运输合同产生的、属于参加运送的其他承运人应得的运送费用,则其必须将运送费用支付给这些承运人。

当货损发生时,发货人和收货人有权向承运人提出赔偿请求,并且此项权利不得让与他人。赔偿请求应附有相应依据并注明索赔金额,由发货人向缔约承运人、收货人向交付货物的承运人提出。赔偿请求应以纸质形式提出,当运送参加方之间另有协议时,可以电子形式提出。按照规定向发货人、收货人支付了赔款的承运人,有权向参加运送的其他有责任的承运人提出返还赔偿的要求。

三、国际铁路货物运单

根据铁路货物运输合同,承运人应有偿将发货人托运的货物,按发货人同缔约承运人商定的经路运至到站并将其交付收货人。运输合同的缔结由加盖有日期戳的运单正本和承运人交给发货人的该运单副本确认。运单由发货人编制并提交给缔约承运人,运单可以办理成纸质文件(纸质运单)或电子文件(电子运单)的形式。

运单是一整套票据,由带编号的6联和必要份数的运行报单(补充联)组成。运行报单的份数应同参与运送的承运人数量一致(但将货物交付收货人的承运人除外)。是否需要为缔约承运人编制运行报单,由缔约承运人确定。每一接续承运人自接收附有运单的货物时起,即参加了运输合同,并承担由此而产生的义务。

运单是国际铁路运输中十分重要的单据,但是,它也仅是缔结铁路运输合同的凭证,运单中记载的事项不正确或不准确,或者承运人丢失运单,均不影响运输合同的存在及效力。运单不能转让,也不具有物权凭证的功能,主要是因为铁路运输的速度相对较快,货物在途时间较短,在运输途中因贸易及时转让货物的需求并不突出。

四、国际铁路货物承运人的归责原则及免责事由

铁路货物运输的承运人承担的是无过错责任,自承运货物时起,至交付货物为止,承运人对货物灭失、短少、毁损(腐坏)所造成的损失负责。同时,承运人享有许多免责事由,主要包括:①由于铁路不能预防和不能消除的情况;②由于货物、容器、包装质量不符合要求或由于货物、容器、包装的自然和物理特性,以致引起其毁损;③由于发货人或收货人的过失或由于其要求,而不能归咎于承运人;④由于发货人或收货人装车或卸车的原因所造成;⑤由于货物没有运送该货物所需的容器或包装;⑥由于发货人在托运货物时,使用不正确、不确切或不完全的名称,或未遵守本协定的条件;⑦由于发货人将货物装入不适于运送该货物的车辆或集装箱;⑧由于发货人错误地选择了易腐货物运送方法或车辆种类;⑨由于发货人、收货人未执行或未适当执行海关或其他行政手续;⑩由于与承运人无关的原因发生的国家机关检查、扣留、没收货物。在举证责任的承担上,因第一项和第四项事由而发生的货物灭失、短少、毁损的,承运人主张免责时应负责举证;可能是由于其他几项事由而造成货物灭失、短少、毁损的,在发货人或收货人未提出其他证明时,即可认为损失是由于这些事由造成的。

第三节　国际航空货物运输法

导问：针对国际航空货物运输的特点，法律如何规定相关主体之间的权利、义务关系？

一、国际航空货物运输公约

航空运输是一种现代化的运输方式，与海洋运输、铁路运输相比，具有速度快、货运质量高，且不受地面条件限制的优点。它的缺点是运量较小、运费较高。航空运输适用于运送精密仪器等贵重货物、救灾药品等紧急物质以及鲜活食品等时令性很强的商品。航空运输具有很强的跨国性，统一的法律规则有助于运输业务的开展，增强运输的安全性，提高运输的便捷性，国际公约是统一国际航空运输法的主要方式。

《统一国际航空运输某些规则的国际公约》(Convention for the Unification of Certain Rules Relating to International Carriage by Air)由欧洲国家于 1929 年在华沙签订，简称《华沙公约》(Warsaw Convention)，并于 1933 年 2 月 13 日生效。我国于 1958 年 7 月申请加入《华沙公约》，同年 10 月正式成为成员国，目前共有 150 多个国家加入该公约。《华沙公约》是最早关于国际航空运输的国际公约，就国际航空运输的定义、运输凭证和承运人的责任制度等问题作了统一规定。

《华沙公约》是在民用航空发展初期订立的，受当时航空运输技术条件的限制，对航空企业的保护条款比较多。1955 年 9 月，《华沙公约》成员国的外交代表在海牙对其进行修改，通过了《修改〈统一国际航空运输某些规则的国际公约〉的议定书》(简称《海牙议定书》)，该议定书于 1963 年 8 月 1 日生效。我国于 1975 年加入该议定书，目前共有 130 多个国家加入该议定书。《海牙议定书》(Hague Protocol)并未对《华沙公约》作实质性修改，而是对航行过失免责、责任限额、运输单证的内容以及索赔期限等问题作了若干修改和完善。

由于《华沙公约》和《海牙议定书》都没有明确规定"承运人"的概念是否仅指与托运人订立运输合同的承运人，还是应包括根据缔约承运人的授权负责具体履行运输事宜的实际承运人，1961 年各国外交代表在墨西哥的瓜达拉哈拉签订了《统一非缔约承运人所办国际航空运输某些规则以补充华沙公约的公约》(简称《瓜达拉哈拉公约》)，将《华沙公约》中有关承运人的各项规定，扩展及于实际承运人。《瓜达拉哈拉公约》(Guadalajara Convention)于 1964 年 5 月 1 日生效，我国没有加入该公约，目前该公约有 80 多个缔约国。

《华沙公约》及对其进行修订的协定书、公约，由于参加的国家不完全相同，使得《华沙公约》准备统一航空承运人责任制度的目的没有实现，同一事件经常需要适用不同的责任制度，从而无法实现法律所追求的公平、公正；此外，在科学技术不断发展的背景下，需要重新平衡经济发展水平悬殊的各国利益。经过各方努力，1999 年 5 月在加拿大蒙特尔召开的国际民用航空法大会通过新的《统一国际航空运输某些规则的公约》(简称《蒙特利尔公约》),旨在使国际航空运输的法律制度走向完整和统一,以达到实现华沙体制的现代化和一体化,确保国际航空运输消费者的利益,提供以恢复性赔偿原则为基础的公平赔偿。《蒙特利尔公约》(Montreal Convention)于 2003 年 11 月 4 日生效。我国于 2005 年 2 月 28 日批准加入该公约,同年 7 月 31 日对我国生效,目前公约对 130 多个缔约国生效。

《蒙特利尔公约》共有 7 章 57 个条文,就航空承运人的责任期间及赔偿责任、航空托运人的权利义务、航空运输凭证、联合运输及非缔约承运人的履行责任等问题作了规定。此处按照《蒙特利尔公约》规定介绍国际航空运输法的内容。

二、国际航空货运单

货物的国际航空运输,一般都使用航空货运单(Air Waybill,Air Consignment Note)。任何保存将要履行的运输记录的其他方法都可以用来代替出具航空运单,也就是说,只要能起到识别货物并能获得履行运输记录的方法,包括纸单证和电子单证、货物收据等都可以起到航空货运单的作用。

航空货运单的内容应当包括:出发地和目的地;出发地和目的地在一个缔约国领土内,而在另一国领土内有一个或者几个约定的经停地时,至少标记其中一个经停地;货物的重量。

托运人应填写航空货运单正本一式三份。第一份应当注明"交承运人",由托运人签字;第二份应当注明"交收货人",由托运人和承运人签字;第三份由承运人签字,承运人在接受货物后应当将其交给托运人。承运人和托运人的签字可采用印刷或者盖章方式。承运人根据托运人的请求填写航空货运单的,在没有相反证明的情况下,应当视为代托运人填写。在货物不止一个包件时,承运人有权要求托运人分别填写航空货运单。

航空货运单是订立合同、接收货物和所列运输条件的初步证据。航空货运单上关于货物的重量、尺寸和包装以及包数、件数的任何陈述是相关事实的初步证据;航空货运单上关于货物的数量、体积和状况的陈述通常不构成不利于承运人的证据,除非经过承运人在托运人在场时查对并且在航空货运单上予以注明,或者其为关于货物外表状况的陈述。

航空货运单的记载等事项不符合相关要求的,不影响运输合同的存在或者效力,该运输合同仍应当受《蒙特利尔公约》的约束,包括有关赔偿责任限制规则的约束。

三、国际航空承运人的归责原则及免责事由

对于因货物毁灭、遗失或者损坏而产生的损失,只要造成损失的事件是在航空运输期间发生的,承运人就应当承担责任。其中的"航空运输期间",是指货物处于承运人掌管之下的期间。也就是说,在航空承运人的归责原则上,《蒙特利尔公约》采用的是无过错责任原则。

《蒙特利尔公约》还规定,承运人证明货物的毁灭、遗失或者损坏是由于下列原因造成的,在此范围内承运人不承担责任:①货物的固有缺陷、或者质量瑕疵;②承运人或者其受雇

人、代理人以外的人包装货物的，货物包装不良；③战争行为或者武装冲突；④公共当局实施的与货物入境、出境或者过境有关的行为。

此外，经承运人证明，损失是由索赔人或者索赔人从其取得权利的人的过失或者其他不当作为、不作为造成或者促成的，应当根据造成或者促成此种损失的过失或者其他不当作为、不作为的程度，相应全部或者部分免除承运人对索赔人的责任。

四、国际航空货物运输的主体及其关系

《蒙特利尔公约》规定，"国际运输"是指根据当事人的约定，不论在运输中有无间断或者转运，其出发地点和目的地点是在两个缔约国的领土内，或者在一个缔约国的领土内，而在另一国（无论缔约国与否）的领土内有一个约定的经停地点的任何运输。也就是说，在一个缔约国领土内两个地点之间的运输，而在另一国的领土内没有约定的经停地点的，不是国际运输。运输合同各方如果认为几个连续的承运人履行的运输是一项单一的业务活动，无论其形式是以一个合同订立还是一系列合同订立，《蒙特利尔公约》都视其为一项不可分割的运输，并不仅因其中一个合同或者一系列合同完全在同一国领土内履行而丧失其国际性质。

在托运人、单一的承运人和收货人作为国际航空货运主体的情况下，他们之间的关系比较容易确定：单一承运人为运输关系的承运方，托运人和收货人则作为货方。对运输途中货物的处置权，例如在出发地机场或目的地机场将货物取回，或者在中途经停时中止运输，或者要求在目的地或途中将货物交给非原指定的收货人，或者要求将货物运回出发地机场等，由托运人享有。货物到达目的地后，收货人在缴付应付款项和履行运输条件后，就有权要求承运人向自己交付货物，托运人也就不得再行使对货物的处置权。当然，如果收货人拒绝接收货物，或者无法同收货人取得联系的，托运人恢复其处置权。

在连续运输的情况下，各个连续承运人就其负责履行的运输区段的范围内，作为运输合同的承运方。同时，托运人有权向第一承运人索赔，收货人有权向最后承运人索赔，托运人和收货人均可以对发生损失区段的承运人提起诉讼。相关承运人应当对托运人或者收货人的索赔承担连带责任。

在不构成连续运输的情况下，承运人与托运人产生运输合同关系后成为缔约承运人，它可以授权实际承运人履行全部或者部分运输。缔约承运人对合同规定的全部运输负责，实际承运人只对其履行部分的运输负责。对实际承运人履行的运输提起的损害赔偿诉讼，可以由货方选择对实际承运人或者缔约承运人提起，也可以同时或者分别对实际承运人、缔约承运人提起。

第四节　国际货物多式联运法

导问：在国际货物多式联运中，应如何确定联运经营人的责任基础？

一、国际货物多式联运的概念

国际货物多式联运,是指按照多式联运合同,以至少两种不同的运输方式,由多式联运经营人将货物从一国境内接管货物的地点运至另一国境内指定交付货物的地点。

在无法采用单一运输方式实现货物由装运地到达目的地的情况下,可能需要将整个运输过程分成两个以上的不同部分。例如,从中国湖州运至美国丹佛的货物,需要先将货物通过铁路或公路从湖州运至上海港,然后从上海港通过海路运至美国旧金山港,最后再通过铁路从旧金山港运至丹佛。按照传统的运输方式,在此情况下,货方需要与两个以上的承运人分别签订运输合同才能实现自己的目的,但这对于货方而言十分不方便,希望能有人负责全程的运输事宜。或者说,货方希望能够实现"门到门"的运输,即由单一的经营人负责将货物从出口国内陆卖方的工厂运至进口国内陆买方的仓库,这就涉及多种运输方式的联合运输。

集装箱的产生和发展促进了"门到门"运输的发展。用结构牢固、规格统一的集装箱货物进行运输,具有装卸效率高、车船周转快、货损货差少等优点,途中可以不移动箱内货物,迅速从一种运输工具直接转换到另一种运输工具,从而很容易实现门到门的运输。当然,多式联运与集装箱运输是两个不同的概念。多式联运可以采用集装箱运输,但也可以不使用集装箱运输;同样,集装箱运输可以用在多式联运中,但也可以用在单一的运输方式中。

国际货物多式联运是一种现代化的运输组织方式,实现由一个联运经营人、一份合同、一张单证、一次收费,完成门到门的全程运输。多式联运经营人(Multimodal Transportation Operator,MTO)可以由海运公司担任,也可以由汽车、铁路、航空运输公司承担,还可以由自己没有运输工具的货运代理人充任。但是,不论由哪种运输公司组织多式联运,与托运人订立多式联运合同的主体,就是多式联运经营人,他必须负责履行多式联运合同,负责全程的运输事宜。

二、多式联运经营人的责任基础

多式联运经营人负责全程的运输,而全程运输由不同区段、不同方式的运输组成,各区段都可能有相应的国内法或国际公约可适用,由此产生究竟如何确定多式联运经营人的责任问题。也就是,如果货物在多式联运过程中发生损害,多式联运经营人按同一标准承担赔偿责任,还是按损害的发生区段所适用的法律承担赔偿责任?对这个问题的不同回答导致了两种不同的责任基础。

一种是网状责任制(Network Liability Principle),又称分段责任制。在网状责任制下,多式联运经营人对全程运输负责,货物的灭失或损坏发生于多式联运某一区段的,多式联运经营人的赔偿责任和赔偿限额,适用调整该区段运输方式的法律。也就是说,联运经营人需要根据发生货损的区段不同而承担不同的责任:发生在海上运输过程中的,按海商法的规定进行赔偿;发生在铁路运输区段的,按铁路运输的法律规定赔偿;发生于航空运输过程中的,按照航空运输的法律规定进行赔偿。

另一种是统一责任制(Uniform Liability Principle)。在统一责任制下,多式联运经营人对全程运输负责,不论货物损坏或灭失发生在哪一运输区段,联运经营人都按照相同的责任制度进行赔偿。或者说,在统一责任制下,在确定相应的赔偿责任和赔偿限额后,将该责任制度适用于联运的整个过程,而不论货物的损失发生于哪个区段。由于多式联运涉及多种运输方式的联合运输,并作为一种单一运输过程进行安排,货物在整个运输过程中通常密封在集装箱内,如果货物灭失或损坏,很难确定究竟是在哪个阶段发生的,采用统一责任制可以克服相应的困难。

三、《国际货物多式联运公约》

为解决多式联运中的法律问题,统一关于多式联运的法律规定,在联合国贸易和发展会议(UNCTAD)主持下,于 1979 年起草完成《国际货物多式联运公约》(United Nations Convention on International Multimodal Transportation of Goods),并于 1980 年 5 月在日内瓦召开的联合国国际多式联运会议上获得通过。按照该公约的规定,只有在满 30 个国家签署或加入后 12 个月公约方能生效,目前公约的缔约国远未达到生效条件,因而至今仍未生效。

1980 年《国际货物多式联运公约》由总则、单据、多式联运经营人的赔偿责任、发货人的赔偿责任、索赔和诉讼、补充规定、海关事项和最后条款等八个部分组成。在多式联运经营人的责任问题上,公约采用统一责任制,并实行推定过失的归责原则。联运经营人的责任期间自接管货物之日起至交付货物时为止,联运经营人对责任期间发生的货物灭失、损坏和迟延交付引起的损失承担赔偿责任,除非联运经营人证明自己为避免灭失、损坏和迟延交付的发生及其后果已采取一切所能合理要求的措施。此外,公约还规定了联运经营人的单位赔偿责任限制制度,但如果能确切知道货物的灭失或损坏发生于多式联运的某一特定区段,而这一区段适用的国际公约或强制性国家法律规定的赔偿限额高于该公约规定的赔偿限额,则多式联运经营人的赔偿限额按照该特定区段的国际公约或国家强制性法律的规定予以确定。

《国际货物多式联运公约》之所以迟迟未能生效,其根本原因在于多式联运经营人不愿接受公约规定的责任制度。公约实行推定过失的归责原则,在多式联运经营人按公约规定向货方承担赔偿责任后,按货物发生损失的运输区段所适用的归责原则和赔偿限额,联运经营人可能无法进行追偿或者能追回的款项低于自己的赔付,因而会受到相应的损失。各国的联运经营人在签发多式联运单据时,也大多约定采用网状责任制。

四、我国关于货物多式联运的法律规定

我国《海商法》对多式联运合同作了特别规定。其中的多式联运合同,是指多式联运经营人以两种以上的不同运输方式,其中一种是海上运输方式,负责将货物从接收地运至目的地交收货人,并收取全程运费的合同。所谓的"多式联运经营人",是指本人或者委托他人以本人名义与托运人订立多式联运合同的人。

多式联运经营人对多式联运货物的责任期间为自接收货物时起至交付货物时止。多式联运经营人负责履行或者组织履行多式联运合同，并对全程运输负责。多式联运经营人与参与多式联运的各区段承运人，可以就多式联运合同的各区段运输，另以合同约定相互之间的责任。但是，此项合同不得影响多式联运经营人对全程运输所承担的责任。

拓展阅读

三井住友海上火灾保险株式会社诉中远海运集装箱运输有限公司国际多式联运合同纠纷案

扫一扫

《海商法》采用了网状责任制。货物的灭失或损坏发生于多式联运的某一运输区段的，多式联运经营人的赔偿责任和赔偿限额，适用调整该区段运输方式的有关法律规定。但是，如果货物的灭失或损坏发生的区段不能确定的，视为发生在海运阶段，多式联运经营人依《海商法》关于承运人赔偿责任和责任限额的规定负赔偿责任。

《海商法》所规定的多式联运仅限于其中包含海运区段的运输，在多式联运不包含海运区段时，应适用《民法典》"合同"编"运输合同"章的有关规定。《民法典》关于多式联运合同的规定与《海商法》有类似之处，在多式联运经营人的责任问题上，也实行网状责任制，但在毁损、灭失发生的运输区段不能确定时，依《民法典》"运输合同"章确定损害赔偿责任。《民法典》"运输合同"章对承运人实行的是无过错责任制，除承运人能证明货物的损失是由于不可抗力、货物本身自然性质或合理损耗以及托运人、收货人过错所造成外，应当承担损害赔偿责任。

◀◀ 本章小结

国际海上货物运输有提单运输和租船运输之分，法律对这两种运输方式采用不同的规制方法。国际社会已经制定了几项关于提单运输的公约，主要采用强制性法律规范的方法，规定承运人的法定权利和义务，承运人只可以通过合同条款减少自己的权利或增加自己的义务，而不能作相反的约定。我国《海商法》借鉴国际社会的主要做法，规定承运人谨慎处理使船舶适航、管货、不作不合理绕航以及应托运人请求签发提单等必须履行的义务，同时赋予承运人航海过失免责在内的诸多免责事项。租船运输可分为航次租船和定期租船，租船运输下双方当事人的议价能力相当，可实行当事人合同自由原则，国际社会没有制定专门的公约，各国法律大多不作强制性规定。按照我国《海商法》规定，航次租船合同的出租人必须履行谨慎处理使船舶适航、不作不合理绕航的义务，不得通过合同条款加以免除。

《国际铁路货物联运协定》规定，国际铁路货物运输的主体包括发货人、承运人和收货人，承运人承担无过错责任，同时享有许多免责事由。1999年《统一国际航空运输某些规则的公约》规定，航空承运人的归责原则实行无过错责任，同时承运人享有若干免责事由，参与主体因单一运输或连续运输而有所不同。

多式联运经营人负责全程的运输，其责任基础有网状责任制和统一责任制之分。《国际货物多式联运公约》因采用统一责任制而难以为国际社会共同接受，以致迟迟无法生效。我国采用的是网状责任制，并因其中是否包含海运区段而适用不同的法律。

思考题

1.海运提单有哪些功能和种类?
2.《维斯比规则》对《海牙规则》主要作了哪些修改?
3.试论我国《海商法》下承运人的法定权利和义务。
4.根据航次租船合同签发的提单有哪些特殊性?
5.试论国际铁路货物运输承运人的归责原则及免责事由。
6.试论国际航空承运人的归责原则及免责事由。
7.试论我国法律中多式联运经营人的责任制度。

案例分析

1.在某案中,承运人承运了一批咸鱼。装咸鱼的藤条箱上注明"远离发动机和蒸汽机"。除此之外,托运人未对货物应如何装运发出任何指示。货物运到目的地后已腐烂变质。经调查,这种货物在进行类似航次时必须进行冷藏,但承运人不知道这一点也没有采取措施。承托双方就货损赔偿问题发生纠纷。请对此展开分析。

2.一批马口铁自英国斯旺西运往加拿大温哥华,途中船舶发生碰撞要入坞修理。在修理时需要打开舱盖,修理过程中下起了雨,但船员没有及时重新关好舱盖或加盖防雨布,使舱内货物受潮生锈。货抵目的港后,提单持有人向船方索赔,船方拒赔,双方由此产生争议。请对此展开分析。

3.在开航前的适航检查时,船员对船上的喉管进行了检查,由于有一处喉管被木箱覆盖,便未对此处进行查看。在航行中,被盖住的喉管处发生了破裂,造成了货损。依《海牙规则》货方和承运人各自会如何主张?

4.一批货物由印度的马得拉斯港装船经新加坡转船运往温哥华,承运人签发了全程运输提单。在新加坡转船时,货物在码头等候装第二程时,在露天仓库受雨淋而遭受损失。货主向承运人索赔,船方以货物不在船上而是在陆地上受损,不属于海上运输为由拒赔。请分析承运人的拒赔理由是否充分? 为什么?

扫一扫,看答案

练习题

第七章

国际货物运输保险法

学习目标

1. 熟悉国际货物运输保险合同的内容。
2. 掌握国际货物运输保险的基本原则。
3. 掌握国际海上货物运输保险的承保范围。
4. 熟悉国际海上货物运输保险条款规定的险别。
5. 了解国际陆上货物运输保险条款规定的险别。
6. 了解国际航空货物运输保险条款规定的险别。

第一节 概 述

> **导问**:国际货物运输保险应遵循哪些基本原则?

一、国际货物运输保险的概念

保险是人们用于应付自然灾害和意外事故的一种手段。投保人以支付保费为代价,将有关风险转移给保险人,一旦发生合同约定的保险事故,由保险人对特定的当事人依照保险合同进行赔偿或给付保险金。保险在本质上意味着风险的分摊和转嫁。

国际货物运输保险是指投保人支付约定

> **知识拓展**
>
> 财产保险和人身保险
>
> 扫一扫

的保费,在运输中的被保险货物遭受承保风险而产生损失时,由保险人按保险金额及损失程度,承担相应的赔偿责任。国际货物运输的方式多种多样,包括海洋运输、陆上运输、航空运输等,国际货物运输保险也可以相应地分为海洋货物运输保险、陆上货物运输保险、航空货物运输保险等。

国际货物运输保险对国际货物贸易具有促进作用。货物在运输途中面临着各种风险,保险可以解决买卖双方的后顾之忧,通过货物运输保险将风险变成固定费用,从而保证交易的正常进行。有了国际货物运输保险,买卖双方也就不必准备大量资金应付可能产生的意外风险。

二、国际货物运输保险合同

(一)国际货物运输保险合同的内容

国际货物运输保险合同的内容主要包括以下几项:①保险人和被保险人。保险人(Insurer)在我国是以公司形式出现的,也就是保险公司,保险合同应当载明保险公司的名称;在国际货物运输保险中,投保人(Applicant)一般就是被保险人,被保险人(Insured)是指其运输中的货物受保险合同保障,享有保险金请求权的人。②货物名称。货物是国际货物运输保险的标的,是作为保险对象的财产。③保险价值。保险价值是指保险标的的实际价值。由于财产保险具有补偿性,所以确定保险价值非常重要,以免保险人的赔付超出被保险人的实际损失。按保险合同是否明确约定保险价值为标准,可将财产保险分为定值保险和不定值保险。保险合同中明确约定了保险价值的为定值保险;当事人在合同中没有约定保险价值,留待保险事故发生后再行估价进行计算的为不定值保险。由于国际运输的货物流动性强,在不同地点发生保险事故可能得出不同的核定价值,因而一般采用定值保险。④保险金额。保险金额是指被保险人对保险标的的实际投保金额。保险金额是保险人对一次保险事故承担赔偿责任的最高限额。法律一般不要求必须就保险标的的全部价值投保,按保险金额与保险价值之间大小,可分为足额保险、不足额保险和超额保险。保险合同约定的保险金额等于保险价值的,称为足额保险;保险金额低于保险价值的,称为不足额保险;保险金额高于保险价值的,称为超额保险。按照保险补偿的性质,在超额保险中,超过保险价值部分的保险无效。⑤保险责任和除外责任。保险责任具体规定保险人承保的风险范围,保险人仅仅对约定的风险事故造成的损失承担赔偿责任;除外责任也就是保险人不予承保责任。保险责任是从正面规定保险人的承保范围,除外责任则从反面规定保险人的承保范围。⑥保险期间。保险期间就是保险责任开始到终止的时间。保险人只对保险期间所发生的承保风险造成的保险标的损失承担赔偿责任。⑦保险费。保险费是保险人同意承保某种风险及损失而收取的报酬。保险费是按照保险费率计算出来的,即保险费=保险金额×保险费率。保险费率则是根据损失率,参照国际保险费率水平、业务成本等因素来确定的。

此外,国际货物运输保险合同还需列明运输工具、运输路线、保险险别等事项。

(二)国际货物运输保险合同的订立和转让

合同成立需要经过要约和承诺两个阶段,国际货物运输保险合同的订立同样需要经过投保与承保的过程。投保人向保险人提出的投保申请属于要约,保险人如果接受承保并在其上签字即构成承诺。保险合同成立后,保险人应当及时向投保人签发保险单或其他保险单证,保险单证上有双方约定的合同内容。可见,保险单据并不是保险合同本身,它是合同成立后才签发的,只是保险合同成立的证明。

保险单(Insurance Policy),俗称大保单,是使用最广的一种保险单据。国际货物运输保险单一般承保的是一个指定运输区段内某一批货物的运输保险。保险单正面载明双方当事人建立保险关系的文字、被保险货物的情况、承保险别、运输工具、保险期间、保险金额、保险费、签发保险单日期和地点、保险人签章、保险金赔付地点等内容;背面则载明保险人与被保险人之间权利义务的格式条款。

我国《保险法》第49条规定,保险标的转让的,保险标的的受让人承继被保险人的权利和义务;保险标的转让的,被保险人或者受让人应当及时通知保险人,但货物运输保险合同除外。法律之所以如此规定,是因为作为保险标的的货物处于承运人控制之下,被保险人不直接保管、照料货物,被保险人是谁对保险人而言并不重要,如果要求每次货物的转让都通知保险人,就会影响货物贸易的便捷性。换而言之,就国际货物运输保险合同而言,在作为保险标的的货物发生转让时,保险合同也相应转移,并且交易双方不需要通知被保险人。

三、国际货物运输保险的基本原则

国际货物运输保险的基本原则,是国际货物运输保险中的基础性和综合性原理。它既是立法机关和司法机关制定、解释和适用相关法律的依据,相关具体制度应当与之相符,也是在保险活动中当事人应当遵循的基本准则。

(一)最大诚实信用原则

诚实信用是所有民事活动都应当遵循的原则,保险作为民事活动之一种,也应当遵守诚实信用原则。同时,保险交易有自身的特殊性,尤其是国际货物运输保险,投保人才知道关于保险标的的具体情况,保险人一般对货物难于做实际查验,投保人所提供的信息就是保险人决定是否接受投保以及保费高低的依据,因此,国际货物运输保险特别强调投保人应履行最大程度的诚实信用(Utmost Good Faith)。

最大诚实信用原则在产生之初主要及于投保人,保险人常以投保人违反该原则为由拒绝履行赔偿义务,随着该原则的发展,目前已成为对投保人和保险人都具有约束力的一项原则。按照最大诚实信用原则,投保人和保险人在合同订立之前都需要履行相应的告知义务;在合同履行直至终止的整个期间,投保人承担信守保证的义务、风险控制与管理的义务,危险增加或事故发生时的通知义务,保险人则有为投保人保守财务与商业秘密、及时赔付等义务。在根据最大诚实信用原则产生的诸项义务中,尤以投保人需要履行的如实告知义务和信守保证义务最为关键,此处仅就此加以展开。

投保人在保险合同订立前履行如实告知义务。对于海上货物运输保险,我国《海商法》第222条规定:"合同订立前,被保险人应当将其知道的或者在通常业务中应当知道的有关影响保险人据以确定保险费率或者确定是否同意承保的重要情况,如实告知保险人。保险人知道或者在通常业务中应当知道的情况,保险人没有询问的,被保险人无需告知。"也就是说,关于保险标的的重要情况,即使保险人没有问及,投保人也应主动告知,投保人需要履行的是无限告知义务。就海上货物运输保险而言,被保险人违反告知义务的法律后果是赋予保险人解除合同的权利。如果被保险人系故意违反,保险人对解除前的保险损失也不承担赔偿责任,并且不退还保险费;如果不是由于被保险人的故意,则对于合同解除前发生保险事故造成的损失,保险人仍旧应当负责赔偿,除非违反与损失之间有因果关系。

对于其他货物运输保险,按我国《保险法》第16条的规定,投保人只需要履行有限的告知义务,由保险人将需要了解的情况向投保人做出询问,投保人如实作答即可。投保人故意或者因重大过失不履行如实告知义务,足以影响保险人决定是否同意承保或者提高保险费率的,保险人有权解除合同。投保人故意不履行如实告知义务的,保险人对于合同解除前发生的保险事故,不承担赔偿或者给付保险金的责任,并不退还保险费;投保人因重大过失未履行如实告知义务,对保险事故的发生有严重影响的,保险人对于合同解除前发生的保险事故,不承担赔偿或者给付保险金的责任,但应当退还保险费。当然,如果保险人在订立合同时已经知道投保人未如实告知的情况的,保险人不得解除合同;发生保险事故的,保险人应当承担赔偿或者给付保险金的责任。

投保人还应履行信守保证的义务。保证(Warranty)是指投保人在保险合同中对保险人作出的关于某种情况的真实性以及承担某种作为或不作为的确认和承诺。保险合同是建立在信赖关系基础上而订立的,信守诺言是履行保险合同的重要基础。按照我国《海商法》第235条的规定,被保险人违反合同约定的保证条款时,应当立即书面通知保险人;保险人收到通知后,可以解除合同,也可以要求修改承保条件、增加保险费。

(二)可保利益原则

在财产保险中,被保险人如因保险标的发生承保范围内的事故以致遭受损失时,保险人应按合同规定给予赔偿。保险人之所以进行赔偿,关键在于被保险人对保险标的具有某种合法的利害关系,即他会因保险标的的发生灭失或损坏而遭受损失,或因其安全到达而获得相应的利益,这种合法的利益就称为可保利益。可保利益(Insurable Interest),

> **知识拓展**
>
> 海上保险合同的概念、特征及法律适用
>
> 扫一扫

又称保险利益,指投保人(被保险人)对保险标的的具有的法律上承认的利益。也就是说,正是因为存在着可保利益,在保险事故发生时,被保险人才会遭受损失或失去利益。

现代意义上的保险源于海上保险。在18世纪中叶之前,海上保险人通常并不要求被保险人证明他们对投保的船舶、货物拥有所有权或者其他合乎法律规定的利益关系,也就是说,不要求投保人对保险标的具有某种利益,其结果是导致许多以被承保的船舶能否完成其航程作为赌博的对象,还诱使某些人刻意破坏航程的顺利完成,严重扰乱了社会秩序和经济秩序。同样,在人身保险中,也曾出现毫不相关的人为某些著名的盗贼投保,等这个盗贼被抓获处死,就向保险人索取保险金。之所以出现这些不合理的结果,主要原因就是当时的法律并不要求投保人对保险标的具有可保利益。目前,各国法律都把保险利益作为保险合同有效的条件,我国《保险法》第 12 条对此也作了规定。

将可保利益作为保险法的一项基本原则,其重要意义在于:①消除赌博的可能性。保险区别于赌博的关键在于保险中有保险利益存在。如果允许投保人在其不具有保险利益的情况下也可以投保,则一旦发生保险事故,被保险人就可以不受损失而得到赔款,这只会使保险成为单纯的赌博。②防止道德危险的发生。道德危险是指投保人或被保险人为诈取保险赔款而违反法律或合同,故意造成和扩大损失的危险。要求投保人(被保险人)具有可保利益原则,就可以防止道德危险,维护社会的安定和善良风俗,否则,不法的投保人为了谋取不正当利益,可能会人为地造成财产的损失,甚至谋害他人生命。③限制赔偿程度。保险利益是被保险人能够获得损失补偿的最高程度,被保险人所主张的赔偿金额,不得超过其保险利益的价值。

就国际货物贸易而言,保险利益的享有者取决于风险的承担者。货物的风险是指货物在运输途中灭失的可能性,无论是买方或卖方,谁实际承担货物损失的风险,谁就对货物具有保险利益。在传统的 FOB、CIF、CFR 等术语中,货物的风险在装运港装上船舶后由卖方转移给买方,可保利益也与此同时由卖方转移给买方,即货物在装运港装上船舶之前,卖方对货物具有可保利益,在此之后则是买方对货物具有可保利益。

在国际货物运输保险中,被保险人对保险标的具有可保利益的时间,不要求在投保时而仅要求在保险事故发生时。如果在货物发生损失时,被保险人对货物没有可保利益,就说明经济利益受到损害的不是被保险人而是其他人,这种情况下将保险金赔付给被保险人就违背了保险的补偿性。这也就意味着,投保时被保险人可以没有保险利益,例如 FOB 术语成交时买方可以提前为货物投保,而并不必等到货物装上船舶后再去投保,在海上运输过程中买方已是风险承担者,此时发生保险事故导致货物受损,买方就会遭受损失,因此其享有保险利益。

(三)近因原则

在已经投保的情况下,保险人仅仅对承保风险造成的保险标的的损失,才承担赔偿责任。也就是说,保险人的承保是有特定范围的,并不是对保险期间发生的所有损失都予以赔偿,造成保险标的的损失的原因必须是承保风险,如果不是,保险人就不予赔偿。此时,需要确定导致保险标的的损失的原因,这种原因在保险法中被称为"近因"(Proximate Cause)。例如,香烟与皮革装在同一船舱内,由于海水浸入,皮革腐烂,散发的气味附着在香烟上,使香烟不能使用。香烟变质的近因是什么?虽然海水没有直接接触香烟,但是香烟的损害是由海上固有的危险——海水浸入船舱直接引起的,因此海上风险是造成损失的近因。又如,航行中船舶浴室铅管被老鼠咬破,虽未立即渗入海水,但后来遭遇风暴天气,船剧烈摇摆,海水从咬破的管道中渗入船舱,致舱内大米湿损。应当认为,大米损失的近因是海上固有风险,而不是鼠害,因为如果老鼠在岸上咬破管道,进入的只是空气,就不会损坏货物,正是因为海水的进入才最终使损害的发生不可避免。

如何判断造成保险标的损失的近因?尽管有很多相关理论,例如相当因果关系说、比例因果关系说、条件说等,实践中还是经常为此产生纠纷。不过可以明确的是,在确定近因时,应当采取"主要功能说"而非"最近时间说",因为前者才能真正体现原因与结果之间的实际联系。或者说,近因不是指时间上的接近,而是效果上的接近,是导致承保损失的真正有效原因;如果各种原因同时存在,要选择一个作为近因,就必须选择那个可以将损失归因于现实性、决定性、有效性的原因。

(四)损失补偿原则

损失补偿原则(Principle of Indemnity)是指因保险事故导致被保险人损失,被保险人从保险人处得到的补偿最多不能超过其实际损失,被保险人不能通过赔付而获得额外的利益。如果被保险人可因保险事故的发生而获得额外利益,自然容易引起道德风险,促成保险事故的发生或导致损失的扩大。可保利益是损失补偿原则的基础,因为被保险人在保险标的上具有可保利益,保险人赔偿的正是这种利益而不是保险标的物本身,所以保险人的赔偿不能超过这种利益价值。如果被保险人没有可保利益,也就是说保险事故发生时被保险人根本没有损失,当然也就无须进行补偿。

代位求偿权和委付制度、重复保险的分摊以及超过保险价值的保险金额无效等规则都是损失补偿原则的具体体现。

保险人的代位求偿权(Subrogation),实质是债权的法定转移。它是指保险人对被保险人的损失予以赔偿后,当第三方根据合同或法律须对该损失承担损害赔偿责任时,被保险人享有的对第三方的债权相应地转移给保险人。例如,在国际货物运输中,由于承运人管理货物不当,将茶叶与樟脑丸放在一起,导致茶叶到达目的港时已串味,如果货方依据保险单向保险人提出索赔,保险人赔付后就可以向承运人进行代位求偿。

海上保险的委付(Abandonment),指被保险人在保险标的物推定全损情况下,要求保险人按实际全损赔偿时,就必须将他在保险标的上的所有残余利益和一切权利放弃给保险人。推定全损是一种法律上认定的全损,并不是真正的全损,货物在推定全损状态下并没有从物质形态上全部灭失,只不过处于一种得不偿失的状态。货物发生推定全损时,之所以要求被保险人应向保险人进行委付,就是为了防止被保险人获得额外利益。

重复保险(Double Insurance)是指投保人对同一保险标的、同一保险利益、同一保险事故分别与两个以上的保险人订立合同,并且保险金额总和超过保险价值的保险。如果存在重复保险,各保险人赔偿保险金的总和不得超过保险价值,除合同另有约定外,各保险人按照其保险金额与保险金额总和的比例承担赔偿保险金的责任。

在超额保险情况下,保险金额高于保险价值的,超额保险中超过保险价值的部分无效,否则就有违保险的损失补偿原则。

第二节 国际海上货物运输保险的承保范围

导问：如何界定国际海上货物运输保险的承保范围？

国际海上货物运输保险的承保范围,包括承保的风险、承保的损失和承保的费用三个方面。在保险实务中,承保风险、承保损失和承保费用都有着特定的解释,正确理解它们的含义,对合理选择投保险别、正确处理保险索赔,具有十分重要的意义。

一、承保的风险

货物在海上运输过程中遭遇的风险,可以分为海上风险和外来风险。

(一)海上风险

在国际货物运输保险中,"海上风险"并不包括所有发生在海上的风险,同时又不局限于海上运输过程中所发生的风险。在航运保险业务中,凡与海洋相连,包括陆上、内河、驳船运输过程中的风险,也常被包含在"海上风险"之中予以承保。海上风险一般可以分为自然灾害和意外事故两类。

自然灾害,是指不以人的意志为转移的自然界力量所引起的灾害。航运保险业务中的自然灾害是指在运输过程中发生的导致货物损失的人力不可抗拒的事件,例如恶劣气候、雷电、海啸、地震和火山爆发等。

意外事故,是指由于偶然的、难以预料的原因导致的事故,如船舶搁浅、触礁、沉没、碰撞以及失火、爆炸等原因造成的事故。

意外事故与自然灾害的重要区别在于:发生意外事故时通常是载货船舶先遭受损害再殃及货物,而自然灾害的发生可能只导致货物的损失而没有伤及船舶。

(二)外来风险

外来风险是指由于海上风险以外的其他外来原因引起的风险。外来风险可分为一般外来风险和特殊外来风险。

一般外来风险,是指由一般外来原因所造成的风险,主要包括偷窃、渗漏、短量、碰损、钩损、锈损、淡水雨淋、破碎、受潮受热和串味等。

特殊外来风险,是指由社会、政治原因所造成的风险,主要包括战争、罢工、进口国政府拒绝进口或没收货物的风险等。

二、承保的损失

损失是指被保险货物在海运过程中由各种风险所造成的损坏或灭失。在航运保险业务中，由于各类灾害所造成的损坏或灭失，也属于海损的范围。按货物损失的程度，海上损失分为全部损失和部分损失。

(一)全部损失

全部损失(Total Loss)是指被保险货物全部遭受损失。按其损失情况不同，又可分为实际全损和推定全损。

1. 实际全损

实际全损(Actual Total Loss)，又称绝对全损，是指作为保险标的物的货物发生保险事故后灭失，或者受到严重损坏完全失去原有形体、效用，或者不能再归被保险人所拥有。

构成实际全损的主要有四种情况：①标的物全部灭失。例如，在海上航行过程中，船舶因遭遇台风进水而沉入海底，船舶及其所载货物全部灭失，发生全损；作为货物的食糖全部掉入海中溶化。②保险标的物受到严重损害，已经不再是被保险的原物。货物在运输过程中遭遇到海上危险，其原有的特性已经全部改变，已经无法表现出投保时的品质，就构成货物的实际全损。例如，水泥由于海水浸泡结成了如石头般的硬块；海水浸泡造成皮革腐烂，皮革发出的恶臭污染了烟叶，使得烟叶无法再做成卷烟；枣子受海水浸泡，检查后已确定不能再供人食用。在这些情况下，从商贸的观点看，保险标的物已经失去了原来的特性，货物已经不再是买卖双方原来交易的对象。当然，如果货物受到损害、运至目的地后仍能出售，并未丧失其属性，就不构成实际全损，仅是部分损失。③被保险人被剥夺了对保险标的物的所有权，不能收回。例如，在战争与武装冲突时期，交战国一方的货物被对方军舰捕获，作为战利品，此时保险标的尽管仍然存在，但已经不能再为被保险人所拥有，也构成实际全损。④载货船舶海上失踪，经相当时间没有音信。我国《海商法》第248条规定："船舶在合理时间内未从被获知最后消息的地点抵达目的地，除合同另有约定外，满两个月后仍没有获知其消息的，为船舶失踪。船舶失踪视为实际全损。"

2. 推定全损

承保货物发生保险事故，修复其损害并将其运到目的地的费用将超过运达目的地的价值，即超过货物获救后到达目的地的完好价值，或者承保货物发生保险事故，认为实际全损不可避免时，就构成推定全损(Constructive Total Loss)。例如，一台机床由宁波运往新加坡，途经广州海域时载货船与他船发生碰撞，损及机床，如果将机床载驳到岸上并修复，并将其运到新加坡的费用总和为24万美元(包括载驳费、修理费和运费)，而在新加坡买一台同样的机床仅需23万美元。此时，尽管机床还有残存价值，但可以被认为已构成推定全损。

推定全损,其实就是法律上认定的假定全损,并不是实际上的真正全损。货物在推定全损状态下没有从物质形态上全部灭失,只不过处于一种得不偿失的状态,就数量而言,其所失可能和实际全损相同,甚至超过实际全损。"当一个人把一分钱掉到很深的水中时,尽管可以使用昂贵的手段再得到它,但是也可以说他已经失去了这一分钱。"

货物发生推定全损时,被保险人可以要求保险人按照部分损失进行赔偿,也可以要求按全部损失予以赔偿。如果要求按全部损失赔偿的,被保险人应进行委付;委付经保险人同意后方为有效,保险人一旦接受委付,就不得撤回;如果保险人拒绝接受委付,仍需按全部损失予以赔偿。

货物的推定全损可分为以下两种:①发生保险事故,且实际全损不可避免。在实际全损不可避免的情况下,法律之所以允许被保险人不必等到实际全损发生后即可提出索赔,实质是将相关利益赋予被保险人,以免双方因是否发生全部损失而引起旷日持久的纠纷。②承保货物发生保险事故,修复其损害并将其运到目的地的费用将超过运达目的地的价值。在此情形下确定是否构成推定全损时,应当考虑一位没有投保的货主通常所要采取的行动,即自己保留货物进行修复并继续运送,还是因得不偿失而放弃货物,这是实务中确定是否构成推定全损的关键。

推定全损是海上保险中特有的一个概念。在海上保险中,被保险人的索赔有时可能不易举证,耗时费力,法律承认推定全损的存在,就能使被保险人得到简便、快捷的损害补偿,并且与委付制度相配合,可以防止被保险人获得不当利益。尤其在某些情况下,就是否构成实际全损有争议情况下,推定全损的存在能使被保险人获得迅捷、充分的赔偿。

(二)部分损失

部分损失(Partial Loss)是指没有达到全损程度的损失。按损失产生的原因不同,部分损失可分共同海损和单独海损。

1. 共同海损

共同海损(General Average),是指在海上运输中,船舶和货物遭遇共同危险,船方为了共同安全,有意和合理地作出的特别牺牲和支出的特别费用。共同海损的成立要件包括:同一海上航程中的财产遭遇共同危险;为了共同安全,采取的措施必须是有意的、合理的和有效的;损失必须是特殊的,是因共同海损措施直接造成的。

共同海损的牺牲和费用支出是为了使船舶、货物或运费免于损失,因而应该由全体受益方,即船方、货方和运费收入方按照获救财产的价值比例进行分摊,这种分摊就是共同海损理算。受益方在分摊共同海损的损失后,一般都可以向各自的保险人索赔。

2. 单独海损

单独海损(Particular Average)是指在运输途中遭遇海上风险所直接造成的损失。例如,货物在运输途中遭遇飓风恶浪,使舱内一批货物被海水浸泡而贬值10%。单独海损的损失与其他货主及船东的利益无关,应由受损货物的货主自行承担。如果受损货物的货主已经投保,则按保险条款的相关规定确定保险人是否应予赔偿。

在此可以补充说明的是:把船货作为一个整体时,共同海损只能是部分损失,但是,如果分别将每位货主的货物视为单个的整体时,共同海损也可以是全部损失。例如,船方

在遭遇火灾时,把某位货主的已部分着火的货物全部抛入海中,或者在遭遇强台风时,把某位货主的重货全部抛入海中,对于作出特殊牺牲的各货主而言,他所遭受的损失就是全部损失,只不过这些特殊牺牲对于船舶和货物的整体而言,只是部分损失。因此,在发生共同海损时,对于某位货主而言,可能是部分损失,也可能是全部损失;单独海损亦是如此。准确理解这一点有助于把握保险条款对承保范围的界定。

三、承保的费用

国际海上货物运输保险中的费用,是指为营救被保险货物所支出的费用,主要包括施救费用和救助费用。

(一)施救费用

施救费用(Sue and Labour Expenses),是指货物遭遇承保范围内的事故时,被保险人或其代理人、受雇人或保单受让人,为了避免或减少货物损失而采取各种抢救措施所支出的合理费用。对于施救费用,保险人以不超过该批货物的保险金额为限,在保险标的赔偿之外另行支付。

法律之所以允许施救费用在保险标的之外以保险金额为限另行赔付,是为了鼓励被保险人在有需要时积极采取抢救措施,避免或减少货物因承保风险所造成的损失。如果在发生承保范围内的事故时,被保险人只能按照保险标的的损失在保险金额范围内进行索赔,就即将发生的损失而言,被保险人会处于两难的境地:如果不采取措施去阻止或减少损失的发生,被保险人的不作为行为可能会被认定为导致损失产生的近因,保险人因此可以拒赔;如果采取措施避免或减少了损失,采取措施所支出的费用却得不到额外的补偿,实际产生的损失却可以获得保险赔偿。为解决这一问题,法律一方面规定被保险人有义务采取措施避免或减少承保损失,另一方面又规定保险人应另行补偿被保险人由此产生的费用。

(二)救助费用

救助费用(Salvage Charge),是指保险标的遭遇承保范围内的事故时,由保险人和被保险人以外的第三者采取救助措施并获得成功后,由被救助方支付给救助方的报酬。由于救助行为使得船舶、货物避免或减少损失,从而减少了保险人的赔付支出,所以救助费用应由保险人负责赔偿。在船舶、货物面临共同危险情况下所作的救助,救助费用一般

拓展思考

在国际货物运输保险中,施救费用和救助费用有哪些不同?

扫一扫

可作为共同海损的费用支出,在受益方分摊以后由各自的保险人进行赔偿。

第三节　国际海上货物运输保险条款

导问:国际海上货物运输保险的基本险和附加险分别有哪些?

在国际海上货物运输保险中,保险人的承保范围是通过各种不同的保险条款确定的,投保人可以根据货物特点、航线与港口的实际情况选择投保适当的险别(Scope of Cover)。

一、我国的海上货物运输保险条款

在我国,进出口货物的海运保险经常使用的是"中国保险条款"(China Insurance Clause,CIC)。该条款是由中国人民财产保险股份有限公司根据我国保险业务实际情况,参照国际保险市场的习惯做法而制定的。"中国保险条款"于1981年修订,现行版本系2009年版。"中国保险条款"所规定的海洋货物运输保险的险别,依据能否单独投保,可分为基本险和附加险两类。基本险可单独投保,附加险不能单独投保,只能在投保基本险的基础上附加投保。

(一)承保险别

1. 基本险

基本险,也称主险,我国海上货物运输保险条款规定了三种基本险别,即平安险、水渍险和一切险。投保人可以根据自己的需要选择其中一种险别进行投保。

（1）平安险

平安险（Free From Particular Average，F. P. A. ）是三种基本险中承保范围最小的一种。平安险的原意为"单独海损不赔"，但现在的承保范围已有所超越，对于某些单独海损也是予以承保的。

平安险负责赔偿：①被保险货物在运输途中由于恶劣气候、雷电、海啸、地震、洪水等自然灾害造成整批货物的实际全损或推定全损。被保险货物用驳船运往或运离海轮的，每一驳船所装的货物可视作一个整批。②由于运输工具遭受搁浅、触礁、沉没、互撞、与流冰或其他物体碰撞以及失火、爆炸意外事故造成货物的全部或部分损失。③在运输工具已经发生搁浅、触礁、沉没、焚毁意外事故的情况下，货物在此前后又在海上遭受恶劣气候、雷电、海啸等自然灾害所造成的部分损失。④在装卸或转运时由于一件或数件整件货物落海造成的全部或部分损失。⑤被保险人对遭受承保责任内危险的货物采取抢救、防止或减少货损的措施而支付的合理费用，但以不超过该批被救货物的保险金额为限。⑥运输工具遭遇海难后，在避难港由于卸货所引起的损失以及在中途港、避难港由于卸货、存仓以及运送货物所产生的特别费用。⑦共同海损的牺牲、分摊和救助费用。⑧运输契约订有"船舶互撞责任"条款，根据该条款规定应由货方偿还船方的损失。

在平安险承保范围的理解上，除去共同海损的损失分摊、施救费用的承担等特殊情况下的损失外，平安险承保的是因自然灾害造成的货物全部损失以及因意外事故造成的货物全部或部分损失。平安险作为承保范围最窄的基本险，对自然灾害和意外事故作了区别对待，因自然灾害导致货物部分损失的概率相对较高，故而排除在平安险的承保范围之外。

（2）水渍险

水渍险（With Particular Average，W. P. A. 或 W. A. ）的原意为"单独海损负责"。水渍险除了承保平安险的各项责任外，还负责被保险货物由于恶劣气候、雷电、海啸、地震、洪水等自然灾害所造成的部分损失。

（3）一切险

一切险（All Risks，A. R. ）除了承保平安险和水渍险的各项责任外，还负责被保险货物在运输途中由于一般外来风险所致的全部或部分损失。这里所说的一般外来风险是指由一般附加险承担的损失，不包括特别附加险和特殊附加险。

拓展阅读

中国人民财产保险股份有限公司海洋运输货物保险条款（2009 版）

扫一扫

2. 附加险

"中国保险条款"规定海上货物运输保险的附加险包括一般附加险、特别附加险和特殊附加险。

（1）一般附加险

一般附加险所承保的保险责任是自然灾害和意外事故之外的一般外来风险造成的损失，共有 11 种。一般附加险包括：偷窃、提货不着险；淡水雨淋险；短量险；混杂沾污险；渗漏险；碰损破碎险；串味险；受潮受热险；钩损险；包装破裂险；锈损险。一般附加险已包括在一切险的责任范围内,如果已投保一切险就没有必要再投保一般附加险。如果投保的是平安险或水渍险,货方可以根据需要选择加保一般附加险中的一种或几种险别。

（2）特别附加险

特别附加险承保的是货物基本险和一般附件险不予承保的基于法律方面原因而产生的风险,包括进口关税险、舱面货物险、黄曲霉素险、拒收险、交货不到险、出口货物到香港或澳门存仓火险责任扩展条款、卖方利益险等7种。

（3）特殊附加险

特殊附加险是指在某一种海运货物基本险的基础上,针对某些特定的社会危险而单独加保的风险,包括战争险、战争险的附加费用和罢工险等3种。

（二）除外责任

除外责任就是保险人对于某些原因引起的损失不负责赔偿。根据"中国保险条款"的规定,保险人在基本险别中的除外责任有以下几方面:①被保险人的故意行为或过失所造成的损失;②属于发货人责任所引起的损失;③在保险责任开始前,被保险货物已存在的品质不良或数量短差所造成的损失;④被保险货物的自然损耗、本质缺陷、特性以及市价跌落、运输延迟所引起的损失或费用;⑤战争险和罢工险条款规定的责任范围和除外责任。

（三）责任期间

对于海上货物运输保险的三种基本险别,"中国保险条款"采取与国际保险市场相同的做法,规定的是"仓到仓"条款(Warehouse to Warehouse Clause,W/W Clause)。也就是说,保险人的保险责任自被保险货物运离保险单所载明的起运地仓库或储存处所开始运输时生效,包括正常运输过程中的海上、陆上、内河和驳船运输在内,直至该项货物到达保险单所载明目的地收货人的最后仓库或储存处所或被保险人用作分配、分派或非正常运输的其他储存处所为止。如未抵达上述仓库或储存处所,则以被保险货物在最后卸货港全部卸离海轮后满60天为止。如在上述60天内被保险货物需转到非保险单所载明的目的地,则以该项货物开始转运时终止。

被保险人无法控制的运输延迟、绕道、被迫卸货、重新装载、转载或承运人运用运输合同赋予的权限所作的任何航海上的变更或终止运输合同,致使被保险货物运到非保险单所载明目的地时,在被保险人及时将获知的情况通知保险人,并在必要时增加支付保险费的情况下,保险仍继续有效,保险责任按下述规定终止:①被保险货物如在非保险单所载明的目的地出售,保险责任至交货时为止,但不论任何情况,均以被保险货物在卸货港全部卸离海轮后满60天为止。②被保险货物如在上述60天期限内继续运往保险单所载原目的地或其他目的地,保险责任按上述"仓到仓条款"的规定终止。

二、英国伦敦保险业协会的海运货物保险条款

在伦敦保险市场上,劳氏 S. G. 保险单(Lloyd's S. G. Form of Policy)从 1795 年开始取代其他海上保险单,成为船舶与货物运输保险的标准海上保险单,1906 年英国《海上保险法》甚至将其列为附件。为补充、修正内容陈旧、用语古老的劳氏 S. G. 保险单,1912 年伦敦保险市场出现"协会货物条款",基本的险别就是平安险、水渍险和一切险,此后又经过数次修订。1982 年 1 月,协会货物保险新条款和新格式的海上保险单在伦敦保险市场上投入使用,并从 1983 年 3 月 31 日开始停止使用旧保单,强制性地要求使用新保单。

与"中国保险条款"相比,伦敦保险业协会的新条款主要有以下不同:①用英文字母 A、B、C 表示原来的一切险、水渍险和平安险,避免了原有险别名称含义不清且与承保范围不符可能产生的误解。②按"中国保险条款",战争险和罢工险是特殊附加险,不能单独投保,但是按 1982 年伦敦保险业协会条款规定,罢工险和战争险有独立的内容,可以作为单独的险别进行投保,恶意损害险是附加险。③"中国保险条款"的险别不但考虑造成损失的风险,还要考虑风险造成的是部分损失或全部损失,而 1982 年伦敦保险业协会条款只按投保标的物遭受损失的原因来确定其保险范围,不再从损失程度上确定承保范围。④1982 年伦敦保险业协会条款增加了承保陆上风险的规定,将其承保范围真正实现从海洋扩展至陆地,增加承保陆上运输工具的出轨、倾覆等危险。

(A)险大体相当于原来的一切险,采用"一切风险减去除外责任"的方法确定保险人的责任。其中所规定"除外责任"包括四大类:一般除外责任(例如归因于被保险人故意的不法行为造成的货物损失和费用,包装不当、自然损耗、货物固有缺陷,由于延迟运输而造成的损失和费用),不适航的除外责任,战争除外责任(海盗属承保范围)和罢工除外责任。由于船舶适航是船方的义务,被保险人(货方)对承运船舶的情况无法获知,更无法控制,因此,在被保险人或其雇员不知情的情况下,保险人放弃船舶适航要求从而使被保险人的索赔权不受影响。或者说,因船舶不适航造成货物损失的情况下,仅在被保险人(货方)知道装货时船舶不适航的,保险人才不予赔偿。

(B)险采用"列明承保风险"的方法确定承保范围,大体相当于原来的水渍险。与水渍险相比,增加了对陆上危险和水浸危险的承保,前者是指陆上运输工具的倾覆或出轨,后者是指海水、河水等进入船舶、驳船、运输工具、集装箱或贮存处所等。(B)险的除外责任与(A)险基本相同,但有以下区别:海盗行为在(A)险承保范围内,但(B)险却列为除外责任;(A)险只对被保险人的故意不法行为造成的货损不负赔偿责任,却没有将被保险人之外的其他人故意不法行为列为除外责任,而(B)险对任何人的故意不法行为所造成货损不负赔偿责任。

（C）险对承保风险的规定采用"列明承保风险"的方法。（C）险承保的是重大意外事故，而不承保自然灾害和一般意外事故，例如装卸风险等。（C）险类似于平安险，可似乎承保范围比平安险还要小一些。（C）险的除外责任（B）险是完全相同的。

此外，恶意损害险是新增加的附加险别，承保被保险人以外的其他人（如船长、船员等）的故意破坏行动所致被保险货物的灭失或损坏。由于恶意损害险的承保责任范围已列入（A）险的承保范围，所以在投保（A）险情况下不需要再投保恶意损害险。

第四节 其他国际货物运输保险条款

导问：如何界定其他国际货物运输保险的承保范围？

陆上、航空等货物运输保险是在海上货物运输保险的基础上发展起来的，相关的保险条款在很大程度上受海上货物运输保险条款的影响。

一、国际陆上货物运输保险条款

中国人民财产保险股份有限公司于 1981 年 1 月 1 日修订了"国际陆上运输货物保险条款（火车、汽车）"，现行版本是 2009 年版。该保险条款规定的是对经铁路的火车运输和经公路的汽车运输的国际贸易货物进行的保险，其内容包括承保范围、除外责任、责任期间、被保险人义务和索赔处理等。

（一）承保险别

陆上货物运输保险中保险人承保的基本险包括陆运险（Overland Transport Risks）和陆运一切险（Overland Transport All Risks）两种，附加险主要是战争险，在此仅介绍基本险。

1. 陆运险

保险人的承保范围包括：①被保险货物在运输途中遭受暴风、雷电、洪水、地震自然灾害所造成的全部或部分损失；②由于运输工具遭受碰撞、倾覆、出轨，或在驳运过程中因驳运工具遭受搁浅、触礁、沉没、碰撞，或由于遭受隧道坍塌、崖崩，或失火、爆炸意外事故所造成的全部或部分损失；③被保险人对遭受承保责任内危险的货物采取抢救，防止或减少货损的措施而支付的合理费用，但以不超过该批被救货物的保险金额为限。

2. 陆运一切险

在陆运一切险中，保险人除承担陆运险的责任外，还负责被保险货物在运输途中由于一般外来风险所致的全部或部分损失。

（二）除外责任

投保陆上货物运输险的基本险,保险人对下列损失不负赔偿责任:①被保险人的故意行为或过失所造成的损失;②属于发货人责任所引起的损失;③在保险责任开始前,被保险货物已存在的品质不良或数量短差所造成的损失;④被保险货物的自然损耗、本质缺陷、特性以及市价跌落、运输延迟所引起的损失或费用;⑤陆上货物运输战争险条款和罢工险条款规定的责任范围和除外责任。

（三）责任期间

陆上货物运输保险的保险期间为"仓至仓"。保险自被保险货物运离保险单所载明的起运地仓库或储存处所开始运输时生效,包括正常运输过程中的陆上和与其有关的水上驳运在内,直至该项货物运达保险单所载目的地收货人的最后仓库或储存处所或被保险人用作分配、分派的其他储存处所为止,如未运抵上述仓库或储存处所,则以被保险货物运抵最后卸载的车站满 60 天为止。

二、国际航空货物运输保险条款

中国人民财产保险股份有限公司于 1981 年 1 月 1 日修订了"国际航空运输货物保险条款",现行版本是 2009 年版。该保险条款规定的是关于经航空运输的国际贸易货物进行的保险,其内容包括承保范围、除外责任、责任起讫、被保险人义务和索赔处理等。

（一）承保险别

航空货物运输保险中保险人承保的基本险包括航空运输险(Air Transport Risks)和航空运输一切险(Air Transport All Risks)两种,附加险主要是战争险,在此仅介绍基本险。

1. 航空运输险

保险人的承保范围包括:①被保险货物在运输途中遭受雷电、火灾或爆炸或由于飞机遭受恶劣气候或其他危难事故而被抛弃所造成的全部或部分损失。②由于飞机遭受碰撞、倾覆、坠落或失踪意外事故所造成的全部或部分损失。③被保险人对遭受承保责任内危险的货物采取抢救、防止或减少货损的措施而支付的合理费用,但以不超过该批被救货物的保险金额为限。

2. 航空运输一切险

在航空运输一切险中,保险人除承担航空运输险的责任外,还负责被保险货物由于一般外来风险所致的全部或部分损失。

(二)除外责任

保险人对下列损失不负赔偿责任:①被保险人的故意行为或过失所造成的损失;②属于发货人责任所引起的损失;③保险责任开始前,被保险货物已存在的品质不良或数量短差所造成的损失;④被保险货物的自然损耗、本质缺陷、特性以及市价跌落、运输延迟所引起的损失或费用;⑤航空货物运输战争险条款和罢工险条款规定的责任范围和除外责任。

(三)责任期间

航空货物运输保险的责任期间是"仓到仓"。保险自被保险货物运离保险单所载明的起运地仓库或储存处所开始运输时生效,包括正常运输过程中的运输工具在内,直到该项货物运达保险单所载明目的地收货人的最后仓库或储存处所或被保险人用作分配、分派或非正常运输的其他储存处所为止。如未运抵上述仓库或储存处所,则以被保险货物在最后卸载地卸离飞机后满30天为止。如在上述30天内被保险的货物需转送到非保险单所载明的目的地,则以该项货物开始转运时终止。

被保险人无法控制的运输延迟、绕道、被迫卸货、重新装载、转载或承运人运用运输合同赋予的权限所作的任何航行上的变更或终止运输合同,致使被保险货物运到非保险单所载目的地时,在被保险人及时将获知的情况通知保险人,并在必要时另行支付保险费的情况下,本保险仍继续有效,保险责任按下述规定终止。①被保险货物如在非保险单所载目的地出售,保险责任至交货时为止,但不论任何情况,均以被保险的货物在卸载地卸离飞机后满30天为止;②被保险货物在上述30天期限内继续运往保险单所载原目的地或其他目的地时,保险责任仍按"仓到仓"条款的规定终止。

◀◀ 本章小结

国际货物运输保险承保的是运输过程中的货物,以国际贸易中的货方为被保险人。货物转让时,国际货物运输保险合同相应转移,并且不需要通知被保险人。国际货物运输保险应遵循最大诚实信用、可保利益、近因、损失补偿等基本原则。

确定国际海上货物运输保险的承保范围,主要是采用界定承保风险、承保损失和承保费用的方法。我国海上货物运输保险条款将险别分为基本险和附加险。基本险包括平安险、水渍险和一切险,附加险则包括一般附加险、特别附加险和特殊附加险。英国伦敦保险业协会海运货物保险条款目前采用(A)险、(B)险、(C)险和战争险、罢工险、恶意损害险的分类方法。

国际陆上货物运输保险条款的基本险有陆运险和陆运一切险之分,国际航空货物运输保险条款的基本险有航空运输险和航空运输一切险之分。

思考题

1. 国际货物运输保险合同包括哪些内容？
2. 国际货物运输保险中的最大诚实信用原则体现在哪些方面？
3. 如何确定国际货物运输保险的可保利益享有者？
4. 如何确定国际货物运输保险中损失产生的近因？
5. 国际货物运输保险中的哪些制度和规则体现了损失补偿原则？
6. 试论海上保险中的委付制度。
7. 试论海上货物运输保险中平安险、水渍险和一切险的区别。
8. 试论英国伦敦保险协会(A)险、(B)险和(C)险的区别。

案例分析

1. 有一份 FOB(或 CFR)合同,货物在装船后,卖方向买方发出装船通知,买方向保险公司投保了"仓至仓条款一切险",但货物在从卖方仓库运往码头的途中,被暴风雨淋湿了10%。事后卖方以保险单含有仓至仓条款为由,要求保险公司赔偿此项损失,但遭到保险公司拒绝。卖方又请求买方以投保人名义凭保险单向保险公司索赔,也遭到保险公司拒绝。在上述情况下,保险公司能否拒赔? 为什么?

2. 中国某进出口公司与欧洲某公司订立了出口中国花生仁的合同,CIF 价格条件,由中国人民财产保险股份有限公司承保一切险,由宁波远洋运输公司 X 轮承运。X 轮于 2011 年1月15日自宁波港开航,3月24日抵达荷兰鹿特丹港,卸货时发现该轮第四舱16000包花生仁部分被带毒性的蓖麻子皮沾污,收货人全部拒收,并向保险公司索赔。保险公司拒赔,认为花生仁部分被带毒性的蓖麻子皮沾污是在保险责任开始前,被保险货物已存在的品质不良所造成,因为船上根本没有带毒性的蓖麻子皮。问:该案应如何处理? 为什么?

3. 某货轮从天津新港驶往新加坡,在航行途中船舶货舱起火,大火蔓延至机舱,船长为了船货的共同安全决定采取紧急措施,往舱中灌水灭火。火虽被扑灭,但由于主机受损,无法继续航行,于是船长决定雇佣拖轮将货船拖回新港修理,检修后重新驶往新加坡。其中的损失与费用有:①1000 箱货被火烧毁;②600 箱货由于灌水受到损失;③主机和部分甲板被烧坏;④拖轮费用;⑤额外增加的燃料、船长及船员工资。请指出这些损失中哪些是单独海损,哪些是共同海损?

4. 某货轮在海上航行时有一船舱突然发生火灾,危及船货的共同安全,于是船长下令灌水将火扑灭。事后检查该船舱中的 800 包棉花,除被烧毁部分外,剩下部分有严重水渍,只能作为纸浆原料出售给造纸厂,得价占原货价值的 30%,即损失了货价 70%;原装在该舱内尚有 300 包大米,经检查这 300 包大米只有水渍损失,而无烧毁或热熏的损失,经晒干处理后,作为次米出售,得价占原价的 40%。按照上述情况,棉花的损失价值占原价的 70%,大米损失价值占原价的 60%。这两种损失是否都属部分损失? 为什么?

5. 中国 A 进出口公司与美国 B 公司签订一份出口玉米合同,CIF 价格成交。2017 年 7月 25 日,A 将货物在上海港装船。随后,A 向某保险公司 C 投保海上运输货物保险。后货轮在海上航行途中遭遇风险,使货物受损。①如果 A 投保平安险,而货物遭受部分损失是由于轮船在海上遭遇台风,货方能否向 C 索赔?②如果 A 投保水渍险,而货物受损是由于货轮船员罢工,货轮滞留中途港,致使玉米变质,货方能否向 C 索赔?③如果发生的风险是由于承运人的过错引起的并且属于承保范围的风险,C 赔偿了损失后,货方能否再向船公司索赔?

6.上海某造纸厂以 CIF 条件向非洲出口一批纸张,因上海与非洲的湿度不同,货到目的地后因水分过分蒸发而使纸张无法使用,买方能否向卖方、承运人或保险人索赔?为什么?

扫一扫,看答案

练习题

第八章

国际结算法

学习目标

1. 掌握票据的概念、特征，票据行为的内容，票据权利的内容、行使及抗辩。
2. 了解票据的功能、类型。
3. 熟悉主要的国际结算方式中当事人之间的法律关系及结算的流程。

第一节 票据法

导问：什么是票据？票据具有什么功能？商事活动中当事人是如何通过票据的使用和流通实现对债权债务关系的结算的？

国际商事活动中，当事人之间发生的债权债务关系需要通过一定的方式加以结算。传统的结算方式是通过现金的收付实现的，但现金结算存在着诸多缺陷，在当今发达的商业社会，现金结算已然不能适应现实经济活动对结算方式的快捷、安全的要求，非现金结算方式逐渐取代了现金结算。非现金结算是以银行作为中介，主要通过使用代替现金起支付作用和流通作用的信用工具，来结算债权债务的一种方法，这种代替现金的信用工具就是票据。在当今社会，票据的使用和流通早已超越了国界，在国际结算中，票据的使用已是非常普遍。然而，各国票据法规定的不统一，对票据的国际使用和流通造成了障碍，因此有必要对各国的票据法加以协调或统一。20世纪30年代，在日内瓦召开的国际票据法统一会议上，签订了《日内瓦统一汇票本票法公约》《日内瓦统一支票法公约》，构成了日内瓦统一票据法体系。不过英美国家并没有加入日内瓦公约。

一、票据法概述

(一)票据的概念、特征和功能

票据(Negotiable Instrument)是出票人签发的,约定由自己或委托的他人,在一定的时间和地点,按票面所载文义无条件支付一定金额给收款人或持票人的有价证券。票据法上所称的票据包括汇票、本票和支票三种。

票据具有以下法律特征:①设权证券。有价证券包括证权证券和设权证券两种。证权证券的签发,其目的是证明某种财产权利的存在,证券代表的财产权利先于证券而存在,如股票、债券等。设权证券的签发是为了设定某种财产权利,权利因证券的签发而产生。票据是设权证券,票据权利义务因票据的设立而产生。②无因证券。票据一经签发,只要符合票据法规定的形式要件即为有效,票据的效力不受票据原因的影响,票据权利的行使和义务的履行也不问设立票据的原因。无因证券的特点使票据的效力不取决于票据原因的效力,从而保障使用票据进行交易和票据流通的安全。③要式证券。票据必须依法定方式做成,符合票据法规定的形式要件,记载票据法规定必须记载的事项,否则票据无效。票据法之所以将票据设计为要式证券,规定票据的形式和应记载的事项,其目的是方便人们使用票据进行交易,也方便对票据效力的审查,从而保障使用票据进行交易的安全,促进票据的转让和流通。④文义证券。票据当事人之间的权利义务,严格依票据所载的文字意义确定,当事人一般不得要求以票据文字记载之外的事实来确定他们之间的权利义务关系。票据作为文义证券同样在于保障票据交易和票据流通的安全。⑤债权证券。有价证券包括物权证券、股权证券和债权证券。物权证券如提单、仓单等,股权证券即股票,债权证券包括债券和票据等。票据的权利人依票据记载可请求付款人、出票人或其他票据债务人支付一定的金额,享有的是债权,因此票据是债权证券。⑥金钱证券。票据以金钱为给付标的,代替现金作为支付工具和流通工具,是金钱证券。⑦流通证券。票据可以通过背书或交付的方式自由转让,是流通证券。⑧完全证券。票据权利的行使以向付款人或票据债务人提示票据为必要,票据权利的转让也以交付票据为要件,票据权利与票据不可分,票据丧失而无法提示票据,便无法行使票据权利,因此票据是完全证券。

票据的功能和作用体现在以下几个方面:①支付作用。票据具有支付作用,票据的交付具有与现金的支付同等的效力,票据本身就是一种支付手段。②结算作用。票据具有结算作用,通过票据的签发和使用可了结商事活动当事人之间的债权债务关系。票据作为一种结算手段,在现代商事活动和商事交易中得到普遍采用。③流通作用。票据一般可以通过背书或交付的方式自由转让和流通,具有流通作用。通过票据的使用和流通,以节约现金的使用。④信用作用。远期票据具有信用作用,商事交易活动中通过远期票据的使用,实现了交货或接受服务与实际付款在时间上的分离,持票人或票据权利人只能在远期票据到期后,才可向付款人或票据债务人提示票据请求付款。⑤融资作用。远期票据可以通过贴现融通资金,因此具有融资作用。票据贴现是指持有未到期票据的人以转让一定利息为代价将票据卖给贴现银行以提前取得现款的行为。贴现银行也可以将未到期票据向其他银行转贴现或向中央银行再贴现。国外还允许企业发行专以融资为目的的融资票据，其融资作用就更为明显。

(二)票据的类型

票据是一种支付和结算的手段和工具，同时票据又是一种有价证券。日本等一些国家未将支票作为有价证券，支票仅仅是一种支付和结算的手段和工具，而汇票和本票则既是一种支付和结算的手段和工具，同时又是一种有价证券。因此在这些国家，票据法仅规范汇票和本票，对支票则另外专门制定支票法加以规范。日内瓦统一票据法公约也采用这种做法。而我国《票据法》规定的票据则包括汇票、本票和支票三种，这三种票据都属于有价证券，都由票据法加以规范和调整。

1. 汇票

汇票(Bill of Exchange)是出票人签发的，委托付款人于见票时或指定的到期日，向持有票据的人无条件支付一定金额的有价证券。汇票是他付证券，汇票的基本当事人有三个，即出票人(Drawer)、付款人(Drawee)、收款人(Payee)或持票人(Holder)。

从不同的角度，可以对汇票作不同的分类：

(1)按照出票人的不同，汇票分为商业汇票和银行汇票。

银行汇票的出票人是银行，商业汇票的出票人是银行之外的商事主体。商业汇票按承兑人的不同又分为银行承兑汇票和商业承兑汇票。承兑是付款人所作的汇票到期时无条件付款的承诺。银行承兑汇票的承兑人是银行，商业承兑汇票的承兑人是银行之外的商事主体，通常由债权债务关系中的收款人签发，经付款人承兑，或付款人签发并承兑，而付款人的开户银行则为代理付款人，对汇票金额付款。

(2)按付款日期的不同，汇票分为即期汇票和远期汇票。

即期汇票见票即付，远期汇票在指定的到期日付款。

在我国，银行汇票是即期汇票，商业汇票一般为远期汇票。根据到期日的指定方式不同，远期汇票又分为定日付款的定期汇票、出票后定期付款的计期汇票和见票后定期付款的注期汇票三种。远期汇票到期日后才能向付款人请求付款，因此有必要在到期日前向付款人请求承兑，由付款人在汇票上作出汇票到期时无条件付款的承诺，以使到期付款获得保障。

根据我国《票据法》和中国人民银行《支付结算办法》的规定，即期汇票的提示付款期限，自出票日起1个月。远期汇票的到期日最长不超过6个月，提示付款期限为汇票到期日起10日。

远期汇票由于在到期日之后才能向付款人请求付款，而在请求付款时可能遭到付款人的拒付，所以需要在到期日前向付款人请求承兑，以获得付款的保障。根据我国《票据法》的规定，定期汇票和计期汇票应在到期日前请求承兑，到期日后可以直接请求付款，无须再请求承兑；注期汇票的持票人应在出票后1个月内向付款人请求承兑，以使得付款人见票并确定到期日。

（3）按汇票的当事人有否发生重合，可以将汇票分为一般汇票和变式汇票。

一般汇票的三个基本当事人分别由不同的人担任，变式汇票的当事人发生了重合。出票人和付款人由同一个人担任的，称对己汇票；出票人和收款人由同一个人担任的，称指己汇票；付款人和收款人由同一个人担任的，称付受汇票；汇票的三个基本当事人都由同一个人担任的，称己付己受汇票。国际结算中使用的汇票通常是变式汇票。

（4）按照汇票有没有附随其他单据，可以将汇票分为光票和跟单汇票。

光票是没有附单据的汇票，凭票据本身即可获得付款。跟单汇票是附随各种单据，只有当所附的各种单据都符合要求，才能获得付款的票据。国际结算中使用的汇票通常是跟单汇票，跟单汇票只有当所附的各种单据都符合要求，如在信用证结算中符合信用证的要求，在跟单托收结算中符合合同的要求，才能获得付款，否则付款人或票据债务人可以拒付。

2. 本票

本票（Promissory Note）是出票人签发的，约定于一定时间由自己无条件向收款人或持票人支付一定金额的有价证券。本票是自付证券，只有两个基本当事人，即出票人和收款人。由于本票的出票人自己就是付款人，所以本票无须承兑。

按本票出票人的不同，可以将本票分为商业本票和银行本票。银行本票的出票人是银行，商业本票的出票人是银行之外其他的商事主体。按本票付款日期的不同，可以将本票分为即期本票和远期本票。即期本票见票即付，远期本票在到期日后才能获得付款。

根据我国《票据法》的规定，在我国只有银行本票，没有商业本票。银行本票分为定额银行本票和不定额银行本票两种，定额银行本票的金额有 1000 元、10000 元、5000 元、50000 元四种。并且在我国银行本票都是即期的，没有远期本票，提示付款期限自出票日起最长不超过 2 个月，持票人可随时请求付款，见票即付。

3. 支票

支票（Check）是银行存款户签发的，委托或授权其开户银行从其账户中支付一定金额给收款人或持票人的票据。

支票的出票人必须事先在银行开立支票存款账户，与银行签订委托付款的协议，从而可以签发支票，委托开户银行从其账户中支付票款给收款人或持票人。支票的出票人必须在其存款余额或银行同意的透支限额内签发支票，禁止签发空头支票，对空头支票银行不予兑付。支票都是即期的，禁止出票人签发远期支票。

支票的付款人只能是经批准办理支票业务的银行。

在我国，支票分为一般支票、现金支票和转账支票三种，都是即期的，其付款期为出票日起 10 日。一般支票可以用于支取现金，也可以用于办理转账；现金支票只能支取现金；转账支票则只能用于办理转账结算。

在国外有划线支票和保付支票等特殊的支票类型。划线支票付款人只能对划线内的银行或其他金融机构付款，使用比较安全。

知识拓展

票据的复本和誊本

扫一扫

保付支票由付款人在支票正面记载照付或保付字样,付款人负绝对付款责任。支票保付的作用类似于汇票的承兑。

(三)票据法律关系

票据法律关系简称票据关系,是指票据当事人之间的票据权利义务关系。票据法律关系因票据的签发完成而产生,收款人是票据债权人,出票人是票据债务人。当收款人将票据转让给他人时,其他持有票据的人取得票据权利,成为票据权利人。在票据法上,一般推定持票人即是票据权利人。

票据法律关系的原始当事人是出票人和收款人,但当背书人在票据上进行背书、付款人对汇票进行承兑、第三人在票据上实施票据保证时,都因此加入票据法律关系,成为票据债务人,对票据权利人承担票据责任。所有的票据债务人都对票据权利人承担连带的票据责任。

票据关系不同于票据的基础关系。票据基础关系又称非票据关系,是指作为票据关系发生基础的法律关系,具体包括原因关系、预约关系和资金关系。原因关系是指作为签发票据或实施其他票据行为原因的当事人之间的交易关系,可以是合同关系、债务关系等。预约关系是指当事人就票据记载事项、票据行为内容事先所作的约定。资金关系是指出票人与付款人间委托付款的协议。

票据关系的产生虽需要有一定基础关系的存在,但票据关系与票据基础关系相分离。票据行为实施后,即在有关当事人之间产生票据关系,票据关系的效力并不取决于票据基础关系的效力,并不以票据基础关系的存在或合法为前提。但是,在票据直接当事人之间,可以票据基础关系进行抗辩,即在具有直接基础债权债务关系的当事人之间,票据债务人可以基础关系的缺失、无效或不合法为由,拒绝向票据债权人履行票据债务。

二、票据行为

(一)票据行为的概念、特征和要件

票据行为是以发生票据上的权利义务关系为目的而实施的要式法律行为,包括出票、背书、承兑、保证等。出票是创设票据权利义务的基本行为,票据上的权利义务均因出票而产生,所以是基本票据行为,其他票据行为则是以出票为前提才发生的,称附属票据行为。

票据行为具有以下特征:

(1)要式性

票据行为必须按照票据法规定的形式和要求实施,记载票据法要求记载的事项,违反这些法定的形式和要求将影响票据行为的效力。

(2)独立性

票据行为之间互不依赖而独立发生效力。所有附属票据行为虽均以出票为前提,但在

法律效力上各票据行为之间是互相独立的,只要票据行为符合法定的要件,就独立地发生法律效力,其他票据行为纵然无效或被撤销,也不影响该票据行为继续有效。

(3)抽象性

票据行为的成立,只要具备票据法规定的要件即为有效的票据行为,而不问票据基础关系的存在或合法与否。票据行为的抽象性使票据关系与票据基础关系相分离。

(4)文义性

票据行为的内容以实施票据行为时在票据上所作的文字记载为准,纵然票据上的某些记载与实际情况不符,一般也不允许以文字记载以外的证据作变更或补充。

(5)书面性

票据行为具有严格的书面形式,应在票据用纸上记载票据法规定必须记载的事项。票据用纸一般由各国的中央银行统一了印制格式或须向其备案,具有统一的格式要求。

票据行为的实施,须具备法定的要件,在票据用纸上记载法定的事项,任何在其他文件上所作的文字记载均不具有票据法上的效力。对票据上所记载的事项,可分为必要记载事项、任意记载事项、无益记载事项和有害记载事项。

必要记载事项包括绝对必要记载事项和相对必要记载事项。前者是票据法规定必须记载的事项,若未作记载,则票据行为无效。如出票时须记载票据的金额、付款人的名称和地址、无条件付款的委托、出票的时间以及出票人的签章等。后者是票据法规定应当记载的事项,如未记载则按票据法的规定确定该事项的内容。

任意记载事项是按票据法规定可以记载的事项,如作了记载,对当事人具有约束力。如远期票据,出票人可以记载到期时的利息,付款人除应支付票据金额外,还应支付从出票日至实际付款日的利息。另外,出票人在签发票据或背书人在背书转让票据时,按我国票据法的规定可以记载"禁止转让"的文字,该记载有效,若收款人或被背书人违背出票人或背书人的要求,将该票据又背书转让给他人,则出票人或背书人对该受让票据的人不承担票据责任。

无益记载事项是按票据法规定不得记载的事项,如作了记载,不发生票据法上的效力,视为无记载。如背书人在背书转让票据时所作的持票人遭付款人拒付时自己不承担责任的记载,在票据法上不发生效力。

有害记载事项是按票据法规定不得记载的事项,如作了记载,则该票据行为无效。如出票人在票据上所作的付款条件的记载,将导致票据无效,因票据的付款委托应是无条件的。另外,承兑人在对票据承兑时所作的付款条件的记载,也将导致承兑无效,因为同样地,承兑应是无条件、无保留的。

(二)出票

出票(Issue)是指按法定形式做成票据并交付给收款人的行为。票据的做成必须具备法定的必要条件,记载必要的事项,票据上的一切权利义务均因出票而产生。出票包括做成票据和交付给收款人两个方面,如票据已

拓展阅读

恒昌公司与赛格公司票据纠纷案

扫一扫

制作完成但未交付给收款人,则并未完成出票行为,票据上记载的收款人也不享有票据权利。

签发票据时,在票据上记载的事项包括票据的种类、票据的金额、付款人的名称和地址、无条件付款的委托、到期日、付款的地点、收款人的姓名或名称、出票的日期和地点、出票人的签章等。其中,到期日、付款的地点为相对必要记载事项。未记载到期日的,视为见票即付。未记载付款地点的,以付款人营业所在地作为付款地。远期票据可以记载到期时的利息。

出票人在签发票据时,如有关的票据记载事项无法确定,可以暂时空缺,留待以后当这些票据记载事项确定时,再授权他人如收款人,补充记载完成,称为空白授权票据,简称空白票据。根据我国票据法的规定,支票的出票人在签发支票时,就支票的金额和收款人的姓名或名称可以空缺,留待以后授权他人补记。补记完成后具有完全票据的效力,付款人或出票人不得以票据原未记载完整为由拒绝承担票据责任。

(三)背书

背书(Endorsement)是指票据持有人为转让票据权利或其他目的依法在票据背面或粘单上记载一定事项,并将票据交付给他人的行为。

背书的目的主要是转让票据和票据权利,转让票据权利的人称背书人,受让票据权利的人称被背书人。一张票据可以经过一系列的背书转让,有多个背书人和被背书人,签章在前面的背书人称前手背书人或前手,签章在后面的背书人称后手。非以转让票据权利为目的的背书包括质权背书和委任背书。质权背书以票据设定质押为目的,被背书人取得质权。委任背书是以委任被背书人取款为目的的背书。

背书应在票据的背面进行,应记载被背书人的姓名或名称,并应有背书人的签章,记载背书的日期。背书人的签章是背书人实施背书行为并同意承担票据责任的意思表示。未记载背书日期的,视为在票据的有效期内实施的背书。非以转让票据权利为目的的背书,背书人应记载背书的目的,即"设定质押""委托收款"或类似含义的文字。未记载背书目的的,则在票据法上视为转让票据权利。如票据的背面已记满,无法再进行背书的,背书人可以在票据的背面附粘单,在粘单上再进行背书。粘单和票据背面的接缝处应有附粘单的背书人的签章,表明粘单上的记载事项与票据背面记载事项是连续的。

背书如未特别记载背书的目的,则是转让票据权利的意思表示,表示背书人承担下述责任:①将票据的一切权利转让给被背书人;②保证出票人及前手背书人的签章的真实性和票据的有效性;③保证票据必然会被承兑或付款。此项保证责任,不仅及于背书人的直接后手,而且及于全体后手。背书人因背书而对票据金额负担保责任,在付款人拒绝承兑或拒绝付款时,由其承担付款责任。

背书人作为票据的出让人,一经在票据上签章,就成为票据的债务人,就将与其他在票据上签章的人连带承担票据责任。被背书人作为票据的受让人,有权取得背书人原有的一切票据权利。并且,善意并支付了相当对价的被背书人享有优于前手的票据权利,其票据权利不因前手背书人的权利瑕疵而受到影响。当票据遭拒付时,有权向所有背书人、出票人及保证人进行追索。

背书时记载被背书人姓名或名称,并由背书人签章的,称记名背书。背书人仅签署自己姓名或名称,不记载被背书人姓名或名称的,称空白背书。我国《票据法》规定背书应当记名,并且记名背书必须连续,即前一次背书的被背书人是后一次背书的背书人,依次衔接,否则持票人不得主张票据权利。

背书不得附"免予追索"及类似的条件,否则所附条件不具有票据法上的效力。背书人可以作"禁止转让"的记载,禁止票据再行转让、流通,若被背书人又将票据背书转让给他人的,则背书人对被背书人的后手不承担担保承兑和付款之责,被背书人的后手遭付款人拒付的,不能向其追索。

票据经背书又转让给前手背书人或出票人的,称回头背书。回头背书中,若持票人遭付款人拒付,则不得向后手追索,而应向前手或出票人追索。例如 A 出票给 B,B 将票据背书转让给 C,C 又背书转让给 D,D 又背给 E,最后 E 又将票据背书转让给 C,C 遭付款人拒付,则 C 不能向 E 或 D 追索,而只能向前手背书人 B 和出票人 A 追索。

票据有效期届满后可再背书转让,称期后背书。期后背书不具有票据债权让与的效力,而只具有一般债权让与的效力,背书人并不承担担保付款的责任。但根据我国《票据法》的规定,期后背书的背书人仍应承担票据责任。

背书人在背书时必须将票据的全部金额同时转让给同一个被背书人。

(四)承兑

承兑(Acceptance)是指远期汇票的付款人同意于汇票到期日承担支付汇票金额的义务,在汇票上作出表示承认付款的文字记载并签章的票据行为。

承兑是远期汇票特有的票据行为,本票由出票人自己付款,无须承兑,支票和即期汇票系见票即付,持票人可随时请求付款,也无须承兑。远期汇票到期日前,持票人可向付款人提示票据,请求承兑,一经承兑,承兑人即成为该票据的第一债务人,承担票据到期时无条件支付票款的绝对责任。

承兑具有以下几方面的作用:①确定付款人对汇票的付款责任。一经承兑,承兑人对汇票的到期付款负绝对责任。②保障票据权利人的权利。汇票是否提示承兑,由持票人自由决定,远期汇票的持票人都乐于将据向付款人提示请求承兑,以使到期时获得付款有保障。③见票后定期付款的远期汇票(注期汇票),通过承兑可确定汇票的到期日。④经过承兑的远期汇票,确定了付款人的付款责任,票据到期时票据权利的实现有保障,从而有利于汇票的流通转让。

拓展阅读

农行西宁东郊办与中银信托承兑汇票纠纷案

承兑包括一般承兑和保留承兑。一般承兑又称单纯承兑,是承兑人毫无保留地对票据金额加以确认。保留承兑又称非单纯承兑或附条件承兑,是承兑人表示承认付款,但有所保留或附有条件。按照我国《票据法》的规定,承兑应当是无条件的,否则视为拒绝承兑。

承兑人对全部票据金额予以承兑的,称全部承兑;对部分票据金额予以承兑的,称部分承兑。按照我国《票据法》的规定,承兑应当是对全部票据金额予以承兑,否则视为拒绝承兑。

(五)保证

票据的保证(Guaranty)是指票据债务人以外的第三人担保票据债务履行的附属票据行为。

票据债务人包括出票人、背书人和承兑人,他们都可以成为被保证的对象。票据保证人应是票据债务人以外的第三人,并且不包括付款人。但有些国家的票据法以及《日内瓦统一票据法》,并不排除票据债务人作为票据保证人。票据保证人的责任以被保证人的票据责任为限。票据保证只适用于汇票和本票。

票据保证应由保证人在票据上签章,记载被保证人的姓名或名称,并写明保证的日期。未记载被保证人的姓名或名称的,按票据法规定以票据的主债务人即承兑人或出票人为被保证人。未记载保证日期的,按票据法规定视为在票据的有效期内实施。

我国《票据法》未规定票据保证可以是部分保证,但也未禁止部分保证,在法律解释上可以认为票据法允许部分保证。但由于票据金额无法分割,部分保证实际上并无多大意义,实践中票据保证应是全部保证,票据保证人应对被保证的票据债务人的全部票据债务承担保证责任。

票据保证不同于一般的民事保证。

第一,票据保证是要式行为,采用书面形式;而民事保证是不要式行为,可以采用书面或口头形式。

第二,票据保证是单方行为,因保证人的单方行为而成立,不必取得票据债权人同意;而民事保证是契约行为,由保证人和债权人协议成立。

第三,票据保证具有附属性,是附属票据行为,被保证人的债务因票据记载事项欠缺而无效的,票据保证也无效,同时又具有独立性,票据保证与票据上的其他票据行为互相独立,即使被保证人的债务无效,但只要被保证人的债务已具备票据法规定的形式要件,票据保证人仍应承担保证责任;而民事保证只具有附属性,被保证的债务无效,保证无效。

第四,票据保证人与被保证人对票据债务负同样责任,即连带责任,不必在被保证人不能履行债务后保证人才履行保证义务,一旦票据遭拒付,持票人就可直接向保证人要求履行债务,支付票款;而民事保证包括一般保证和连带责任保证两种方式,一般保证中只有在被保证人不能履行债务的情况下,保证人才承担代为履行的责任,即一般保证中的保证人对债权人享有先诉抗辩权。

第五,票据保证中,若保证人有多人,保证人承担连带责任;而民事保证中,共同保证人可按约定承担连带保证责任,也可承担按份保证责任。

知识拓展

参加承兑和参加付款

扫一扫

三、票据权利

票据权利是指持票人为取得票据金额，依据票据法所赋予的可对付款人及票据债务人行使的权利。票据权利包括付款请求权和追索权两方面权利。付款请求权是持票人可对票据付款人或承兑人行使的权利，是票据的第一次请求权。追索权是持票人在保全票据上权利后，向应偿还票据金额义务人，包括出票人、背书人、保证人行使的权利，是票据的第二次请求权。持票人应先行使付款请求权，只有在付款请求权得不到实现时，即持票人行使付款请求权遭拒绝或有其他法定原因，如付款人死亡、破产、逃匿等，方可行使追索权。

(一)票据权利的取得

票据权利的取得包括原始取得和继受取得。原始取得包括因票据的创设而取得票据权利以及票据权利的善意取得。因票据的创设而取得票据权利即出票人签发票据给收款人，收款人取得票据权利。善意取得是指票据让与人无票据处分权或存在权利瑕疵，善意并支付了相当对价的受让人可取得票据上的一切权利。即善意并支付了相当对价的持票人享有优于前手的票据权利，即使票据让与人的票据权利有瑕疵，也不影响善意取得人的票据权利，票据债务人不得以对其前手背书人或出票人的抗辩事由对抗善意取得人，票据抗辩因善意取得而切断。善意取得制度的建立，其目的是保障票据交易的安全。

继受取得是指因票据的转让或因继承、企业合并等法定原因而取得票据权利。继受取得分为有偿取得和无偿取得。有偿取得是指持票人为取得票据权利支付了相当的对价。无偿取得是指持票人取得票据没有支付任何对价，如因赠与、继承、企业合并等原因取得票据。无偿取得票据的持票人，即使为善意，其享有的票据权利不得优于前手。

> **拓展阅读**
>
> 票据权利善意取得案例
>
> 扫一扫

(二)票据权利的行使

1. 付款请求权的行使

付款(Payment)有广义和狭义之分。广义的付款是指经持票人提示，一切票据关系人依票据的记载文义，向持票人支付票据金额的行为。广义的付款并不绝对消灭票据关系，如背书人遭持票人追索向持票人支付票据金额后，向前手背书人或出票人再追索，并不导致票据关系的消灭。狭义的付款是指票据付款人或票据主债务人，即承兑人或出票人，为消灭票据关系而向票据债权人支付票款的行为。狭义的付款导致票据关系的消灭。

持票人要求付款人付款，首先要向其提示票据。提示是持票人向付款人现实地出示票据,请求付款人支付票款的行为。提示必须在票据法规定的期限内进行,因付款提示超过票据法规定的期限而遭付款人拒付的,持票人丧失对前手背书人的追索权。持票人作付款提示后,付款人一般即付款。付款人不能当即付款的,按照我国《票据法》的规定,应在三日内决定是否付款。

付款人在付款时应对票据进行审查,但只负责审查票据的形式,而对实质性内容不负认定的责任。付款人对票据形式审查的内容包括:记载事项是否完整、出票人的签章是否真实或票据是否伪造、票据是否经过变造、远期票据是否已经到期、票据背书是否连续、持票人是否为真正的票据权利人等。付款人经过对票据的审查,对不符合付款条

件的,应予拒付。付款人经过对票据的审查未发现问题而付款的,即使对真正票据权利人造成损失,付款人也不承担责任。对远期票据,付款人应于票据到期日付款,如提前付款则应自负其责。

付款是付款人的权利而不是义务,持票人不得强令未作承兑的付款人付款。

2. 追索权的行使

当票据遭到拒付(Dishonour)时,持票人有权向前手背书人、出票人和保证人行使追索权(Recourse),请求支付票款。拒付包括拒绝承兑和拒绝付款。持票人遭付款人拒绝承兑,虽票据尚未到期,持票人也可行使追索权,即期前追索。

追索权的行使应具备以下要件:①必须在法定期限内向付款人提示票据,否则丧失对前手背书人的追索;②在遭到拒付时,必须在法定期限内做成拒绝证书(Protest),即自己在法定期限内提示票据而遭付款人拒付的证明文件,但票据记载免除做成拒绝证书的除外;③在法定期限内将拒付事实通知其前手,并在法定期限内即票据时效期间内行使追索权。

按照我国《票据法》的规定,持票人遭付款人拒付后,应在3日内作成拒绝证书并通知前手,未在该期限内通知前手对前手造成损失的,应承担赔偿责任。

3. 票据权利行使的时效期间和利益偿还请求权

票据时效是指票据权利的行使,即付款请求权和追索权行使的时间。

根据我国《票据法》的规定,票据权利因在下列期限内不行使而消灭:

(1)持票人对远期汇票出票人和承兑人的权利,自票据到期日起2年,见票即付的汇票、本票,自出票日起2年。

(2)持票人对支票出票人的权利,自出票日起6个月。

(3)持票人对前手背书人的追索权,自被拒绝承兑或者被拒绝付款之日起6个月不行使而消灭;持票人对前手背书人的再追索权,自清偿日或被提起诉讼之日起3个月不行使而消灭。

持票人虽因票据时效丧失票据权利,但其民事权利并未丧失,可以要求承兑人或出票人

在其得到的利益限度内偿还与票据金额相当的利益,被称为利益偿还请求权或利益返还请求权。

4.票据丧失时的补救

票据的丧失包括绝对丧失和相对丧失。绝对丧失是指票据物质不再存在,如票据在大火中被烧毁。票据的相对丧失是指票据本身存在但脱离了票据权利人的占有,如票据遗失、被偷、被抢而有可能为他人得到。由于票据是完全证券,行使票据权利以占有和提示票据为必要,票据的丧失使票据权利人无法行使票据权利,并有可能为他人取得,所以应采取相应的补救措施以进行保全。票据丧失可以采取的补救措施包括挂失支付、公示催告和票据诉讼。

(1)挂失止付

挂失止付是票据相对丧失时,票据权利人向付款人发出止付通知,请求付款人暂停付款的一种临时的应急措施。票据绝对丧失时则没有挂失止付的必要。

受理挂失止付并不是付款人的义务,只是在银行业务中,银行普遍都愿意这样做,挂失止付已成为银行业务中的普遍做法。在失票人挂失止付前票款已经被他人冒领的,银行不受理挂失止付,并且只要银行尽了形式审查的责任,银行并不承担责任。付款银行受理挂失止付后,在挂失止付的有效期间内,银行不得付款,否则对失票人造成的损失,付款银行应承担赔偿责任。

按照我国《票据法》的规定,失票人在挂失止付后的3日内应向法院申请公示催告,否则挂失止付自动失效。

(2)公示催告

票据相对丧失或绝对丧失时,失票人可在挂失止付后3日内,也可在票据丧失后直接向票据支付地的基层法院申请公示催告。法院受理公示催告申请后,应通知付款银行对该票据停止付款,并根据公示催告申请人即失票人提供的票据情况发布公告,催告利害关系人在2个月期限内向法院申报权利。在公示催告期间内,所有转让该票据的行为无效。利害关系人在向法院申报权利时应出示票据,利害关系人出示的票据与公示催告申请人所丧失的票据为同一张票据的,申报成立,公示催告程序终结,就该票据的归属当事人可通过普通诉讼程序解决。2个月期限内无人申报或申报不成立的,公示催告申请人可申请法院作出除权判决,宣告所丧失的票据无效,并可判令付款人向公示催告申请人支付票据金额。

(3)票据诉讼

当事人就票据及票据权利的归属有争议的,可通过普通诉讼程序解决。另外,票据权利人在票据丧失时也可以提供担保为前提条件,通过诉讼程序请求付款人支付票据金额,票据时效届满无人向付款人提示票据请求付款的,担保解除。

(三)票据抗辩

票据抗辩是指付款人或票据债务人基于一定的事实和理由,对于票据债权人的请求提出抗辩,拒绝履行票据债务的行为。票据抗辩包括物的抗辩、人的抗辩、恶意或重大过失的抗辩以及无对价的抗辩。

物的抗辩是对抗一切持票人的抗辩事由。其抗辩事由包括：

①有关票据记载的抗辩。如票据记载事项不完整、票据尚未到期、票据上已作票据债权消灭的记载等。

②有关票据效力的抗辩。如票据伪造或变造、无行为能力人实施的票据行为、无权代理实施的票据行为等。

③有关票据债务的抗辩。如票据债务已因时效而消灭、票据债务因保全手续欠缺而消灭等。

人的抗辩是对抗特定持票人的抗辩事由，因票据债务人与特定的票据权利人之间的法律关系而发生。其抗辩事由包括：

①原因关系的抗辩。存在着直接原因关系的票据当事人之间，可以以原因关系不合法、原因关系不存在或消灭、对价未受领或已进行相当于票据金额的给付等为由进行抗辩。

②预约的抗辩。基于票据直接当事人之间的预约，可以进行抗辩。

③票据行为的抗辩。特定的票据行为人和与其相对的特定票据权利人之间可以因票据行为发生抗辩，如其实施该票据行为是由于受到欺诈或胁迫。

④无权的抗辩。如持票人为非真正的票据权利人，可以对其进行抗辩。

拓展阅读

《中华人民共和国票据法》

扫一扫

持票人恶意或重大过失取得票据的，不享有票据权利或其票据权利不得优于前手，若票据债务人对前手存在抗辩事由，则也可对其进行抗辩。但只限于对恶意或重大过失取得票据者，对善意并支付了相当对价的持票人不得进行抗辩。

持票人无对价取得票据，其票据权利不得优于前手，若票据债务人对前手存在抗辩事由，则也可对其进行抗辩。

第二节　汇付中的法律关系

导问：什么是汇付？汇付的业务流程是怎样的？汇付中各方当事人之间是怎样的法律关系？

汇付（Remittance）是最简单的国际结算方式。国际货物买卖合同中约定汇付结算方式的，货物由卖方发运给买方，有关货运单据亦由卖方自行寄送给买方，买方则径自通过银行将货款汇交给卖方，因此该结算方式一般不涉及银行对单据的审核和处理。

一、汇付的当事人

汇付涉及的基本当事人有四个,即汇款人、汇出行、汇入行和收款人。

汇款人即付款人,是国际货物买卖合同中的买方或其他国际商事活动中的债务人。

汇出行是接受汇款人的委托或申请为其汇出款项的银行,通常是债务人即汇款人所在地的银行。

汇入行又称解付行,是接受汇出行的委托,向收款人解付汇款的银行。汇入行通常是汇出行的代理行,是收款人所在地的银行。

收款人是国际货物买卖合同中的卖方或其他国际商事活动中的债权人。

二、汇付的种类和业务流程

采用汇付方式,汇款人在委托汇出行办理汇款时,要按照汇出行的要求出具汇款申请书,写明收款人的名称和地址、汇款金额、具体采用的汇款方式等内容。汇出行在接受汇款人的委托后即有义务按照申请书的指示,用申请书列明的方式通知汇入行将汇款解付给收款人。汇款人在申请汇款时除应向汇出行交付全部所汇金额外,还应支付约定比例的手续费及汇费。

根据不同的汇款方式,汇付分为电汇、信汇和票汇三种。

(一)电汇

电汇(Telegraphic Transfer,T/T)是由汇款人委托汇出行用电报、电传、环球银行间金融电讯网络等电讯手段发出付款委托通知书给汇入行,并委托汇入行将款项解付给指定收款人的结算方式。

汇入行在收到电汇委托通知书并经核对密押无误后,即通知收款人凭适当身份证明取款,收款人收取款项后出具收据作为收妥汇款的凭证。汇入行解付汇款后,向汇出行收回所垫付的款项或邮寄付讫借记通知进行转账,同时将收款人出具的收据寄交汇出行以备核查。

(二)信汇

信汇(Mail Transfer,M/T)是汇出行通过邮政航空信件向汇入行寄发信汇委托书或支付通知书,经汇入行核对印鉴无误后,再付款给收款人的结算方式。信汇与电汇类似,只是汇出行通知汇入行的方式不同。

电汇、信汇的业务流程如图 8-1 所示。

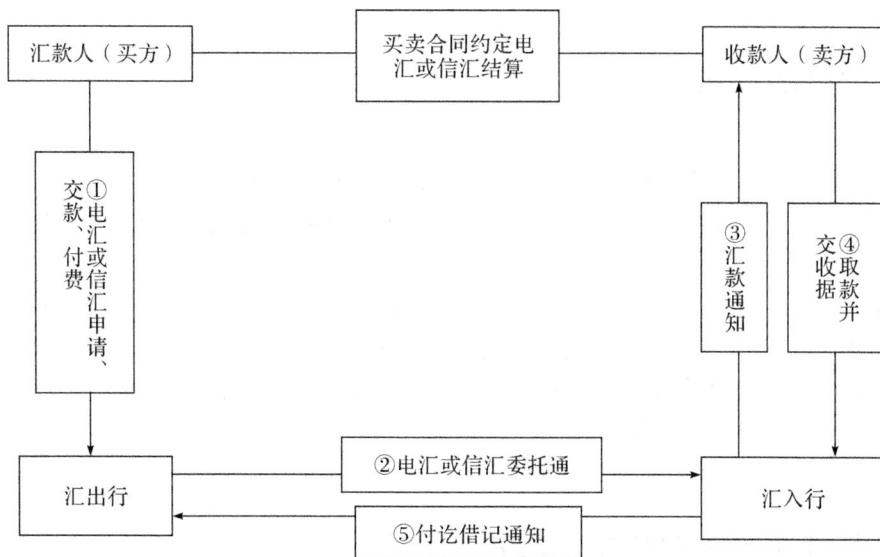

图 8-1 电汇/信汇业务流程

(三)票汇

票汇(Remittance by Banker's Demand Draft, D/D)是以银行汇票作为结算工具的一种汇付方式。汇出行应汇款人的申请,签发以其在国外的代理行或其他往来银行为付款人的银行汇票,并交由汇款人自行寄交给收款人,由收款人凭票向付款行请求付款的一种汇付方式。

票汇的业务流程如图 8-2 所示。

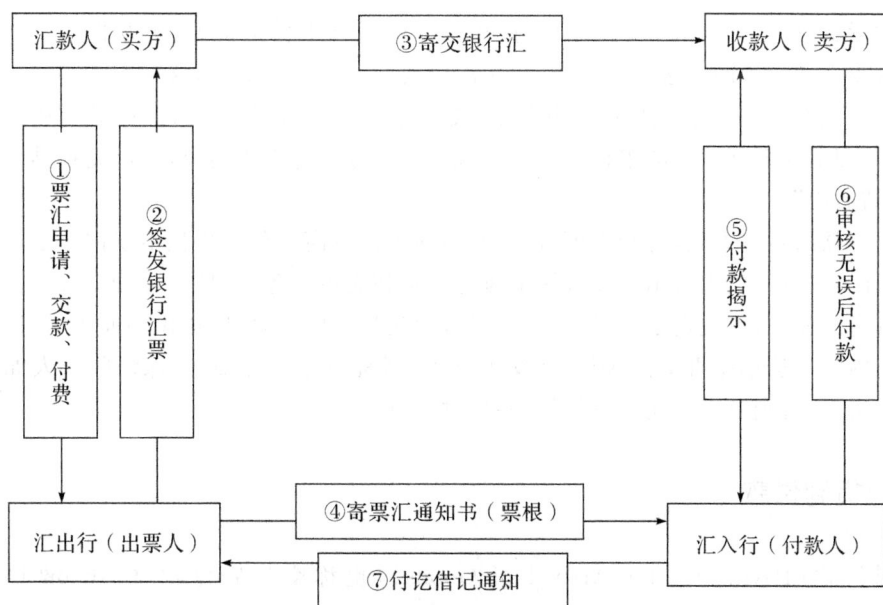

图 8-2 票汇业务流程

三、汇付的性质

依据资金流向和结算工具传递的方向是否相同,国际结算可以分两类,即顺汇法和逆汇法。顺汇法是指债务人或付款人主动将款项交给银行,委托银行通过结算工具,转托外国银行将款项付给国外收款人的一种汇款方法,其特点是资金流向和结算工具的流向一致。逆汇法是由债权人以出具票据的方式,委托银行通过国外代理行向国外债务人收取款项的结算方式,其特点是资金流向和结算支付工具的流向相反。

在汇付方式中,电汇和信汇都使用委托通知作为结算工具,票汇使用汇票等金融票据作为结算工具,这些结算工具都是从债务人流向债权人,与款项本身的流向一致,故为顺汇。

四、汇付在国际贸易中的应用

在汇付结算方式中,银行只提供汇款支付服务,不提供信用担保,因此该结算方式的采用完全取决于买卖双方中一方对另一方的信任,并在此基础上向对方提供信用和进行资金融通,提供信用的一方承担较大的商业风险,汇付方式本身不能确定是有利于买方或卖方的。在国际贸易实务中,汇付主要用于定金、货款尾数,以及佣金等的支付,其使用的范围比较有限。

(一)预付货款

预付货款(Payment in Advance)是指买方先将货款汇付给卖方,卖方收到货款后在一定时间内或立即发货的方法。例如,订货时汇付或交货前汇付货款,这种方法多用于买方提出特殊要求或专门为买方加工的特殊商品,或一些市场畅销而又稀缺的商品。在国际贸易实务中,处理汇入款项业务的银行,向卖方结汇后,卖方才将货物运出,所以此种结算方式又称为"先结后出"。

预付货款的结算方式,有利于出口商,而不利于进口商。预付货款不仅占压了进口商的资金,而且使进口商负担着出口商可能不履行交货和交单义务的风险。因此,进口商有时为了保障自身的权益,就规定了解付汇款的条件,即收款人取款时,应提供书面担保,以保证在一定时间内将货运单据寄交汇入行,转交汇款人;或提供银行保证书,保证收款人如期履行交货交单义务,否则负责退还预收货款,并加付利息。

(二)货到付款

货到付款(Payment after Arrival of Goods),也称交货后付款(Cash on Delivery, COD),是指卖方先发货,待买方收到货物后,在一定时间内或立即将货款汇交给卖方的结算方式。此种交易实际属于记账赊销交易(Open Account Transaction,O/A)或延期付款结算。这种方法对买方比较有利,这是因为在该结算方式下,资金的承担者是卖方,其货款的收回通常需在买方收到货物后的一段时间,甚至是很长的一段时间;同时,卖方在发货后能否按时收回货款,取决于买方的信用,如买方拒不履行或拖延履行付款义务,出口商就要承担货款落空的严重损失或晚收款的利息损失。

(三)交单付现

交单付现(Cash against Documents,CAD),也称凭单付汇(Remittance against Documents)、凭单付款。它是买方先通过汇出行将货款以电汇或信汇方式汇给汇入行,指示汇入行凭卖方提供的某些指定单据和装运凭证付款给卖方。汇入行根据汇出行的指示向卖方发出汇款通知书,作为有条件付款的依据,出口商根据汇款通知书向汇入行提交与通知书规定相符的单据并凭以向汇入行取得汇款。

交单付现方式相较于一般的汇付方式,比较容易为买卖双方所接受。它介于预付货款和货到付款两者之间:对买方而言,比预付货款多一层保障,可以防止卖方支取汇款后不交货、不交单或不按合同规定如期交货、交单;对卖方来说,只要及时按合同交货、交单,便可立即向汇入行凭货运单据支取全部货款。但是,汇款在尚未被收款人支取前是可以被撤销的,即汇款人有权在收款人支取款项前随时通知银行将汇款退回,因此卖方在收到汇入行的汇款通知后,应尽快发运货物,从速向汇入行交单支款,以防货已发运而汇款被撤,从而有效控制交易风险。

五、汇付中各方当事人之间的法律关系

电汇、信汇业务中,汇款人委托汇出行办理汇款,双方之间形成委托关系,汇款人向汇出行出具的汇款申请书即是委托合同的主要载体。同样地,汇出行委托汇入行向收款人付款,双方之间也形成委托关系,汇出行向汇入行出具的电汇或信汇委托通知是委托合同的主要形式。汇出行作为汇款人的受托人、汇入行作为汇出行的受托人,应各自按照委托的指示办理相关事宜。若未尽到受托人的义务,致使委托方遭受损失,应承担相应的法律责任。

票汇业务中,因银行汇票的使用,在各方当事人之间产生票据法律关系。汇出行是出票人、汇入行是付款人、卖方为收款人,汇出行签发汇票给收款人(通过买方寄交),并委托汇入行向收款人付款(通过寄票汇通知书的方式进行委托),收款人向付款人作付款提示,付款人在对汇票审查无误后,即向收款人支付票款。

第三节　托收中的法律关系

导问:什么是托收?托收的业务流程是怎样的?托收中各方当事人之间是怎样的法律关系?

一、托收的概念及其当事人

(一)概念

托收(Collection)是"委托收款"的简称,是一种常见的国际结算方式,通常是由卖方对买方开立汇票,并委托银行向买方收取货款的结算方式。为统一托收规则,国际商会于1967年编纂了《商业单据托收统一惯例》,此后于1978年、1995年进行了修订。1995年修订的版本名为《托收统一规则》(The Uniform Rules for Collection),共有26个条文,由国际商会以第522号出版物形式发布,故称URC522。这项惯例并无普遍的法律拘束力,完全凭当事人在合同中自愿采用,但目前它在国际结算中已得到广泛的承认和使用。

托收分为光票托收和跟单托收两种。光票托收是指不附带商业单据的金融单据的托收,即仅把金融单据(主要是汇票)委托银行代为收款。光票托收主要用于货款尾数、小额货款、从属费用等的收取。跟单托收(Documentary Collection)是指金融单据(主要是汇票)附带商业单据或不用金融单据的商业单据的托收。国际结算中,托收一般采用跟单托收的方式,本节主要介绍跟单托收。

跟单托收的基本做法是:卖方根据国际货物买卖合同的约定先行发运货物并取得装运单据等商业单据,然后开立汇票(或不开汇票),连同商业单据委托卖方所在地银行(托收行),通过其在买方所在地的分支机构或代理银行(代收行),代为向买方收取货款。跟单托收中,只有当汇票所附的各种商业单据都符合买卖双方签订的国际货物买卖合同的要求,才能够获得买方的付款。

(二)当事人

托收涉及的基本当事人有四个,即委托人、托收行、代收行和付款人。

委托人(Principal)是指开出汇票(或不开汇票)委托银行向国外的付款人收款的当事人,通常是国际货物买卖合同中的卖方。

托收行(Remitting Bank)是指接受委托人的委托并转托国外银行向国外的付款人代为收款的银行,通常是卖方所在地的银行。

代收行(Collection Bank)是指接受托收行的委托,代为向付款人收款的银行,通常是买方所在地的银行。

付款人(Payer or Drawee)是负有付款义务的当事人,通常是国际货物买卖合同中的买方。

二、跟单托收的种类和业务流程

（一）种类

跟单托收根据交单条件的不同，可以分为付款交单和承兑交单两种。

1. 付款交单

付款交单（Documents against Payment，D/P）是以买方的付款为卖方交单的条件，即卖方将汇票连同商业单据交给银行托收时，指示银行只有在买方付清货款时才能交出单据。在这种条件下，买方必须按汇票上的金额付款，才能获得货运单等商业单据，并凭货运单据提取货物，否则买方便无法取得货运单据项下的货物。

付款交单又可分为即期付款交单和远期付款交单两种。

即期付款交单是指卖方开立即期汇票，通过银行向买方提示，买方见票后即付款，并于付款后即取得商业单据。

远期付款交单是指卖方开立远期汇票，通过银行向买方作承兑提示，买方承兑后，于汇票到期时再付款，并取得货运单等商业单据。

2. 承兑交单

承兑交单是（Documents against Acceptance，D/A）指卖方的交单以买方承兑汇票为条件。卖方开立远期汇票，通过银行向买方作承兑提示，买方承兑汇票后即可取得货运单等商业单据，并凭单据提取货物，待汇票到期后再支付票款。承兑交单只适用于远期汇票的托收。由于这种托收方式存在汇票到期后不获付款的风险，相对来说卖方面临较大的风险。

（二）业务流程

跟单托收一般按照以下程序进行：

①卖方按照国际货物买卖合同的约定发运货物后取得货运单据，签发以买方（或买方指定的第三方）为付款人的即期或远期的商业汇票，填写托收申请书，连同商业发票等单据一并交托收行，委托其代收货款。

②托收行向代收行发出托收委托书，连同汇票、商业单据寄交代收行，要求其按照指示代收货款。

③代收行收到汇票和单据后，及时向买方作付款或承兑提示。如为即期汇票，买方应立即付清货款，并取得货运单据。如为远期汇票，买方应立即对汇票进行承兑。如为远期付款交单方式，买方承兑后的汇票及商业单据由代收行保管，待汇票到期后代收行再通知买方付款赎单。如为承兑交单方式，买方承兑后即取得全部商业单据，待汇票到期后，代收行再向买方提示汇票请求买方付款。

④代收行收到货款后,应立即将货款转付给托收行。

⑤托收行收到货款后,应立即支付给卖方。

跟单托收的业务流程如图 8-3 所示。

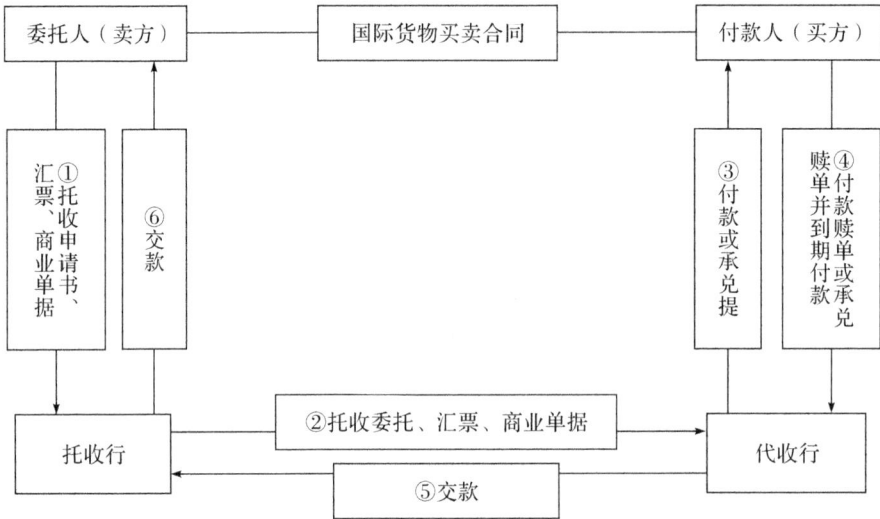

图 8-3　跟单托收业务流程

三、跟单托收的性质

在托收方式下,汇票等金融结算工具是从出口商流向进口商,而资金则由进口商流向出口商,结算工具和货款的流向相反,故为逆汇。

不论是托收行还是代收行,对汇票的付款人拒付或拒绝承兑都不承担任何义务或责任,他们的责任在于及时向付款人提示汇票,并于遭到拒付或拒绝承兑时把详细情况告诉委托人。卖方能否收到货款,取决于买方的信用,因此从信用性质上说,托收属于商业信用,而不是银行信用。托收支付方式,不论是付款交单还是承兑交单,对卖方有较大风险:即使是即期付款交单,货已交运,万一买方因市价低落或财务状况不佳等原因拒付,卖方将遭受来回运输费用和货物不得已被迫低价转售的损失;远期付款交单和承兑交单,特别是承兑交单,对卖方的风险更大。

四、跟单托收中各方当事人之间的法律关系

(一)委托人与付款人之间的关系

委托人与付款人在托收业务发生之前就已产生了合同关系,合同的性质取决于两者之

间基础交易的类型。在跟单托收的货物贸易中,两者分别是出口商和进口商,是买卖合同关系。出口商的义务包括:按合同规定装运货物;向进口商提交符合合同要求的单据种类和单据内容。进口商的义务是按合同规定及时付款。

(二)委托人与托收行之间的关系

跟单托收中,托收行在接受卖方的托收申请后,双方之间就形成了委托关系。委托人填写托收申请书,托收行接受委托人的申请,双方的委托关系建立,托收行按照委托人的指示办理相关业务,委托人应向托收行支付手续费和相关费用。托收申请书的主要内容包括:付款人及其账户行的名称和地址;交单方式;收妥货款的处理方式;银行费用的分摊;拒付处理等。银行办理托收业务时,应完全按照委托人的指示办理,银行(包括代收行)对托收过程中遇到一切风险、费用开支、意外事故均不负责任,而由委托人承担。

(三)托收行与代收行之间的关系

托收行向代收行签发的托收指示,代收行接受后,双方之间也产生了委托关系。委托指示的内容应与委托人对托收行所发出的托收申请书内容一致。托收指示的重要性在于:所有的托收业务必须附有一个单独的托收指示;代收行仅仅依据托收指示中载明的指示办事;代收行不得从别处寻找指示,也没有义务审核单据以获得指示。代收行应执行托收行的托收指示,保管好单据,但没有义务处理委托人的货物,同时应向付款人告知托收行代收情况。

(四)委托人与代收行之间的关系

对于委托人与代收行之间是否存在直接的法律关系,尚有一定的争论。国内学界曾普遍认为委托人与代收行之间不存在直接的法律关系,如果代收行违反托收指示行事,致使委托人受到损失,委托人不能直接起诉代收行,而只能通过托收行向他起诉。此外,按URC522 规定,如损失是因代收行没有执行托收的指示造成的,托收行无须向委托人承担责任。如果按照上述规则确定相关主体间的权利义务关系,对委托人是不公平的,也是不合理的。在我国的司法实践中,已经出现国内出口商以委托人身份直接起诉国外代收行并获得胜诉的判决。

(五)代收行与付款人之间的关系

代收行与付款人之间并不存在合同关系。付款人对于代收行应否付款,并非根据他对代收行应付的责任,而是根据付款人与委托人之间的基础合同关系。

此外,在跟单托收中,若卖方签发了以买方或买方指定的第三方为付款人的汇票,则在出票人(卖方)、付款人(买方或买方指定的第三方)、收款人(卖方或卖方确定的第三方)之间形成票据法律关系。该汇票为跟单汇票,只有当汇票所附的商业单据符合买卖双方合同中的约定时,才能获得付款人的付款或承兑。若汇票遭付款人拒绝付款或拒绝承兑,代收行和托收行不承担责任,汇票遭拒付的风险由委托人即卖方自行承担。对即期汇票,付款人应在代收行向其作付款提示后即付款,并取得汇票所附的全套商业单据,此为即期付款交单。对远期汇票,付款人应在代收行向其作承兑提示后即予以承兑,并在汇票到期后代收行向其作付款提示后即予以付款,同时取得汇票所附的商业单据(远期付款交单),或者在对远期汇票予以承兑后即取得汇票所附的商业单据,并在汇票到期后代收行向其作付款提示后付清全部票款(承兑交单)。

第四节　信用证中的法律关系

> **导问**:什么是信用证结算?信用证结算的业务流程是怎样的?信用证结算中各方当事人之间是怎样的法律关系?

信用证(Letter of Credit,L/C)是由银行以自身的信誉向卖方提供付款保证的一种凭证,是银行根据买方的请求,开给卖方的一种保证承担付款责任的证书。信用证是为了解决国际货物买卖中买卖双方的互不信任而产生的,目前已成为国际结算中被广泛使用的一种重要的结算方式。通常所说的信用证就是跟单信用证。为统一各国对信用证条款的解释和做法,国际商会于1930年制定了《商业跟单信用证的统一惯例》供各银行自由采用,后经多次修改,最新版本为国际商会600号出版物,其名称是《跟单信用证统一惯例》(Uniform Customs and Practice for Documentary Credits),简称UCP600,于2007年7月1日开始启用。尽管UCP600不是强制性规范,但在银行办理信用证业务时一般都注明受该惯例的约束。

一、信用证的当事人

一般而言,信用证的基本当事人有四个,即开证申请人、开证行、通知行和受益人。

开证申请人(Applicant)是指向银行提出开立信用证申请的人,一般为国际货物买卖合同中的买方。开证申请人为信用证交易的发起人。

开证行(Issuing Bank)是指按照开证申请人的请求开立信用证的银行,一般为买方所在地的银行。开证行与开证申请人之间的权利义务,以开证申请人填写的开证申请书为依据。开证行一经开出信用证,即应按信用证规定的条款承担付款责任。

通知行(Advising Bank)是指接受开证行的委托,通知信用证的银行,一般为卖方所在地银行,通常是开证行的代理行。

受益人(Beneficiary)是指信用证上指定的有权使用该信用证的人,一般为国际货物买卖合同中的卖方。受益人有权按信用证的规定签发汇票向开证行或开证行指定的其他银行请求支付货款。受益人可以将其按信用证规定签发的汇票背书转让给他人,并对受让汇票的被背书人及其后手承担担保承兑和付款的责任。

除上述基本当事人之外，具体的信用证业务中还可能出现付款行、保兑行、议付行等其他的当事人。

付款行（Paying Bank）是指经开证行授权或委托，对信用证项下受益人出具的汇票进行付款或承兑的银行。开证行一般兼为付款行，但开证行也可以授权或委托其他银行代为付款。此时，受益人就应根据信用证的规定在签发的汇票中记载该第三方银行为付款人。

保兑行（Confirming Bank）是指应开证行的请求或授权对信用证加具保兑的银行。保兑行具有与开证行相同的地位和责任，若开证行倒闭或无理由拒付，保兑行须承担绝对付款责任。信用证经保兑行保兑后，称为保兑信用证。

议付行（Negotiating Bank）又称押汇银行或贴现银行，是指买入或贴现受益人开立和提交的符合信用证规定的汇票和单据的银行。开证行可以在信用证中指定议付行，若未指定，所有银行均有权进行议付。议付行在对受益人提交的汇票和单证审核无误后，即可垫付汇票的款项，在扣减垫付利息后支付给受益人。若议付行最终遭开证行或付款行的拒付，有权向作为出票人的受益人追索。实践中，议付行大多由通知行担任。

二、信用证的业务流程

信用证的业务流程随信用证类型的不同而有所差异，但就其基本流程而言，以最为常见的跟单信用证为例，大体要经过以下各个环节：

（1）申请开证

国际货物买卖合同的买方（开证申请人）根据合同的要求，向当地的银行（开证行）申请对卖方（受益人）开立信用证。向开证行申请开立信用证时，应按照开证行的要求递交开证申请书，提出信用证的条款，即受益人须提交的符合买卖合同要求的单据条款，并列明受益人的名称和地址、信用证的类型、到期日等内容，同时向开证行承诺单据到达后如期付款赎单，否则开证行有权没收其所缴纳的保证金并有权对单据进行处置。申请书所列内容尤其是提出的信用证条款，应与买卖合同约定的条款相一致。另外，开证申请人应按照开证行的要求向开证行缴纳一定比例的保证金，作为其届时付款赎单的担保。

（2）开证

开证行接受开证申请人的开证申请后，按照申请书的内容向指定的受益人开出信用证，并将信用证以邮寄或电讯方式传递给卖方所在地的代理行或往来行（通知行），委托其转递给受益人。

（3）通知

通知行收到信用证后，经对开证行的签章或密押核实无误后，将信用证转交或通知受益人，同时留存副本或复印件备查。

（4）审证、交单、议付

受益人在收到信用证后，应对信用证条款是否与买卖合同的约定相一致进行审核，如有不符或信用证条款有差错，应通知开证申请人，要求对信用证进行修改，并由开证行将信用证修改通知书按信用证传递流程传递给受益人。

受益人对信用证审查无误或对信用证修改通知书认可后,发运货物并缮制、取得信用证所要求的全部单据,再签发以开证行或信用证上指定的其他银行为付款人的汇票,在信用证规定的交单期和信用证有效期内,将汇票及所附的全部单据向当地的议付行申请议付。

为降低议付行为避免遭开证行拒付的风险,可以在议付前与开证行联系,取得开证行对受益人所提供的全部单据都符合信用证的要求的确认后,再予以议付,将汇票金额在扣减垫付的利息后支付给受益人。

(5)索偿

议付行议付后,将汇票和单据寄交汇票的付款人(开证行或其指定的其他银行)请求偿付票款。

(6)偿付

开证行或其指定的其他银行收到议付行寄来的汇票和单据后,经审查认定汇票所附的全部单据都符合信用证的要求,即按照信用证的规定对该汇票予以付款(即期汇票)或承兑(远期汇票)。对其承兑的远期汇票,在到期后再予以付款。如发现单据与信用证的规定不符,则可以拒付。

(7)付款赎单

开证行履行偿付义务后,即通知开证申请人即买方付款赎单,开证申请人核验单据无误后,向开证行办理付款手续,原缴纳的保证金可以在付款时予以扣减。开证申请人付款后即取得全套单据,并凭运输单据向承运人提取货物。

跟单信用证的业务流程如图8-4所示。

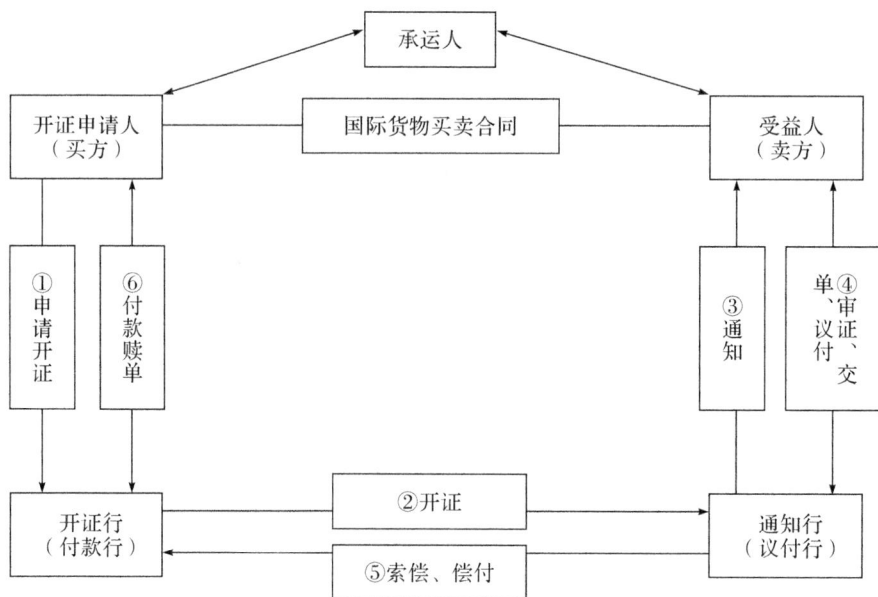

图 8-4　跟单信用证业务流程

三、信用证的性质和特点

(一)信用证是银行信用

信用证是开证行向受益人的付款承诺,开证行处于第一付款人的地位,它的付款责任是首要的和独立的,即使买方失去偿付能力或拒绝付款,只要卖方提交的单据符合信用证条款,开证行也有义务付款。信用证是一种由开证银行以自己的信用作保证的银行信用。

(二)信用证具有独立抽象性

信用证具有独立抽象性,信用证根据买卖合同而开立,但一经开立,就独立于买卖合同。银行没有义务去审核信用证与买卖合同的一致性,卖方提交的单据即使符合买卖合同的要求,但如与信用证条款不一致,也会遭到银行拒付。开证行和参与信用证业务的其他银行只按信用证规定履行自己的义务。信用证的开立是以买卖合同为依据的,但是信用证与买卖合同是两个相互独立的文件。

(三)信用证具有表面真实性

银行审单时只要单内相符、单单相符、单证相符就应付款;银行的审查只限于表面真实性,没有实质审查义务。尽管银行只根据表面上符合信用证条款的单据承担付款义务,但这种符合要求却非常严格,称之为"严格相符"。

此外,在跟单信用证中,卖方开立的汇票一般以开证行或付款行作为汇票付款人,信用证的结算工具流向与资金流向相反,信用证因而属于逆汇。

四、信用证中各方当事人之间的法律关系

(一)开证申请人与开证行之间的关系

买方向开证行申请开立信用证给卖方,开证行接受买方的申请向卖方开出信用证,在买方与开证行之间形成一种委托合同关系。在该委托合同关系中,买方作为开证申请人应向开证行支付约定的费用,并按照开证行的要求缴纳一定比例的保证金,在开证行向其提交符合信用证要求的单据时,买方应按照约定付款以赎取单据;而开证行应按照买方的要求向卖方开出信用证。

(二)开证行与受益人之间的关系

开证行与受益人之间就是信用证关系。信用证究竟适用何种法律？这是一个尚有争论的问题。有的学者主张保证说,认为信用证是开证行的一种付款保证;有的英美法学者赞同禁反言说,认为开证行一旦开出信用证就不得反悔,并因此需要承担付款责任;还有持单方承诺说,认为信用证是开证行付款的单方承诺。目前,主流观点认为信用证是一种合同关系,即以信用证为表现形式的合同关系,在该合同关系下,开证行的义务是在受益人提供合格单据时付款,受益人只有在提供相符合要求的单据时才能要求开证行付款。

(三)通知行与开证行、受益人和开证申请人的关系

通知行与开证行是委托关系。通知行接受开证行的委托,将信用证通知受益人并从开证行处获得佣金。

通知行与受益人之间不存在合同关系。通知行之所以通知受益人,不是其对受益人负有通知义务,而是对开证行负有通知义务。通知行只是转达了开证行的付款承诺,而不代表其自身也作出了对受益人的付款承诺。但是,通知行通知信用证时必须核实信用证的真实性,如果通知行无法确认信用证的真实性,应在通知时告知受益人,如果没有此种告知的,受益人即可认为信用证是真实的,否则应由通知行承担相应的法律责任。

通知行与开证申请人之间不存在直接的法律关系,通知行只是接受开证行委托代为通知信用证。

(四)议付行与开证行、受益人之间的关系

在议付行与开证行之间,如果开证行指定或授权其他银行议付,而其他银行接受,则在两者之间产生合同关系。在该合同关系中,开证行应接受议付行寄交的符合信用证要求的单据,并偿付议付行;议付行则负有对开证行负有审核单据的义务,如果议付行进行议付时的单据与信用证规定不符,开证行有权拒绝偿付。即使是自由议付信用证,也可以认为开证行对任何一家银行进行了议付授权。

受益人无权要求开证行指定或授权的银行议付,但一旦议付行进行了议付,则议付行与受益人之间就是单据买卖关系,议付行与受益人之间是票据法上的持票人和出票人关系,如果议付行持单证向开证行索偿而被合理拒绝后,可向受益人追索。议付行议付后,享有对开证行的偿付请求权或票据法上的付款请求权。

(五)开证申请人和受益人之间的关系

开证申请人和受益人是信用证的基础合同关系,在信用证项下并无直接的法律关系。当货物买卖合同规定以信用证方式付款时,买方就承担了申请开出信用证的义务。买方不履行开证义务,是一种重大的违约行为,卖方有权按照合同规定,拒绝履行交货义务,还可以

向卖方索赔因此而遭受的损失。

此外,在卖方即信用证受益人按照信用证的要求签发汇票的情况下,在有关当事人之间又形成票据法律关系。卖方为出票人,开证行或其指定的其他银行为付款人,卖方签发的汇票为跟单汇票,在收款人(信用证受益人)或其他持票人向付款人提示汇票后,在汇票所附的单据符合信用证要求的情况下,付款人即应按照信用证的规定,予以付款(即期汇票)或承兑(远期汇票),并对远期汇票在到期后予以付款。在收款人向议付行议付,即以背书方式将汇票转让给议付行后,收款人作为背书人应对议付行即被背书人承担担保汇票付款或承兑之责。若该汇票最终遭到付款人的拒付,议付行有权向收款人行使追索权,要求返还议付的款项并赔偿相关损失。

五、信用证欺诈例外

(一)概念

信用证独立于基础买卖合同,具有独立抽象性,银行以单证相符作为对外付款的唯一条件,信用证受益人就有可能伪造单据,并在获得银行付款后逃之夭夭。信用证欺诈案例的频繁发生对信用证制度以及整个国际贸易的顺利发展构成了严重的威胁,同时也凸现信用证独立抽象性原则的制度缺陷。对独立抽象性原则进行软化处理成为信用证制度健康发展的必然要求,欺诈例外(Fraud Exception)也就成为解决信用证欺诈问题的重要方法。

信用证欺诈例外是指,如果受益人的行为构成了对基础合同的实质性欺诈,则允许银行不付款或承兑汇票,开证申请人也可以向法院申请颁发禁止支付令禁止银行向受益人付款或承兑。UCP600本身对"欺诈"问题没有作出规定,国际商会认为此项惯例应就国际银行业务技术问题进行统一规定,而对于信用证欺诈问题目前无法作出统一规定,只能留给各国国内法律进行解决。美国、英国、法国等国内法对信用证欺诈例外进行了规定,我国最高人民法院2005年11月颁布的《关于审理信用证纠纷案件若干问题的规定》中也规定了欺诈例外。

(二)欺诈的表现形式

构成"信用证欺诈",主要有两种表现形式:虚假单据欺诈和基础交易欺诈。

虚假单据欺诈,是指提交的单据事实上并非单据表明的签发人所签发,或虽为单据表明的签发人所签发,但其交单时单据上的记载与签发人原本的记载不同,具体包括伪造单据和变造单据,典型的是伪造提单。

基础交易欺诈,也就是"记载不实单据"欺诈,是指单据本身由其所表明的签发人签发,且其记载未经不法改动,但是签发该单据时签发人所作的记载内容与事实不符。这种欺诈主要包括受益人自行实施的欺诈或受益人与承运人共同欺诈,例如倒签或预借提单。

(三)欺诈的救济方式

在实务中遭遇信用证欺诈时,有两种救济方式:一是开证申请人向法院申请禁止支付令,禁止银行付款;二是银行在发现欺诈或确信申请人所称的欺诈行为时主动拒付。银行由于担心跨国诉讼的发生以及处于声誉上的考虑,对单证一致情况下主动拒付普遍持消极态度,在实务中极少主动拒绝付款。因此,大多数此类案件都由开证申请人请求法院发布禁止支付令,通过司法程序进行救济。各国法院为防止欺诈例外的滥用,都严格限制适用欺诈例外,以尽可能维护信用证交易的稳定性和可靠性。

同时要注意的是"欺诈例外的"的例外,也就是说,即使存在信用证欺诈,但由于开证行或其指定银行已经对外议付、付款或承兑,法院也不再用司法手段干预信用证项下的支付,否则将损害善意第三人的利益。

第五节　国际保理中的法律关系

> **导问**:什么是国际保理?国际保理包括哪些业务内容?国际保理中各方当事人之间是怎样的法律关系?

国际保理(International Factoring)即国际保付代理,简称保理或出口保理,是保理商(Factor)向卖方提供包括买方资信调查、百分之百的风险担保、催收应收账款、财务管理以及融通资金等的综合性财务服务。保理商既有专业的保理公司,也包括展开保理业务的银行。

一、国际保理的业务内容

保理是为赊销或承兑交单托收的收款提供的配套服务,基本服务包括买方资信调查、销售分户账管理和应收债款催收,核心服务包括进口商信用风险担保和贸易融资。

在进行国际保理业务时,需要担保收款的卖方在与国外的买方订立合同前,须先联系卖方所在地保理商(出口保理商),将买方的基本信息和准备达成的买卖合同内容告知保理商,在得到保理商认可并与其签订保理协议后,方可在保理协议约定的额度内与买方正式签订买卖合同。合同签订后,卖方按照买卖合同的约定发货,并向保理商提交发票、汇票、提单等有关单据,再由保理商通过买方所在地的保理商(进口保理商)向买方收款。进口保理商则应随时通过出口保理商向卖方报告收款情况,并将收到的货款及时支付给卖方。若买方不能按时付款或拒付,保理商应负责催收,并负责按照协议约定的时间,向卖方作无追索权的支付。

保理商为保障自身的安全,在与卖方签订保理协议前,须先对买卖双方的资信情况进行全面的了解,其中,对买方的调查,通常需通过买方所在地的保理商即进口保理商进行。进口保理商在对买方进行调查和评估后,提出可给予买方资金融通的信用额度,将调查结果等一并告知出口保理商,以作为出口保理商与卖方签订保理协议的依据。根据卖方与保理商的约定,卖方既可以只要求保收服务,也可以同时要求取得资金融通。如果卖方只要求保收服务,保理商通常按照经推算的平均收款天数确定付款给卖方的日期,卖方在到期时向保理商取得全部的有保证的款项,从而排除了在一般的托收方式下可能发生的收不到货款的风险。保理商在履行完约定义务后,视事务繁简以及其承担风险的程度,要向卖方收取总金额1％～2％的手续费。如果卖方还要求保理商提供融资服务,保理商可在卖方提交单据时给卖方预支款项,金额一般为全部货款的80％～90％,但保理商要另外收取融资利息。

卖方必须严格按照买卖合同的约定交付货物,提交单据,如果因卖方存在与合同约定不符的情形而导致买方迟延或拒绝支付货款,保理商不承担担保付款的责任。并且,保理商只承担保理协议约定的信用额度内的风险,对超过信用额度的部分,保理商不承担担保责任。

国际保理业务的采用,对卖方来说,能有效避免赊销或承兑交单托收中可能发生的买方拒付货款的风险。

二、关于国际保理的法律规则

国际保理业务涉及多个国家,制定统一的保理规则对于降低当事人的交易成本很有帮助。

(一)国际规则

国际统一私法协会于 1988 年 5 月在渥太华外交会议上通过了《国际保理公约》,该公约并于 1995 年 5 月 1 日生效。截止到 2015 年 4 月,公约共有 9 个缔约国,我国不是公约缔约国。该公约为国际保理制定了一个基本的法律框架,对保理的重要用语作了定义,并就保理合同对各方当事人的约束力及债权转让等问题进行了规范。但是,公约具有实质性内容的条文不多,对一些重要问题也没有规定,同时还规定当事人可以约定排除公约的适用,因此公约的实际效果非常有限。

国际保理商联合会(Factors Chain International,FCI)是目前最具影响的国际保理组织,总部设于荷兰阿姆斯特丹。国际保理商联合会一直致力于国际保理惯例的编纂,并于1988 年首次编纂了《国际保理业务通用规则》(Code of International Factoring Customs)。后来随着保理业务的不断发展,该规则又进行了修订,现行文本是 2010 年 6 月颁布的。该守则共有 32 条,主要对出口保理商和进口保理商之间的权利义务作了规定,自颁布以来产生了广泛影响,不仅国际保理商联合会成员选择适用它,许多非成员的保理商也选择适用它,贸易商在保理安排中也经常参照其规定。

(二)国内法规则

目前大多数国家都没有关于保理的专门立法,而是根据债权转让的一般法律规定来处理保理中的一些问题。我国《民法典》将"保理合同"作为典型合同之一种,作了专章规定,该章没有规定的,适用债权转让的有关规定。我国国内的银行大多加入了国际保理商联合会,对于国际保理业务没有作专门规定,通常按照国际保理商联合会所颁布的规则和规定执行。

三、国际保理中各方当事人之间的法律关系

国际保理中,卖方与出口保理商之间存在着双重法律关系,一是委托法律关系,二是担保法律关系。委托法律关系中,卖方委托的内容有两项:一是委托出口保理商对国外的买方进行必要的资信调查,以最终确定是否与买方签订买卖合同达成交易,以及交易的具体条件和买卖合同的具体内容;二是在向买方发运货物后,将相关的商业单据提交出口保理商,委托出口保理商向买方收取货款。担保法律关系中,出口保理商为买方提供信用担保,若买方不能按时付款或拒付货款,出口保理商应按照保理协议的约定,在信用额度范围内向卖方支付货款,且不得再向卖方追索;卖方获得出口保理商的付款后,应将对买方的货款债权转让给保理商,由保理商向买方进行追偿。另外,根据卖方与保理商签订的保理协议的约定,保理商还可能向卖方提供包括财务管理、融资等方面的综合性财务服务,此时根据保理商提供的服务内容,双方之间还可能发生其他方面的法律关系。

出口保理商在与卖方签订保理协议前,需要自行或委托国外的进口保理商对买方进行资信调查,这是为了履行卖方委托的事项,更是控制自身商业风险的需要。由于出口保理商对国外的买方不甚了解,自行对买方进行资信调查存在一定的困难,实践中,出口保理商往往委托与其有业务往来的买方所在地保理商(进口保理商)对买方进行调查,其收到卖方提交的商业单据后,也需要委托进口保理商向买方收取货款,因此,出口保理商与进口保理商之间存在着委托关系。就特定的保理业务而言,出口保理商的义务是向进口保理商传递信用额度申请表等有关文件和转让应收账款,保证所转让的应收账款的真实有效性,以及债权本身的有效性;进口保理商则负有对债务人进行资信评估,承担债务人的信用风险和转交所收取款项的义务。

进口保理商和买方之间本没有合同关系。但是,由于出口保理商将其对进口商的债权转移给进口保理商,根据债权转让的规则,在进口保理商和买方之间就形成了债权债务关系,进口保理商就成了买方的债权人,可以合法有效地向买方催收货款。

此外,根据买卖双方签订的国际货物买卖合同的约定,在卖方委托保理商向买方收取货款时,若需要签发汇票,则汇票签发完成后,在相关当事人之间形成票据法律关系。签发汇票的卖方为出票人,买方或买方指定的第三方为付款人,在卖方委托的保理商向付款人提示汇票请求付款时,付款人应按照汇票记载内容付款。另外,卖方也可以根据与保理商签订的保理协议的约定,通过背书的方式将汇票及所附商业单据转让给保理商,从保理商那里融通资金,以提前取得货款,之后再由保理商作为持票人向付款人提示汇票请求付款。

◀◀◀ 本章小结

票据法上所指的票据包括汇票、本票和支票,票据是一种支付和结算手段,同时又是一种有价证券。票据行为包括出票、背书、承兑和保证等,其中出票是基本票据行为,其他票据行为是附属票据行为。票据权利包括付款请求权和追索权,付款请求权是第一次请求权,追索权是第二次请求权,在行使付款请求权遭拒付或存在其他法定情形时,票据权利人在保全其票据权利后,可行使追索权,向其他票据债务人追索。当存在法定事由时,付款人和票据债务人可以对持票人的付款请求进行抗辩。票据在国际结算中的使用比较普遍。

国际结算的方式有很多种。汇付是在卖方将货物发运并将有关货运单据寄送给买方,买方径自通过银行将货款汇交卖方的结算方式,包括电汇、信汇和票汇三种,其中票汇使用的是银行汇票。托收是由卖方对买方开立汇票,委托银行向买方收取货款的结算方式,常见的为跟单托收。信用证是由银行向卖方提供付款承诺的一种结算方式,业务流程中通常使用跟单信用证。国际保理业务中,由保理商向卖方提供买方资信调查、风险担保、催收账款、资金融通等综合性服务,以确保卖方收到货款,其中也可能涉及票据的使用。

❓ 思考题

1.票据有哪些法律特征?

2.票据行为有什么法律特征?

3.背书人对被背书人承担什么责任?

4.什么是承兑,承兑有什么作用?

5.什么是追索权,行使追索权应具备哪些要件?

6.什么是票据抗辩,票据抗辩的事由有哪些?

7.汇付中各方当事人之间是怎样的法律关系?

8.托收中各方当事人之间是怎样的法律关系?

9.信用证结算中各方当事人之间是怎样的法律关系?

10.国际保理中各方当事人之间是怎样的法律关系?

📚 案例分析

1.澳柯玛销售公司与利津县物资公司签订了一份买卖合同,约定由澳柯玛销售公司向利津县物资公司供应澳柯玛系列产品,供货总值 1 亿元人民币,结算方式为银行承兑汇票。为此,利津县物资公司与中国银行利津县支行(以下简称"利津中行")签订了承兑协议,约定由利津中行对以利津县物资公司为出票人,澳柯玛销售公司为收款人的 20 张,每张金额为500 万元的商业汇票进行承兑,承兑申请人利津县物资公司应于汇票到期 7 日前将应付票款足额交付承兑银行利津中行,如到期日之前承兑申请人不能足额交付票款,承兑银行对不足支付部分的票款转作逾期贷款。同日,利津县物资公司、利津中行、澳柯玛销售公司以及澳柯玛电器公司四方签订了一份银行承兑保证协议,约定澳柯玛销售公司和澳柯玛电器公司为利津中行与利津县物资公司签订的银行承兑协议承担连带保证责任,如利津县物资公司违约,利津中行有权直接向保证人追偿,如保证人未代为清偿到期债务,利津中行有权委托保证人的开户银行直接扣收其账户中的存款或直接扣收保证人的其他财产权利。协议签订后,利津中行如约对 20 张汇票进行了承兑。之后,由于澳柯玛销售公司未能足额供货,将其中 11 张共计 5500 万元的汇票分两次退回给利津中行,其余 9 张共计 4500 万元金额的汇票在到期日后委托其开户银行向利津中行提示付款,利津中行以"出票人利津县物资公司未将票款交付我行,澳柯玛销售公司应承担保证责任"为由拒付票款,同时将汇票扣留并出具了拒付证明。试就案中相关主体间的法律关系展开分析。

2. 新兴公司与乌克兰尼里亚公司签订了一份 120 吨洋葱种子的进出口合同。随后,新疆中行收到一份由乌克兰斯拉夫商业银行开出的不可撤销信用证,信用证申请人为乌克兰尼里亚公司,受益人为新兴公司,金额为 84 万美元。新疆中行在审查了信用证印押后确认了信用证的真实性,便通知新兴公司,新兴公司未对信用证条款提出任何修改意见。之后,新兴公司按信用证要求准备了出口货物,并向新疆中行提交了信用证下的有关单据请求议付。新疆中行在审单时发现信用证中对运输单据的要求一栏内用括号注明应使用 CMR(《国际公路货物运输合同公约》)运输单据,便电话向承运单位查询,在得到肯定的答复后即结束审单予以议付,经新兴公司背书,接受了新兴公司签发的以乌克兰斯拉夫商业银行为付款人的汇票。后新疆中行发往乌克兰斯拉夫商业银行要求确认的单据,被斯拉夫商业银行以运输单据与信用证要求不符为由拒收,对新兴公司签发的汇票也予以拒付。经查,由于我国未参加《国际公路货物运输合同公约》,承运人根本无法开出 CMR 运输单据,新兴公司提交的实际上并非信用证所要求的 CMR 运输单据。试问:新疆中行遭乌克兰斯拉夫商业银行拒付后,应如何处理?

扫一扫,看答案

练习题

第九章

国际技术贸易法

学习目标

1. 熟悉国际技术贸易的含义、标的与方式。
2. 熟悉国际技术贸易法的渊源。
3. 掌握国际技术许可合同的种类。
4. 了解国际技术许可合同的基本条款。
5. 掌握国际许可合同限制性条款的法律规制方式。

第一节　国际技术贸易的概念与方式

导问：国际技术贸易的含义是什么？国际技术贸易的常见方式有哪些？

一、国际技术贸易的含义

"技术"的含义可以从不同角度进行诠释，通俗地讲，技术是一种专门的技艺。技术产生于人类制造、使用工具的实践。它进入交换领域是市场经济发展的必然结果。可作为贸易对象的技术，是关于产品生产、工艺适用或服务提供的系统知识。可进行贸易的技术具有以下三方面的特点：①具有生产性。技术是人们从事生产经营活动的知识、经验

知识拓展

民事法律关系的客体

扫一扫

与技能,衣食住行、文体娱乐等非生产性活动的经验和技能,虽然有时也被称为"技术",但不在可贸易、可转让的技能范围内。②具有无形性。技术固然可以用文字、图表、公式等有形方式记录下来,但技术本身是看不见摸不着的,只存在于人的头脑之中。③具有系统性。零星的知识难以称之为技术,只有关于产品、工艺或服务等某个或某些方面的综合性知识、经验与技能,才可以称为技术。

技术贸易(Technology Trade)通常又称为技术转让,但从严格意义上讲,技术转让不同于技术贸易。技术转让(Transfer of Technology)可以是有偿的,也可以是无偿的,但技术贸易只能是商业性的、有偿的。无偿的国际技术转让通常发生于两国政府间以技术援助方式进行的免费技术转让或者通过各种学术会议、展览会等传播的技术。有偿的国际技术转让就是国际技术贸易,在实务中经常将国际技术转让等同于国际技术贸易。在我国的对外贸易法律中,技术转让又被形象地称作"技术进出口"。

技术贸易的内容,既可以是技术所有权的转移,也可以仅仅是技术使用权的转让,但在技术贸易实务中,真正由一方将技术所有权转让给另一方的情况却很少见。这主要有两方面的原因:其一,技术是无形的,诸如专有技术(技术秘密)等技术的所有权就无法转移,只能通过分享相关技术的形式实现技术转让,因此所转让的只能是使用权;其二,专利权等技术尽管通过法律具有独享的属性,但受让方只需获得使用权就可以使用相关技术,没有必要支付高额的代价受让技术所有权。就此而言,将技术贸易称为"技术买卖"是不准确的,因为双方转让的通常是技术的使用权。

"科学技术是第一生产力"。科学技术发展到现在,世界上没有哪个国家能够拥有和掌握世界上所有的先进技术来发展本国经济。国际技术贸易正是随着科学技术的进步和国际经贸关系的发展而不断发展的。国际技术贸易是指跨越国境的技术贸易,也就是以技术转让是否跨越国界作为标准,来判断技术贸易是否具有"国际性"。也有观点主

> **拓展思考**
>
> 技术许可与财产租赁所转让的都是使用权而不是所有权,两者有何区别?
>
> 扫一扫

张:即使住所位于同一国家的当事人之间的技术转让,如果一方当事人直接或间接受外国母公司或总公司的控制,所转让的技术又是由母公司或总公司提供,不是在技术接受国发展研究的结果,这种发生在同一国家境内的技术贸易,也应视为国际技术贸易。许多发展中国家就持这种观点,认为国际技术贸易和国内技术贸易所适用的法律不完全相同,将更多技术贸易行为列入国际技术贸易范畴,就可以扩大本国对外贸易法的适用范围,防止规避本国外贸管制法的行为发生。事实上,在国际技术贸易多元化的趋势下,为促进先进技术的流入,只将跨越国境的技术贸易列为国际技术贸易未必对发展中国家不利。我国《技术进出口管理条例》规定:"本条例所称技术进出口,是指从中华人民共和国境外向中华人民共和国境内,或者从中华人民共和国境内向中华人民共和国境外,通过贸易、投资或者经济技术合作的方式转移技术的行为。"由此可见,我国法律是以技术贸易的跨国移动作为判断技术贸易是否具有国际性的标准。

二、国际技术贸易的标的

国际技术贸易的标的是指国际技术贸易中供方向受方转让的技术。可以进行国际贸易的技术究竟包括哪些，相关观点并不完全一致，主要涉及商标是否属于技术的问题。商标代表着商标权人的信誉，在技术转让中技术的供方或者受让有时会要求连同商标一起转让，但就商标本身而言，并不属于"技术"的范畴，因而此处不将商标列为技术贸易的标的。

(一)专利技术

专利权(Patent)是指一国政府主管部门根据发明人的申请，经审查认为该发明符合国家法律规定的条件，从而授予发明人在一定时期内对其发明享有的一种专有权。未经专利权人同意，他人不得使用该专利。根据我国《专利法》的规定，专利有发明、实用新型和外观设计专利三种类型。

专利权的本质是一种"具有独占权的公开技术"。法律之所以规定专利权制度，其理论基础在于私人财产权理论和公共利益理论。一方面，发明成果是发明人的一种私有财产，发明人本应对其享有独占权，国家授予专利权只不过将已经存在的私人财产利益确认为权利，并提供法律上的保护；另一方面，国家授予发明人以专利权也是出于公共利益的需要，因而可以在特定条件下对专利权施加有效期、强制许可等限制性条件。

与有形财产权及其他知识产权相比，专利权至少具有以下三方面的特征：①具有独占性。专利权人对其发明创造享有独占性使用和处分的权利，其他任何组织或自然人未经专利权人许可不得实施其专利。②具有地域性。地域性是指专利技术受法律保护的效力，通常限于授予其专利权的国家或某一区域，对于未授予其专利权的国家，它不能算作专利，不受法律保护，因而专利技术的转让须以该项技术在受让地已获专利权为前提。③具有时间性。专利权受法律保护都是有时间限制的，一旦超过保护期限，专利权人对其发明创造就不再享有独占性，任何人均可自由实施而无须得到任何许可和支付任何费用。按我国《专利法》的规定，发明专利权的期限为 20 年，实用新型专利权和外观设计专利权的期限为 10 年，均自申请日起计算。

(二)专有技术

专有技术(Know-how)，又称技术秘密、技术诀窍，是指未公开的、未作为工业产权取得法律保护的制造某种产品或者应用某项工艺以及产品设计、工艺流程、质量控制和管理等方面的技术知识。

专有技术至少具有以下三方面的特征：①具有秘密性。专有技术的所有权人采用保密的方式来维持其对技术的垄断地位。所谓"保密的方式"，不仅要求技术所有人有保密的愿望，而且采取了相关的保密措施，使该技术在事实上没有被公众所了解。②具有事实专有性。专有技术没有时间和地域的限制，只要该专有技术不为公众所了解，其所有人就可以在事实上独占该项技术。③具有经济性。专有技术能够带来经济上的利益,应用于生产实践可产生经济利益或者给使用者带来某种独特的竞争优势。

目前,各国没有保护专有技术的专门立法,但都承认专有技术应当受到法律的保护,因为专有权也是一种财产权,能为权利人带来一定的经济利益,并且是一种劳动成果。保护的内容主要是:确认掌握和占有专有技术的人有权采取保密措施以便占有专有技术,任何其他人均不得破坏其保密措施而窃取专有技术,并且权利人还可以要求欲分享此项技术的人也采取保密措施来维持技术的秘密性。各国目前主要通过合同法、侵权责任法、反不正当竞争法、刑法来保护专有技术。

(三)计算机软件

计算机软件是相对于计算机硬件而言的,通常是指为计算机运行、管理、维护所编制的各种程序及有关文档的总和。所谓"程序",是指为了得到某种结果而可以由计算机等具有信息处理能力的装置执行的代码化指令序列,或者可以被自动转换成代码化指令序列的符号化指令序列或者符号化语句序列。所谓"文档",是指用来描述程序的内容、组成、设计、功能规格、开发情况、测试结果及

拓展阅读

北京精雕科技有限公司诉上海奈凯电子科技有限公司侵害计算机软件著作权纠纷案(指导案例48号)

扫一扫

使用方法的文字资料和图表等,如程序设计说明书、流程图、用户手册等。

计算机软件作为一种智力成果,具有很强的技术性和实用性,可用于工业生产或商业经营,并带来较高的经济效益。用什么方式保护计算机软件呢? 各国所采用的方式几乎涉及了知识产权法的所有部门,包括著作权法、专利法、商标法、反不正当竞争法和软件保护专门法等。如何对计算机软件提供最恰当、最合理的保护,至今仍是尚未完全解决的问题。

我国对计算机软件的法律保护主要包括两方面:一方面,原则上由著作权法对软件实施保护;另一方面,又制定了专门的《计算机软件保护条例》对软件进行具体保护。因为计算机软件可以借助于数字、文字与符号表现出来,并能用磁盘、光盘和纸张等媒介加以表现与固定,并且这种形式又可以被复制,很像是文字作品,可以作为"作品"加以保护,同时计算机软件又是一种工具,可以控制计算机硬件的动作,实现一定的逻辑过程,以获得预期的效果,具有实用性。

(四)集成电路布图设计

集成电路布图设计,是指集成电路中至少有一个是有源元件的两个以上元件和部分或者全部互联线路的三维配置,或者为制造集成电路而准备的相应的三维配置。集成电路是微电子技术的核心、电子信息技术的基础,广泛应用于计算机、通信设备和家用电器等电子产品。

集成电路布图设计实质上是一种图形设计,但它并不是工业品的外观设计,所以不能适

用专利法的保护,因为专利所针对的是产品、方法或其改进所提出的新的技术方案,要求具有创造性、新颖性和实用性,集成电路布图设计往往难以达到这些要求。同时,集成电路布图设计虽然表现为图形设计,但它既不是思想的表达形式,又不具备艺术性,因而不在作品之列,不能采用著作权法加以保护,并且由于集成电路布图设计更新换代较快,如果用著作权法来保护布图设计,就会因著作权的保护期过长而不利于集成电路业的发展。

由于专利法、著作权法等传统知识产权法无法给予集成电路布图设计有效的保护,许多国家就通过单行立法的方式,确认和保护集成电路布图设计的专有权,作为其他知识产权加以保护。我国也于 2001 年制定了《集成电路布图设计保护条例》,确认集成电路布图的专有权。

三、国际技术贸易方式

国际技术贸易的方式,也就是国际技术贸易的途径。国际技术贸易的方式多种多样,但可以分为两种类型:一类是单纯的技术贸易,如国际技术许可贸易、国际技术服务与咨询等;另一类是与其他标的或行为相结合的技术贸易,如国际补偿贸易、国际工程承包、国际合资或合作经营、国际合作开发、国际 BOT 方式等,这些技术贸易或与货物贸易相结合,或与服务贸易相混合,或通过投资的方式达成。此处仅介绍几种较为典型的国际技术贸易方式。

(一)国际技术许可贸易

国际技术许可贸易,是指技术供方通过合同将自己的某项技术许可受方使用,从而获得一定的使用费或其他一定报酬的贸易形式。技术供方被称为许可方,技术受方被称为被许可方。技术许可(Technology Licensing)是国际技术贸易中使用最广泛和最普遍的一种形式。单纯的技术许可包括专利许可、专有技术许可以及计算机软件技术的许可等方式。

(二)国际技术服务与咨询

国际技术服务与咨询(International Technology Consultant and Service),包括技术服务与技术咨询两方面的内容。技术服务是技术供方为受方解决生产、经营或销售等方面的技术难题,包括供方派人到受方处进行服务,或者受方派人到供方处接受培训。技术咨询是指技术供方利用自己掌握的专业知识和情报、经验等进行分析、评价、预测,为受方提供建议或解决技术问题的方案。

(三)国际补偿贸易

补偿贸易(Compensation Trade),又称产品返销,指交易的一方在对方提供信用的基础上,进口设备、技术等生产要素,然后以该设备、技术所生产的产品,分期抵付进口设备、技术的价款及利息。补偿贸易是货物贸易、技术贸易和信贷业务相结合的新型贸易形式。跨越国境的补偿贸易,即为国际补偿贸易。设备的引进方通过这一方式可以从设备提供方获得相关的生产技术,用以补偿的产品通常是使用所引进的设备和技术生产出来的,因而在引进设备的同时也获得了相关的技术。

(四)国际工程承包

国际工程承包(International Contracting for Construction),是指某一国的工程承包商为另一国的项目发包方完成某项工程建设任务,而由业主支付价款的一种贸易方式。承担工程建设的一方称为承包方,委托的一方称为发包方。国际工程承包通常涉及设备提供、土建设施、技术许可、技术服务和设备安装等诸多内容,是一种既有技术贸易,又有商品出口,还有劳务输出的综合性经济合作方式。国际工程承包主要适用于新建、扩建大型项目,如大型发电站、石油钻探、机场设施等。

(五)国际合资或合作经营

国际合资经营(International Joint Venture),是指两个或两个以上不同国家的投资者按一定比例共同出资、共同经营、共担风险、共负盈亏的一种投资形式。国际合作经营(international Cooperative Venture),是指两个或两个以上国家的当事人为实现特定的商业目的,根据合同的约定进行投资和经营,并分享权益、分担风险及亏损。合资经营与合

拓展思考

国际技术贸易与国际货物贸易有哪些区别?

扫一扫

作经营的区别主要在于:合资经营通常采用公司或合伙的组织形式,而合作经营一般采用合伙形式,当然也可以采用契约式合作方式,不组成任何实体,由合作合同规定双方当事人的权利和义务。此外,参与合资经营或合作经营的各方,均可以采用资金、技术、设备、土地使用权等方式出资,但相较而言,合作经营各方在出资方式上相对更灵活一些。

(六)国际合作开发

国际合作开发是一国利用外国投资共同开发自然资源的一种合作形式。它通常是由资源国政府或国家公司同外国投资者签订合同,允许外国投资者在资源国指定的开发区以及一定的年限内,同资源国合作勘探、开采自然资源(如石油、煤炭),并共同生产,按约定比例承担风险、分享利润。国际合作开发的主体具有特殊性,一方是资源国政府或法定的国家公司,另一方是外国投资者。国家对其自然资源享有永久主权,外国投资者则拥有相应的资金、技术,这是双方合作开发东道国自然资源的重要基础。国际合作开发,除少数采取组成企业实体的方式外,大多采取契约式合作,双方并不组成新的企业,只是在平等互利的基础上签订合同,并按照合同约定的权利、义务进行合作。

(七)国际 BOT 方式

国际 BOT(Build-Operate-Transfer)投资方式,即"建造—经营—移交",是指一国政府将公共基础设施专营权以特许协议授予外国投资者,由其投资建设,并享有一定时期的经营权,在特许期满时,该项基础设施无偿移交给东道国政府。关系到国计民生的基础设施(如机场、铁路、隧道等交通设施和电站、给水排水等公用事业)原本应由国家所有和经营,也就是由国家通过税收或财政筹资建设并由政府经营,但是由于基础设施建设周期长、耗资多、风险大、技术要求高,有的国家政府不能或不愿提供足够的建设资金,或者不具备相应的技术条件,所以将建设的权利授予外国投资者。BOT 投资方式一般适用于规模较大且具有公益性质的基础设施或服务项目,它涉及一系列合同,包括特许协议、合营合同、建设施工合同、完工担保合同、技术许可合同、产品购买合同、贷款合同、运营维护合同、保险合同等。

第二节　国际技术贸易法的渊源

导问：国际技术贸易法律规范体现在哪些法律文件中呢？

国际技术贸易法是调整跨国有偿技术转让关系的法律规范的总称。在技术贸易过程中,所涉及的不仅有平等主体之间的交易关系,也有国家对技术进出口采取管理措施而产生的关系,还有国家在采取进出口管理措施时相互间基于协调而形成的关系。但是,国际商法作为调整国际商事交易关系的法律,仅规范平等主体之间的商事交易关系,在国际商法中探讨技术贸易法,也仅限于讨论调整平等主体间基于技术贸易而形成的交易关系的法律规范。国际技术贸易法的渊源包括国际法和国内法两个层面。

一、国际技术贸易的国际立法

(一)关于国际技术贸易的专门条约

目前事实上并不存在一个国际技术贸易方面的专门国际公约。自 20 世纪 70 年代初开始,在发展中国家的强烈呼吁下,联合国贸易和发展会议就着手进行国际技术转让方面的立法,并于 1978 年拟定《国际技术转让行动守则(草案)》。由于技术转让问题涉及各国政治、经济等方面的利益,发达国家和发展中国家对于某些问题的分歧很大,如"守则"的性质、适用范围以及限制性条款的认定等,难以达成一致,草案至今未能获得正式通过。尽管如此,草案所涉及的一些内容和规则对于各国国内立法以及国际立法的制定,仍具重大意义和重要价值。

《国际技术转让行动守则(草案)》的目标是：制定普遍、平等的标准,作为技术转让当事人之间和有关各国政府间关系的基础，既考虑到各方当事人的合法利益，又适当承认发展中国家实现其经济和社会发展目标的特殊需要；鼓励在交易中各方当事人的谈判地位均等，在任何一方不滥用其优势地位的条件下进行技术转让交易，特别是涉及广大发展中国家的技术转让交易。"守则"的实质内容分为两大类：一是关于当事人之间交易关系的私法规范，主要是关于合同的法律适用问题、限制性条款的认定标准及其范围、争议解决方法等内容；二是关于协调国家间技术管理措施的公法规范，主要是各国为满足"守则"承诺而采用的政策和措施的规定，例如对发展中国家的特殊待遇条款、颁布国内法律管制措施时应遵守的一般标准等。其中，关于当事人之间交易关系的私法规范，就属于国际商法的范畴。

（二）与国际技术贸易有关的国际条约

与国际技术贸易有关的国际条约，主要是指关于知识产权保护的国际公约。知识产权在本质上属于民事权利，国家对某种智力成果进行保护并赋予其知识产权，严格来说并不属于纵向的管理、管制措施，关于保护知识产权的国际条约也不是用来协调国家之间在这方面的关系，而是使某项知识产权在相关国家得到确认和保护，因而与国际技术贸易有直接的联系，可纳入国际商法的范畴。为缓和知识产权的地域性问题，使其在更多国家得到确认和保护，同时提升各国对知识产权的保护标准，国际社会从 19 世纪开始致力于达成知识产权保护方面的国际条约。目前，具有世界影响的知识产权保护公约主要有：《保护工业产权巴黎公约》(1883 年)、《保护文学艺术作品伯尔尼公约》(1886 年)、《商标国际注册马德里协定》(1891 年)、《专利合作条约》(1970 年)、《关于集成电路知识产权条约》(1989 年)以及世界贸易组织中的《与贸易有关的知识产权协定》(Agreement on Trade-Related Aspects of Intellectual Property Rights，简称"TRIPS 协定")等。此处仅选择其中最具代表性的《保护工业产权巴黎公约》和《与贸易有关的知识产权协定》作适当介绍。

1.《保护工业产权巴黎公约》

《保护工业产权巴黎公约》(Paris Convention on the Protection of Industrial Property)于 1883 年在巴黎签订，故而简称《巴黎公约》，1884 年生效。公约生效后，先后多次进行修订，最新的是 1967 年斯德哥尔摩文本，目前共有 196 个国家成为其缔约国。我国于 1985 年 3 月 19 日正式成为公约成员国，同时声明对公约第 28 条（即将有关争议提交国际法院解决）予以保留。《巴黎公约》的基本目的是保证某一成员国的工业产权能在所有其他成员国都得到保护，所保护的工业产权包括发明专利、实用新型、外观设计、商标、服务标记、厂商名称、货物标记以及原产地名称等，同时禁止不正当竞争行为。

《巴黎公约》的基本原则可以概括为国民待遇原则、优先权原则和独立性原则等三项。①国民待遇原则。按照国民待遇原则，任何成员国的国民，在工业产权保护方面，应在其他成员国国内享有各该国法律现在或今后给予该国国民的各种利益。当然，关于司法和行政程序、管辖权以及选定送达地址或指定代理人的法律规定等方面，可以作为例外事项，不给外国人以国民待遇。例如，要求外国申请人必须委托当地国家的代理人代为申请，并指定送达文书的地址，以利于相关程序的进行。②优先权原则。优先权是指成员国的国民在某一成员国国内提出工业产权的正式申请后，如该申请人在一定期限内又向其他成员国提出同样的申请,则其他成员国应将在第一个成员国的申请日视为在该国的申请日。《巴黎公约》所规定的优先权原则并不是对一切工业产权都适用,它只适用于发明专利、实用新型、外观设计和商标,发明专利和实用新型的优先权申请期限是 12 个月,外观设计和商标的优先权申请期限则为 6 个月。申请日在知识产权确认中具有十分重要的意义,在规定的申请优先权期限届满以前,任何后来在公约其他成员国提出的申请,都不因在此期间内他人所作的任何行为,特别是另一项申请、发明的公布或非法利用、出售设计复制品或使用商标等行为而失去效力。③独立性原则。外国人的专利申请或商标注册等事宜,应由各成员国根据本国法律作出决定,不应受原属国或其他任何国家就该申请所作决定的影响,这就是专利、商标保护的独立性原则。具体而言,专利权和商标权的取得与保护,各成员国按照本国规定的条件及程序执行;商标与专利的保护标准与保护范围各自独立,各成员国按照本国法律的规定进行确定;在权利的消灭期限等问题上也各自遵守本国的法律。例如,一项发明未能在其申请人本国获得专利或被该本国宣告无效,不影响该专利在公约其他成员国受到的法律保护。即使是按照优先权期限申请的相关专利或商标,仍遵循独立性原则。

《巴黎公约》在保持各成员国工业产权法独立的基础上,通过制定一些各成员必须遵守的基本原则以及最低保护标准来协调各国立法,在一定程度上为成员国国民在公约成员国范围内申请工业产权提供了很大方便。《巴黎公约》不仅是知识产权领域的第一个世界性多边公约,也是成员国最为广泛、影响最大的关于工业产权保护的国际公约。

2.《与贸易有关的知识产权协定》

在世界知识产权组织(World Intellectual Property Organization,WIPO)的主持下,国际社会已有一套相当完备的知识产权国际规则和组织机构,为什么还要把知识产权议题纳入WTO 多边贸易体制呢? 主要有两方面的原因:其一,发达国家赋予知识产权的领域更为广泛,对知识产权的保护也更为严格,而发展中国家更倾向于维持保护水平较低的知识产权制度,已有的知识产权公约的缔约国数量参差不齐,保护的范围和水平也无法满足发达国家所提出的高标准保护的要求,发达国家因而竭力主张将与贸易相关的知识产权问题纳入议题,并以在其他领域的大幅度让步来换取发展中国家的同意;其二,此前的保护知识产权国际公约大都未制定行之有效的争端解决机制,更没有统一的争端解决规则,从而使它们的执行效果大打折扣,在建立 WTO 的乌拉圭回合谈判中已经将争端解决机制作为一个重要议题,国际知识产权保护领域需要强有力的机制来解决日益增多的纠纷。

TRIPS 协定的宗旨和目的在于:有效和充分保护知识产权;促进国际贸易的发展,确保知识产权的各种措施和程序本身不构成合法贸易的壁垒;促进技术革新、技术转让和社会发展。

> **知识拓展**
>
> WTO 争端解决机制的特点
>
> 扫一扫

TRIPS 协定在现有重要知识产权公约的基础上,规定了专利、著作权及其邻接权、商标、地理标志、工业品外观设计、集成电路布图设计、商业秘密等七种知识产权,为 WTO 全体成员方规定了各种知识产权的最低保护标准,成员方可以通过国内立法提供高于协定所规定的保护水平。

TRIPS 协定的基本原则可以概括为国民待遇原则和最惠国待遇原则。国民待遇原则要求在知识产权的保护方面，WTO 成员方向其他成员方国民提供的待遇不低于对自己国民提供的待遇，但《保护工业产权巴黎公约》《保护文学艺术作品伯尔尼公约》《保护表演者、录音制品制作者与广播组织公约》(简称《罗马公约》)和《关于集成电路知识产权条约》中各自的例外规定除外。最惠国待遇原则要求 WTO 各成员方在知识产权保护方面，对另一国国民所给予的利益、优惠、特权与豁免，应立即无条件地给予任何其他成员方的国民，但同时规定了四种例外：由一般性司法协助及法律实施的国际协定引申出来且并非专为保护知识产权的；《保护文学艺术作品伯尔尼公约》和《罗马公约》允许的按互惠原则取代国民待遇情况下提供的优惠；TRIPS 协定未作规定的有关表演者、录音制品制作者和广播组织者的权利；1995 年 WTO 成立之前业已生效的保护知识产权国际条约所给予的优惠或特权。

在知识产权保护的最低要求方面，TRIPS 协定作了具体规定，在此仅介绍与技术直接相关的几种知识产权。①著作权及其邻接权。TRIPS 协定将《保护文学艺术作品伯尔尼公约》的实体内容全部纳入，同时由于协定只处理与贸易有关的知识产权问题，所以只就著作权及其邻接权的经济权利提出保护要求，没有就发表权、署名权、修改权、保护作品完整权等精神权利作出规定。此外，TRIPS 协定将计算机程序和有独创性的数据汇编列为著作权保护的对象，增加了计算机程序和电影作品的出租权，延长了某些作品的保护期限。在邻接权方面，TRIPS 协定主要参照《罗马公约》作了相关规定。②工业品外观设计。TRIPS 协定要求各成员方对独立创作的、具有新颖性或原创性的工业品外观设计提供保护；受保护的工业品外观设计的所有人有权阻止第三人未经其许可，为商业目的而制造、复制或进口载有或体现被保护外观设计的复制品或实质上是复制品的货物；成员方可自行确定采用工业产权或著作权来保护工业品外观设计，保护期不少于 10 年。③专利。在专利保护的客体方面，TRIPS 协定除了某些特殊情形外，对一切技术领域内具有新颖性和创造性并能付诸工业应用的任何发明，不论是产品或方法，均可获得专利，不得因发明地点不同、技术领域不同、进口或本地制造而被歧视；在专利权的内容上，与《巴黎公约》相比，TRIPS 协定增加了专利进口权、提供销售权，并且还要求成员方将对方法专利的保护至少延及依该方法而直接获得的产品；关于专利的保护期，TRIPS 协定规定应不少于自提交专利申请之日起 20 年。④集成电路布图设计。《关于集成电路知识产权条约》要求成员国对集成电路布图设计提供保护，并规定权利人享有布图设计的复制权、布图设计及含有该布图设计的集成电路的销售权、提供销售权和进口权。TRIPS 协定在该条约的基础上，将保护对象扩大到含有受保护集成电路的物品，还将保护期延长到自注册之日起 10 年，并允许成员方规定为自创作完成之日起 15 年。此外，TRIPS 协定还就善意侵权作了规定，善意侵权人在收到布图设计系非法复制的通知后，仍可以就其现有存货或订单继续实施其行为，但有责任向权利人支付使用费。⑤商业秘密。商业秘密，是指属于秘密并因属于秘密而具有商业价值且已经由合法控制人采取合理保密措施的信息。TRIPS 协定直译为"未披露信息"，规定各成员方应对自然人和法人未披露的信息和数据进行保护，以防止不公平竞争；未披露信息的合法控制人有权利防止他人在未经许可的情况下，以违反诚实商业行为的方式，披露、获得或使用此类信息。

TRIPS 协定还规定 WTO 各成员方应向知识产权权利人提供有效的法律保护程序和救济措施。各成员方应保证其国内法中含有保护知识产权的实施程序，以便对任何侵犯协定所涵盖的知识产权的行为采取有效行动，包括防止侵权和遏制进一步侵权的救济措施。各成员方应向权利人提供关于执行知识产权的民事司法程序,一旦发生侵权,成员方的司法机关应有权责令停止侵权、向权利人支付损害赔偿等,并对侵权的商品进行处理,禁止其进入商业渠道或命令将侵权商品予以销毁。

二、国际技术贸易的国内立法

调整国际技术贸易的国内立法主要有两类:一是关于技术贸易合同的法律;二是关于保护工业产权和专有技术等知识产权的法律。当前关于国际技术贸易的国际立法并不完善,同时,一些国家在国内执行保护知识产权的条约时采用的不是并入方式而是转化方式,相关条约并不能在国内直接生效或适用,而需要通过制定相应国内立法的方式,才能使条约在国内得到执行,国内立法因而是国际技术贸易法的主要形式。各国在技术贸易方面的立法,无论是形式或内容,还存在一些差别。

在我国,关于技术贸易合同方面的法律主要是《民法典》"合同"编。《民法典》"合同"编"通则"分编中关于合同的一般性规定可适用于技术贸易合同,"典型合同"分编还将"技术合同"作为典型合同之一种作了专章规定。按我国合同法规定,技术合同是当事人就技术开发、转让、咨询或者服务订立的确立相互之间权利和义务的合同。《民法典》在"技术合同"章中,就技术开发合同、技术转让合同、技术咨询合同和技术服务合同分节加以规定。在某份国际技术贸易合同适用我国法律的情况下,《民法典》的相关规定将得到适用。

我国关于知识产权保护方面的国内立法,与技术直接相关的主要有《专利法》《著作权法》《计算机软件保护条例》和《集成电路布图设计保护条例》等。

我国《专利法》于1985年4月1日起施行,后来分别于1992年、2000年和2008年进行了修订。《专利法》的制定旨在保护专利权人的合法权益,鼓励发明创造,推动发明创造的应用,提高创新能力,促进科学技术进步和经济社会发展。《专利法》规定了发明、实用新型和外观设计等三种专利类型,分别就专利权的授予条件、专利的申请、专利申请的审查和批准、专利权的期限、终止和无效、专利实施的强制许可、专利权的保护等作了规定。国务院于2001年6月15日发布《专利法实施细则》,后于2002年、2010年分别进行修订。

《著作权法》施行于1991年6月1日,后来于2001年、2010年分别进行了修订。《著作权法》所保护的作品,包括文学、艺术和自然科学、社会科学、工程技术等领域的作品,工程设计图、产品设计图等图形作品、建筑作品和计算机软件等因而都可以成为创作形式。这部法律就著作权人及其权利、著作权的归属和保护期、权利的限制、著作权许可使用和转让等作了明确规定。国务院于2002年8月2日颁布《著作权法实施条例》,后分别于2011年、2013年进行了修订。

现行的《计算机软件保护条例》由国务院于2001年12月20日颁布,并于2002年1月1日起施行,后来分别于2011年、2013年进行了修订。《计算机软件保护条例》的制定旨在保护计算机软件著作权人的权益,调整计算机软件在开发、传播和使用中发生的利益关系,鼓励计算机软件的开发与应用,促进软件产业和国民经济信息化的发展。该条例规定了软件著作权的具体内容和权利归属、软件著作权的许可使用和转让、侵权的法律责任等内容。

《集成电路布图设计保护条例》由国务院于2001年4月2日颁布,同年10月1日起施行,其立法目的在于保护集成电路布图设计专有权,鼓励集成电路技术的创新,促进科学技术的发展。《集成电路布图设计保护条例》确认集成电路布图的专有权,规定了集成电路布图专有权的取得、内容、保护期限、行使及其限制、侵权的法律责任等内容。国家知识产权局于2001年9月18日颁布《集成电路布图设计保护条例实施细则》,于同年10月1日起施行。

第三节 国际技术许可合同

导问:相比于其他合同,国际技术许可合同有哪些特别的条款? 有哪些特殊的问题需要法律解决?

按技术贸易的方式不同,技术贸易合同有单纯的技术贸易合同和混合型的贸易合同之分。混合型的技术贸易合同,由于涉及货物贸易、服务贸易或国际投资关系,各由不同的法律予以规范,在此不予展开。在单纯的技术贸易合同中,又以技术许可合同最为典型,故就国际技术许可合同作专门介绍。

一、国际技术许可合同的概念

国际技术许可合同是指技术出让方将其技术使用权跨越国境让与给技术受让方,由受让方支付使用费的合同。技术许可其实就是一种授权,技术出让方授予或许可受让方在特定范围内利用其技术,技术出让方也称为许可方,技术受让方也称为被许可方。技术许可合同的标的是专利、专有技术、计算机软件和集成电路布图设计等无形财产的使用权。

二、国际技术许可合同的种类

按照不同的标准,可以对国际技术许可合同作不同的分类。

(一)根据合同的标的不同的划分

1.专利许可合同

专利许可合同是指专利技术的许可方将自己所有的或持有的专利技术出让给被许可方使用,由被许可方支付使用费的合同。在专利许可过程中,许可方将其专利的编号和专利说明书告知受让方,同时还允许受让方制造、使用或者销售该项专利产品,或者使用该项专利方法的权利;受让方需要向出让方支付约定的专利技术使用费,同时可以在约定的范围内使用该项专利技术制造和销售相关的产品。

2. 专有技术许可合同

专有技术许可合同是指许可方将自己所有或持有的专有技术的使用权出让给被许可方，由被许可方支付约定使用费的合同。由于专有技术是通过事实上的独占性来维护权利人利益的，被许可方在受让专有技术的同时也需要承担保密的义务。专有技术许可合同应当明确约定许可方将提供的技术范围、技术资料、技术指导和技术保证等事项，以便被许可方掌握该项技术，并进行实际使用。

3. 计算机软件许可合同

计算机软件许可合同，是指许可方将自己所有或持有的计算机软件出让给被许可方使用，由被许可方支付约定使用费的合同。计算机软件的使用，包括修改、复制、出租、信息网络传播、翻译等多项内容，许可方可以在合同中约定具体的使用范围和使用方式。在计算机软件许可合同中，许可方应向被许可方提供计算机软件登记证明文件或软件资料，被许可方按合同约定的时间和范围使用该项软件并支付使用费。

4. 集成电路布图设计许可合同

集成电路布图设计许可合同，是指权利人将自己专有的集成电路布图设计许可他人使用，由被许可方支付约定使用费的合同。布图设计的权利人有权对布图设计的全部或部分复制，可以将布图设计、含有该布图设计的集成电路或者含有该集成电路的物品投入商业利用。权利人许可他人使用其布图设计时，应当在合同中就使用范围等事项作明确约定。

5. 混合许可合同

混合许可合同，是指同时包含专利许可、专有技术许可、计算机软件许可、集成电路布图设计许可等多项技术转让内容的合同。这种合同在实务中经常出现，因为某些紧密相关的技术，权利人可能采用了不同的保护方式，被许可方如果需要完整使用并取得预期效果，就需要同时从权利人处获得多项技术的使用权。

(二)根据授权权限不同的划分

1. 独占许可合同

独占许可(Exclusive Licence)，是指在合同有效期内，许可人在规定区域内不再向第三方授予同一种技术的许可，自己也不得在这一地区使用该项技术，只有被许可人可以使用该项技术。独占许可合同是授权程度最高的许可合同，其许可使用费也比普通许可合同高得多。被许可方之所以愿意支付高昂的使用费，是因为可以在规定的时间和特定地区可以垄断合同产品的销售市场，获取高额的垄断利润。

2. 排他许可合同

排他许可合同是指除受让人外，许可人不得在特定地区许可任何第三人使用该项技术，但许可人自己仍有权在这一地区使用该项技术的合同。在排他许可（Sole Licence）的情况下，就特定技术而言，排除许可人和被许可人以外任何第三人的使用。

3. 普通许可合同

普通许可（Simple Licence）是指许可人允许被许可人在指定地区内使用该技术，与此同时，许可方保留自己在该地区使用该项技术的权利，也有权将同一技术再授予第三人许可使用。普通许可的使用费要比独占许可、排他许可都低一些。如果技术许可合同没有明确规定许可的性质，一般就视为普通许可合同。

4. 交叉许可合同

交叉许可合同，又称为互换许可合同，指许可方和被许可方相互约定，将各自的技术使用权相互对换，供对方使用。交叉许可（Cross Licence），可以是独占的，也可以是排他的；可以是有偿的，也可以无偿的。交叉许可通常发生于双方存在合作生产或共同开发的情形中，此时双方都有改进对方技术的基础，也有改进技术的需要，共同享用各自改进的技术。

5. 分许可合同

在分许可合同（Sub-Licence Contract）中，被许可人可以将其受让的技术使用权再行转让给第三人。也就是说，通常情况下，被许可人只能自己使用受让的技术，不能将技术再出让给第三人，但在分许可合同的情况下，被许可人可以直接将技术再行转让。许可人是否有权从分许可人所获得的使用费中提取部分费用，应由分许可合同作出具体规定。

三、国际技术许可合同的基本条款

国际技术许可合同规定许可人和被许可人之间的具体权利和义务。合同条款取决于双方当事人的协商、谈判，没有固定、统一的格式，不同的技术许可合同可能会作不同的条款约定。然而在实务中，为准确发挥合同作用，国际技术许可合同又共同规定了某些条款。对于各种国际商务合同经常会规定的内容和条款，例如合同的序文和定义条款、违约救济条款、不可抗力条款、争议解决与法律适用条款、合同有效期和生效日期等，此处不予展开。

（一）技术许可的内容和范围条款

技术许可的内容和范围，是整个合同的核心部分，是确定当事人权利、义务和责任的基础。技术许可的内容和范围，也就是合同的标的条款，主要明确许可使用的对象、提供技术的途径、授权的性质以及被许可方行使使用权、制造权和销售权的时间和地域范围等事项。关于许可内容和范围的具体规定，因许可的技术种类不同而有所不同。

技术资料的交付也是技术许可过程中十分重要的环节。许可方所提供的技术，需要通过技术资料来表达、说明和体现，被许可方获得技术，也要依靠消化、理解和实践技术资料来实现，技术资料是许可方将其拥有的技术转移给被许可方使用的重要媒介。

技术传授是实现技术真正转让的重要程序,特别是技术人员的培训是使技术资料运用于实际操作不可缺少的步骤。国际技术许可合同可以就技术服务和技术人员培训事宜作具体约定。

(二)价格与支付条款

合同的价格条款也就是使用费条款,是技术许可合同的重要内容。它通常包括计价方式、计价货币和合同金额等内容。

技术使用费的计算方式主要有三种:固定价格、提成价格、固定和提成相结合的价格。固定价格就是在合同中一次性明确规定使用费的金额,由被许可方一次付清或分期付款。提成价格,也就是滑动价格,合同规定在项目投产后,按照合同产品的产量、净销售额或利润提取一定百分比的费用为使用费。固定和提成相结合的价格,就是规定在合同生效后被许可方需要立即支付入门费,并在项目投产后的一定期限内按规定支付提成费。技术使用费采用不同方式计算,使用费的实际金额不同,双方当事人所承担的风险也有所不同,应由双方结合技术许可的其他情况选择确定。

支付条款主要包括支付货币、汇款方式、付款单据、结算银行、费用负担以及付款的时间和地点等内容。

(三)技术改进和发展条款

技术转让协议的履行时间通常较长,在此期间,双方均有可能对协议项下的技术进行改进。因此,需要就技术改进相关的问题,例如一方是否有权改进和发展技术、改进技术的所有权归属、双方是否有交换改进技术成果的义务以及交换的条件等,作出明确的规定。

(四)保证条款

保证条款主要是为了保护被许可方利益而订立的。保证可分为权利保证和技术保证。权利保证是指许可方应对所转让的技术拥有合法的转让权,技术保证主要包括对技术资料完整性、可靠性和正确性的保证,对按照技术所生产的产品性能的保证等。如果许可方未能履行上述保证义务,即构成违约,应承担违约责任,被许可方有权提出索赔。例如,被许可方按照合同约定使用技术,被第三方指控侵权,并因而依法向第三方承担侵权责任的,被许可方有权就自己所受的损失向许可方进行索赔。

(五)保密条款

保密条款主要是要求被许可方为许可方所提供的专有技术承担保密义务,防止被许可方故意或疏忽造成技术秘密内容的扩散或泄露,给许可方造成损失。从理论上讲,保密条款应仅存在于专有技术的许可合同中,但在实践中,专利技术等权利人在向国家办理登记手续或者向社会公开技术时,可能并未提供全部的技术,而是将部分技术采用秘密的形式加以保护,此时就有必要在合同中规定保密条款。

四、国际技术许可合同中的限制性条款问题

(一)限制性条款的概念及产生原因

国际技术许可合同中的限制性条款(Restrictive Clause),也就是限制性商业条款,是指在国际技术许可合同中由许可人对被许可人施加的、法律所禁止的、造成不合理限制的合同条款。这些条款或者直接影响市场竞争,或者影响被许可方对技术的改进及发展。例如,技术许可方强迫被许可方从自己或指定处购买其不需要的技术、设备、产品或服务,并以此作为被许可方取得技术的条件;不允许被许可方自主确定使用许可技术所生产产品的销售价格。

国际技术许可合同之所以会出现限制性条款,是主、客观因素共同作用的结果。首先,许可人有限制被许可人的主观愿望。许可人通过技术许可获得使用费,其代价是与他人分享技术的使用权,许可人与被许可人既是合作伙伴,也是日后的竞争对手,许可人会设法限制潜在对手的竞争能力,维护自己的商业利益。其次,许可人有限制被许可人的地位和能力。技术具有独占性,技术许可市场与货物买卖市场不同,似乎总处于"卖方市场",许可人就有可能利用自己所处的地位把仅对自己有利的条款强加给被许可人,被许可人为获得技术也不得不接受不利条款。

当然,许可方基于技术特点施加于被许可方的某些限制并不构成此处所谓的"限制性条款",例如限制技术的使用地域范围、规定不得将技术再行转让给第三人、专利许可合同中强制被许可人使用专利标记条款等。

(二)各国在限制性条款认定标准上的分歧

在国际技术许可合同中不得含有限制性商业条款,这一观点为大多数国家所普遍接受。但是,对于限制性条款的范围与含义,发达国家与发展中国家的见解尚有分歧。

西方发达国家很早就确立了竞争法或反垄断法的体系,这一法律体系便是以垄断行为、限制性商业行为和不正当竞争行为作为禁止和限制的对象,国家可以依据反垄断法来规范国际技术交易中的限制性商业行为。判断限制性条款的基本标准在于是否对竞争起着扭曲和限制作用,也就是"竞争"的标准(Competition Test)。此外,由于技术贸易和货物贸易相比有自己的特点,单纯适用"竞争"标准来判定限制性条款有时可能并不合理,因而又在司法实践中形成了某些"合理规则"作为"竞争"标准的补充,也就是说,法律根据"竞争"标准规定一些不合理的限制性条款,就某项具体的合同条款而言,需要由司法机关在纠纷发生时结合"合理规则"加以认定。

发展中国家大多是在二战后才真正成为主权独立的国家。这些国家在获得民族解放和政治独立后,为了迅速发展本国经济,需要从发达国家大量引进先进的技术。在此过程中,发展中国家发现,技术许可人把许多不公平、不合理的条款强加于本国技术受让人,有的技术并不先进,有的甚至会引起环境污染等严重后果,这不仅给技术引进企业造成了重大损失,

而且给整个国家经济的发展带来灾难性后果。从 20 世纪 70 年代开始,发展中国家纷纷干预技术引进,制定专门的技术转让法,成立专门的机构对技术许可合同进行管理。在判断是否构成限制性条款的标准上,发展中国家大多以"发展"为标准(Development Test),即依据是否有可能形成依附关系,控制引进企业的生产、技术与销售活动。某些条款或做法不一定直接影响市场竞争,但只要影响了本国经济、技术的发展,也会受到法律的禁止。发展中国家大都使用列举的方法明确规定每一个限制性条款,并在此范围内赋予主管机关一定的自主裁量权。

国际社会自 20 世纪 70 年代就开始着手拟定《国际技术转让行动守则》,但至今仍只是草案而无法形成正式文本,其中的重大分歧之一就是限制性条款的认定标准问题。

为防止知识产权权利人在缔结合同的谈判中滥用其专用权,设置限制竞争行为的商业条款,给贸易产生扭曲作用,阻碍技术转让与传播,WTO 中的 TRIPS 协定对限制性条款也作了规定。WTO 各成员方有权在其立法中采取适当措施来防止知识产权所有人对其权利的滥用,以避免对市场竞争产生不利影响。但是,对于"限制性条款"的认定标准,TRIPS 协定并没有作明确规定,只是列举了三种:排他性的反授条款、禁止对知识产权有效性提出异议的条款和强制性的一揽子许可条款。

(三)我国关于限制性条款的法律规定

限制性条款减弱了来自受让方的竞争,而且也同时减弱了其他竞争对手同许可方的竞争;限制性条款不但影响交易当事人的利益,也会在一定程度上影响受让方所在国的社会公共利益。

2002 年 1 月 1 日起实施的《技术进出口管理条例》明确规定技术进口合同中不得含有下列限制性条款:①要求受让人接受并非技术进口必不可少的附带条件,包括购买非必需的技术、原材料、产品、设备或者服务;②要求受让人为专利权有效期限届满或者专利权被宣布无效的技术支付使用费或者承担相关义务;③限制受让人改进让与人提供的技术或者限制受让人使用所改进的技术;④限制受让人从其他来源获得与让与人提供的技术类似的技术或者与其竞争的技术;⑤不合理地限制受让人购买原材料、零部件、产品或者设备的渠道或者来源;⑥不合理地限制受让人产品的生产数量、品种或者销售价格;⑦不合理地限制受让人利用进口的技术生产产品的出口渠道。这一法律规定的限制性条款其实包括:搭售条款(又称捆绑销售条款或一揽子交易条款)、工业产权失效后支付条款、限制研究和发展条款、不竞争条款、固定价格数量条款、出口限制条款。

国务院于 2019 年 3 月对《技术进出口管理条例》进行修改,修改内容包括删除上述关于限制性条款的法律规定。对技术进口合同中的限制性条款不作专门规定,相对提高了技术进口合同当事人的意思自治空间,增加了进口技术的转让人与受让人的自主权,提高了外国企业向中国企业转让技术的积极性。

当然,这并不是说我国技术进口合同中

> **拓展阅读**
>
> 《中华人民共和国民法典》"合同"编"技术合同"章
>
> 扫一扫

的限制性条款都是有效的,而是将技术进口合同纳入技术合同的一般规范之中,不再对进口合同中的此类条款作专门规定。我国技术合同法规定,非法垄断技术、妨碍技术进步或者侵

害他人技术成果的技术合同无效。最高人民法院在相关司法解释中认为下列情形属于"非法垄断技术、妨碍技术进步"：①限制当事人一方在合同标的技术基础上进行新的研究开发或者限制其使用所改进的技术，或者双方交换改进技术的条件不对等，包括要求一方将其自行改进的技术无偿提供给对方、非互惠性转让给对方、无偿独占或者共享该改进技术的知识产权；②限制当事人一方从其他来源获得与技术提供方类似技术或者与其竞争的技术；③阻碍当事人一方根据市场需求，按照合理方式充分实施合同标的技术，包括明显不合理地限制技术接受方实施合同标的技术生产产品或者提供服务的数量、品种、价格、销售渠道和出口市场；④要求技术接受方接受并非实施技术必不可少的附带条件，包括购买非必需的技术、原材料、产品、设备、服务以及接收非必需的人员等；⑤不合理地限制技术接受方购买原材料、零部件、产品或者设备等的渠道或者来源；⑥禁止技术接受方对合同标的技术知识产权的有效性提出异议或者对提出异议附加条件。

◀◀ 本章小结

国际技术贸易是有偿的国际技术转让，其标的包括专利技术、专有技术、计算机软件和集成电路布图设计等，转让的通常是技术使用权。国际技术贸易的方式，既可以是技术许可、技术服务与咨询等单纯的技术贸易，也可以是与工程承包、合资或合作经营、合作开发等与其他标的或行为相结合的技术贸易。

国际技术贸易法是调整跨国有偿技术转让的法律规范的总称，包括国际法和国内法两个层面。无论是国际法层面或国内法层面，从内容上看，国际技术贸易法可以分为两个方面：一是关于技术贸易合同的法律，二是关于保护工业产权和专有技术等知识产权的法律。

国际技术许可合同是最为典型的国际技术贸易合同。按照授权权限的不同，国际技术许可有独占许可、排他许可、普通许可、交叉许可和分许可之分。技术许可合同通常含有技术的内容和范围、价格与支付、技术改进和发展、保证、保密等独特的条款。此外，技术许可合同还涉及限制性条款的法律规制问题。

❓ 思考题

1.国际技术贸易与国际技术转让有何区别？

2.哪些技术可作为国际技术贸易的标的？

3.国际技术贸易的常见方式有哪些？

4.试论《与贸易有关的知识产权协定》的宗旨和基本原则。

5.我国用于规范国际技术贸易的法律有哪些？

6.试分析国际技术许可合同中限制性条款的效力。

📚 案例分析

1.美国 A 公司与日本 B 公司签订一份专利技术转让合同。合同约定：由 A 公司向 B 公司转让某项专利技术的使用权，B 公司利用该技术可生产一种特殊性能的汽车轮胎；B 公司在合同生效后30天内一次性支付技术转让费100万美元。B公司利用A公司的专利技术生产后,产品获得很多汽车制造商高度认可,销售量猛涨。但一年后,A公司与C公司在日本合资建立了D公司,A公司以该项专利技术使用权作为出资。B公司预计自己的产品在市场上的销售份额将受到影响,便出面与A公司交涉,A公司对此没有明确答复。D公司在生产汽车轮胎时,所使用的技术不仅包括该项专利技术,也包括A公司所有的其他相关专有技术,其生产的汽车轮胎质量比B公司的更胜一筹,汽车制造商也逐渐转向D公司购买,B公司的产品出现了滞销。此后,B公司又多次与A公司联系,要求A公司考虑对自己进行补偿,或者将相关的专有技术无偿传授给自己,A公司均予以拒绝,双方由此发生纠纷。试分析此案。

2.2011年8月,中国某技术设备公司(受让方)与德国某有限公司(转让方)签订了一份引进新型液压泵生产设备和制造该新型液压泵专有技术的合同。合同规定的内容包括:①转让方在2012年5月前将受让方所需的一整套新型液压泵生产设备装船运至中国宁波港;②在受让方收到约定设备后,转让方将派遣技术人员,指导中方人员对该设备的操作,并负责培训中方人员掌握约定的技术;③技术资料将随进口的液压泵设备一起交给受让方;④对总机构在中国以外注册的液压泵用户,假如与转让方的利害关系无冲突和将无冲突,则这些液压泵的生产和交货是可以进行的;上述情况须经双方协商后判断,与转让方是否存在利害关系的冲突或是否将存在冲突,则由转让方单方确定;⑤受让方应付引进设备的费用总额为36万元,技术资料及人员培训费19万元,合同价格共计55万元。受让方在签订合同前对合同条款未作认真审查,到合同实际履行时才发现,上述第四项合同内容几乎将受让方出口该合同产品的权利剥夺殆尽:受让方要出口合同产品,都必须得到转让方的同意,而转让方为了维护己方的国际市场,必然会以该项出口与转让方的利害关系有冲突为由,拒绝同意受让方出口该合同产品,即使同意,也会借机索取高额补偿费用。于是,受让方试图与转让方磋商,以求修改合同中这一不公平条款,遭到转让方拒绝。受让方遂诉至人民法院,以显失公平和转让方有欺诈意图为由,请求人民法院认定该合同无效。请对此展开分析。

扫一扫,看答案

练习题

第十章

国际商事仲裁法

学习目标

1. 掌握国际商事仲裁、仲裁协议的概念。
2. 了解仲裁协议的作用、种类、内容和效力。
3. 熟悉国际商事仲裁程序。

第一节　概　述

导问：什么是国际商事仲裁？与其他的国际商事争议解决方式相比，国际商事仲裁有什么特征？

国际商事活动中，当事人之间发生争议后，可以采用协商、调解、仲裁和诉讼的方式解决争议。仲裁作为一种解决争议的重要方式，以其具有自愿性、保密性、民间性等特点而在国际商事争议的解决中倍受青睐。

一、国际商事仲裁的概念

国际商事仲裁（International Commercial Arbitration），是指在国际商事活动中，当事人按照协议的方式自愿将他们之间的商事权利义务争议，提交共同选定的仲裁机构或仲裁人审议，并由其作出对争议各方皆有约束力的裁决的活动。在国际商事活动中，采用仲裁的方式解决争议具有多方面优势，例如，仲裁以一次裁决为终局裁决，不会造成拖延，结案迅速，而且费用相对较低；保密性好，仲裁审理一般不公开进行等。因此，在国际商事交往中，越来越多的商事主体愿意将仲裁作为解决争议的方式。

如何理解"国际"和"商事"关系到国际商事仲裁的范围。对于"国际"一词，联合国大会于1985年通过的《国际商事仲裁示范法》规定："仲裁如有下列情况即视为具有国际性：仲裁协议的各方在缔结协议时，他们的营业地点位于不同的国家；仲裁协议中约定或根据仲裁协议确定的仲裁地位于当事各方营业地点所在国之外；或者商事关系义务主要部分将要履行的地点，或与争议标的具有最密切联系的地点位于当事各方营业地点所在国之外；双方当事人已明确约定的仲裁协议的标的与一个以上的国家有联系。"对于"商事"一词，《国际商事仲裁示范法》的解释为：商事这一术语应给予广义的解释，它包括所有商事性质关系所发生的争议。商事性质关系包括但不限于以下交易事项：提供或交换商品或服务的交易；销售协议；商业代理；租赁；建筑工程；咨询、许可投资和金融；银行；保险代理；勘探协议或特许；合资企业或其他形式的工业商业合作；空中、海上、铁路或公路货运或客运。

二、国际商事仲裁的特征

仲裁作为一种有效的争议解决途径，与诉讼、调解等争议解决方式相比，有着自己的特征。

(一)自愿性

只有当事人之间存在着有效的仲裁协议，有关仲裁机构才有权进行审理和裁决。在国际商事仲裁中，争议双方当事人可以自愿约定是否通过仲裁来解决争议，可以自愿选择仲裁机构、仲裁地点、仲裁员、仲裁规则，甚至仲裁适用的程序法和实体法。

> **拓展思考**
>
> 除仲裁外，解决国际商事争议的其他方式各有何特点？
>
> 扫一扫

(二)灵活、简便性

国际商事仲裁的程序比较灵活，一般不公开审理，仲裁员可以按照商业惯例或"公平合理"的原则作出裁决，解决争议的速度较快，当事人的花费也较少。

(三)一裁终局性

国际商事仲裁程序终结后所作出的裁决一般是终局的，当事人不能提起上诉，也不得向法院提起诉讼。

三、国际商事仲裁的种类

国际商事仲裁有临时仲裁和机构仲裁两种。

临时仲裁（Ad Hoc Arbitration）是指由争议双方共同指定的仲裁员自行组成临时仲裁庭进行的仲裁。临时仲裁庭是为审理某一具体案件而组成的，案件审理完毕，仲裁庭即自动解散。采用临时仲裁，当事人签订的仲裁协议中需就指定仲裁员的办法、人数、是否需要首席仲裁员以及采用的仲裁规则等事项作出明确约定。

机构仲裁（Institutional Arbitration）是指向一个由双方当事人约定的常设仲裁机构申请仲裁，并按照这个仲裁机构的仲裁规则或者双方选定的仲裁规则所进行的仲裁。所谓常设仲裁机构是指根据一国的法律或者有关规定设立的，有具体的名称、固定的地址、固定的仲裁员设置，并具备仲裁规则的仲裁机构。仲裁规则是规定如何进行仲裁的具体程序和做法，包括申请仲裁、答辩、反请求、确定仲裁员、审理以及作出裁决和裁决的效力等内容。仲裁规则为仲裁机构、仲裁庭和争议双方提供了一套完整的进行仲裁的行为规则。

一般来说，争议双方约定由某一个常设仲裁机构仲裁，就按照该仲裁机构的仲裁规则进行仲裁，但不少仲裁机构也允许争议双方自由选择他们认为合适的仲裁规则。例如，我国现行的《中国国际经济贸易仲裁委员会仲裁规则》规定，当事人约定将争议提交该仲裁委员会仲裁的，视为同意按照该仲裁规则进行仲裁；当事人约定将争议提交该仲裁委员会，但对该规则内容进行变更或约定适用其他仲裁规则的，从其约定，但其约定无法实施或与仲裁程序适用法强制性规定相抵触者除外；当事人约定适用其他仲裁规则的，由该仲裁委员会履行相应的管理职责。

常设仲裁机构能为仲裁工作提供必要的服务和便利，有利于仲裁工作的顺利进行，因此，近年来，国际商事仲裁大多数采用机构仲裁。争议双方如约定采用仲裁方式解决争议的，应当明确约定由哪个仲裁机构进行仲裁。

世界上很多国家、地区和一些国际性、区域性组织都设有从事国际商事仲裁的常设性仲裁机构，如瑞典的斯德哥尔摩仲裁院、瑞士苏黎世商会仲裁院、英国伦敦国际仲裁院、美国仲裁协会、香港国际仲裁中心以及设在巴黎的国际商会仲裁院等。国际商事仲裁机构一般为民间组织。

我国的常设涉外商事仲裁机构是中国国际经济贸易仲裁委员会（China International Economic and Trade Arbitration Commission，CIETAC），又称中国国际商会仲裁院，隶属于中国国际贸易促进委员会（中国国际商会），其总部设在北京，并在上海、深圳、天津和重庆分别设有分会或中心。中国国际经济贸易仲裁委员会受理案件的范围为，根据当事人的约定受理契约性或非契约性的经济贸易等争议案件，包括国际或涉外争议案件，涉及港澳台地区的争议案件，以及国内争议案件。另外，我国各地的地方仲裁委员会不仅可以受理国内商事争议案件，也可以受理涉外商事争议案件。

第二节　国际商事仲裁协议

导问：什么是仲裁协议？仲裁协议有什么作用？有哪些种类？有效的仲裁协议应具备什么条件？

仲裁协议（Arbitration Agreement）是仲裁管辖权的基本依据。各国的仲裁法一般都规定，有效的书面仲裁协议是申请仲裁的前提。仲裁协议是建立在当事人的意思自治之上的，如果当事人之间不存在仲裁协议或者仲裁协议无效，任何一方当事人都不可能强迫对方当事人参与仲裁程序并由仲裁机构作出裁决。有效的仲裁协议要求采用书面形式，其种类一般包括合同中订立的仲裁条款、仲裁协议书，以及其他书面文件中所包含的仲裁协议。

一、仲裁协议的概念及作用

仲裁协议是当事人在自愿的基础上，同意将他们之间已经发生或以后发生的争议提交仲裁机构裁决的书面协议。各国的仲裁法及国际公约一般规定仲裁协议必须采用书面形式。

仲裁协议是仲裁的基础，其作用主要体现在以下三个方面：

（1）双方当事人都应受仲裁协议的约束，发生争议时应以仲裁方式解决，排除法院的管辖权。当发生争议时，双方当事人签订了仲裁协议的，任何一方都有权提起仲裁，这是仲裁协议的基本作用。如果没有仲裁协议，任何一方当事人无权请求仲裁，仲裁机构也不会受理申请。同时，仲裁协议也限制了当事人选择诉讼方式解决争议，当事人只能请求仲裁机构进行仲裁，而不能向法院提起诉讼。如果任何一方违反仲裁协议，向法院提起诉讼，对方可以根据仲裁协议要求法院停止诉讼程序。由此可见，仲裁协议具有排除法院管辖权的作用。

（2）赋予仲裁机构对争议案件的仲裁管辖权。仲裁协议是建立在当事人意思自治之上的，通过双方当事人签订的仲裁协议，使得特定的仲裁机构或仲裁庭对发生的争议具有管辖权。只有存在有效的仲裁协议，仲裁庭才有权进行审理并作出裁决。

（3）仲裁协议是仲裁裁决得以承认和执行的基础。当事人在仲裁协议中一般都会约定双方承认仲裁裁决的效力，并将主动履行仲裁裁决。如果一方当事人不履行仲裁裁决的，另一方当事人可以依据仲裁协议和仲裁裁决书向法院申请强制执行。没有仲裁协议而作出的裁决就得不到承认和执行。

可见，仲裁协议具有重要作用，对仲裁当事人、仲裁机构以及仲裁裁决都具有影响力。

二、仲裁协议的种类

根据仲裁协议存在方式的不同,一般可以把仲裁协议分为仲裁条款、仲裁协议书以及在其他书面文件中所包含的仲裁协议三种类型。

仲裁条款(Arbitration Clause)是包含于合同之中,当事人事先签订的,将以后可能发生的争议提交仲裁的条款。仲裁条款是仲裁协议最常见的形式。仲裁条款存在于有关合同之中,是合同的组成部分。仲裁条款一般都是签订于争议发生之前,所规定的是将合同履行中可能发生的争议提交某个仲裁机构仲裁处理。合同无效时,作为合同条款之一的仲裁条款,是否也随之无效?传统观点认为仲裁条款是含有该条款的主合同的不可分割的一部分,主合同无效,附属于主合同的仲裁条款因此就丧失了存在的基础,正所谓"皮之不存,毛将焉附"。另一种观点认为仲裁条款虽然附属于主合同,但与主合同形成了两项独立的契约:主合同和次合同。主合同是关于当事人商事交易方面的义务关系,次合同涉及主合同纠纷的解决方式,即通过仲裁解决因履行商事交易义务而产生的争议,也是双方当事人协议对第三方仲裁的授权。因此,仲裁条款的效力不应该受到主合同的效力的制约,不能因合同的无效或失效影响合同中仲裁条款的效力,它是可以与合同相分离的、独立存在的条款,仲裁庭基于无效合同中的仲裁条款所取得的管辖权不受影响。这就是仲裁条款的独立性理论,或称仲裁条款的自治性理论。目前,仲裁条款的独立性理论普遍体现于国际公约、各国国内法以及仲裁机构的仲裁规则中,我国《仲裁法》等法律也确认了仲裁协议独立性理论。《仲裁法》第19条规定:"仲裁协议独立存在,合同的变更、解除、终止或无效,不影响仲裁协议的效力。"

仲裁协议书(Submission to Arbitration)是指在争议发生之前或之后,双方当事人在自愿的基础上订立的将争议提交仲裁的一种独立协议。仲裁协议书不同于仲裁条款,在形式上它不依附于其他合同而存在,是独立于主合同的一个协议。仲裁协议书的内容一般比仲裁条款更为详细。

其他书面文件中所包含的仲裁协议,是指双方当事人在相互往来的信函、电报、电子邮件或其他书面文件中包含的,同意将已经发生或以后可能发生的争议提交仲裁的意思表示。这一类型的仲裁协议可能存在于争议发生之前,也可能存在于争议发生之后,还可能在争议发生之时。另外,它不是集中表现于合同中的某一条款或单独的仲裁协议,而是分散在有关当事人相互多次往来的文件中。

三、仲裁协议的主要内容

仲裁协议的内容涉及仲裁程序,直接关系到有关争议的解决结果和当事人的利益。所以,仲裁协议的内容应当尽量明确、具体。仲裁协议一般包括提交仲裁的争议事项、仲裁机构、仲裁地点、仲裁程序规则、仲裁裁决的效力等方面内容。

提交仲裁的争议事项是指当事人在仲裁协议中明确约定提交仲裁的争议的种类和范

围,是仲裁协议的基本内容之一。按照国际上的惯例,当事人只有把仲裁协议中约定范围内的争议事项提交仲裁,仲裁机构才能受理。如果一方提交仲裁的争议超越了仲裁协议约定的范围,则对方当事人有权提出异议,即使仲裁机构作出裁决,也会被认定为无效。

在国际商事仲裁中,只有争议当事人双方在仲裁协议中明确约定对争议具有管辖权的仲裁机构的具体名称时,该仲裁机构才对争议具有管辖权。当事人选定仲裁机构有两种方法,一是在仲裁协议中约定某一个常设仲裁机构,双方同意将争议提交约定的常设仲裁机构进行仲裁;二是临时仲裁,即双方当事人直接在仲裁协议中指定仲裁员,或约定指定仲裁员的程序,组成临时仲裁庭处理争议。这种临时仲裁庭在案件处理结束后就自动解散。双方当事人如果在仲裁协议中约定将争议提交常设仲裁机构进行仲裁的,应当写明仲裁机构的名称;如果约定由临时仲裁庭进行仲裁,则应写明仲裁庭的组成人数,以及指定仲裁员的程序或写明仲裁员的姓名。

仲裁地点是仲裁协议的主要内容,是进行仲裁程序和作出仲裁裁决的所在地。仲裁地点与仲裁所适用的程序法和实体法有密切联系,如果当事人未对所适用的法律作出选择,一般适用仲裁地法。适用不同国家的法律,往往会产生不同的裁决结论。所以在国际商事交易中,当事人在签订仲裁协议时,应对仲裁地点作出明确的约定。

仲裁程序规则是指当事人和仲裁庭在仲裁过程中应当遵守的行为规范的总和。其内容包括仲裁申请的提出、答辩和反请求的方式、仲裁员的选定、仲裁庭的组成、仲裁审理、仲裁裁决的作出、裁决的效力等。仲裁程序规则与仲裁机构有密切的联系,各常设仲裁机构一般都制定了自己的仲裁规则。有一些仲裁机构规定,对所提交的争议应适用该仲裁机构的仲裁规则,而有一些仲裁机构允许当事人进行选择,既可以选择该仲裁机构的仲裁规则,也可以选择其他仲裁规则。当事人如果采用临时仲裁庭进行仲裁,可以选用仲裁举行地国家的仲裁规则或授权仲裁员选择。

仲裁裁决的效力主要是指裁决是否具有终局性,对当事人有没有约束力,能否再向法院提起诉讼请求变更或撤销该裁决。各国的仲裁法和国际公约基本上都规定仲裁裁决是终局性的,对当事人有法律约束力,任何一方不得向法院上诉。

仲裁协议除以上基本内容外,当事人还可以就其他内容进行约定,如仲裁费用、仲裁使用的语言等。

四、仲裁协议的效力

在国际商事仲裁实践中,仲裁协议是否有效,直接关系到仲裁裁决能否得到法院的承认和执行。《国际商事仲裁示范法》《欧洲国际商事仲裁公约》等国际公约以及各国的国内法都规定,如果仲裁协议无效,法院就可以拒绝承认和执行依该无效仲裁协议作出的仲裁裁决。

(一)仲裁协议的有效要件

从多数国家的国际商事仲裁实践来看,一项有效的仲裁协议,应当具备以下五个基本要件:

1. 当事人具有缔结仲裁协议的权利能力和行为能力

国际商事活动中，从事交易的当事人必须在法律上具有相应的权利能力和行为能力，这是保证该交易活动有效性的基本前提。一项有效的仲裁协议也是如此，当事人必须具有缔结仲裁协议的权利能力和行为能力。就自然人而言，各国的国内法一般都规定当事人订立仲裁协议的权利能力自出生时就具备。对于当事人的行为能力，各国的国内法规定不尽相同。根据国际私法的一般原则，当事人的行为能力，适用属人法，即当事人如依据其国籍所属国或其住所地国的法律具备行为能力的，其他各国也承认其具备行为能力。同时，很多国家的国内法也规定，当事人如果依据属人法不具备行为能力，但根据行为地法具备行为能力，仍视为该当事人具备行为能力。

2. 当事人订立仲裁协议的意思表示必须真实、自愿

当事人订立仲裁协议的意思表示真实、自愿，是指当事人在订立仲裁协议时的表示行为应当真实地反映其内心的效果意思，且是建立在双方当事人意思表示自由的基础之上。如果在订立仲裁协议过程中，当事人发生重大误解，或有一方采用欺诈、胁迫等手段，迫使对方订立仲裁协议的，最终可能会导致仲裁协议无效。

3. 仲裁协议的内容必须合法

仲裁协议的内容合法是仲裁协议有效的一个实质性要件。仲裁协议的内容合法主要是指提交仲裁的事项必须是依据有关国家的法律具有可仲裁性，并且，仲裁协议的内容不得违反仲裁地国家法律的强制性规定，不得有损于该国的社会公共秩序和善良的社会风俗。

4. 仲裁协议必须具有合法的形式

一项有效的仲裁协议必须具有合法的形式。根据大多数国际公约和国内法的规定，仲裁协议必须采用书面形式。如 1975 年《美洲国家商事仲裁公约》第 1 条规定，仲裁协议应采用书面形式订立，并应有当事人各方的签名，或者用交换信件、电报或电传通信的方式。1985 年《国际商事仲裁示范法》第 7 条 2 款规定，仲裁协议应是书面形式的；协议如载于当事各方签字的文件中，或载于往来的书信、电传、电报或提供协议记录的其他电讯手段中，或在申诉书和答辩书的交换中当事一方声称有协议而当事他方不否认即为书面协议；在合同中提出参照载有仲裁条款的一项文件也构成仲裁协议，如果该合同是书面的而且这种参照足以使该仲裁条款构成该合同的一部分。《中国国际经济贸易仲裁委员会仲裁规则》规定，仲裁协议系指当事人在合同中订立的仲裁条款，或者以其他方式达成的提交仲裁的书面协议。

5. 仲裁协议的达成必须符合合同法中意思表示一致的规则

仲裁协议属于契约的一种，所以合同法中合同订立的一般规则也适用于仲裁协议。

(二)仲裁协议的无效

对于仲裁协议无效的原因，各国有不同的规定。但一般而言，主要有以下几种：

1. 当事人不具有订立仲裁协议的行为能力

如果仲裁协议的当事人在订立仲裁协议时，依其属人法或行为地法的规定不具备行为能力，所订立的仲裁协议无效。

2. 仲裁协议的内容不合法

仲裁协议的内容必须符合有关国家的法律规定，否则就会导致仲裁协议无效。例如，根据《法国民事诉讼法》的规定，如果仲裁协议没有确定争议的事项，或者没有确定仲裁员的姓名或指定仲裁员的方法，这样的仲裁协议就是无效的。

3. 仲裁协议的形式不合法

如果仲裁协议在形式上不符合仲裁地或裁决执行地所在国法律规定的形式，也会导致仲裁协议无效。如果因仲裁协议的形式不合法而导致仲裁协议无效，仲裁裁决就很难得到申请执行地法院的承认和执行。

4. 导致仲裁协议无效的其他原因

仲裁协议为模棱两可的协议，也会导致仲裁协议的无效。例如，当事人约定将争议提交仲裁解决，就不能再约定将争议提交法院解决，如果当事人在合同中同时作出上述两种约定，实际上等于没有任何约定，最终会导致仲裁协议无效。

仲裁协议中对解决争议的仲裁机构约定不明确，也可能导致仲裁协议无效。有时仲裁条款虽然表明了当事人通过仲裁解决争议的共同意志，但并未指明由谁来进行仲裁，这往往也会导致仲裁协议无效。

仲裁协议中的约定与当事人同意提交仲裁审理的仲裁机构的仲裁规则相抵触，也会导致仲裁协议无效。

(三)仲裁协议效力的确认

1. 仲裁协议效力的确认机构

仲裁协议效力的确认机构为法院、仲裁机构以及被请求承认和执行仲裁裁决的主管机关。双方当事人无权确认仲裁协议的效力。

2. 确认仲裁协议效力适用的准据法

由于不同国家的法律对仲裁协议的内容、形式、可提交仲裁的事项等都有不同的要求和规定，所以在实践中经常出现这样的情形：两个不同国家的当事人之间订立的仲裁协议，在一国法律看来是有效的，但依另一国法律则被认为是无效的。那么究竟应该用哪一国的法律来确定该仲裁协议的有效性呢？在国际商事仲裁实践中，确定仲裁协议有效性应适用的法律即准据法主要有以下几种：

（1）当事人选择适用的法律

无论合同中的仲裁条款，还是双方当事人达成的仲裁协议书，就其本质来说，都是一项独立的契约或合同。根据各国合同法的基本原则，一般都允许国际合同的当事人选择该合同应适用的实体法。当然，这一选择也会受到一定的限制，如不得违反有关国家的强制性法律规定等。

（2）仲裁地所在国的法律

当事人如在仲裁协议中没有对应适用的法律作出选择，仲裁协议的有效性应适用仲裁地所在国的法律确定。在国际商事仲裁实践中，选择在哪一个国家进行仲裁，仲裁活动就要受该国法律的管辖与监督，仲裁协议的有效性应服从该国的法律。

（3）裁决执行地国的法律

如果仲裁协议不符合裁决执行地国家的法律，也可能导致仲裁协议无效。例如，根据1958年《承认及执行外国仲裁裁决公约》第5条第2款第1项规定，如果仲裁协议中涉及的争议事项根据裁决执行地的法律不能通过仲裁解决，执行地法院也可拒绝承认和执行依据该仲裁协议作出的裁决。

第三节　国际商事仲裁程序

导问：国际商事仲裁的程序包括哪些阶段？仲裁裁决作出后是如何执行的？

仲裁程序是指进行仲裁的过程和做法，主要包括仲裁申请、答辩与反请求、仲裁庭的组成、仲裁审理、仲裁裁决及执行裁决等。各国法律和仲裁机构的仲裁规则对仲裁程序都有明确的规定，内容大同小异。本节关于国际商事仲裁基本程序的介绍，主要按《中国国际经济贸易仲裁委员会仲裁规则》展开。

一、国际商事仲裁的基本程序

（一）仲裁申请

仲裁申请是仲裁机构受理案件的前提。申请人向仲裁机构申请仲裁时，应当提交符合规定要求的书面仲裁申请书。仲裁申请书的主要内容为：申请人和被申请人的名称和住所、申请仲裁所依据的仲裁协议、仲裁请求及所依据的事实和理由等。申请人同时应向仲裁机构提交相关的证据材料及其他书面证明文件，并按仲裁机构的要求预缴仲裁费用。

知识拓展

仲裁解决争议时实体问题的法律适用

扫一扫

另外,申请人应在仲裁机构的仲裁员名册中指定一名仲裁员,或者委托仲裁机构主席指定。

仲裁机构收到仲裁申请书及其他文件材料后,经过审查认为符合条件的,即予以受理并通知双方当事人,将仲裁申请书副本及证据材料等发送给被申请人。仲裁程序自仲裁机构立案受理之日起开始。

(二)答辩与反请求

被申请人在收到仲裁机构的仲裁通知后,应在规定的期限内向仲裁机构提交答辩书和有关证据材料及其他证明文件。被申请人如有反请求,也应在收到仲裁通知后规定的期限内以书面形式提交仲裁机构,并在其反请求书中写明具体的反请求、反请求理由以及所依据的事实和理由,并附相关的证据材料和其他相关证明文件。被申请人并应在规定的期间内在仲裁员名册中指定或者委托仲裁机构主席指定一名仲裁员。被申请人没有提交书面答辩或申请人对被申请人的反请求没有提出书面答辩的,不影响仲裁程序的进行。

(三)仲裁庭的组成

申请人、被申请人双方可以约定仲裁庭的人数(Panel of Arbitrators)。如果约定由三名仲裁员审理案件,当事人应各自在仲裁机构仲裁员名册中指定或者委托仲裁机构主席指定一名仲裁员后,仲裁机构主席在仲裁员名册中指定第三名仲裁员担任首席仲裁员,组成仲裁庭共同审理案件。如果约定由一名仲裁员独任审理案件,当事人应在仲裁员名册中共同指定或者委托仲裁机构主席指定一名仲裁员独任审理。如果双方当事人在收到仲裁通知之日起规定的时间内不能共同选定或者共同委托仲裁机构主席指定仲裁员,则由仲裁机构主席指定。

(四)仲裁审理

仲裁案件第一次开庭审理的日期经仲裁机构决定后,提前通知双方当事人。当事人有正当理由的,可以请求延期,是否延期,由仲裁庭决定。

仲裁庭应当开庭审理案件,但经双方当事人申请或征得双方当事人同意,仲裁庭也认为不必开庭审理的,可以只依据书面文件进行审理并作出裁决。开庭审理案件不公开进行,除非当事人要求公开。仲裁庭开庭审理时,被申请人(包括反请求的被申请人)经仲裁机构通知拒不出庭的,仲裁庭可以缺席审理并作出裁决。仲裁地点根据当事人的约定,或者在仲裁机构所在地进行审理。

如果双方当事人愿意调解,仲裁庭可以在仲裁过程中进行调解,经仲裁庭调解达成协议的,由仲裁庭作出调解书,或者根据当事人双方的要求,按双方已经达成的调解协议的内容作出裁决书结案。调解过程中,任何一方当事人提出终止调解或仲裁庭认为已无调解成功的可能时,应停止调解,继续仲裁。调解不是仲裁的必经程序。

(五)仲裁裁决

仲裁庭应当在组成仲裁庭后规定的期限内作出仲裁裁决书。在仲裁庭的要求下,仲裁机构认为确有必要和有正当理由时,可以延长期限。由三名仲裁员组成的仲裁庭审理的案件,仲裁裁决依全体仲裁员或多数仲裁员的意见决定,少数仲裁员的意见可以做成记录附卷。仲裁庭不能形成多数意见时,仲裁裁决依照首席仲裁员的意见作出。仲裁裁

决是终局的,对双方当事人都有约束力。一方当事人不履行裁决的,另一方当事人可以根据法律规定,向法院申请执行。

对争议金额不是很大或相对比较简单的案件,或者经双方当事人一致同意,可以适用简易程序进行仲裁审理。简易程序由一名仲裁员组成仲裁庭独任审理案件,仲裁庭可以决定书面审理,也可以开庭审理。对于适用简易程序进行仲裁的案件,在开庭通知、审理期限等方面相比普通程序要短些,有利于案件及时作出裁决及争议的及时解决。

二、国际商事仲裁裁决的承认和执行

仲裁裁决作出后,会产生两种结果,一是当事人主动履行仲裁裁决,二是一方当事人拒绝履行,另一方当事人需要向法院申请强制执行该项仲裁裁决。国际商事领域中的双方当事人或具有不同的国籍,或住所在不同的国家,或有相同国籍的双方当事人其争议的财产在国外,或当事人在国籍国以外的仲裁机构进行仲裁,因而由仲裁机构作出的裁决常常会遇到需要外国予以承认和执行的问题。

(一)国际商事仲裁裁决承认和执行的概念

国际商事仲裁裁决的承认和执行是解决商事争议的最终结果,如果一个裁决得以承认和执行,则当事人之间的争议通过仲裁得到了彻底的解决。裁决的承认和执行的实质是解决裁决的法律拘束力问题。国际商事仲裁裁决的承认和执行,是指执行机构认可裁决的法律拘束力,并依法定程序将仲裁裁决按其内容和要求切实付诸实现的行为。承认裁决是执行裁决的前提,执行裁决是承认裁决的结果。在大多数情况下,当事人要求法院承认一项外国仲裁裁决的目的在于保证仲裁裁决能够顺利履行,实现仲裁裁决确定的事项。

国际上大多数仲裁实行一裁终局制度,仲裁裁决自作出之日起即发生法律效力,对各方当事人都具有约束力,当事人应自觉履行。当事人拒不履行的,另一方当事人有权向法院申请强制执行。

(二)关于承认和执行外国仲裁裁决的公约

为了解决国际商事仲裁裁决的承认和执行问题,各国订立了一些双边和多边的国际条约。其中,最重要、参加国家最多、最具影响的是《承认及执行外国仲裁裁决公约》(Convention on the Recognition and Enforcement of Foreign Arbitral Awards),简称为《纽约公约》,于1958年在纽约召开的联合国国际商事仲裁会议上通过。截至2014年1月,已有149个国家批准参加了该公约。

公约规定缔约国应承认和执行对方国家所作出的仲裁裁决,并规定在承认和执行对方国家的仲裁裁决时,不应该在实质上比承认和执行本国的仲裁裁决提出更为严格的条件或收取更高的费用。申请承认和执行裁决的一方当事人,应提供经过适当证明的仲裁裁决的正本或副本,以及仲裁协议的正本或经过适当证明的副本,必要时还应附具译本。公约对执行仲裁裁决的程序规则只作了原则性规定,执行外国仲裁裁决的程序规则依被申请执行地国的法律。

该公约以排除的方式规定了承认和执行外国仲裁裁决的条件,当被请求承认和执行的仲裁裁决具有公约规定的排除情形时,被请求承认和执行的国家有权拒绝承认和执行。公约规定,当仲裁裁决存在下列情形之一时,可以拒绝承认和执行:被申请人证明订立仲裁协议的当事人无行为能力,或根据仲裁协议选定的准据法,或根据作出裁决国家

> **拓展思考**
>
> 外国法院作出的判决或裁定应如何在我国申请承认和执行?
>
> 扫一扫

的法律,该仲裁协议无效;违反正当程序;仲裁员超越权限;仲裁庭的组成和仲裁程序不当;裁决不具有约束力或已被撤销、停止执行;所裁决的争议事项不具有可仲裁性;如果被请求承认和执行仲裁裁决的国家的有关当局认为,按照该国法律,裁决中的争议事项不适合以仲裁方式处理,或者认为裁决的内容违反该国的公共秩序。

我国于1986年加入《纽约公约》,但在加入时作了两项保留:互惠保留和商事保留。我国只对在公约成员国的领土内做成的仲裁裁决的承认和执行适用该公约,并且只对按照我国法律属于合同、侵权或根据其他法律规定而产生的商事法律关系所引起的争议适用该公约。

(三)我国关于承认和执行仲裁裁决的规定

我国关于执行仲裁裁决的法律主要为《仲裁法》和《民事诉讼法》。根据我国仲裁法和民事诉讼法的有关规定,对中国的涉外仲裁机构作出的裁决,一方当事人不履行的,另一方当事人可以申请被申请人住所地或财产所在地的中级人民法院执行。被申请人提出证据证明有下列情形之一的,经人民法院组成合议庭审查核实,裁定不予执行:当事人在合同中没有订立仲裁条款或者事后没有达成书面仲裁协议的;被申请人没有得到指定仲裁员或者进行仲裁的通知,或者由于其他不属于被申请人负责的原因未能陈述意见的;仲裁庭的组成或者仲裁的程序与仲裁规则不符的;裁决的事项不属于仲裁协议的范围或者仲裁机构无权仲裁的。另外,人民法院认定执行该裁决违背社会公共利益的,裁定不予执行。

由中国的涉外仲裁机构作出的发生法律效力的仲裁裁决,当事人请求执行的,如果被执

行人或者所执行的财产不在中国领域内的,应当由当事人直接向有管辖权的外国法院申请承认和执行。

国外仲裁机构作出的仲裁裁决如果要在我国得到承认和执行,应当由当事人直接向被执行人住所地或者其财产所在地的中级人民法院申请,人民法院应当依照我国缔结或者参加的国际条约,或者按照互惠原则办理。

◀◀ 本章小结

国际商事仲裁是指在国际商事活动中,当事人按照协议的方式自愿将他们之间的商事权利义务争议,提交共同选定的仲裁机构或仲裁人审议,并由其作出对争议各方皆有约束力的裁决的活动。仲裁是解决国际商事争议的一种重要方式,包括临时仲裁和机构仲裁两种,具有自愿性、灵活、简便性,一裁终局性等特点。国际商事仲裁以当事人之间有效的书面仲裁协议为基础。仲裁协议分为仲裁条款、仲裁协议书以及在其他书面文件中所包含的仲裁协议三种类型,其内容一般包括提交仲裁的争议事项、仲裁机构、仲裁地点、仲裁程序规则、仲裁裁决的效力等方面。国际商事仲裁的程序主要包括仲裁申请、答辩与反请求、仲裁庭的组成、仲裁审理及仲裁裁决、执行裁决等。仲裁裁决作出后,一方当事人拒不履行的,另一方当事人可以申请强制执行。对国外仲裁机构作出的仲裁裁决,需要由执行机构如法院按法定的程序承认该仲裁裁决的法律拘束力,并将仲裁裁决按其内容和要求付诸实现。如果仲裁裁决存在法定的情形,被请求承认和执行的国家有权拒绝承认和执行。

思考题

1.什么是国际商事仲裁,国际商事仲裁有什么特征?
2.仲裁协议有什么作用,其主要内容是什么?
3.有效的仲裁协议应具备哪些要件?
4.仲裁程序一般包括哪些阶段?
5.什么是仲裁裁决的承认和执行?

案例分析

上诉人(原审被告):香港裕亿集团有限公司
上诉人(原审被告):加拿大太子发展有限公司
被上诉人(原审原告):江苏省物资集团轻工纺织总公司
上诉人香港裕亿集团有限公司(以下简称裕亿公司)、加拿大太子发展有限公司(以下简称太子公司)因与被上诉人江苏省物资集团轻工纺织总公司(以下简称轻纺公司)侵权损害赔偿纠纷一案,不服江苏省高级人民法院一审民事裁定,向最高人民法院提起上诉。

原审江苏省高级人民法院经审理查明:原告轻纺公司与被告裕亿公司签订了 CC960505 号买卖合同,约定由裕亿公司出售普通旧电机 5000 吨给轻纺公司,每吨 348.9 美元。次日,轻纺公司又与被告太子公司签订了 CC960506 号买卖合同,约定由太子公司出售普通旧电机5000吨给轻纺公司，每吨348.9美元。上述两份合同均在第8条明确约定："凡因执行本合约所发生的或与本合约有关的一切争议，双方可以通过友好协商解决；如果协商不能解决，应提交中国国际经济贸易仲裁委员会，根据该会的仲裁规则进行仲裁；仲裁裁决是终局的，对双方均有约束力。"货物到港后，经商检查明，"货物总重量为9586.323吨，本批货物主要为各类废结构件、废钢管、废齿轮箱、废元钢等"。轻纺公司遂以裕亿公司和太子公司侵权给其造成损失为由提起诉讼。裕亿公司和太子公司在答辩期内提出管辖权异议称，本案当事人之间对合同纠纷已自愿达成仲裁协议，人民法院依法不应受理。

江苏省高级人民法院认为：本案是因欺诈引起的侵权损害赔偿纠纷，虽然原告轻纺公司和被告裕亿公司、太子公司之间的买卖合同中订有仲裁条款，但被告是利用合同进行欺诈，已超出履行合同的范围，构成了侵权。双方当事人的纠纷已非合同权利义务争议，而是侵权损害赔偿纠纷。轻纺公司有权向法院提起侵权之诉，而不受双方所订立的仲裁条款的约束，裕亿公司、太子公司所提管辖权异议，理由不能成立。据此，该院裁定驳回裕亿公司、太子公司对本案管辖权提出的异议。

裁定作出后，被告裕亿公司、太子公司不服，向最高人民法院提起上诉。裕亿公司和太子公司诉称：①轻纺公司起诉状中的案由没有事实予以支持，其故意混淆侵权责任和合同责任，企图规避法律规定和合同约定。根据案件内容，本案案由应为合同纠纷。当事人之间对合同纠纷已自愿达成仲裁协议，依照法律规定原审法院不应受理此案。②原审法院在程序审理过程中，未经实体审理，就对轻纺公司指控裕亿公司和太子公司进行"欺诈"的诉讼请求作出认定，是违法裁定。故请求撤销原审裁定，裁定人民法院不予受理本案。

原告轻纺公司辩称：根据仲裁法的规定及有关仲裁惯例，仲裁机构只审理订立仲裁协议双方当事人之间的争议，对与双方当事人之间发生的法律事实有利害关系的第三人没有管辖权，不能进行审理，其裁决也不能涉及第三人问题。就本案事实而言，本案并非单纯的合同纠纷，它涉及欺诈侵权及走私犯罪问题。相关的行为与结果，也直接涉及第三人问题。如果按仲裁程序审理此案，显然不利于查清案件事实，不利于维护当事人的合法权益。人民法院审理此案，可以根据法律所赋予的审判权，彻底查清事实，追究不法者的责任，维护当事人的合法权益。故请求维持原审裁定，驳回被告裕亿公司和太子公司的上诉。

试对此案展开分析。

扫一扫，看答案

练习题

参考文献

曹建明,贺小勇.世界贸易组织.北京:法律出版社,2011.

陈安.国际经济法学.北京:北京大学出版社,2017.

陈小君.合同法.北京:高等教育出版社,2009.

崔建远.合同法.北京:北京大学出版社,2012.

丁孟春,赵忠良.国际商法.北京:北京大学出版社,2012.

范健.商法.北京:高等教育出版社,2011.

范健,王建文.公司法.北京:法律出版社,2011.

冯大同.国际贸易法.北京:北京大学出版社,1995.

冯大同.国际商法.北京:对外经济贸易大学出版社,1991.

傅廷中.保险法学.北京:清华大学出版社,2015.

傅廷中.海商法.北京:法律出版社,2017.

甘培忠.企业与公司法学.北京:北京大学出版社,2012.

郭寿康.国际技术转让.北京:法律出版社,1989.

韩德培.国际私法.北京:高等教育出版社,2014.

韩世远.合同法.北京:法律出版社,2011.

贺卫方.法边馀墨.北京:法律出版社,2015.

江平.新编公司法学教程.北京:法律出版社,1994.

李永军.合同法.北京:法律出版社,2010.

梁慧星.民法总论.北京:法律出版社,2017.

刘惠荣.国际商法学.北京:北京大学出版社,2004.

刘心稳.票据法.北京:中国政法大学出版社,2010.

任荣明,侯兴政.国际商法.北京:清华大学出版社,2004.

任先行,周林彬.比较商法导论.北京:北京大学出版社,2000.

单文华.国际贸易法学.北京:北京大学出版社,2000.

司玉琢.海商法.北京:法律出版社,2012.

王传丽.国际经济法.北京:中国人民大学出版社,2015.

王利明.民法.北京:中国人民大学出版社,2018.

王绍燕.国际商法实务.北京:对外经济贸易大学出版社,2010.

王晓川.国际商事合同法.北京:北京师范大学出版社,2010.

魏润泉,陈欣.海上保险的法律与实务.北京:中国金融出版社,2001.

魏振瀛.民法.北京:高等教育出版社,2017.

温世扬.保险法.北京:法律出版社,2016.

吴百福.进出口贸易实务教程.上海:格致出版社,2015.

谢怀栻.票据法概论.北京:法律出版社,2017.

徐海燕.英美代理法研究.北京:法律出版社,2000.

余劲松,吴志攀.国际经济法.北京:北京大学出版社,2014.

曾令良.世界贸易组织法学.武汉:武汉大学出版社,1996.

张圣翠.国际商法.上海:上海财经大学出版社,2012.

张玉卿.国际统一私法协会国际商事合同通则 2010.北京:中国商务出版社,2012.

赵维田.世贸组织(WTO)的法律制度.长春:吉林人民出版社,2000.

赵旭东.商法学.北京:高等教育出版社,2011.

赵威.国际代理法理论与实务.北京:中国政法大学出版社,1995.

赵相林.国际私法.北京:中国政法大学出版社,2014.

朱慈蕴.公司法原论.北京:清华大学出版社,2011.